RÉTROSPECTIVE

AVRAHAM B. YEHOSHUA

RÉTROSPECTIVE

roman

Traduit de l'hébreu
par
JEAN-LUC ALLOUCHE

BERNARD GRASSET
CALMANN-LÉVY

L'édition originale de cet ouvrage a été publiée en 2011
par Hakkibutz Hameuchad, sous le titre :

'HESSED SEFARADI

Photo de jaquette :
Jean-Baptiste Henri Deshays, « Pero et Cimon (Charité romaine) »,
Museum der bildenden Künste, Leipzig

ISBN 978-2-246-77151-7

I

Saint-Jacques-de-Compostelle

– 1 –

Au moment de pénétrer, vers minuit, sur l'immense et austère esplanade dépouillée de tout ornement, de statue ou de fontaine hormis de lourdes chaînes métalliques ceinturant ses bordures, le metteur en scène a l'impression que l'angoisse de sa compagne est enfin retombée, tandis que le regard de l'actrice rayonne de gratitude à l'égard de celui qui l'a emmenée avec lui. Du perron de l'ancien hospice hébergeant jadis les pèlerins et transformé depuis en *parador*, deux grooms à la chevelure d'argent se précipitent vers eux pour prendre leurs bagages. Sans se laisser dissuader par l'heure tardive ni par la fatigue évidente de ses invités, leur hôte les presse d'admirer la célèbre cathédrale : à cette heure, juchés sur le fronton entre ses clochers jaunâtres, des souverains et des saints se dressent en leur honneur. Leur guide improvisé énumère les saints patrons et les bâtisseurs du sanctuaire dans un anglais fruste mais fluide et s'extasie devant l'étendue de la place où des fidèles affluent chaque jour : nul doute qu'il s'acharne à prouver à ses invités que la sainteté du lieu où ils viennent de poser le pied ne le cède en rien à celle de leur pays d'origine.

Enchanté par la splendeur de la cathédrale et par la majesté de l'hôtel qui les attend tout à côté, le metteur en scène Yaïr Mozes se félicite de n'avoir pas décliné la requête de son ambassade et, malgré le poids des ans, d'avoir atterri dans ce pays lointain afin d'assister à une rétrospective de ses films. Mais, comme souvent au cours des dernières années, la tristesse le submerge à la pensée de son directeur de la photographie, qui épaulerait déjà sa caméra et, au cœur de cette pureté hivernale, tenterait de fixer sur la pellicule, sinon la cathédrale elle-même immortalisée un nombre incalculable de fois, du moins l'éclat de la lune dont la pâleur se reflète sur les chaînes de la place, voire l'ombre des marches massives menant à la ville ancienne. Et le metteur en scène songe que, s'il s'emportait, comme jadis, contre le gaspillage d'une précieuse pellicule, son directeur de la photographie sourirait sans un mot et arguerait que des prises de vue inopinées, sans aucun rapport avec l'intrigue ou les personnages, offraient, plus d'une fois, la possibilité d'enrichir sur la table de montage des enchaînés banals entre des scènes et d'insuffler à un film éminemment réaliste cette dimension mystique et symbolique si prisée de son ex-scénariste.

Eût-il été encore en vie que Tolédano, le directeur de la photographie, ne se serait pas tenu coi sous le flot intarissable des explications de leur hôte auquel il convenait décidément d'imposer des limites, mais il se serait écarté et, de manière à la fois furtive et ostensible, aurait gavé sa caméra affamée du profil, ou de la silhouette, voire de la seule ombre de Ruth, elle dont l'amour qu'il lui vouait avait causé la mort de Tolédano.

C'est peut-être à cause d'elle que, des années après son décès, Mozes se souvient autant de lui, car l'actrice, objet de l'amour malheureux du directeur de la photographie, est devenue, depuis, la compagne de voyage attitrée de Mozes ou, plus précisément, une « figure » qu'il a prise sous son aile. À cette heure, la voilà sous sa protection, vêtue d'un manteau à poils râpé, un peu courbée, presque recroquevillée mais, malgré les traces laissées par les ans, elle demeure attirante, alors que son attention bienveillante, qui paraît sincère même quand elle ne l'est pas, encourage le déluge verbal nocturne qu'il convient d'endiguer, une fois pour toutes.

L'invité agrippe le bras de son hôte dont il a oublié le nom à force d'épuisement : « Oui, cher monsieur... votre cathédrale est digne d'éloges, et j'espère que, demain, elle n'aura pas songé à déserter son esplanade, de sorte qu'au cours des trois jours de notre séjour nous aurons du temps à profusion pour nous en émerveiller. » Individu râblé de type celtique, chauve à la face lunaire, le directeur des archives cinématographiques sourit, tout en répétant son nom sur un ton modeste et non moins ferme : Juan de Viola. Mais il met en garde Mozes contre l'illusion d'une « profusion de temps ». Le programme de la rétrospective, qui n'a pas encore été communiqué aux invités, est surchargé ; deux films au moins seront projetés chaque jour, sans compter les repas et les débats. Car la curiosité à l'égard du cinéma de l'État juif est aiguisée non seulement aux archives mais encore à l'institut ; d'ores et déjà, les questions de professeurs et d'étudiants déjà familiers de l'œuvre de l'Israélien s'accumulent, et nul doute que s'y ajouteront celles de simples amateurs.

– 2 –

À l'occasion de certaines rétrospectives, deux chambres sont réservées pour le metteur en scène et l'actrice car leurs biographies respectives sur Internet laissent la teneur réelle de leurs relations dans un flou énigmatique. En revanche, certains organisateurs ne prévoient délibérément qu'une seule chambre d'hôtel, soit en se fondant sur la rumeur, soit par simple souci d'économie. Chaque fois qu'on leur propose deux chambres, le réalisateur et l'actrice les acceptent puis les utilisent selon leur humeur, mais ils s'y résignent de bon gré quand on leur en attribue une seule.

Dans cet hôtel historique où chaque recoin témoigne du souci esthétique de transmuer un lointain passé médical en luxe confortable, les invités ont reçu une vaste chambre sous les combles où de grosses poutres forment la charpente à la savante architecture. Les meubles anciens sont briqués à l'encaustique cuivrée ; les rideaux de velours sont festonnés avec une passementerie soyeuse assortie au tapis moelleux. Dans les armoires murales ouvragées, les attendent de larges étagères et une pléthore de cintres en bois capitonnés de tissu. Certes, il n'y a pas deux lits jumeaux, mais le lit double, sur lequel sont étendus des couvre-lits ornés de broderies rustiques, affiche des dimensions généreuses. Couverte de carreaux étincelants et équipée d'une robinetterie moderne et perfectionnée, la salle de bains est vaste, avec une baignoire géante reposant sur des pieds en céramique ; on l'a sans doute conservée comme un vestige médiéval car, à en juger par son style et ses proportions, il semble qu'en des temps reculés on y lavait deux pèlerins à la fois. Déjà, le regard inquisiteur de Ruth – qui a grandi dans une bourgade du sud d'Israël et qui aspire désormais à séjourner dans des endroits conjurant sa détresse d'alors – confirme cette magnificence et, sans plus tarder, impatiente de plonger dans un sommeil insouciant, elle se défait de ses vêtements et se love sous l'énorme édredon.

Mozes – individu de taille moyenne qui, au cours des dernières années, a laissé enfler un bedon rondelet, incongru dans sa famille, mais compensé par un bouc d'allure artiste – se montre satisfait par la chambre et le lit double, bien que le programme surchargé de la rétrospective le préoccupe un peu. Malgré l'heure tardive, il ne se hâte pas de rejoindre sa compagne endormie mais se déchausse et vaque en silence afin de ne pas la déranger. Cela fait déjà longtemps qu'il se conduit avec une tendresse particulière à son égard, d'autant qu'elle ignore encore qu'elle ne jouera pas dans son prochain film. Bien que minuit ait sonné depuis un bon moment, il ne se fie pas à sa fatigue et avale une gélule à même de calmer son anxiété. Voulant baisser un peu la température de la chambre, il ne réussit pas à dénicher la commande et il entrebâille donc la fenêtre pour que la fraîcheur hivernale aère la chambre. Surpris, il s'aperçoit que l'antique cathédrale ne règne pas seulement au-dessus de l'énorme esplanade mais que, sous son chevet, une autre place, assez large, a été aménagée au centre de laquelle, sur un socle élevé, s'élance un ange de pierre brandissant une épée sous le nez de l'invité.

Ravi, Mozes savoure l'air vif avant de refermer la fenêtre et de la calfeutrer avec le rideau de velours opaque pour éviter que la lumière matinale ne le réveille trop tôt, puis, avec des gestes précautionneux, sans effleurer le corps assoupi, il se glisse sous l'énorme édredon. Au vu de ses derniers examens sanguins, le médecin traitant de Ruth lui en a prescrit de nouveaux qu'elle a repoussés de jour en jour, malgré l'insistance de Mozes. Cependant, ce dernier pense qu'elle ferait mieux de consulter à leur retour d'Espagne. Ces résultats devraient-il révéler un problème réel qu'il aurait assez de temps pour le traiter mais, entre-temps, il convient de profiter du répit qu'offre cette escapade pour calmer cette inquiétude. La sienne d'ailleurs plutôt que celle de Ruth.

Grâce à l'interrupteur sur le flanc du lit, il efface enfin les flaques de lumière car seule l'obscurité totale parvient à chasser les effets dévastateurs de son imagination sur son sommeil. Sauf que, sur le mur attenant au lit, proche du plafond, un point lumineux récalcitrant persiste. Il éclaire un tableau dans un cadre doré ou, du moins, attire l'attention sur lui, et, tandis que Mozes hésite à se lever et à se battre contre un éclairage aussi faible, le poids de la fatigue qui s'est emparée de lui l'emporte, et il se pelotonne en position fœtale non sans distinguer dans la pénombre, d'un regard furtif, deux figures mythologiques : un homme chauve au torse dénudé, assis ou agenouillé aux pieds d'une jeune fille à la poitrine découverte. Il ôte alors ses lunettes, retire son appareil auditif, puis s'assoupit.

Ruth avait été la première à remarquer la baisse de son ouïe, après avoir noté que, pendant ses apparitions publiques, le metteur en scène haussait la voix plus que de raison et répondait parfois de travers. Certes, des amateurs polis pouvaient se satisfaire de réponses hasardeuses par complaisance pour ses films, mais les nouvelles générations posaient des questions exigeantes et pointues et se montraient impitoyables quand le réalisateur livrait une réponse incongrue. Parfois, un individu de bonne volonté se dressait au milieu du public pour reformuler la question tout en y répondant, mais un tel secours, fût-il apporté avec bienveillance, ne rehaussait pas le prestige du conférencier.

Voilà pourquoi Mozes s'était résigné à recourir à un appareil auditif qui, si discret fût-il, ne pouvait échapper à un œil exercé et révélait du coup son âge avancé. Enfoncés dans les oreilles,

les deux écouteurs laissaient échapper une brève mélodie, comme pour lui annoncer « Nous sommes à ton service » et accentuaient ainsi le vacarme environnant. Parfois, ils sifflaient ou bourdonnaient, soit qu'un autre appareil auditif planté dans une oreille étrangère leur émît un signal de connivence, soit que quelque radar militaire camouflé tentât de les identifier. Lorsqu'une pile rendait l'âme, elle annonçait son agonie par une sonnerie prolongée, têtue, impossible à ignorer, et, ainsi, pendant une conversation amicale ou en pleine conférence, devait-il retirer son appareil pour en changer les batteries.

Mais, somme toute, cet appareil avait été bénéfique à Mozes. Ses instructions à ses acteurs ou à son équipe de tournage devenaient plus claires, et, en public, il paraissait à la fois concentré et décontracté. Fait étrange, ces minuscules auxiliaires lui apprirent que la surdité n'était pas seulement une donnée physiologique mais aussi psychologique. Lorsqu'il oubliait de les introduire dans ses conduits auditifs, il se montrait cependant capable de saisir des inflexions fines, presque inaudibles, dans les propos d'autrui. De même, sa prostate, qui avait gonflé au cours des dernières années, lui avait-elle enseigné une leçon similaire : lui et elle pouvaient s'ignorer l'un l'autre pendant de longues heures, même après avoir beaucoup bu, mais, parfois, pour une raison inconnue, à cause de l'exaltation suscitée par une idée nouvelle, d'une émotion complexe, voire d'un ascenseur trop lent et trop exigu, la prostate alertait son propriétaire. Alors, si les toilettes étaient éloignées ou introuvables, il n'avait pas d'autre choix que de se précipiter dans un recoin dissimulé, derrière une voiture stationnée, ou des poubelles, ou encore des bonbonnes de gaz dans la cour d'un immeuble choisi au hasard. Un jour, désemparé, il s'était faufilé dans un jardin privé dont le propriétaire aux aguets l'avait houspillé. Mozes s'était défendu avec un sourire : « Et si je n'avais été qu'un chien des rues, tu l'aurais humilié comme ça, lui aussi ?

— Mais tu n'es pas un chien, avait rétorqué, méprisant, le bonhomme et, malgré tous tes efforts, tu ne pourrais pas en être un. » Mozes s'était reboutonné et avait déguerpi sans un mot, bien qu'il eût pu lui raconter que, au début de sa carrière de metteur en scène, il avait tourné avec son scénariste, Saül Trigano, un court-métrage surréaliste de trente minutes dans lequel un mari soupçonnant sa femme d'infidélité s'était déguisé en chien pour la filer. À leur grand étonnement, ils avaient réussi à en tirer un film qui ne fût pas une simple pochade. Le scénario élaboré et les prises de vue léchées, illustrées par une bande sonore en harmonie, avaient tiré des expressions humaines crédibles du chien incarnant le mari jaloux. Ce chien traverse encore la mémoire de Mozes : un bâtard imposant à la robe jaune, poilue, mélancolique, ressemblant plus à une hyène qu'à un chien, avec de grandes oreilles tombantes, sans doute le rejeton d'une antique grand-mère épagneul. Le chien était si obéissant aux directives du metteur en scène qu'il semblait que son âme canine eût assimilé la folie du mari jaloux. Après la fin du tournage, le chien s'était attaché aux basques du metteur en scène ; compagnon déroutant, fidèle, l'air perpétuellement affligé, comme si Mozes avait réussi à lui insuffler une âme humaine – puis, un beau jour, son cerbère avait traversé la rue de manière inconsidérée et s'était fait écraser.

– 3 –

L'obscurité est certes totale, mais les aiguilles de la montre, elles, ne le trompent pas : sept heures et demie et non cinq heures du matin. Morphée avait vaincu sa conscience et son anxiété et même si, pendant la nuit, un rêve étrange avait surnagé, cela ne l'avait pas préoccupé outre mesure. Yaïr se glisse discrètement hors du lit, s'efforce de ne pas provoquer de remue-ménage et, se fiant à sa seule mémoire, gagne à tâtons la salle de bains. Aussitôt, sa compagne, encore endormie mais déjà consciente, annexe d'instinct les zones libérées du territoire évacué.

D'une lucarne de la salle de bains, il peut apercevoir des passants déambuler le long de la muraille de la cathédrale. Au premier jour de la rétrospective, avant le début des hostilités, il convient de prendre encore un peu de repos. Des rais de lumière s'infiltrent jusqu'au lit et dorent les pieds de l'actrice dépassant de l'édredon qui a un peu glissé. Mozes les recouvre, puis se concentre sur la reproduction accrochée au mur. Son regard rapide de cette nuit était superficiel et trompeur. Le peintre avait sans doute voulu illustrer une mystérieuse scène mythologique – non le désir d'un vieillard pour une jeune femme mais celui d'un homme famélique et désespéré. Le vieil homme musculeux est bien évidemment un captif car ses mains sont liées dans le dos et ses pieds nus et sales viennent, semble-t-il, d'être détachés des fers posés à côté de lui. Ses geôliers l'ont à ce point affamé qu'il est attiré par la poitrine charitable de la jeune femme nourricière qui guide, avec précaution, sa tête pelée jusqu'à son sein ivoirin.

Mozes cherche le nom du peintre et ne trouve que ces mots écrits en caractères italiques : *CARITAS ROMANA*. « Charité romaine ». Tel l'éclair, une question surgit : Trigano connaissait-il cette scène étrange et osée, accrochée par hasard dans cet hôtel de Galice, en Espagne ? Se peut-il que, dans les premières lueurs du matin, Mozes découvre ainsi, avec une simplicité déconcertante, à Saint-Jacques-de-Compostelle, la source cachée, l'étincelle qui avait embrasé l'imagination de son scénariste, jeune homme doué, quasi-génie doublé d'un fieffé têtu, ignorant le compromis, et qui, à cause d'une scène annulée dans le film que Mozes avait mis en scène, avait rompu ses relations non seulement avec le réalisateur mais encore avec son amie et compagne ? Depuis, cette dernière dépend de Mozes, non qu'il s'y sente obligé mais comme une préoccupation constante. Ce tableau mythologique avait-il inspiré à Trigano cette scène démente, destinée à bouleverser le public à la fin de leur dernier film commun ?

Le lieu choisi pour le tournage de cette scène était situé dans une rue écartée, non loin du port de pêche de Jaffa. Le temps pluvieux de cette journée-là s'harmonisait à l'atmosphère lugubre du film. Le directeur de la photographie et l'ingénieur du son, la maquilleuse et le chef décorateur avaient déjà achevé leurs préparatifs, et, malgré l'endroit isolé, une foule assez dense s'était attroupée autour du plateau. En Israël, au début des années soixante-dix, le tournage d'un film en extérieur représentait encore un événement exceptionnel, et les badauds étaient fascinés comme par les tours de passe-passe d'un prestidigitateur. Mozes n'avait pas oublié cette fameuse matinée, malgré les nombreuses années écoulées depuis, car, ce jour-là, la collaboration avec son scénariste s'était brisée net. Au coin de la rue, un vieux mendiant en haillons était assis sur un tabouret – un comédien réputé du Théâtre national. Mozes tenait qu'à la fin de son film, dans la dernière séquence, n'apparaisse pas un figurant anonyme mais un comédien célèbre, susceptible de surprendre les spectateurs et de marquer leur mémoire sous la défroque d'un mendiant misérable. De son côté, le comédien avait exigé qu'on ajoute une touche intellectuelle à son rôle, soit à l'aide d'un chapeau claque pour recueillir les aumônes au lieu d'un simple couvre-chef, soit à l'aide d'une pipe dont la fumée s'échapperait de ses lèvres. Après ses ultimes directives, Mozes avait senti monter la tension vaniteuse du comédien chevronné à la perspective du contact sensuel avec les seins de la jeune actrice, d'autant que cette scène serait sûrement répétée plusieurs fois afin de pouvoir garder au montage la prise la plus remarquable par sa véracité. Malgré son originalité, la scène n'était pas difficile à tourner : Une femme jeune, venant de quitter une clinique privée d'obstétrique après avoir confié son enfant à l'adoption, erre à travers les rues, l'âme en peine, aperçoit un vieux mendiant, ôte son manteau, sort un sein et l'allaite.

Or, à cause de la violente querelle qui avait éclaté ce matin-là, tous les détails les plus anodins demeurent gravés dans la mémoire de Mozes. Le manteau noir râpé que Ruth portait. Son visage maquillé de manière à lui donner une mine maladive et ravagée. La porte métallique rouillée d'une maison abandonnée, choisie comme porte de la clinique. Par-dessus tout, il se souvient de la détresse de la jeune actrice. Tolédano avait filmé à plusieurs reprises sa sortie de la clinique, mais Mozes sentait que quelque chose effrayait sa comédienne. Ses gestes se faisaient de plus en plus hésitants, mécaniques, comme si tout son être se révoltait contre la scène écrite à son intention par son compagnon. Au début, Mozes avait supposé que les regards des curieux la gênaient et avait donc suggéré de filmer la scène derrière un paravent. Mais ce n'était pas la présence d'étrangers qui la contrariait car elle avait déjà eu l'occasion de se dénuder devant la caméra, et, parfois, Mozes avait même eu l'impression qu'elle y prenait un certain plaisir. Le contact des lèvres du vieux comédien sur ses seins, non plus, ne lui répugnait pas. Non, elle se rebellait de toute son âme à la pensée de cette impulsion absurde de la part d'une jeune fille malheureuse venant de confier son nourrisson à l'adoption : allaiter un vieillard inconnu. Cependant, à cause de la tyrannie spirituelle que Trigano exerçait sur elle, Ruth avait choisi d'échapper à cette scène par un fait accompli, sans s'embarrasser d'explications. Alors qu'elle approchait du coin de la rue, la caméra dans son dos, elle s'était ruée tout à coup dans le camion de la production, avait fermé la portière, remonté la vitre et s'était enfermée dans la cabine.

Spontanément, Mozes avait admis la réticence de l'actrice et, malgré l'incident inattendu et le soin apporté aux préparatifs de cette scène, il avait enjoint à un Tolédano exaspéré, qui attendait tant de cette prise, de poser sa caméra, de faire éteindre les projecteurs et de démonter le rail de travelling. Comme il était, à cette époque, non seulement metteur en scène mais aussi producteur, il s'était précipité vers le comédien du Théâtre national pour lui annoncer l'annulation de sa scène et lui payer, sur-le-champ et en espèces, le cachet promis. Il se souvient encore du visage cramoisi de l'histrion éconduit et humilié, qui avait incarné dans le passé plusieurs rôles classiques au théâtre mais qui, ces dernières années, n'avait trouvé aucun emploi et avait donc besoin de jouer, fût-ce dans des rôles mineurs, pour confirmer sa valeur, au moins à ses propres yeux. Au début, le comédien avait tenté de vérifier si l'actrice le repoussait, lui, mais après que Mozes l'eut rassuré – l'actrice doutait que cette scène fût vraisemblable et nécessaire –, le comédien avait lâché une injure, jeté la pipe allumée dans le chapeau claque et exigé qu'on lui appelle un taxi. Un ou deux ans plus tard, en lisant un faire-part de deuil relatant son décès, Mozes s'était demandé si la cruelle déconvenue qu'il avait subie, en cette matinée pluvieuse, n'avait pas précipité sa fin.

Trigano n'avait pas accepté cette altération de son scénario et s'était rué sur sa compagne pour la convaincre de reprendre la scène. Sûre qu'il avait le pouvoir de vaincre son refus et de la ramener au rôle écrit pour elle, elle avait tout bonnement décidé de l'ignorer ; elle avait masqué son visage de ses mains et même refusé de baisser la vitre. Ne s'attendant pas à une telle rébellion, Trigano avait commencé à marteler la vitre, comme s'il voulait la briser, mais Ruth n'avait pas cédé, elle s'était glissée au pied du siège et recroquevillée sur le plancher. Désireux de mettre un terme à la fureur du scénariste, Mozes s'était empressé d'assumer la responsabilité de la scène perdue. Viens, on va chercher une autre fin, avait-il suggéré, quelque chose de plus humain et de plus raisonnable, qui reflète de la compassion, rien de provocant... Et, bien qu'il sût qu'il blessait l'orgueil de son disciple et collaborateur, il s'était laissé aller jusqu'à protester contre l'impression de banalité et d'ennui qui le submergeait chaque fois qu'on lui imposait de tourner des situations malsaines et tordues, au demeurant de plus en plus nombreuses dans ses scénarios. Il avait choisi à dessein des mots cinglants – « ennui » plutôt que « difficulté », « banalité » et non « bizarrerie » – propres à ébranler la confiance en soi de son jeune collaborateur. Or c'était Trigano, jadis le disciple bien-aimé et fidèle de Mozes, qui lui avait insufflé l'ambition qu'ensemble ils seraient capables de réaliser des œuvres novatrices et qui l'avait convaincu de passer de l'enseignement à la réalisation. Brusquement, après une série de films en commun, le maître exprimait son scepticisme non seulement à l'égard de la valeur artistique du travail de son disciple mais encore de son éthique.

Depuis ce matin-là, l'humiliation de Trigano s'était changée en haine muette et absolue ; aucune collaboration entre eux n'était possible désormais. À dire vrai, des discussions et des différends les avaient déjà opposés, que ce fût sur le choix des personnages ou la nature de leurs rapports, sur le contenu ou le style des dialogues, voire sur l'angle de prise de vue spécifié dans le scénario. Cependant, leur association fructueuse persistait ; elle leur avait déjà permis de tourner six films, certes peu rentables, mais singuliers et originaux, qui avaient emporté l'adhésion de cinéphiles dont l'opinion comptait à leurs yeux. Or, après la rébellion de l'actrice pendant le tournage de leur septième film, alors que le scénariste pensait que cette scène justifiait à elle seule tout le film, et que le metteur en scène n'eut pas réussi à la faire revenir devant la caméra mais, au contraire, eut appuyé son refus, Trigano, estimant qu'il était dans son bon droit, s'était empressé de rompre leur collaboration. Car il était entendu entre eux qu'ils pouvaient débattre du scénario pendant son élaboration, mais, le tournage commencé, le metteur en scène devait rester fidèle à la version écrite.

Même si de nombreuses années s'étaient écoulées depuis et qu'ils s'étaient éloignés désormais l'un de l'autre, Mozes souffrait encore de cette rupture et croyait que le scénariste, lui aussi, en éprouvait la cicatrice, fût-il trop orgueilleux pour l'avouer.

Depuis que leurs chemins s'étaient séparés, Mozes avait continué à tourner des longs-métrages, au début à partir de scénarios rédigés par d'autres, ensuite, dès qu'il connut le succès, sur la base de scénarios tirés de son imagination ou de romans. Tandis que le scénariste, lui, avait été réduit à bricoler des courts-métrages ésotériques, à moitié documentaires, et, après que ses nouveaux associés eurent révélé leur manque de flair et plongé la production dans des difficultés financières, il avait cessé net d'écrire et commencé à enseigner.

Mozes éprouve parfois l'envie vague de renouer ses relations avec lui mais il y renonce. Se réconcilier après une rupture s'avérerait plus malaisé qu'après une franche explication à la suite d'un différend. Lorsqu'ils se croisaient par hasard dans des réunions publiques, des festivals ou des séminaires, ils avaient le plus grand mal à échanger quelques propos anodins, dénués d'émotion, dont la froideur illustrait le fossé profond creusé entre eux. Mozes avait d'abord pensé que Trigano s'était séparé de lui parce qu'il avait blessé son amour-propre professionnel mais, constatant que le scénariste avait abandonné aussi sa bien-aimée et compagne, il avait compris que l'orgueil fulminant de Trigano ne s'était pas déchaîné uniquement parce que le metteur en scène avait accordé une importance exagérée au refus d'une comédienne répugnant à se plier à une exigence malsaine du scénario. Non, c'était surtout à cause de la sensibilité excessive témoignée par un étranger envers une femme dans la détresse, que Trigano considérait comme entièrement sous sa coupe. Car, si Mozes n'avait pas succombé au charme de cette femme affolée, il est évident qu'il n'aurait pas été jusqu'à renoncer à une scène qu'il se montrait auparavant si disposé à tourner – scène jusque-là inédite à l'écran. Alors même que le directeur de la photographie, Tolédano, épris de Ruth, avait mis en place l'éclairage et sa caméra en sorte que la fin du film, au moment où la tête du mendiant repose sur ses seins, irradie un érotisme délicat et éveille ce vague à l'âme qui gagnait le spectateur, à cette époque, lors de chaque apparition de Ruth.

À présent, le nez sur la *Charité romaine*, Mozes balaie l'éventualité que Trigano en ait eu connaissance, ou d'un tableau similaire, avant d'avoir imaginé cette scène. Lorsque Saül Trigano étudiait dans sa classe, il se fiait davantage à son imagination qu'à son savoir, lequel était, de toute façon, flou et brouillon. Or Trigano n'avait pas choisi un prisonnier âgé dont les mains auraient été liées dans le dos sans pouvoir toucher la femme qui lui témoignait sa compassion, mais un vieux mendiant au coin d'une rue caressant, tel un bébé, le sein nourricier.

– 4 –

S'éveillant peu à peu, Ruth s'étire dans les draps en une sorte de diagonale dont le message est explicite : Mon ami, ne t'avise pas de retourner au lit. D'autres compagnons auraient sans doute donné une interprétation inverse à cette diagonale en forme d'invite : Viens, ma tête t'attend sur ton oreiller. Néanmoins, la version négative de Mozes avait déjà prouvé sa pertinence. En effet, il ne s'approche jamais d'elle sans qu'elle l'y incite, et elle ne le demande que lorsque lui-même lui indique qu'il a la faculté, et le désir, d'y répondre. En fait, Ruth n'est pas sa compagne dans la vie mais uniquement en voyage ou, plus exactement, une « figure » récurrente dans ses films à laquelle il accorde sa protection. Ils n'ont jamais habité sous le même toit ; elle possède son propre cercle étanche d'amis et d'amants. Elle tire un revenu modeste de son travail d'animatrice de cercles d'art dramatique dans des jardins d'enfants et des écoles primaires et, de ce fait, ne dépend pas des rôles que Mozes ou d'autres réalisateurs lui réservent. Certes, ces derniers temps, malgré ses années d'expérience et sa beauté encore spectaculaire, les sollicitations se font plus rares. Et comme son incapacité à mémoriser de longs textes lui interdit le théâtre, Mozes s'efforce de lui trouver des rôles secondaires dans ses films et de la recommander à des confrères, souffrant que sa carrière s'achève sur des pubs pour des compagnies d'assurances ou pour des produits bio... Or les ressources spirituelles de Ruth ne sont pas infinies. Au foyer paternel, il n'y avait aucun livre qui ne fût pas de piété ni aucun disque qui ne fût pas de chansons folkloriques. Sa mère était morte en couches, et son père, homme élancé, taciturne, jadis rabbin estimé dans une petite communauté de Debdou, bourgade de l'Est marocain, avait perdu ses ouailles en arrivant en Israël et, afin de subvenir à ses besoins et d'élever seul sa fille unique, avait dû se résoudre à travailler sur des chantiers de reboisement. Aussi, lorsque Trigano s'était intéressé à son sort et avait décidé de prendre en main son avenir, son père l'avait-il confiée, l'esprit en paix, à ce jeune homme dynamique qui avait mis fin aux études de sa bien-aimée avant même le baccalauréat, avec la ferme conviction que ce que lui-même avait appris nourrirait de toute façon sa bien-aimée.

Désireux d'y voir plus clair, Mozes se contente d'écarter le rideau pour examiner de nouveau le tableau à la lumière du jour, avant de décider d'attirer l'attention de Ruth sur la scène peinte, au risque de réveiller, peut-être, un souvenir douloureux, ou de la laisser la découvrir par elle-même. Cependant, le soleil hivernal tarde à se lever sur la région la plus occidentale de la péninsule Ibérique, et, grâce à la faible lueur infiltrée dans la chambre, il remarque que les pieds de Ruth sont découverts et qu'elle les frotte l'un contre l'autre pour trouver un peu de chaleur. Il tire l'édredon et les recouvre soigneusement. Malgré les nombreuses années passées, il n'a pas oublié les compliments que leur avait décernés un peintre âgé, venu trois fois en un seul jour regarder le premier film dans lequel elle jouait.

Cela se déroulait pendant les années soixante, dans un petit cinéma du nord de Tel-Aviv spécialisé dans des films d'art peu conventionnels, surtout étrangers, et, parfois même, sans sous-titres. Des films israéliens d'avant-garde, à l'ambition ostensible, n'ayant pu trouver le chemin des grandes salles, étaient même invités à y tenter leur chance, et c'est ainsi que Mozes et ses collaborateurs y furent conviés pour présenter leur film.

Dans la plupart de ses premiers films, Ruth jouait des rôles de premier plan car, amie du scénariste, elle était à la disposition gratuite de la production. Et comme le metteur en scène et le directeur de la photographie voulaient connaître eux-mêmes les réactions du public, ils se glissaient dans la salle en spectateurs anonymes pendant certaines séances, mais sans l'illusion d'y recueillir de réaction enthousiaste. Ces films étaient modestes, réalisés avec des bouts de ficelle, même si leur contenu audacieux dégageait un relent surréaliste susceptible de captiver des spectateurs exigeants.

Au début de la première projection de ce film-là, à trois heures de l'après-midi, ils avaient remarqué un spectateur âgé à cause du chapeau qu'il gardait sur la tête. Peu de spectateurs avaient quitté la salle pendant la projection, et l'homme au couvre-chef avait suivi le film de bout en bout. Lorsque les lumières furent rallumées, quelqu'un avait repéré les auteurs du film et les avait arrêtés pour leur faire part de ses impressions, et c'est ainsi que, bien que Mozes voulût connaître sa réaction, l'homme au chapeau avait réussi à s'éclipser. Or, à leur grande surprise, il était revenu à la séance en soirée. Alors que l'obscurité se faisait dans la salle, le couvre-chef de l'après-midi s'était dressé à nouveau et, après que quelqu'un lui eut demandé de l'ôter, il avait découvert un crâne dégarni et luisant. À ce moment-là, Mozes et Tolédano étaient déterminés à élucider ce qui incitait cet homme à revoir ce film le même jour, mais, avant même le mot « fin », il avait disparu à la faveur de l'obscurité. Leur stupéfaction s'accrut en le voyant s'installer pour la troisième projection, à neuf heures du soir, au dernier rang, sans doute pour garder son chapeau. Avant que la salle fût rallumée, le metteur en scène et le directeur de la photographie lui avaient barré le passage et lui avaient demandé pourquoi il avait tenu à regarder un film aussi immature trois fois dans la même journée.

L'homme avait d'abord tenté de se dérober puis avait consenti bien vite à répondre. Il s'était présenté comme peintre, son langage élaboré témoignait de sa culture et de sa sensibilité. Il avait disséqué le film de manière approfondie, plan par plan, relevé les qualités et les faiblesses et, bien que ses réserves fussent nombreuses et argumentées, il n'avait pas fait l'économie de quelques encouragements pour l'avenir. Cette réponse méticuleuse avait précisément interloqué les auteurs : Si ce film comptait tant de faiblesses, quel sens cela avait-il de le revoir trois fois ? Aussitôt le peintre s'était mis à bafouiller, puis il avait avoué qu'il avait été ému par la jeune actrice, et c'est pourquoi il était revenu pour graver son image dans son esprit car il n'était pas sûr de la revoir à l'écran. Ces louanges leur avaient paru incongrues : ne venait-il pas de critiquer son jeu ? Certes, mais il n'avait pu résister à son charme trois fois de suite... Le directeur de la photographie avait exigé une explication plus précise, ne fût-ce que pour savoir comment conserver cette séduction à l'avenir. Alors, en des termes techniques rigoureux, le peintre avait analysé cette sensualité, esquissé avec des gestes de la main la tournure de son visage, énuméré les changements d'expression de son regard, s'était extasié de la grâce avec laquelle elle s'asseyait, de la légèreté de sa démarche et, surtout, de la forme parfaite de ses « pieds divins » – c'étaient les mots qu'il avait employés dans la pénombre du hall. Mozes avait éprouvé une brusque répulsion devant l'épanchement quasi libidineux de ce vieillard dégageant une odeur de moisi. Mais le directeur de la photographie avait bu chaque mot, comme s'il lui était possible de traduire désormais ce désir du peintre, sensuel et pointilleux à la fois, en éclairages et en cadrages appropriés.

L'amour platonique de Tolédano pour l'actrice, alors liée corps et âme au scénariste, s'était-il embrasé à ce moment-là ? Car, même après que Tolédano se fut marié, il ne manquait jamais de rappeler à Mozes, sur un ton mi-blagueur mi-sérieux, les remarques de « l'homme au chapeau » afin qu'il fasse de son mieux pour concevoir ses plans de manière à ce que ce « charme » ne s'évente pas. Au bout de nombreuses années, alors que Trigano l'avait abandonnée, le directeur de la photographie était resté fidèle à Ruth et, si elle ne trouvait pas de rôle auprès de Mozes ou d'autres réalisateurs, il se souciait de lui procurer un rôle dans des publicités où il avait tout loisir de filmer son « charme » déclinant sous l'angle qu'il pouvait choisir. Un jour, essayant de la filmer du haut d'une falaise étendue à demi nue sur une plage, il trébucha, tomba dans le vide et s'écrasa au sol, récoltant une grave blessure qui le paralysa à vie.

– 5 –

Le velours noir du rideau pâlit de plus en plus, et la faim commence à réclamer son dû. Oiseau de nuit incorrigible, Ruth tarde d'habitude à se mettre au lit comme à en sortir. Mais, puisque cette rétrospective requiert de longues heures de présence, il convient de profiter au plus tôt de la matinée pour vagabonder dans cette ville de pèlerinage. Mozes se garde de toucher la femme endormie et se contente de tirer entièrement le rideau puis d'ouvrir la fenêtre pour que la lumière et l'air vif la réveillent à sa place. En sortant de la salle de bains, fleurant bon le parfum que l'hôtel met à la disposition de ses clients, il la trouve à paresser sous l'édredon, les yeux rieurs, et, comme elle sait à quel point il se montre friand des plantureux petits-déjeuners d'hôtel qui lui offrent la compensation la plus sûre et la plus satisfaisante à ses périples, elle l'encourage à la devancer et à ne pas se torturer à l'attendre. Ces derniers temps, Mozes a pris l'habitude d'imaginer ses repas, de même qu'avec sa propension au style naturaliste et méticuleux, il prolonge les scènes de repas dans ses films et exige de la production de fournir une nourriture variée et appétissante, et non des ersatz en carton-pâte, tout en enjoignant aux cadreurs de focaliser les assiettes et les verres pleins et de ne pas se contenter de plans éloignés de la table. Au cours de ces scènes, il demande à ses personnages de larder les dialogues, émotionnels ou intellectuels, d'improvisations originales sur les aliments qu'ils ingurgitent. « Vous n'êtes pas des chiens incapables d'émettre un jugement sur ce que vous avalez, a-t-il coutume de titiller ses comédiens, mais des êtres doués de raison, et, si je vous mets en demeure de comprendre ce qui sort de votre bouche, j'en fais autant pour ce qui y pénètre... »

Pour sa part, il se tait pendant ses repas. Avec les années, convaincu du bien-fondé de la solitude et d'un programme quotidien réglé, il ne s'ennuie jamais à divaguer en silence au fil de ses pensées et de ses projets. Surtout devant un petit-déjeuner aux goûts et couleurs si riches comme celui qui se révèle sous ses yeux, dans la salle à manger au sous-sol de cet hôtel historique. À l'entrée, un minuscule panneau informe les clients que cette salle servait jadis, à l'époque de la Renaissance, de réfectoire aux médecins qui exerçaient en bénévoles à l'hospice. Et il trouve certes plus agréable de se restaurer en compagnie de médecins plutôt qu'avec des malades, tandis que l'uniforme traditionnel des serveuses excite non seulement sa curiosité mais encore ses papilles. Il cherche du regard une table convenable pour prendre un repas abondant, mais avec toute la décence possible, et c'est alors qu'il aperçoit une femme plus très jeune, hésitante, tel un chétif oiseau, s'approcher et lui annoncer qu'elle a été déléguée par les archives cinématographiques et l'institut du cinéma pour lui servir de guide pendant la première journée.

S'il l'envoyait l'attendre au salon, son repas s'en trouverait forcément bâclé. Néanmoins, il n'entend pas, non plus, offrir le spectacle d'une gloutonnerie égoïste. Aussi l'incite-t-il à l'accompagner à sa table. « Avant que ma compagne de voyage nous rejoigne, lui dit-il, indiquez-moi ce que la cuisine galicienne a de plus délicieux, afin que je ne rate pas ce qu'elle a de plus savoureux et que je ne perde pas mon temps avec des aliments fades. » La guide se montre un peu gênée par l'invitation, mais, devant son allure si frêle, Mozes se permet de la conduire en la tenant délicatement par le bras jusqu'au buffet aux multiples présentoirs et plateaux, et même de lui glisser une grande assiette dans la main ; elle cède de bon gré, lui énonce les noms de mets inconnus, tout en détaillant en experte leurs avantages et inconvénients. Obéissant à ses conseils, Mozes accumule de minuscules œufs de colombe, des poissons marinés puisés dans un ravier bleuâtre et tout un assortiment de viennoiseries dorées en forme de coquillages, tandis qu'elle-même, convaincue par sa propre éloquence, se laisse tenter par un choix non négligeable de ses propres préconisations. La guide-oiselle s'appelle Pilar Carballo et, à l'en croire, elle enseigne l'animation à l'institut du cinéma ; malgré son poids plume, ou peut-être en est-ce la cause, elle se révèle une gloutonne expéditive et efficace, ou alors c'est qu'elle est arrivée le ventre vide. Tous deux se rassasient avec un plaisir partagé, et, afin que le bon déroulement de sa dégustation ne soit pas gâché, Mozes ne cesse de lui poser de brèves questions d'ordre général concernant l'institut et son personnel, la ville et ses habitants, pour que son invitée lui réponde longuement, lui laissant tout loisir de continuer à manger. En effet, Pilar lui répond d'abondance et, ce faisant, lui révèle le programme de la première journée.

Comme prévu, le programme est chargé : une première visite à la cathédrale qui, du fait de son importance, mérite sans conteste des visites ultérieures. De là, ils se rendront à une visite protocolaire auprès du maire qui a promis, lui aussi, d'assister à une projection pendant la rétrospective de l'Israélien. De la mairie, ils devront retourner à la cathédrale pour visiter le musée de la crypte et, s'il reste du temps, ils en profiteront pour découvrir un peu la vieille ville. À midi, un déjeuner-débat aura lieu avec les professeurs de l'institut cinématographique et les employés des archives. À quinze heures, projection du premier film suivie d'un débat ; à dix-huit heures, deuxième film, puis un débat ; et, à vingt et une heures, projection du troisième film, et débat. Vers minuit, on clôturera la première journée par un dîner dans un restaurant gastronomique.

« Pas question ! tranche Mozes en effleurant le bras de l'oiselle. On n'ira pas jusque-là. Vous oubliez mon âge ?

— Pourquoi l'aurais-je oublié ? minaude-t-elle avec un sourire espiègle. Nous avons lu votre biographie. » Et, comme preuve, elle extrait de son sac une feuille froissée arborant une photo ancienne de Mozes au-dessus de son curriculum vitae en espagnol.

« Non, proteste Mozes, c'est bien trop tard pour de telles agapes. Ne serait-il pas possible d'intercaler ce dîner entre le deuxième et le troisième film ?

— Impossible car, dans ce genre de restaurant, la pause entre les deux films suffirait à peine au hors-d'œuvre.

— Eh bien, contentons-nous du hors-d'œuvre et, peut-être, d'un dessert léger. Qu'y puis-je, Pilar, c'est comme ça qu'on m'a éduqué : la nuit est faite pour dormir, non pour manger. »

Étonnée, elle hausse les épaules, comme pour lui faire comprendre que les nuits d'Espagne sont longues et que se nourrir et dormir ne sont pas des activités contradictoires. Brusquement, elle se détourne, les yeux brillants, se lève et fait signe à Ruth, qui les cherche du regard, de les rejoindre. « Voici votre compagne de voyage, dit-elle, se fondant avec précision sur sa biographie. Quel bonheur de rencontrer enfin dans la réalité et pas seulement à l'écran un personnage qu'on admire. »

Les deux femmes s'étreignent et s'embrassent comme deux amies d'enfance. Au cours des dernières années, Mozes a remarqué que Ruth n'hésite pas à se jeter au cou de ceux qui s'émeuvent encore de la rencontrer, peut-être pour récompenser leur sympathie avant de se voir oubliée. Mozes dépose sa serviette sur son assiette et accroche son foulard à son siège, pour signaler son retour imminent, et se hâte de grimper dans la chambre que Ruth a pris soin de ranger. Il examine à nouveau la *Charité romaine*, dans l'espoir de découvrir enfin l'auteur du tableau. En vain.

Avant de revenir dans la salle à manger, il se renseigne auprès du concierge sur la reproduction accrochée à côté de son lit. Le nom du peintre, la date de l'original, le musée qui l'expose... Le concierge note le numéro de la chambre et l'emplacement précis du tableau ainsi que quelques détails sur son contenu ; Mozes lui décrit la scène du mieux qu'il peut.

« Si le tableau vous embarrasse, monsieur, nous pouvons le changer avant midi.

— Non, surtout pas, j'aime bien ce tableau, mais il m'intrigue beaucoup. »

Difficile d'obtenir beaucoup de renseignements au pied levé, mais le concierge promet d'interroger le directeur du musée de la cathédrale.

De retour à sa table, il commande une autre tasse de café. Les deux femmes sont tout à leurs effusions. « Bon, bon, les presse Mozes, allez, on y va, et d'abord, la visite de la cathédrale. »

Au préalable, Ruth exige d'être informée : « Excusez-moi, quels films avez-vous choisis pour notre rétrospective ? »

Comme d'habitude, la voilà qui confond son existence avec celle du metteur en scène.

« Quelle importance ? s'interpose-t-il en hébreu. De toute façon, nous les connaissons tous.

— Mais si nous devions les expliquer ou même nous défendre...

— "Nous défendre" ? rétorque Mozes en lui caressant affectueusement le bras, surpris par cette expression inattendue. Tu veux dire : en débattre. Et même si nous devions nous défendre ? Nous ne pourrions plus défendre ce que nous avons créé ? »

Pilar déplie un papier portant les titres en espagnol des trois films projetés ce jour-là, improvisant une traduction libre en anglais ; stupéfaits, les invités ne reconnaissent aucun de leurs films. « C'est quoi, ces titres ? » rient-ils, étonnés. « Vous êtes sûre que ce sont nos films ? » l'interroge Mozes.

On a l'habitude ici de prendre des libertés avec les titres des films pour leur en attribuer d'autres, plus attractifs aux yeux du public local. Il faut donc quelque perspicacité et de l'imagination pour reconnaître les anciens titres sous la couche des nouveaux. Non, pas d'erreur. Ce sont vraiment les films de Mozes, mais ceux de ses débuts, des films anciens, oubliés, auxquels Trigano était associé dans le moindre détail.

« Pourquoi avez-vous choisi mes films les plus anciens ?

— Pour vous, ils sont anciens, répond Pilar, mais pas pour nos archives qui possèdent même des films muets dans lesquels la mère de De Viola, notre directeur, a joué.

— Est-elle toujours en vie ?

— À peu près... Mais si elle est en forme, elle vous remettra elle-même le prix qui vous a été promis. »

– 6 –

En pénétrant sur l'immense esplanade dont la splendeur nue, à la lumière du jour, ne le cède en rien à sa majesté nocturne dépouillée, Mozes lance à Ruth : « Eh bien, s'ils ont choisi ces films pour la première journée, cette fois, nous n'aurons pas de temps pour des achats pendant la projection car nous allons devoir rester dans la salle et nous souvenir de tous les détails. Sinon, nous ne pourrons pas répondre aux questions du public. »

L'atmosphère est lumineuse et froide. La place dallée est ceinte de palais impressionnants dont Pilar égrène les noms : le palais Raxoy, où le maire doit les recevoir d'ici peu et, à côté, le collège Saint-Jérôme, siège du recteur de l'université qui, lui aussi, s'efforcera d'honorer de sa présence une séance. Et, bien sûr, la cathédrale gigantesque, érigée sur les vestiges d'une antique église romane, avec ses deux clochers des deux côtés du parvis auquel on accède par deux volées de marches moussues et usées, étagées en rampes doubles, escarpées et épuisantes. Amateur de cathédrales européennes, Mozes goûte cette lente escalade jusqu'au parvis surélevé. Sur sa façade nord est érigée la statue de saint Jacques, saint patron de l'Espagne, apôtre de Jésus et frère de Jean l'Évangéliste, dont les ossements rapportés en ce lieu jouissent d'une suprême aura de sainteté et, depuis le Moyen Âge, attirent des pèlerins accourus du monde entier pour y chercher bénédiction et guérison.

Aussi, contrairement à de nombreuses cathédrales d'Europe où n'officie parfois que quelque curé africain ou coréen servant la messe devant une poignée de travailleurs immigrés et quelques femmes du cru, cette cathédrale grouille de touristes qui, dès leur entrée, se transfigurent en pèlerins dévots : ils se prosternent, se signent et entonnent des hymnes suaves au cours des messes se succédant dans de petites chapelles. La file des fidèles en quête de réconfort auprès du sépulcre blanchi serpente devant les escaliers menant à une niche contenant les reliques du saint. Comme la guide-oiselle ignore si ces juifs ont besoin du secours d'une foi différente et rivale de la leur, elle se contente de les conduire le long des rangées de statues, en s'attardant, ici ou là, devant l'une d'elles ou un vitrail pour en expliquer la singularité.

Impossible de ne pas remarquer à quel point les confessions battent leur plein. Bien plus nombreux que dans la plupart des cathédrales, des confessionnaux sont disposés le long des deux collatéraux. Et il est tout aussi surprenant de constater que, en cette heure matinale, ces confessionnaux sont déjà occupés par des prêtres en soutane, les uns dissimulés derrière des rideaux, d'autres à découvert, attendant patiemment d'éventuels pénitents en feuilletant des livres qui semblent à Mozes, à travers les grillages de ces isoloirs, des romans plutôt que des bréviaires.

Mozes exprime son étonnement devant la vitalité déployée là par une pratique religieuse qu'en toute naïveté il croyait obsolète. « Obsolète ? se récrie Pilar, pas en Espagne, et encore moins dans cette cathédrale ! » Tout à coup, son visage s'empourpre, tandis qu'une lueur espiègle traverse son regard : « Les invités israéliens désireraient-ils se confesser ?

— Je ne repousse pas cette éventualité, sourit Mozes, mais, avant cela, il convient que je mette un peu d'ordre dans mes péchés.

— De l'ordre ? Comment cela ?

— Distinguer, par exemple, mes péchés personnels de mes sacrilèges professionnels, pour lesquels j'aurais besoin d'un prêtre cinéphile... Mais, au fait, est-il possible de recevoir la confession d'un non-chrétien ou d'un athée ?

— On peut recevoir la confession de quiconque mais sans

lui accorder l'absolution de ses péchés, répond Pilar sur un ton aussi suave que péremptoire, et ne vous étonnez pas de trouver ici un prêtre qui soit aussi cinéphile.

— Dans ces conditions, je suis prête, moi aussi, à me confesser devant lui », intervient Ruth, que la possibilité d'une confession à des milliers de kilomètres de la mère patrie ravit, sauf que son anglais boiteux ne garantit pas qu'elle puisse avouer correctement ses péchés.

Un sourire intérieur s'esquisse sur le visage de la guide qui, sans un mot, conduit ses deux invités jusqu'au chœur de la cathédrale où trône un autel imposant. Là est niché le dernier confessionnal, isolé et clos, qui semble occupé. Sans un mot d'explication, elle leur demande d'attendre en silence que le rideau soit relevé et, après qu'un homme corpulent et écarlate en est sorti en séchant ses larmes, elle s'approche avec précaution et extrait de la pénombre un prêtre malingre flottant dans sa soutane dont les yeux s'illuminent en apercevant les Israéliens. Il leur demande chaleureusement si leur chambre d'hôtel est à leur goût et si leur petit-déjeuner les a rassasiés.

Ruth le reconnaît aussitôt et l'appelle par son nom, mais Mozes est encore en proie à la stupeur de constater que leur hôte, le directeur des archives cinématographiques, Juan de Viola, fait aussi office de prêtre consacré.

« Ainsi, vous servez à la fois le cinéma et l'Église...

— Pourquoi pas ? Si la peinture et la sculpture, la musique et la poésie, le chant choral et le théâtre ont trouvé, au long des générations, protection et source d'inspiration sous l'aile de l'Église catholique, pourquoi ne pas leur adjoindre leur benjamine, le septième art, et lui inculquer la grâce de la bonté divine ? Qu'y aurait-il d'illicite à cela ?

— Rien d'illicite, répond Mozes, mais je trouve étrange qu'on ne m'ait pas averti que ma rétrospective était organisée par une institution religieuse.

— Vous avertir de quoi ? dit le prêtre en agitant sa soutane avec un soupçon de colère. Et si l'on vous avait averti, vous ne nous auriez pas honorés de votre présence ?

— Je serais venu.

— Pourquoi ne seriez-vous pas venu ? D'autant, ajoute de Viola, qu'outre l'institut et les archives, la municipalité et le gouvernement s'y sont associés sans compter des particuliers. Ainsi, ma mère qui, dans sa jeunesse, a joué dans des films muets de Luis Buñuel, a contribué généreusement à votre rétrospective. C'est pourquoi mon évêque m'a libéré de quelques devoirs afin que je puisse participer à la direction de l'institut pour veiller à ce que les biens de ma famille soient dilapidés pour des objectifs honorables », s'esclaffe-t-il avec un clin d'œil.

Quel homme attachant, singulier, se dit Mozes. Mardi, avant notre départ, peut-être me rendrai-je auprès de lui pour une brève confession...

Ému à l'idée qu'une actrice de l'ère du cinéma muet soit toujours vivante, le metteur en scène se penche vers le prêtre : « Votre mère habite-t-elle aussi à Saint-Jacques ? »

Non, sa mère demeure à Madrid. À quatre-vingt-treize ans, elle conserve un esprit alerte et aiguisé, bien que sa santé soit chancelante. Mais si elle en a la force, elle viendra à la cérémonie d'attribution du prix. Elle a vu quelques films de Mozes et se dit confiante en son avenir.

« Mon avenir ? rougit Mozes. À mon âge ?

— C'est précisément quand l'avenir est compté (le fils cite les propos de sa mère en se rengorgeant) qu'il devient le plus chargé et le plus intéressant. »

En chemin pour la rencontre avec le maire, ils traversent l'immense place. Une trentaine d'éboueurs manifestent à grand renfort de marmites et de sifflets, scandent en cadence des slogans frondeurs et agitent des drapeaux rouges. Deux policiers débonnaires, à l'air las, déambulent devant eux et veillent à ce que les manifestants ne franchissent pas quelque limite tacite, sans doute convenue d'avance, sauf que, de temps à autre, l'exacerbation sociale l'emporte sur l'accord préalable. Alors, l'un des manifestants se rue en avant et s'époumone avec son sifflet, mais quand les policiers s'approchent de lui à pas comptés, il recule avec une lenteur calculée.

Parvenu en haut des marches majestueuses de l'édifice municipal, Mozes s'aperçoit qu'il a oublié son appareil auditif à l'hôtel. Certes, une brève conversation protocolaire ne devrait pas le gêner, pour peu qu'il s'asseye tout près du maire et tende l'oreille dans la bonne direction, mais qu'arriverait-il si la femme de chambre croyait qu'il s'agit de bouchons d'oreille usagés et les jetait à la corbeille ? Un moment, il songe à demander à ses hôtes de l'attendre quelques minutes pour courir jusqu'à l'hôtel, mais, coutumière de ce genre de panique avant même qu'il ne l'exprime, l'actrice le rassure : « Oui, j'ai bien vu que tu l'as oublié. Je te l'ai apporté, bien que tu t'en passes fort bien.

— C'est vrai, cher ange protecteur, soupire Mozes d'une voix tremblante, je peux parfois m'en passer mais je préfère l'avoir sur moi. »

Elle extrait de son sac en catimini les deux écouteurs et les glisse furtivement dans sa main pour ne pas révéler son handicap aux yeux d'étrangers. Mais des gens déjà au fait de sa biographie et qui l'honorent par une rétrospective de trois jours ne peuvent plus être considérés comme des étrangers, et c'est pourquoi il ne manifeste aucune honte à enfoncer les instruments dans ses pavillons en présence de Pilar et du prêtre, et même d'ajouter, avec une pointe d'ironie : « Voilà, comme ça, je pourrai mieux entendre les promesses de mon avenir compté et néanmoins chargé... »

Antonio Santos, le maire à la forte carrure, lui aussi de petite taille, apparaît comme un homme décontracté et curieux et, tandis que les cris de protestation hilare des éboueurs assaillent les fenêtres, cette visite de courtoisie routinière se transforme en enquête circonstanciée.

« J'ai bien lu votre biographie (le maire brandit la notice Internet affichant son éternelle photo floue) mais je vous prierais de nous fournir un peu plus de détails... »

Demande étrange, voire flatteuse et, bien qu'à cause de la traduction simultanée de Pilar, il faille s'arrêter à la fin de chaque phrase, Mozes déroule sa biographie et sa filmographie, sans faire l'impasse sur tel « matériau précieux » ou autres « prises de vue inopinées ».

Et donc, Yaïr Mozes est né à Jérusalem avant la Seconde Guerre mondiale dans une famille aisée et cultivée. Un an après la proclamation de l'État juif, son père et sa mère commençaient à travailler au cabinet du président de la Cour des comptes, et c'est ainsi que ses géniteurs passaient la majeure partie de leurs journées à pallier les impérities du jeune gouvernement. Dans ce cabinet, sa mère occupait un échelon plus élevé que son père, qui lui était subordonné, et, du coup, chez eux, de façon prévisible, elle était à sa dévotion et le choyait. Fils unique, ses parents lui avaient inculqué que tout politicien recèle une part d'ombre dissimulant une autre réalité exigeant d'être fouillée. Après son service militaire, ses parents avaient tenu à ce qu'il acquière une instruction large et convenable afin de suivre leurs traces et de se montrer utile à la société. Il avait d'abord étudié l'économie et l'expertise comptable mais, voulant se distinguer de ses parents et marquer son indépendance, il était passé à la philosophie et à l'histoire. Ensuite, il avait obtenu un poste d'enseignant dans un excellent lycée de Jérusalem, où lui-même avait étudié dans sa jeunesse. Il n'avait eu aucune difficulté à se faire respecter de ses élèves. Sa méthode ? Si le maître veillait à maintenir en permanence une légère distance avec ses élèves et, parfois, éclatait d'une brusque colère, ceux-là se gardaient bien de le défier. Pendant cette période, il habitait encore chez ses parents pour économiser un loyer, mais ses géniteurs l'incitaient à sortir le soir pour l'émanciper de sa dépendance infantile à leur égard. En fils unique habitué à sa solitude, il ne recherchait pas toujours la compagnie d'autres individus et, plus d'une fois, il s'était retrouvé ainsi à errer seul dans les rues de Jérusalem ou à pénétrer en solitaire dans un cinéma, sans jamais penser qu'un jour s'éveillerait en lui le désir de réaliser des films et, bien sûr, sans croire qu'il en serait capable.

Au cours de la troisième ou quatrième année, un élève singulier, à l'imagination flamboyante, débarqua dans sa classe de cinquième. La confiance en soi qui émanait de lui avait raccourci la distance orgueilleuse que l'enseignant avait instaurée avec ses élèves. Né dans un camp de transit d'immigrants d'Afrique du Nord devenu, avec le temps, une bourgade du sud du pays, ce jeune homme était bourré de talent. Il avait perdu son père alors qu'il était en primaire, et il avait donc été inscrit dans un établissement professionnel pour apprendre un métier, dans l'espoir d'être embauché rapidement dans un garage ou une usine et ainsi aider sa mère. Mais la vigueur de son imagination et les idées qu'il débitait à tour de bras avaient incité ses éducateurs à l'orienter vers un avenir plus intellectuel : aussi lui avait-on accordé une modeste bourse afin de cultiver ses dons dans une école de meilleur niveau. Plus tard, sous l'influence de cet élève, le professeur d'histoire et de philosophie passerait à la mise en scène...

« Sous l'influence de cet élève ?

— Devenu plus tard mon scénariste.

— C'est..., bredouille le maire en retournant la notice biographique, comme pour retrouver son nom.

— Je ne crois pas que vous le trouviez là, s'empresse de le dissuader Mozes. Il n'a été mon scénariste que dans mes premiers films.

— Des films si merveilleux, murmure le prêtre en aparté.

— Peut-être le redeviendra-t-il un jour ?

— Qui sait ? s'enthousiasme l'actrice qui suit attentivement chaque détail biographique de Mozes, détails qui lui sont si familiers, et qui, bientôt, vont la voir surgir dans sa carrière.

— Un jour ? ricane Mozes. Allons donc, mon avenir est compté et chargé...

— Si un élève réussit à transformer un professeur d'histoire et de philosophie en réalisateur de cinéma, dit de Viola, voilà la preuve que des élèves sont capables de provoquer une révolution dans la vie de leurs maîtres, et pas seulement l'inverse...

— Bien sûr, poursuit le metteur en scène, sauf que, si cette relation s'était déroulée exclusivement entre les quatre murs de l'école, je doute qu'un élève, si exceptionnel fût-il, eût pu exercer une telle influence. »

Car la véritable rencontre avec cet élève hors normes avait eu lieu surtout en dehors de l'école. Faute d'une bourse suffisante, le garçon était obligé de travailler et il avait trouvé un emploi à son goût : ouvreur dans un cinéma, qu'il devait nettoyer de surcroît, une salle appréciée des habitants de Jérusalem grâce à la sélection rigoureuse de ses programmes et à sa localisation dans un quartier agréable, jadis arabe, loin du centre délabré de la ville. Et comme, en ces années-là, le légendaire Premier ministre du jeune État avait interdit la création d'une télévision, de crainte que les usagers ne perdent de précieuses heures de sommeil dignes d'être consacrées au repos national, les gens se rendaient souvent au cinéma. Mozes avait coutume d'assister à la deuxième séance en soirée pendant laquelle il croisait l'ouvreur, et il eût été injuste de passer avec une distance polie, dans la pénombre vespérale, sous le nez d'un élève si vif et si intelligent dans la matinée. Surtout, Mozes ne pouvait ignorer le désir irrépressible du jeune homme de discuter avec son maître du film qu'il venait de regarder et, plus encore, de lui faire entendre son opinion.

Et comme un ouvreur jouit du privilège de voir plusieurs fois le même film, ce jeune homme était parvenu non seulement à la compréhension approfondie des films, mais encore à l'analyse de leurs défauts. Il possédait un véritable don pour faire le lien entre ce qu'il avait appris le matin, et ce qu'il voyait et entendait le soir ; comme enseignant et comme pédagogue, Mozes ne voulait, ni ne pouvait, doucher la fièvre de son élève et refuser de s'embarquer avec lui dans un débat nocturne sur le film qu'il venait de voir.

Pour une raison inconnue, la sérénade des protestations sociales monte d'un cran sous les fenêtres du palais, mais le maire conserve son flegme et, avec un intérêt patient, déroutant, presque thérapeutique, il incite son invité à raconter comment un élève avait pu réussir à convertir son maître à la mise en scène et l'aider à donner de la chair à ses idées. À dire vrai, depuis que son épouse l'a quitté, voici quelques années, Mozes se garde bien de confessions intimes, de peur de révéler des faiblesses inconnues de lui-même, mais l'intérêt pour ses premiers pas cinématographiques, surprenant de la part du maire d'une cité aussi célèbre, le séduit. Ses écouteurs captent parfaitement les questions, et, à en juger par le rythme et l'intonation, la traduction de Pilar lui paraît juste et précise. Pendant qu'elle traduit, il a la possibilité de contempler ce cabinet dont les murs, au milieu des portraits d'anciens maires et de notables, sont recouverts de jolies scènes de chasse débordantes de chiens fougueux et de biches blessées où, ici et là, des nymphes dénudées se glissent, pimentant d'une sensualité bucolique la gravité religieuse de la cathédrale entrevue par la fenêtre. De temps à autre, il échange un tendre regard avec Ruth qui, tendue, suit ses propos et qui, de toute façon, attend avec impatience le moment où elle fera son apparition dans son histoire.

Et nul doute qu'elle y surgira.

Les conversations nocturnes avec son élève portaient sur l'analyse des films et non sur des rumeurs ou des potins de coulisses. Novices tous deux dans l'univers cinématographique, ils n'avaient aucun goût pour des anecdotes sur les amours ou les frasques d'acteurs ou de réalisateurs ; seul le film les intéressait : les personnages et l'intrigue, l'idée et l'émotion ; ce qui avait réussi à toucher et ce qui laissait indifférent et, parfois, mettait en rage ou décevait ; ce qui provoquait le rire ou les larmes ; ce qui était crédible ou artificiel ; ce que la mémoire en retiendrait ou oublierait sûrement. Fort de l'expertise acquise à force de revoir les mêmes films, le jeune ouvreur savait aussi expliquer comment améliorer tel ou tel film.

Cet élève, c'est Trigano, explique de Viola au maire, qui opine comme s'il connaissait vraiment son nom, et, un instant, Mozes s'effraie de voir que le nom du scénariste est connu jusqu'ici, dans ce bout du monde, mais aussitôt il se remémore que le nom de Trigano apparaît au générique de ses premiers films présentés aujourd'hui. Il se rassure aussitôt et s'autorise même à abonder dans son éloge.

« Tout à fait, c'est son nom, et, bien qu'il fût plus jeune que moi de dix ans, je ne voyais rien de répréhensible à cette relation intellectuelle tissée entre nous pendant nos conversations dans le hall du cinéma. D'autant que ce jeune homme n'a jamais tenté de s'en prévaloir pour s'assurer des privilèges pendant les cours du matin. En classe, il continuait à rendre ses devoirs, discipliné et attentif comme auparavant, et il répondait brièvement à mes questions, jamais hors sujet, sans l'exaltation de ses dissertations nocturnes.

« Néanmoins, j'ai senti peu à peu que le jeune homme ne se contentait plus de l'analyse des films des autres mais qu'il rêvait d'écrire les siens. Et c'est pourquoi je n'ai pas hésité le jour où, à la fin de sa dernière année scolaire, il m'a suggéré de l'aider à tourner un court-métrage en 8 mm sur l'école, qui serait projeté lors de la cérémonie de fin d'année. »

Au début, il semblait que le rôle de Mozes dans ce court-métrage se limiterait à la gestion du budget alloué par la direction de l'école. Mais, bien vite, il s'était retrouvé à dispenser ses conseils et à se mêler de l'œuvre qui, le jour venu, remporta un réel succès et des éloges. De sorte que cet embryon de film amateur, dont la durée n'excédait pas vingt minutes, avait servi de référence à Trigano pour être affecté à la section cinématographique de l'armée pendant son service militaire. Il venait régulièrement rendre visite à son professeur en uniforme pour lui décrire son activité et prendre conseil. Dans cette unité, servaient aussi deux autres conscrits, originaires comme lui de villes de développement peuplées d'immigrants d'Afrique du Nord, et il les avait incités à travailler avec lui après leur libération comme directeur de la photographie et chef décorateur. Ils s'étaient montrés disposés à collaborer avec lui, à condition toutefois que quelqu'un de pondéré puisse canaliser son imagination ; bref, ils avaient exigé un partenaire adulte pour veiller à une gestion rationnelle de la production. C'est ainsi que Trigano avait suggéré à son professeur de rejoindre leur groupe novice en tant qu'associé. « Bientôt, lui avait-il dit, tu vas en avoir assez de te répéter année après année. Or tu ne pourras avoir une relation authentique avec des jeunes gens qu'en collaborant effectivement avec eux, et non du haut de ton estrade. » Mozes avait imposé une clause : puisqu'il s'agissait d'une association, ce ne serait pas seulement comme comptable et gestionnaire de la production mais aussi comme partenaire dans l'œuvre. Trigano concevrait la trame, inventerait des scènes et écrirait les dialogues, et Mozes briderait sa vision en tant que réalisateur. Pourquoi pas ? Si le scénariste débordait d'imagination créatrice, et que ses camarades veillaient à la prise de vue et au décor, il convenait que quelqu'un d'autre, à l'autorité naturelle, œuvrât avec eux, quelqu'un dont l'équipe serait heureuse d'accomplir la volonté.

Pilar traduit, tandis que le maire et le prêtre dévisagent chaleureusement l'invité...

Tout à coup, Mozes se montre horripilé par cet épanchement narcissique.

« Bref, mesdames et messieurs, je me suis mis en congé de l'enseignement et j'ai rejoint ces jeunes gens dont l'enthousiasme m'a entraîné dans cette voie devenue fondamentale dans ma vie. Au cours des premières vacances, nous avons réussi à terminer notre premier film, court et singulier, qui, à ma grande surprise, a été accueilli avec sympathie et, aussitôt après, nous nous sommes consacrés au deuxième. Et comme ma confiance en tant que metteur en scène grandissait – non sans avoir lu, il est vrai, des Mémoires de célèbres réalisateurs autodidactes –, j'ai réduit de plus en plus mes horaires d'enseignant avant de démissionner définitivement, et sans aucun regret. Quant à mon ex-élève, bien que nous fussions devenus de proches associés, il continuait à respecter les usages de la politesse et se conduisait à mon égard comme si j'étais encore son professeur – sans doute comme un substitut du père qui lui avait manqué dans son enfance. Ainsi lui et ses amis avaient-ils décidé de ne pas m'appeler par mon prénom, pratique courante dans mon pays, mais par mon patronyme, et je faisais de même, comme en classe. En fait, nous étions convenus que c'était ainsi, par le nom de famille, que tous les membres de l'équipe s'adresseraient les uns aux autres, y compris à la dame assise, ici, devant vous, qui, en ce temps-là, était l'amie très proche de Trigano. »

De Viola se tourne vers Ruth assise à côté de lui, jambes croisées, tandis que son écharpe en laine chatoyante lèche les pans de sa soutane, les yeux brillants, attentive à ne pas perdre un mot : « Vous aussi, vous l'appeliez Mozes ?

— Oui, rit-elle, jusqu'à ce jour. Mozes est aussi, en quelque sorte, mon éducateur...

— Mais comment pouviez-vous faire partie de cette équipe dès cette époque ? objecte Pilar. Car, à en juger par votre biographie, vous n'étiez qu'une enfant.

— Celui qui a rédigé ma biographie s'est conduit avec une délicatesse infinie quant à ma date de naissance, minaude Ruth, mais, aujourd'hui, croyez-moi, je suis lasse de cacher mon âge véritable. En outre, ma relation avec Trigano a commencé dans mon enfance. Ma mère est morte en couches, j'ai grandi avec mon père qui se faisait aider par des voisins, dont les parents de Trigano, et, bien que je sois en effet plus jeune que lui, il avait inventé pour moi toutes sortes de rôles dans les sketches qu'il écrivait dès l'école primaire. Parfois, j'avais l'impression qu'il multipliait ses histoires rien que pour moi. Et c'est pourquoi ma place allait de soi dans l'équipe qu'il a formée. À force de vouloir être actrice, je n'ai même pas achevé mes études et je n'ai toujours pas mon baccalauréat, alors que j'ai plus de cinquante ans... »

Tout à coup, elle se tait.

« Quel était le sujet du premier court-métrage ? demande le directeur des archives à Mozes. Nous ne savons rien de ce film. »

Et avant même que Mozes n'ouvre la bouche, Ruth répond à sa place :

« C'était un film à propos d'un chien malade de jalousie.

— Un chien ?

— Un chien.

— Un chien, un simple chien ?

— Non, intervient Mozes, il s'agissait d'un homme jaloux qui se déguisait en chien pour prendre en filature sa femme infidèle.

— Mais, dans le film, c'était un véritable chien ?

— Bien sûr, le chien qui jouait le rôle du mari.

— Un chien métaphorique comme dans *Un chien andalou* ?

— Un chien tout ce qu'il y a d'authentique, pas du tout métaphorique.

— Et la pellicule existe toujours ?

— Non. Les conditions de conservation étaient alors si mauvaises qu'il n'en est resté qu'une bouillie poisseuse.

— Vous devez savoir, monsieur Mozes, qu'ici, dans nos archives, nous sommes capables de restaurer des films qui paraissent totalement perdus.

— Vous ne pourrez pas ressusciter ce film. »

Les fenêtres de la salle tremblent maintenant sous les meuglements d'une trompette accompagnée du martèlement de tambours. Les éboueurs ont appelé un renfort musical, et celui-ci réussit enfin à ébranler la sérénité du maire. D'un geste imperceptible de la main, il rameute ses assistants. L'heure est en effet venue de se séparer, et Mozes, peu habitué à s'épancher ainsi et, de surcroît, devant des étrangers dont il n'a pas élucidé tout à fait les intentions, en profite pour couper court. Le reste de l'assistance se lève. « Et si vous suggériez au maire d'augmenter leur salaire, plaisante-t-il à l'oreille de Pilar, tandis que le maire donne ses instructions à ses employés. Dans une ville aussi sainte, les éboueurs ne sont-ils pas aussi des anges ? »

Pilar fronce les sourcils d'un air courroucé, ne semblant pas disposée à traduire au maire la suggestion loufoque de son invité.

– 7 –

Au seuil de l'édifice municipal, Mozes n'hésite pas à s'approcher des éboueurs pour les féliciter du style trépidant de leur manifestation. Et, compte tenu du programme chargé de la journée, il suggère à Pilar de repousser au lendemain la visite du musée de la cathédrale et, pendant le temps qu'il leur reste jusqu'à la rencontre avec les professeurs de l'institut, de se promener un peu dans la vieille ville, de vagabonder sans but à travers les ruelles débouchant sur des placettes ornées de statues et de jeter un œil sur des jardins cachés. L'air vif colore les joues de Ruth dont les yeux étincellent. Loin d'Israël, elle ne s'attend pas à ce qu'on la reconnaisse dans la rue, aussi déambule-t-elle tranquillement sans avoir peur qu'un quidam ne l'aborde pour lui demander si c'est vraiment *elle*.

Les boutiques de souvenirs sont si nombreuses et si bien pourvues qu'il serait discourtois de ne pas acquérir un de ces objets typiques qui leur prouvera, au crépuscule de leur vie, que l'expédition de Saint-Jacques n'avait pas été qu'une pure chimère. Mozes choisit deux bâtons traditionnels de pèlerin en bambou charbonneux à l'extrémité desquels sont enfoncées deux pointes d'acier imposantes qui, fichées en terre, facilitent la marche. Ces cannes sont coiffées d'une grosse coquille Saint-Jacques rougeâtre, en hommage à l'ange qui avait acheminé le vaisseau de pierre en forme de coquillage transportant le sépulcre de saint Jacques jusqu'au rivage de la bourgade voisine de Padrón.

« Mais qu'est-ce que tu vas faire de ce bâton ? s'esclaffe-t-elle.

— Tu pourras t'en servir quand je ne serai plus à tes côtés. »

De retour à l'hôtel, il retrouve de Viola en habit séculier attendant, d'un air impatient, à côté d'un petit véhicule. Ils se hâtent de laisser les bâtons chez le concierge, qui n'a pas oublié la requête concernant la *Charité romaine* et réitère sa proposition de la changer pour un autre tableau, plus décent. « Surtout pas, se récrie l'invité israélien, ce tableau revêt la plus haute importance à mes yeux. »

Le directeur des archives se montre satisfait de la réception chez le maire. Que des artistes étrangers accordent de l'attention aux édiles de la cité le ravit car, contrairement aux habitants du cru, on ne peut pas les soupçonner d'en attendre des faveurs en retour. Sous un ciel d'un bleu éclatant, l'esplanade des pèlerinages se déploie, vide et immense. Les éboueurs se sont dispersés pour la sieste, et seul un policier à l'air morne guette leur retour.

Le trajet jusqu'à l'institut cinématographique est plus long qu'ils ne le pensaient. Situé à l'extérieur de la ville, l'établissement profite de la réputation de la cité sainte pour attirer étudiants et visiteurs. La voiture se dirige vers l'ouest, en direction de l'océan Atlantique dont le rivage est proche, et, même si Mozes ne sera pas parvenu jusqu'à l'océan au cours des trois journées de rétrospective, il lui a semblé pourtant entendre le ressac des vagues pendant les projections.

Le bâtiment servait de caserne sous le régime de Franco, lui-même natif de Galice. Son emplacement sur une étendue désolée lui offre de multiples places de stationnement et il dispose d'une surface extravagante, propre aux terrains militaires devenus inutiles. Malgré le délabrement des bâtiments, l'institut a pu aménager trois salles de projection de dimensions variées, des réfectoires, des studios, de vastes salles de cours et des dortoirs d'étudiants. Cependant, la transition brusque entre les palais antiques, la splendide cathédrale, et ces bâtiments disgracieux où se déroulera sa rétrospective, assombrit un peu l'humeur du réalisateur israélien.

Dans la salle à manger du personnel, une longue table est dressée autour de laquelle un petit groupe de professeurs, hommes et femmes de tous âges, a pris place. Devant la chaleur de leur accueil, Mozes se ressaisit un peu, et, après les présentations d'usage, on leur sert un repas simple mais abondant qui semble conserver un relent de cantine militaire.

De Viola n'entend pas perdre de temps en papotages et n'attend pas le dessert pour faire tinter son verre avec son couteau puis, après un unique mot de bienvenue, en venir aussitôt à une question d'esthétique qui lui brûle les lèvres. Du coup, Mozes soupçonne que c'est cette unique question qui a motivé son invitation dans ces lieux.

« Nous vous accueillons avec joie et intérêt, commence de Viola, et vous remercions d'avoir pris la peine de venir d'aussi loin pour cette rétrospective. Mais, avant de débattre de chaque film, une question d'ordre plus général se pose quant au style débridé et provocateur de ces œuvres de jeunesse. Il nous semble, monsieur Mozes, qu'au cours des deux dernières décennies vous ayez tourné le dos au style surréaliste et métaphorique de vos premiers films pour verser dans un réalisme méticuleux et extrême, voire naturaliste. Ma question est simple : pourquoi ? Ne croyez-vous donc plus en un monde transcendant, énigmatique, mystérieux, fantasmatique, pour avoir sombré avec tant d'acharnement dans la routine quotidienne et matérialiste ? J'en veux pour preuve votre *Pommes de terre*, réalisé il y a cinq ans, dans lequel la scène du déjeuner s'étire pendant près de seize minutes.

— Dix-huit, corrige Mozes avec flegme, stupéfié par l'érudition de cet étranger. Dix-huit minutes, en ajoutant les deux minutes que j'ai imposées au spectateur avec le nettoyage de la table puis la vaisselle.

— En effet, confirme le prêtre d'un air triomphal, je me souviens même de l'hésitation du serveur arabe : vider l'assiette à moitié pleine dans la poubelle ou garder les reliefs pour les pauvres de son village ? Or cette longue scène de repas fait partie d'un film pas très long. Cent vingt minutes ?

— Cent vingt-trois », précise du tac au tac Mozes, avec la même humeur enjouée.

Ensuite, un jeune professeur au visage pâle et avenant lève la main pour étayer la question de De Viola :

« Monsieur le réalisateur, on a l'impression que, dans vos derniers films, la matérialité jouit d'une importance suprême, pas forcément au nom d'une esthétique novatrice mais par sa seule réalité. Comme si vous sanctifiiez délibérément l'épaisseur matérielle du monde ou que vous vous y soumettiez, que ce soit en décrivant infiniment des lieux et des paysages ou en vous attardant sur l'apparence physique des êtres humains. Ainsi utilisez-vous le ralenti ou le gros plan pour vous éterniser sur la banalité quotidienne. Parfois, la caméra suit pendant une longue minute les gestes des mains d'un interlocuteur sans montrer son visage. À d'autres moments, au cours d'un long dialogue, on n'aperçoit que le visage d'un protagoniste tout en n'entendant que les propos d'un second. Un tel naturalisme n'étouffe-t-il pas toute possibilité de montrer la chimère ou le mystère ? En somme, vous êtes-vous détaché pour toujours de l'étrange, de l'absurde et du grotesque, si importants et si développés dans vos premiers films ? »

Mozes ne se montre guère surpris. Des interrogations de ce genre, il en a entendu dans sa patrie et ailleurs, sinon qu'ici cette interpellation semble se colorer d'un zeste de défi. Un grognement d'approbation générale s'élève aussitôt, suivi d'un silence dans l'attente de la réponse. Fier de l'intérêt manifesté pour l'évolution de son œuvre dans cette caserne vétuste, dont les étroites fenêtres s'obscurcissent dans la pénombre hivernale, le réalisateur échange un bref regard avec sa compagne de voyage. Les yeux de Ruth, qui connaît la réponse à venir, brillent de confiance. Mozes sent que, malgré les nombreuses années écoulées, sa beauté en fleur n'a pas décliné et qu'elle surclasse les deux jeunes et jolies enseignantes assises à côté d'elle.

Mozes hésite à se lever pour donner plus de poids à sa réponse, mais la main féminine posée délicatement sur sa cuisse l'en dissuade.

« Oui, messieurs, sourit-il d'un air serein, cette allégation m'est familière, et j'y décèle même une once de désappointement. Sauf que, pour ma part, j'ai constaté une certaine évolution du public au cours des dernières années, et surtout de celui qui passe pour intelligent et fin connaisseur. Je qualifierais ce phénomène en ces termes : le “syndrome du Tipp-Ex hâtif”. En effet, on se réfugie dans une obscurité délicieuse, on éteint son téléphone portable et on se voue, corps et âme, pendant une heure et demie ou deux, à un nouveau film ayant obtenu quatre étoiles dans le journal. On se concentre sur les images et l'intrigue, on comprend ce qui est dit en version originale, ou grâce au doublage ou aux sous-titres, on apprécie, ici ou là, des paysages ou des scènes léchées, et quand bien même on s'indignerait de l'indigence du récit ou de son invraisemblance, il n'y a pas de quoi se lever de son siège et quitter la salle au beau milieu du film.

« Mais voilà que naît bientôt un phénomène étrange. Au bout d'une semaine ou deux, parfois moins, le film est effacé de la mémoire comme s'il n'avait jamais existé : impossible de se souvenir du titre, des acteurs, de l'intrigue. Le film s'est abîmé dans l'obscurité de la salle de cinéma, et il n'en reste plus qu'un ticket déchiré au fond d'une poche. Prenons un couple essayant d'extraire d'un film qu'ils ont regardé ensemble, quelques jours auparavant, le souvenir d'une scène, l'allure d'un comédien, une péripétie de l'intrigue... En vain. Le film est gommé de leur esprit. Qu'est-il arrivé ? Qu'est-ce qui a changé ? Est-ce parce que la télévision nous matraque avec des dizaines de chaînes et concasse les films de cinéma en une poussière volatile ?

« Alors que, ô merveille, une représentation théâtrale, la plus superficielle et la plus insipide soit-elle, laisse toujours une trace. Certes, on ne se rappelle pas tous les détours de l'intrigue, des scènes entières sont effacées, mais quelque chose de la réalité concrète de la scène, ou du visage animé d'un comédien, demeure fiché dans la mémoire pendant des années et, telle une locomotive, peut tirer un train entier du cœur de l'abîme. C'est pourquoi, pour sauver l'honneur du septième art qui nous est si cher, j'ai décidé de lutter contre l'amnésie grâce à la puissance et à la pérennité de la matérialité.

« Je vais vous donner un exemple. Il y a trois ans, j'ai vu un film coréen, ou vietnamien, dont le sujet portait sur une jeune villageoise engrossée contre sa volonté et déterminée à subir un avortement, mais personne autour d'elle à qui se fier pour ne pas révéler sa honte. Tant bien que mal, elle convainc un adolescent de l'aider et, avec des moyens primitifs susceptibles de mettre sa vie en danger, ils viennent à bout de l'opération. Mais, tandis que la jeune femme se tord de douleur dans une salle de bains, le metteur en scène a obligé l'adolescent bouleversé à regarder le fœtus de quatre-cinq mois déposé sur une serviette. La caméra se contente d'abord de s'attarder longuement sur les traits apeurés de l'adolescent, ensuite, le cadreur déplace son objectif sur le fœtus rougeâtre et sanguinolent qui envahit l'écran à ce moment-là. Son aspect si véridique nous persuade qu'il ne s'agit pas d'un accessoire mais d'un véritable fœtus, un authentique mort-né. La caméra le saisit pendant vingt secondes, une durée presque infinie. De nombreux spectateurs se recroquevillaient sur leur siège et fermaient les yeux, mais j'avais décidé de répondre au défi du réalisateur et je n'avais pas cillé. J'ai découvert alors, dans la bouillie exsangue, misérable, des traces d'une humanité magique, un chaînon de l'évolution de l'espèce, comme si elle me renvoyait un regard trouble. Cette scène m'a inspiré à la fois une profonde tristesse et une émotion.

« Le lendemain, je suis retourné voir ce film. Cette fois, sans tension ni souci concernant l'intrigue. Et lorsque le fœtus ensanglanté est réapparu en portant jusqu'à moi, du sol de la salle de bains, son existence arrachée avant l'heure, j'ai eu conscience que ce film me laisserait un souvenir indélébile jusqu'à mon dernier souffle, malgré son intrigue simplette et le jeu amateur des comédiens. Je me suis dit alors que, si je voulais que mes films ne soient pas jetés aux oubliettes, je devais les nourrir d'un fœtus comme celui-là.

— Un fœtus ? s'étonne Pilar, interrompant sa traduction à deux professeures.

— Un fœtus métaphorique, lui explique Ruth qui connaît à la perfection cette histoire et son dénouement.

— Et c'est pourquoi, conclut Mozes, ces dernières années, j'utilise deux caméras, voire trois, afin qu'elles voguent dans les espaces de la réalité à la poursuite du fœtus à jamais inoubliable. Au début, je glane un peu partout des bribes de réalité, rares ou familières, et mes scénaristes et moi, nous choisissons celles qui nous permettent de bâtir une histoire. »

Un silence pesant plane sur l'assistance qui tente de percer les arcanes de cette technique et sa visée, tout en jetant des regards sur le gâteau en chocolat déposé au centre de la table, comme une métaphore du fœtus ou d'une humanité-arrachée-avant-l'heure. La pénombre s'épaissit derrière les fenêtres étroites, et, un bref moment, Mozes croit entendre l'écho de ses propos renvoyé par le mugissement de l'océan proche.

Mais lorsque la serveuse apporte le café, la tension retombe. L'invité dispense autour de lui des sourires apaisants, comme si tout son laïus n'était qu'un canular, et il constate qu'on lui répond par des regards affectueux. A-t-il épuisé ses explications quant au réalisme extrême et pointilleux qui s'est imposé à ses derniers films ? Bien sûr que non. Au cours de cette rétrospective, cette question reviendra sûrement, mais, entre-temps, le fœtus va accaparer leur imagination et ne va pas les lâcher. Les bavardages reprennent, tandis qu'un paquet de fins cigarillos espagnols circule de main en main. Mozes en prend un, l'allume et en aspire la fumée avec délices.

Avant la projection, de Viola convie ses invités à une rapide visite de son petit royaume, les archives situées dans l'arsenal souterrain et frais de la caserne. Ils pénètrent d'abord dans un studio au centre duquel trône une table de montage d'un modèle ancien et, à en juger par la pellicule montée sur les bobines, elle semble encore en usage. Ensuite, ils se rendent dans des salles de montage modernes et examinent un ordinateur imposant, des rangées de moniteurs et un programme de montage Avid. De là, ils passent dans un studio d'enregistrement perfectionné où se déroulent les doublages, puis le directeur des archives les conduit à un corridor étroit et glacial qui, jadis, servait de dépôt de munitions abritant désormais, sur ses rayonnages, au lieu de cartouches et d'obus désormais avariés, des copies d'anciens films en Celluloïd. Avant de remonter de la cave, leur hôte ne leur épargne pas la visite d'un petit musée consacré à l'histoire de la caserne. Entourant des portraits d'anciens commandants, qui se sont entretués pendant la guerre civile, quelques pistolets de cette époque sont accrochés.

« Ils peuvent encore tirer ? demande Ruth.

— S'ils peuvent tirer ? ricane le prêtre. Sans doute, mais sur qui ? Les morts sont bien morts et enterrés. Et les vivants, eux, souhaitent continuer à vivre. »

II

La ronde de l'entraide

– 1 –

Des applaudissements crépitent à leur entrée dans la petite salle de projection. Pour sa part, Mozes se satisfait d'une salle de poche bondée plutôt que d'une grande salle à moitié pleine. Là, non seulement tous les sièges sont occupés mais quelques jeunes gens sont aussi éparpillés sur les marches. Sont-ils tous professeurs ou étudiants ? s'interroge Mozes, car, ici ou là, il remarque des personnes âgées à la taille plutôt enrobée ; en fait, la présidente du conseil régional a posé comme condition à un subventionnement de la rétrospective l'attribution de places à des retraités de la province.

De Viola ouvre la séance par des éloges et une annonce : les deux premiers films seront projetés dans la petite salle mais le troisième, *Le Train et le Village*, passera, en soirée, dans la grande salle. Comme c'est l'usage avant l'extinction des lumières, le metteur en scène est appelé à dire quelques mots. Peu désireux de compliquer la traduction, Mozes ne s'étend pas, remercie pour l'invitation sans renoncer à s'étonner, voire à protester contre la décision d'ouvrir sa rétrospective par un film antédiluvien et immature, réalisé il y a plus de quarante ans, au point que le réalisateur a le plus grand mal à se souvenir de l'idée de départ et encore plus de ses détails. C'est pourquoi, s'excuse-t-il avec un sourire, il vaut mieux pour le bien de tous ne pas délayer des explications qui pourraient se révéler fausses. Mais il lui reste à adresser une mise en garde : « Même si le film s'avère, non seulement à vos yeux mais aussi aux miens, être un film de néophyte bourré de défauts, je m'efforcerai tout de même de le défendre le mieux possible, pour peu que vous m'accordiez un peu d'indulgence... »

Une vague de rires secoue la salle. Avec un geste ostentatoire plein de componction, le prêtre lève les mains et promet : « Ne vous en faites pas ! Bien que les artistes ne soient pas en droit de réclamer l'indulgence pour le fruit de leur imagination, cette région, comme vous le savez, est le berceau de la miséricorde et du pardon. » Puis il fait signe d'éteindre les lumières.

À la grande surprise de Mozes, le générique et les crédits du film ont été traduits en espagnol et plaqués sur l'hébreu. Le matériel de montage qu'il vient de découvrir dans la cave est donc capable d'exécuter une tâche aussi délicate. Sur l'écran, une lumière israélienne éclatante se répand, que le directeur de la photographie n'a pas songé à atténuer ; les noms des auteurs du film, des acteurs, des monteurs et des éclairagistes défilent sur fond d'antiques demeures de Jérusalem ; le nom du scénariste, Saül Trigano, s'attarde longuement à l'écran avant de s'estomper au moment où la caméra focalise un Chausson bringuebalant, énorme autobus bruyant de fabrication française, populaire en Israël dans les années soixante avant d'être retiré du service, et dont les carcasses avaient été envoyées sur des chantiers pour servir d'abris et de dépôts.

Au milieu de la fumée noire, si peu écologique aujourd'hui, que dégage l'autobus, le nom du metteur en scène émerge, Yaïr Mozes, lui aussi en transcription espagnole, remorqué un long moment à la traîne du véhicule pénétrant dans l'ancienne gare routière de Jérusalem. Mozes se demande si c'est bien lui qui a décidé l'exposition prolongée de son nom ou si le monteur local s'est obstiné, de sa propre initiative, à graver le patronyme du réalisateur dans la mémoire, juste avant que les premiers passagers ne descendent du bus.

Il sent que l'actrice assise à côté de lui dans l'obscurité ne se reconnaît pas dans la gamine en mini-jupe fleurie et chapeau de paille, valise en carton plaquée sur la poitrine et se frayant un chemin vers la sortie de la gare. Il lui chuchote : « Regarde comme elle est mignonne la jupe que nous t'avons choisie. » Mais le regard égaré de Ruth prouve que, pour l'instant, ce n'est pas Jérusalem ni elle-même qu'elle a sous les yeux, jusqu'à ce qu'une lueur de souvenir balaie son hésitation quand elle apparaît dans l'éclat de sa jeunesse. Devant son personnage s'adressant aux passants pour demander son chemin avec une voix qui n'est pas la sienne et dans une langue étrangère, elle se tourne vers lui, mi-souriante mi-perdue.

Mozes est étonné. Qui aurait pu penser qu'un film aussi vieillot serait un jour doublé en espagnol, alors que l'hébreu de la bande sonore n'y subsiste que par bribes, comme un écho étouffé ? « Qu'avez-vous fait là ? glisse-t-il à l'oreille du directeur des archives assis à sa droite. Comment pourrais-je expliquer un film dont je ne comprends pas un traître mot ?

— Bien sûr que vous le pourrez, le rassure le prêtre. Après tout, même dans une langue étrangère, cela reste votre œuvre, et même si vous ne vous souvenez plus des dialogues, vous vous rappellerez l'intention générale du film. De toute façon, cher ami, fait-il en lui effleurant le genou, même si un film que vous avez réalisé au début de votre carrière peut vous paraître naïf ou primitif, il n'en reste pas moins qu'il dégage une vérité religieuse. Ce n'est pas par hasard que nous l'avons choisi pour inaugurer votre rétrospective... »

Ces mots surprenants, « vérité religieuse », rassérènent Mozes. Bon, pourquoi pas ? Peut-être, en renonçant aux paroles, des détails oubliés de la mise en scène et de la prise de vues seront-ils élucidés ? Il se carre dans son fauteuil et sourit à Ruth qui, après avoir reconnu sa figure juvénile, se penche avidement, comme si elle voulait s'en pénétrer tout son soûl. Compte tenu de la minceur de l'intrigue, le film va évidemment se dérouler à un rythme lent, et la jeune comédienne va bénéficier d'un long délai avant d'arriver à destination. Cependant, sa démarche est maladroite, elle passe sans cesse sa valise d'une main à l'autre car, même si, en ce temps-là, les valises à roulettes n'existaient pas, Mozes avait tenu à ce que les bagages transportés par les comédiens ne fussent pas complètement vides afin de rendre leurs efforts crédibles. La caméra amoureuse de Tolédano caresse la villageoise errant dans la Jérusalem divisée des années soixante – cité provinciale mais intègre, satisfaite de ses limites claires, y compris de cet horrible mur de béton qui se dresse tout à coup au détour d'une rue, pour marquer la frontière entre deux États, et qui ne préoccupe pas outre mesure la jeune fille qui le longe. De temps à autre, elle s'arrête pour déchiffrer des plaques de rue en hébreu, tout en demandant son chemin aux passants en espagnol. Une musique allègre accompagne maintenant sa marche, et Mozes remarque des angles de vue originaux et des plans de coupe intéressants : des bâtiments et des rues de la Jérusalem d'avant la guerre des Six Jours dont certains n'existent plus, remplacés par d'autres, surgissent furtivement mais naturellement à l'écran. Ici ou là, on aperçoit des terrains vagues sur lesquels des immeubles ont poussé depuis, comme ce bout de champ sur lequel a été érigée la résidence des présidents d'Israël et qui, dans ce film datant de Mathusalem, est encore un lopin vierge, jonché de rochers et de chardons.

La jeune fille grimpe les marches d'une demeure en pierre taillée et sonne à un carillon. Mozes est tout surpris de découvrir que c'est lui-même, jeune et élancé, la chevelure embroussaillée, torse nu, une pipe à la bouche, qui ouvre la porte. Le prêtre lui lance un regard amusé afin de voir confirmée sa perspicacité. « Oui, c'est bien moi », reconnaît le metteur en scène qui espère encore, sans en être tout à fait certain, que c'est la dernière fois qu'il se verra obligé de se mettre lui-même en scène – car le va-et-vient permanent devant et derrière la caméra ne pouvait que nuire à sa direction d'acteurs et à son autorité. Dans ce premier film, son rôle est modeste et éphémère, mais la voix espagnole qu'on a substituée à la sienne lui paraît un peu criarde. Il songe à demander à de Viola le contenu de ses propres propos, mais le prêtre est captivé par l'écran, aussi Mozes renonce-t-il à couper le blé en herbe de cette bienveillance.

Il ne lui reste plus qu'à se moquer de lui-même. Même sans comprendre les paroles, on voit bien que le jeune écervelé connaît la femme qui sonne à sa porte et qu'il ne nie pas la promesse qu'il lui a faite de l'héberger chez lui. Mais une autre femme en déshabillé se faufile derrière lui – locataire ou amante ? –, et le regard assassin qu'elle jette à la nouvelle arrivante humilie cette dernière, dont la détresse empourpre son visage tout en exaltant sa beauté. C'est peut-être pourquoi le jeune homme manifeste, à cet instant, des signes d'hésitation et de regret. De là à croire que l'histoire va porter sur deux jeunes filles se disputant les faveurs du jeune homme désorienté dans un appartement en location... Sauf que la locataire en petite tenue ne se montre pas disposée à renoncer à ses droits. Elle envoie le jeune homme chercher un verre d'eau pour sa rivale et, tandis qu'il a disparu de l'écran, la conversation s'engage entre les deux femmes, dont Mozes ne se rappelle pas un seul mot, mais, quel qu'en soit le contenu, la discussion semble suffisamment véhémente pour convaincre la nouvelle venue de céder la place et pour permettre au scénariste d'infléchir cette intrigue banale vers une autre narration, étrange, dont il devra désormais défendre la pertinence et, surtout, la vraisemblance.

Or l'apparition de Mozes à l'écran n'est pas encore achevée. En guise de punition pour avoir enfreint sa promesse à la villageoise, il traîne la valise de celle-ci sous le cruel soleil israélien, chauffé à blanc, dont Tolédano faisait un usage immodéré au début de leur carrière cinématographique, sans comprendre à quel point il effaçait du coup des détails ténus mais significatifs.

Et, à en juger par l'allure pataude du jeune homme qui, afin de soulager ses bras, pose maintenant la valise sur sa tête, on s'aperçoit – ou, en tout cas, telle était l'intention de celui qui s'était mis lui-même en scène – qu'il regrette d'avoir loué la chambre libre de son appartement à une virago décharnée et acariâtre plutôt qu'à cette fille si séduisante. Tout à coup, Mozes se met à trembler en revoyant la rue de son enfance sur l'écran espagnol, puis la maison de ses parents dont quelques meubles avaient été dégagés pour laisser de la place aux mouvements de la caméra.

« Ce n'est pas ta mère ? » chuchote Ruth, tandis que l'objectif plonge lentement en gros plan sur la propriétaire, sa mère en effet, actrice improvisée dans son propre salon auquel le cadrage accorde une ampleur qu'il n'avait jamais eue.

Au début des années soixante, sa mère avait pris sa retraite anticipée du service public pour laisser son époux la remplacer et avoir de l'avancement, et le temps libre dont elle disposait l'avait incitée à se jeter dans l'aventure de la première mise en scène de son fils, d'abord en lisant minutieusement des scénarios auxquels elle ne manquait pas de suggérer des modifications mineures ; ensuite, peut-être par un appétit anarchiste de retraitée pour les sensations fortes, elle avait convaincu son père de proposer leur demeure comme plateau de cinéma. Et, comme en ces années-là les cinéastes, pas seulement à cause de leur maigre budget, avaient recours à des amateurs plutôt qu'à des comédiens de théâtre qui avaient du mal à se défaire de leur jeu exagérément dramatique – et peut-être aussi par gratitude pour l'autorisation de transformer sa maison en studio pour un film qui, *a priori*, pouvait paraître équivoque –, Mozes avait proposé un rôle à sa mère, aventure qu'elle avait acceptée malgré l'opposition paniquée de son père. L'occasion que lui avait offerte son fils d'incarner un personnage imaginaire avait ainsi adouci et même enfiévré ses dernières années.

De nombreuses années se sont écoulées depuis son décès, et, cependant, Mozes se désole que Trigano ait imposé à sa mère une vieillesse excessive bien au-delà de son âge réel ; c'est un véritable crève-cœur de constater qu'il avait non seulement blanchi sa chevelure mais lui avait ajouté des rides dont il était le mieux placé pour savoir qu'elles n'avaient jamais existé. Or, dans ce film, elle rayonnait d'une humanité bienveillante et sagace de vieillarde solitaire, proposant un toit à une jeune fille déboussolée en échange de travaux ménagers et de services personnels qui, dans la suite du film, inciteront la vieille femme à se métamorphoser de femme aidée en aide et à se rendre, tel un ange miséricordieux, auprès d'une femme handicapée et plus exténuée qu'elle-même, laquelle, malgré tous ses handicaps, ira à son tour, suivant les détours du scénario, nourrir un homme à l'agonie qui, lui aussi, ne renoncera pas à sa mission et, au prix d'efforts surhumains, retardera sa propre mort et, avec ses ultimes forces, se traînera jusqu'au buffet pouilleux de la gare routière vide, non pour avaler le dernier verre de sa vie, mais pour réconforter la villageoise débarquée pleine d'espoir dans la métropole, attendant le premier autobus qui l'emporterait loin de là.

Tel était le message de Trigano : tout individu aidé peut, et doit, assister autrui. Et tandis que cette idée simpliste, en apparence invraisemblable, tissée il y a des années de cela par un réalisateur débutant, chemine, plan après plan, sur l'écran, le titre original du film jaillit dans la mémoire de Mozes, et il le murmure à l'oreille de sa compagne de voyage.

– 2 –

En fin de projection, assis dans l'obscurité au dernier rang et séparé de l'allée par de Viola, le réalisateur s'élance pour monter sur la scène. Son cœur bat encore la chamade d'avoir revu sa mère à l'écran, alors que le doublage n'a pas réussi à effacer complètement l'écho de sa voix : la voici qui dispense ses recommandations à la nouvelle locataire qui vide sa valise dans la chambre d'enfant de Mozes avant d'en ressortir en chemisier léger et dans un short à la coupe surannée, très court et bouffant, dont les élastiques enserrent les cuisses. Arrivée à Jérusalem une heure plus tôt, à l'invitation du jeune homme qui convoitait une nouvelle amourette, déprimée et fatiguée, elle traîne maintenant un seau et un balai dans la maison d'une vieille femme malade. Idée géniale que la caméra change de position, un instant, pour épier sa silhouette à travers les lamelles des stores et, ainsi, exalter sa grâce féminine...

À ce moment, une conversation énigmatique se déroule entre elles, et le metteur en scène sent que, à l'aube de sa carrière, il était déjà capable de concevoir un dialogue avec naturel. D'autant que le doublage en espagnol a été effectué avec un professionnalisme certain, donnant l'impression qu'il n'a pas été exécuté dans un studio d'enregistrement avec des comédiens étrangers, mais qu'il a hypnotisé les personnages israéliens au point de les convaincre de changer de langue. Du coup, il ne s'étonne pas que l'audience adhère facilement à des personnages étrangers, et la petite Jérusalem, dans le noir et blanc des années soixante, se fond, peu à peu, dans la Galice, en cité familière et attendrissante.

Mozes se souvient que la municipalité de Jérusalem avait attribué un prix d'encouragement à ce film de novice, mais cette récompense n'avait pas réussi à attirer le public : au bout de deux semaines, ce film avait dû céder la place à un autre, plus spectaculaire. Son père, qui se désolait de voir sa femme jouer les actrices, de surcroît une vieillarde aux cheveux blancs, n'avait pas caché sa joie devant l'échec du film, mais sa mère en avait éprouvé du chagrin du fait que ses connaissances n'avaient pas eu le temps de le voir. Elle qui, sa vie durant, ne s'était jamais épargné une critique, ressentit une brusque empathie envers ce personnage imaginaire et, à plusieurs reprises, elle avait loué la direction d'acteurs de son rejeton, peut-être pour sous-entendre qu'elle était disponible pour un nouveau rôle.

Cependant, eût-il voulu lui donner un rôle dans ses films suivants que cela aurait été impossible. Deux ans après ce tournage, la maladie était apparue, obligeant sa mère à lutter avec la réalité et non avec les fantasmes d'un scénariste ou d'un réalisateur. Aussi, à cette heure, dans cette minuscule salle d'une ancienne caserne, en regardant la quasi-résurrection de sa mère – brève résurrection car son apparition dans le film, il s'en souvient maintenant, ne se déroule que pendant la première moitié –, il ne peut se retenir et, mi-honteux mi-admiratif, il se penche vers le prêtre assis à sa droite : « Là... vous voyez cette... je veux dire, la vieille femme, c'est ma mère. » Stupéfait, il se rend compte que le directeur des archives le sait ; quelqu'un le lui a révélé, ou alors il l'aura déduit du générique. L'ecclésiastique sourit, approuvant d'un léger hochement de tête ce choix risqué et, sans un mot, il reporte son attention sur une silhouette étrange, clairement visible dans le coin droit de l'écran : défaut qui avait échappé au monteur et, du coup, n'avait pas été effacé comme il convenait. Ce personnage qui n'appartient ni à l'intrigue ni à l'équipe de tournage se dissimule derrière un rideau. Le directeur de la photographie ne s'était sans doute pas aperçu qu'il avait pénétré dans le champ, et ce n'est qu'après la restauration et l'amélioration de la pellicule par son passage au numérique que son père apparaît ; il avait dû se glisser derrière un rideau pour veiller à ce que, même sous la défroque d'un réalisateur, son fils continue à respecter la dignité de sa mère.

Mozes presse sa compagne de voyage captivée par ses propres paroles inintelligibles : « Tu ne te souviens vraiment pas de ce que vous vous êtes dit ? » Il est vrai que les dialogues s'effacent vite de la mémoire pour ne laisser que des bribes d'images hasardeuses, comme la charmante posture de la jeune locataire confuse, appuyée sur un balai, et dont les pieds nus caressent la brosse. Mozes se perd en conjectures pour savoir si son manque d'expérience l'a conduit à s'en remettre au pouvoir des mots, sans craindre qu'un dialogue aussi long et dénué de rebondissements ne fatigue les spectateurs et ne les empêche d'adhérer à son propos. La preuve que non : autour de lui, des étrangers sont là, concentrés, laissant échapper, de temps à autre, un léger rire de contentement, sans avoir la moindre idée des intentions ultimes du scénario.

Mozes insiste auprès de l'actrice, alors que dans le regard de celle-ci s'affrontent le ravissement et la tristesse devant sa jeunesse envolée : « Tu ne te souviens vraiment pas de ce que tu lui as dit ? » D'un haussement d'épaules, elle s'agace de cette question car elle a participé, depuis, à de nombreux autres films comptant une infinité de dialogues... « Comment m'en souvenir ? » Néanmoins, quelque chose surnage dans sa mémoire. « Tu vas bientôt voir comment je prépare le repas de cette vieille, je veux dire, de ta mère, c'est ce que j'ai retenu de ce pauvre film. Tu vas voir, tout de suite... »

En effet, voici la locataire dans la cuisine, elle épluche des légumes, tranche du pain, fait frire un œuf, lequel, à cause d'un angle défectueux de l'éclairage, ressemble à un poisson rouge dans la poêle. Se peut-il, ricane brièvement Mozes, qu'un film aussi précoce ait engendré les prémices de mon avidité à m'immiscer dans les marmites et les poêles avec la caméra ou que ce n'ait été que l'inspiration du directeur de la photographie ?

Pendant ce temps, le film continue à progresser à son rythme lent, sans qu'on puisse noter quelque signe avant-coureur d'un rebondissement dramatique. Malgré tout, il réussit à maintenir la tension dans la salle minuscule. Est-ce donc l'absence de perspective qui soutient ainsi l'attention ? La vieille femme mange son plat sans appétit, elle a l'air frêle et maladive, ses mains tremblent ; elle a sans cesse besoin d'aide et, lorsque la fourchette ou le couteau lui échappent des mains, elle n'a pas la force de les ramasser, et c'est la jeune fille qui doit les prendre et s'empresser de les rincer. Cette faiblesse ne paraît pas passagère, mais – après que la jeune locataire a débarrassé la table, lavé la vaisselle et reçu la permission de se retirer dans sa chambre, où on l'entrevoit, pendant trois secondes, dans une délicieuse nudité – une métamorphose s'opère dans le salon. Avec une énergie suprême, la propriétaire quitte son fauteuil, change de vêtements, se maquille, prend un panier et une canne et, suivant le postulat de Trigano, s'apprête à passer de la situation d'assistée passive à celle d'assistante dynamique. La voici, vieillarde prudente mais pleine d'assurance que la caméra filme avec respect, qui fend la foule au cœur d'un marché bondé. Taille redressée, l'allure décidée, elle vaque d'un étal à l'autre, marchande avec les commerçants et choisit du pain, des œufs et des légumes, et même un morceau de viande rouge, puis elle s'engage dans une ruelle pouilleuse jusqu'à une vieille maison, gravit les marches escarpées et étroites et aboutit à une porte écaillée dénuée de nom, qui lui livre passage à sa propre demeure, ce que Mozes est le seul à remarquer car, grâce au talent du directeur de la photographie et du chef décorateur, la maison de ses parents s'est transformée, désormais, en un logis différent, négligé et sombre, aux meubles décatis et aux tapis mités, sans jardin ni cour. Maintenant, c'est celui d'une femme obèse, vautrée dans un fauteuil roulant, à attendre son assistante.

« Mathilde... Je ne le crois pas ! » exulte Ruth.

Cette exclamation retire du puits du temps un personnage hors normes, presque mythologique, à l'âge et à l'identité incertains, une vague parente éloignée de Trigano, recrutée, elle aussi, dans sa bourgade d'immigrants, et qui s'était révélée une actrice-née à l'humour inépuisable. La mère de Mozes, vieille femme policée et cultivée, s'approche d'elle avec hésitation et dépose précautionneusement les achats au pied du fauteuil roulant bancal, sans doute emprunté à un hospice de vieillards. Confus, le cinéaste baisse la tête dans la pénombre devant son œuvre, mais, fort de sa longue expérience en matière de publics, il constate que son message pédagogique, puéril mais humaniste, dégage sa propre force d'attraction.

Ce n'est pas en creusant sa mémoire mais en regardant les images défiler à l'écran qu'il découvre comment un réalisateur débutant, fidèle au scénario, n'a pas épargné sa propre mère se dévouant sous ses yeux avec une soumission extrême, presque humiliante, à l'énorme poussah orientale, immigrée d'Afrique du Nord, l'alimente et la nettoie avec une serviette humide, lave ses sous-vêtements dans l'évier. Il ne sait si toutes ces tâches avaient été vraiment prévues dans le scénario original ou si elles avaient été ajoutées à l'initiative du réalisateur. Sans doute parce qu'il ne comprend pas un traître mot de l'échange qui se tisse avec une allégresse surprenante entre sa mère et son assistée, ses yeux s'embuent et sa gorge se noue ; l'humiliation que subit sa mère lui est odieuse et, à l'instar de son père qui n'avait pas survécu longtemps à la mort de son épouse, il éprouve une pitié infinie pour le fantôme maternel assumant son rôle avec ferveur, et il fait signe au directeur des archives de le laisser passer. « Je reviens tout de suite », le rassure-t-il, tout en se hâtant vers la sortie.

Les ombres allongées d'une fin de journée hivernale recouvrent déjà le long corridor de la caserne, mais comme, dès son entrée dans la salle, Mozes avait repéré l'emplacement des toilettes, il n'a aucun mal à les retrouver, éclairées par un lumignon. Il se rince le visage, s'enferme dans un cabinet et, après avoir soulagé sa vessie, s'assoit sur le siège afin de réfléchir à l'attitude à adopter pendant cette étrange rétrospective. La promesse d'un petit prix d'hommage, qui doit lui être décerné en fin de rétrospective, est-elle destinée à l'amadouer ? Mais, en fin de compte, pourquoi serait-il irrité ? Après tout, il n'est pas là pour présenter sa seule création mais aussi l'élan créatif de sa patrie ressuscitée. Saint-Jacques abrite une cathédrale imposante. L'hôtel est splendide, le petit-déjeuner abondant, et, entre-temps, sa compagne de voyage ne semble pas s'attrister devant sa beauté d'antan. Certes, ses films antédiluviens ont été réalisés pour donner chair aux lubies d'un jeune scénariste péremptoire et fumeux. Bien sûr, ils sont trop chétifs pour laisser deviner ses futurs progrès professionnels, concrétisés par la suite. Mais il reste capable de les défendre – à condition de pouvoir en décrypter les intentions.

Il consulte sa montre. De toute façon, sa mère va bientôt achever son rôle, et la fin de sa prestation atténuera sa culpabilité à cause de sa direction d'acteurs si peu miséricordieuse. Il retourne dans la salle et sent que le public demeure captivé par le film. Avec précaution, il se glisse devant de Viola affichant un sourire étonné et dont le regard est hypnotisé par le personnage de Mathilde qui, maintenant, supplie son aide de ne pas l'abandonner, mais sa mère étend une couverture sur son assistée bouffie et, avant de quitter le film et afin de ne pas laisser derrière elle un vide désolant, elle allume la radio : les flonflons d'une ancienne marche militaire submergent la minuscule salle de l'ancienne caserne.

Encore heureux que les Espagnols n'aient pas tenté de doubler les paroles du chant, songe Mozes, car on pourrait douter que Mathilde eût réussi à trouver la force de se métamorphoser d'assistée en assistante. Toujours enfoncée dans son fauteuil roulant, mais éperonnée par la marche entraînante, elle commence à rouler, avec une habileté confondante, jusqu'à son assisté – au besoin, le film l'aide en renonçant à la logique réaliste présidant aux mouvements des humains et des objets, et, par des plans de coupe élaborés, réussit, sans rabaisser l'histoire à de la magie, à déplacer, comme dans un rêve, le fauteuil roulant sur des escaliers, à travers des ruelles et des cours, jusqu'à une bicoque qui, cette fois, n'est plus la demeure de ses parents mais le réduit d'un moribond.

Qui était-ce ? Mozes interroge Ruth, encore sous le charme de l'apparition de Mathilde qu'elle n'a pas oubliée depuis son enfance. Elle hausse les épaules, elle non plus n'identifie pas l'acteur « en phase terminale » sur le visage livide, exsangue, duquel un masque à oxygène est posé, tandis que, suspendus au-dessus de son lit, des tubes et des seringues contenant d'improbables doses de perfusion sont piqués dans différentes parties de son corps. Un micro dissimulé au milieu de cet écheveau diffuse halètements et gémissements en bon espagnol. Mais qui est-ce ? Mozes ferme les yeux dans l'espoir de découvrir la vérité cachée derrière le doublage, le maquillage et les appareils médicaux qui tapissent l'écran. Pendant un bref moment, il soupçonne que, faute de mieux, c'est lui-même qui s'est porté volontaire pour figurer dans son propre film. Mais il n'a pas pu avoir le culot d'égarer ainsi le public et de changer, au soir, le jeune homme vigoureux du matin en malade alité en tunique blanche, à la dernière extrémité. En tout cas, il se montre surpris que, malgré l'aspect effarant et désespérant de l'agonisant, des éclats de rire fusent dans le public. Peut-être parce que la femme corpulente, qui se déplace avec maestria dans son fauteuil roulant, a transformé sa passivité engourdie d'assistée en énergie euphorique d'assistante, décidée et hyperactive. Ont-ils doublé le texte original ou l'ont-ils modifié ? En tout état de cause, il est évident que des éléments comiques sous-jacents dans la réalisation et le scénario se sont accentués avec le temps : ce drame moral, au départ sinistre, se métamorphose progressivement, à l'étranger, en farce clownesque.

Soudain, Ruth s'exclame : « Ça y est, je le reconnais. Concentre-toi et regarde bien, c'est Tolédano. » Sceptique,

Mozes balaie l'éventualité que le directeur de la photographie du film se soit mué en comparse. Mais Ruth affiche une telle certitude et, bien qu'il agrippe son épaule pour calmer l'effervescence de sa mémoire d'habitude erratique, elle s'obstine à s'accrocher à l'homme qui l'a aimée, tandis que, gisant sur son lit de souffrance, sa voix originale lui est déniée à l'écran. « C'est lui, ça ne peut être que lui, regarde bien, le comédien que tu avais retenu avait paniqué devant ce rôle. Alors, Tolédano s'est proposé, parce que Trigano n'a jamais accepté de jouer aucun des personnages qu'il inventait. Pourquoi t'entêtes-tu à ne pas le reconnaître ? »

Elle a raison. Sous le masque, les yeux du moribond sont ceux d'un amoureux qui, depuis, a quitté ce monde. Mais, dans ces conditions, qui était derrière la caméra ? « Sans doute toi-même, suggère Ruth. En plus, il y avait là son assistant, comment s'appelait-il déjà ?

— Nadav, répond avec assurance Mozes.

— Oui, Nadav », confirme-t-elle sur un ton joyeux. Sa mémoire se conjugue désormais à celle du metteur en scène afin de restaurer, de concert, la réalité enfouie sous une œuvre oubliée.

De son côté, le directeur de la photographie joue avec grâce et modestie le rôle d'un agonisant anonyme, provoquant l'émotion de Mozes pour son film de débutant, si bien que le doublage en espagnol lui semble désormais familier. L'écran se brouille légèrement, peut-être à cause d'une mise au point fautive, ou peut-être à cause d'un objectif sale, ou de la caméra qui a tremblé dans la main inexpérimentée du réalisateur promu directeur de la photographie à titre temporaire. Mais Mozes constate que ce tremblé si peu professionnel exalte cette scène et lui ajoute une dimension onirique, au moment crépusculaire où une femme éléphantesque dans son fauteuil roulant tente de soulager un autre être souffrant à sa dernière heure.

Les spectateurs, qui avaient accepté patiemment jusque-là l'absurdité étalée sous leurs yeux, ont sûrement compris, peut-être aussi du fond de leur religiosité elle-même agonisante, qu'il est impossible qu'un moribond, bénéficiant ainsi d'une aide miséricordieuse, conclue ce film préhistorique par sa propre mort. Un malade en fin de vie doué de conscience ne saurait renoncer à son rôle d'aide, ne serait-ce que comme soutien psychologique, et c'est pourquoi certains applaudissent aussitôt après le départ de la dame gigantesque, quand, sans perdre une seule seconde, l'agonisant ôte son masque à oxygène, se redresse sur sa couche et plante un regard douloureux dans l'objectif qui le secoue un peu. Et cette secousse, qui n'est due qu'à la maladresse, convient à cette atmosphère de fin. Le directeur de la photographie décédé, aimé de tous, ressuscite sous leurs yeux sans renoncer à son état de moribond et, dans sa tunique blanche, il enroule les deux tuyaux de perfusion autour de ses bras et se précipite hors de chez lui. Le réalisateur, pourtant critique et méfiant, ne peut que s'étonner de ce malade à la dernière extrémité errant en pleine nuit, tel un fantôme, dans l'ancienne gare routière de Jérusalem, traînant son porte-perfusion au milieu des autobus sombres à l'arrêt, et se faufilant dans ce qui doit passer pour un buffet populaire, mais où un tableau oublié sur un mur révèle à Mozes qu'il est situé dans le salon de ses parents, plateau de tournage décidément inépuisable qui a revêtu, pour la circonstance, l'aspect d'un bar de nuit noyé de fumée, avec un comptoir chargé de bouteilles multicolores derrière lesquelles se tient un individu à la mine patibulaire concoctant ses breuvages d'un air épanoui. Sous l'éclat de la lune parvenant du jardin, la caméra suit à tâtons la silhouette de la villageoise candide qui, après avoir été désappointée par le jeune homme parjure, a elle-même déçu sa propre assistée et attend à cette heure le premier autobus qui la ramènera à son village. La valise en carton repose à ses pieds, et, sur sa robe fleurie dont la lumière nocturne n'atténue pas la douceur, pend un foulard qu'elle a jeté sur ses frêles épaules avec une délicatesse exquise. Déjà si triste, son désespoir augmente en s'apercevant que celui qui vient la secourir est lui-même moribond, et la voici qui commence à gémir.

Mozes ne peut s'empêcher de provoquer son actrice : « Comme il était facile de te tirer des sanglots devant la caméra quand tu étais jeune et espiègle et, aujourd'hui, il est si difficile de te tirer ne serait-ce qu'une seule larme...

— Je n'y peux rien, s'excuse-t-elle dans un murmure, si, de toutes les larmes que je verse dans la vie, il ne m'en reste pas une pour tes œuvres. Mais ne t'en fais pas, dans ton prochain film, si tu en as besoin, je pleurerai encore pour toi. » Il acquiesce en silence. Non seulement parce qu'il ne veut pas l'affliger, sachant qu'elle n'aurait pas de rôle dans son nouveau film, mais aussi parce qu'il prend garde de ne pas déranger les spectateurs. L'éclat de la lune et le tremblement de la caméra hypnotisent le moribond, que les tuyaux attachés à son corps transforment en figure héroïque : un personnage qui prouve au monde entier, en un espagnol chuchoté, suave à l'excès, que, même au bord du gouffre, un individu peut insuffler de l'espoir à son prochain. Le sourire honteux irradiant le visage de la jeune fille, cadré en gros plan, provoque des larmes réelles dans les yeux de l'actrice vieillissante. Et lorsque l'écran s'obscurcit enfin et que la lumière revient dans la salle, Mozes se promet qu'à son retour en Israël il cherchera ce film et le regardera dans sa langue originelle afin d'en évaluer, enfin, la qualité.

Les regards des spectateurs qui scrutent le réalisateur laissent percer une certaine perplexité mais aucune trace d'hostilité ou de moquerie. Aussi espère-t-il que les questions ne porteront pas sur des vétilles quant au réalisme, à la crédibilité ou à la technique de cadrage, mais essentiellement sur le concept. Mais, comme l'espagnol qui a remplacé la langue originelle ne lui permet pas un contrôle total des détails du film, il demande au directeur des archives, modérateur du débat, de concentrer les questions en un seul faisceau pour éviter des interpellations épineuses auxquelles il aurait du mal à répondre.

À sa grande surprise, ces questions révèlent une adhésion tacite à ce film si simpliste, et c'est pourquoi Mozes veille à ne pas la décourager en y répondant avec ironie. Or des enseignants et des étudiants de cinéma ne regardent pas un film en simples spectateurs attendant du plaisir contre un ticket ; pour ces puristes, un film offre avant tout matière à interprétation. Et comme, dès le déjeuner, il a remarqué, dans cette région de pèlerinage, une nette propension à débusquer du symbolique derrière chaque détail, il se résout à se montrer tolérant à l'égard des spéculations allégoriques. Ainsi, lorsqu'un enseignant aguerri suggère une explication surprenante au tremblement de l'image pendant la dernière scène, il se garde d'avouer que c'est sa main malhabile qui tenait la caméra et il le félicite, au contraire, pour sa perspicacité, non sans ajouter que, vu le temps écoulé, il ne soit plus tout à fait sûr que ce fût son intention de départ. De leur côté, les étudiants privilégient les aspects techniques par rapport aux éléments spirituels. Le fait qu'un film désuet tourné par une bande d'amateurs dans un jeune État lilliputien, avec des moyens aussi réduits, résiste aux morsures du temps encourage ces jeunes pousses. Après que le prêtre a révélé que c'est la mère du réalisateur qui joue le rôle de la première vieillarde, les questions prévisibles se bousculent : Avez-vous eu de la difficulté à mettre en scène votre propre mère ? Vous a-t-elle obéi ? S'est-elle mise en colère contre vous en se découvrant à l'écran ? Pourquoi n'avez-vous pas essayé d'inclure votre père dans votre film ? Après tout, il pouvait jouer le rôle du moribond au lieu de l'individu relativement jeune qui l'incarne… Mozes ne trouve pas toujours au débotté la réponse adéquate.

Ensuite, l'attention du public se porte sur l'actrice, dont l'apparition juvénile à l'écran marque encore l'assistance. Une étudiante n'hésite pas à demander si le sourire qui illumine ses traits, à la fin du film, est spontané ou s'il a été indiqué par le metteur en scène. En d'autres termes, l'ultime scène s'était-elle déroulée dans la réalité et si un fantôme blanc, traînant ses tiges de perfusion, avait surgi brusquement de l'obscurité pour la consoler, l'aurait-elle alors accueilli ou la stupeur l'aurait-elle fait fuir ? Quoique dans un anglais médiocre, la réponse de Ruth est catégorique : *ce* moribond-là, elle l'aurait accepté de bon gré, et son secours nocturne l'aurait incitée à rester à Jérusalem et non à fuir de bon matin.

C'est alors que se lève un vieux paysan au crâne dénudé, cramoisi d'émotion, pour demander la parole : peut-on penser que ce moribond, qui a gagné la confiance non seulement de la jeune femme mais la sienne propre en tant que spectateur, a lutté contre la mort et a réussi à la vaincre après la fin du film ? Un tel espoir est-il permis et reflète-t-il les intentions du réalisateur ?

« Il ne les reflète pas mais ne s'y oppose pas non plus, répond Mozes avec un sourire, car votre espoir va au-delà de ce film, dès l'instant où la lumière est rétablie dans la salle. La fin d'une œuvre d'art est absolue, et qui tente d'imaginer la suite ne le fait que sous sa responsabilité exclusive. »

Dépité, le paysan se rassoit lentement, mais, aussitôt, certains de ses compagnons se lèvent pour prendre la parole. Craignant que les paysans du coin ne rabaissent le niveau du débat, le prêtre les invite à abréger leurs interventions et, s'abstenant de traduire à ses invités, répond à leur place, à la va-vite, et, pour conclure honorablement le débat, il pose une question personnelle et pointue à l'invité d'honneur : « Croyez-vous en l'idée centrale du film que vous avez réalisé, je veux dire, que tout assisté doit prodiguer une aide en retour ? »

Interloqué par la question, Mozes s'empresse d'y répondre. « Mon scénariste, lui, y croyait, et, pendant ces années-là, je respectais ses idées et j'acceptais de mettre en scène des films écrits sur la base de ses idées. Après notre séparation, j'ai jugé cette assertion abusive car il existe autour de nous des assistés innombrables et éternels, bornés, nombrilistes et sans la moindre tolérance à l'égard d'autrui. Mais, aujourd'hui, après avoir revu ce film oublié depuis des décennies, je suis prêt à accorder une deuxième chance à sa vision de l'existence. »

– 3 –

Pendant l'entracte avant le film suivant, le directeur des archives avance deux suggestions opposées : visiter à nouveau les studios et les salles de cours ou se reposer dans son bureau, l'ancien appartement du commandant de la caserne : « Vous y trouverez un petit canapé confortable. » Fidèle adepte de la sieste, Mozes choisit la seconde option. Ces dernières années, y compris les jours de tournage, il réussit à planifier sa besogne de manière à se ménager une heure de sommeil l'après-midi. Pendant les prises en extérieur, il n'y renonce pas plus et se glisse, une couverture à la main, sous le camion de la production afin de profiter d'un léger somme sous l'ombre graisseuse du véhicule, mais à condition d'en garder les clés dans sa poche.

Aussi Mozes se fait-il une joie de pénétrer dans la vaste pièce calme au style un peu monacal, meublée d'un canapé en cuir et d'un fauteuil, où des bûches se consument lentement dans l'âtre. Le prêtre retire d'une armoire deux couvertures militaires en laine, ferme les rideaux, coupe le téléphone et, sans prendre l'avis de ses invités, les enferme à double tour de l'extérieur.

Compte tenu de son âge et de son statut, Mozes se dirige naturellement vers le canapé, mais, un peu honteuse, Ruth lui demande de le lui céder, pour cette fois, et de se contenter du fauteuil. Bien que surpris, il s'y résigne : après tout, elle s'est rendu compte des flétrissures d'aujourd'hui après l'émotion ressentie devant sa beauté d'antan, et il est naturel qu'elle veuille se consoler de sa mélancolie en se recroquevillant en positon fœtale.

Il l'aide à se glisser sous la couverture et éteint la lumière, espérant trouver quelque repos sur le fauteuil. Certes, le film suivant recèle un contenu martial mais, pour autant qu'il s'en souvienne, il abonde aussi en longs plans de paysages et en sommeils profonds de soldats, il lui sera donc possible de sommeiller, sa conscience dût-elle être cotonneuse. Il ferme les yeux en méditant sur le dévouement manifesté par sa mère dans le rôle qu'il lui a attribué. Or, nombre d'artistes de sa connaissance répugnent à regarder leurs œuvres passées ou à y réfléchir ; lui aussi, s'il n'y est pas contraint, ne visionne ses anciens films que de loin en loin. Mais il lui semble que sa rupture avec Trigano l'a conduit à ignorer de manière exagérée et trop absolue leurs films conçus ensemble. Car ce film si inabouti révèle tout de même quelques beaux effets de mise en scène qui se laissent regarder et étudier pour y puiser une inspiration nouvelle.

La respiration de Ruth s'apaise. Un jour, elle lui a confessé que, de temps à autre, quand elle ne parvenait pas à trouver le sommeil, elle imaginait s'endormir devant une caméra et non dans la réalité, et que le réalisateur, le preneur de son et l'éclairagiste veillaient sur son sommeil. Et ainsi pouvait-elle se calmer. Aujourd'hui, Mozes remplit tous ces rôles à la fois. Une main de Ruth endormie dépasse de la couverture et effleure Mozes assis à côté d'elle. Malgré la faible lumière, on peut discerner les effets de l'âge sur ses traits et sur ses mains. Ce n'est certes pas une tache de vieillesse qui l'empêchera de jouer un rôle dans son prochain film, mais il sent que sa responsabilité à l'égard de la figure de Ruth est désormais épuisée. Ses qualités d'actrice se sont exprimées dans chaque rôle possible mais, au dernier stade d'une carrière tortueuse et longue comme la sienne, il vaut mieux se méfier des retours en arrière.

Le fauteuil du commandant au dossier droit est rigide, et le prêtre qui se l'est approprié a évité, sans doute par ascétisme, de l'amollir par un petit coussin : aucune chance de s'y assoupir ou de s'y reposer. Mais s'il veut se montrer en pleine forme pour le film suivant, il lui faut se déchausser, se pelotonner sur le tapis aux pieds de son accompagnatrice et, afin d'éviter le moindre bruit, ôter son appareil auditif.

Tandis qu'il perçoit, au-dessus de lui, la respiration régulière de Ruth, le sort de cette dernière accapare son esprit et le navre. Car s'il l'emmène de temps à autre dans ses voyages, il le fait non par souci de l'avenir mais par devoir à l'égard du passé ; comme une sorte de piètre consolation pour sa carrière au déclin inexorable. Il se souvient que « Né*ha*ma » – « Consolation » –, prononcé en forçant sur la deuxième syllabe à la manière des Orientaux, est le prénom que lui a donné son père rabbin. Après avoir quitté le foyer paternel, suivant le conseil d'un agent que Mozes avait recruté, elle avait abandonné cet archaïque « Néhama » et adopté un prénom simple et facile à retenir qui, malgré sa spécificité israélienne, était connu et en usage dans le vaste monde.

Mozes, lui, n'a pas oublié son prénom d'origine, celui d'une jeune fille fragile et timide que l'étudiant-ouvreur lui avait présentée comme son amie, un soir, dans le hall d'un cinéma de Jérusalem. Parfois, pendant les répétitions, voire pendant les tournages, lorsqu'il voulait obtenir d'elle un jeu sincère, plus profond que celui qu'elle lui offrait, Mozes la provoquait en l'appelant pas son ancien prénom, lui lançant une sorte de signal magique pour l'arracher aux convenances mensongères et la pousser à enrichir son jeu par un rappel de sa nature réelle, opprimée, déboussolée, celle d'une adolescente n'ayant même pas achevé ses études secondaires. Au début, elle se mettait en colère parce qu'il révélait à l'équipe le prénom qu'elle avait jeté aux orties. Mais, quand il s'obstinait ainsi, elle était forcée d'écouter la voix authentique de son identité contenue dans le prénom donné par son père.

Désormais, Mozes n'a plus de baguette magique pour tirer d'elle des nuances différentes de celles qu'elle avait incarnées jadis, et c'est pourquoi il ne peut plus se préoccuper de son avenir que de loin, suggérer son nom à d'autres réalisateurs et veiller à ce que certains de ses amants ne l'oublient pas. De même que l'amour du directeur de la photographie, avant son décès, s'exprimait par son inquiétude pour sa vie quotidienne, Mozes se sent obligé de s'intéresser, de temps à autre, aux aspects concrets de son existence en matière d'argent ou de santé. Du coup, malgré le calme de la pièce et la couverture de laine rêche qui le réchauffe sur le tapis rugueux, il n'a guère l'esprit en paix. Même lorsqu'il se couvre le visage et ferme les yeux, les images de *La Ronde de l'entraide* continuent de le hanter. Aussi parvient-il à percevoir un léger coup frappé à la porte verrouillée sans l'aide de son appareil auditif.

« Néhama, réveille-toi, de Viola vient nous chercher... », lui dit-il en lui caressant le bras.

Le front de Ruth se plisse de stupeur en entendant le prénom qu'il lui donne car, à cette heure, ni caméra ni micro ne sont braqués sur elle. Elle ouvre ensuite les yeux, avec un sourire resplendissant après ce sommeil profond et réparateur. Avec la grâce aristocratique qui émane parfois de ses gestes, elle dégage ses jambes de sous la couverture, étire ses membres, se redresse, plie avec soin sa propre couverture puis celle de Mozes, enfile ses chaussures à talons hauts, défroisse son chemisier, extrait de son sac sa trousse à maquillage et un peigne et, en l'absence de miroir dans la pièce, se maquille et se coiffe devant la vitre de la fenêtre, puis passe le peigne dans la chevelure blanche du réalisateur. Le directeur des archives ouvre la porte verrouillée. « Pourquoi avez-vous fermé la porte à clé ? l'apostrophe Mozes. Aviez-vous peur que nous redoutions nos films au point de nous éclipser comme des voleurs ? Sachez-le, c'est un crime que d'enfermer ainsi un vieillard à la prostate capricieuse. » De Viola éclate de rire. « C'est simple, répond-il, je sers ici de directeur et d'aumônier à la fois, et certains enseignants et étudiants se permettent de faire irruption dans ma pièce en toute liberté comme dans un confessionnal. Aussi, afin que mes invités jouissent d'un repos complet, j'ai préféré verrouiller la porte et même y accrocher un mot d'avertissement. Deux autres films sont au programme et, à en juger par les réactions à *La Ronde de l'entraide*, il semble que l'intérêt pour le cinéma israélien ne fasse que croître parmi les enseignants et les étudiants. »

En chemin vers la salle de projection, ils sont informés d'un léger changement : *Le Sommeil des soldats*, dont le titre en espagnol est devenu *L'Installation*, a été repoussé au lendemain et on projettera, à la place, le film qu'on appelle ici *Obsession* – sans doute *Le Stylo volant*. « Ce changement a été opéré afin de montrer aux Espagnols qu'il existe aussi, dans votre travail le plus ancien, de l'intérêt pour la psychologie et pas seulement pour l'éthique.

— Ce sera le même public ?

— En grande partie.

— Et moi qui pensais que je les avais rebutés avec ce film simpliste par lequel vous vous êtes obstiné à ouvrir ma rétrospective... »

Mais Juan de Viola balaie d'un geste tranchant l'autocritique du metteur en scène :

« Ce film n'est pas simpliste mais, disons, un peu vert, et une œuvre de débutant dégage toujours une certaine puissance si elle est mue par une inspiration religieuse ou, du moins, métaphysique.

— Vous n'en démordez pas de cette histoire de religion, proteste Mozes, mais sachez que ni moi ni Trigano ne serions d'accord pour qu'on définisse notre travail en ces termes. »

Cette farouche dénégation ne démonte pas le prêtre.

« Bien des personnes au tempérament religieux ont honte de l'avouer. N'oubliez pas à quelle époque vous avez réalisé ce film. Pendant les années soixante, le monde était agité par une flopée de doctrines séculières virulentes, et l'art religieux totalement passé de mode. Des créateurs de votre espèce camouflaient leur aspiration à l'absolu sous des apologues énigmatiques. Or le monde a changé depuis, même si, à mon grand regret, ce n'est pas toujours dans le bon sens.

— Et, dans mon drolatique *Obsession*, vous dénichez aussi un élément religieux ?

— Évidemment !

— Et ce film aussi sera doublé ?

— Comme tous les autres films.

— Et vous allez encore m'obliger à regarder l'une de mes œuvres oubliées sans en comprendre un traître mot ?

— Pour un artiste, cela ne représente pas toujours un inconvénient. Peut-être pourrez-vous vous appuyer sur la mémoire plus fraîche de votre accompagnatrice ?

— Pour autant que je m'en souvienne, elle avait un rôle mineur dans ce film.

— Mais dans celui qui sera projeté ce soir, proclame solennellement le prêtre, c'est elle la vedette. »

– 4 –

Dans la petite salle, plus peuplée encore que lors de la séance précédente, les applaudissements fusent à nouveau. Des adolescents qui ne semblent pas étudier à l'institut cinématographique sont assis sur les escaliers, ainsi que des femmes mûres, sans doute des ménagères ayant achevé leur besogne quotidienne.

« On ne capte donc pas la télévision dans votre province, chuchote Mozes, pour que ces habitants soient attirés par des films en noir et blanc ?

— La télévision vulgaire s'insinue partout, mais, au cours des dernières années, nous avons convaincu les gens d'ici de s'intéresser à autre chose. Même si les films que nous leur projetons sont plutôt anciens, l'entrée est gratuite et, parfois, ils ont l'occasion de discuter avec les auteurs. C'est pourquoi certains citoyens sont prêts à courir le risque... »

Cette fois, le directeur des archives présente ses invités de manière plus expéditive, et le metteur en scène est de nouveau prié de dire quelques mots d'introduction. Il ne peut toujours pas s'empêcher de se montrer agacé par le choix du film, si obsolète et si novice au milieu d'une production étalée sur de si nombreuses années. Certes, il se souvient de l'ambiance joyeuse pendant le tournage, mais il doute qu'elle ait pu perdurer au long des années, *a fortiori* dans un film doublé. Néanmoins, il peut promettre une chose : quiconque peut résister à l'ennui jusqu'à la fin sera étonné par le destin ultérieur de l'acteur principal.

Juan de Viola se montre satisfait par la curiosité du public à l'égard de son invité et ordonne l'extinction des lumières. Lorsque le nom du metteur en scène apparaît à l'écran, Mozes remarque que celui de l'acteur principal lui a été adjoint comme assistant à la réalisation. Avait-il donné seulement son accord ou l'avait-il demandé lui-même ? Car, malgré l'allégresse qui régnait pendant ce tournage, et bien que ce film eût bénéficié d'une certaine popularité chez les jeunes, Mozes s'en était détaché. Il est donc raisonnable de supposer que l'ajout du nom de l'acteur principal à la réalisation était destiné à lui en ôter la responsabilité exclusive. Mais qu'est-ce qui pouvait bien le préoccuper dans cet *Obsession* ? En tout cas, le titre en espagnol lui semble plus adéquat que l'hébreu.

En fait, la réalisation de ce film lui avait été imposée par Trigano, qui ne l'avait pas associé à ses doutes pendant l'écriture du scénario mais lui avait apporté un texte achevé, rédigé avec la collaboration du rédacteur en chef du journal estudiantin de l'Université hébraïque de Jérusalem – un jeune homme à la mine avantageuse, dynamique et talentueux, qui s'était lié d'amitié avec Trigano en propédeutique à la psychologie, que tous deux avaient choisie comme « matière principale » à laquelle les étudiants en humanités étaient astreints. Ce jeune homme avait conçu l'idée de traduire au cinéma la puissance tétanisante du « symbolisme des profondeurs ». Trigano écrirait le scénario, et lui-même décrocherait un budget pour la production, à condition de se voir attribuer le rôle principal.

Grâce à une subvention de l'Association des psychologues cliniciens et un don personnel du chargé de cours pourvu de moyens, Mozes avait dû choisir entre deux options : laisser les deux nouveaux associés concrétiser, par leurs propres forces, cette idée qui lui paraissait grotesque et puérile ou ravaler ses préventions et garantir, comme réalisateur, l'incarnation un tant soit peu plausible d'une idée fumeuse. Comme il craignait qu'en refusant le scénario de Trigano ce dernier ne se tournât vers un partenaire doué et jeune, il préféra la seconde possibilité.

Avec une synchronisation parfaite, une brusque averse commence à crépiter sur le toit de la salle, alors que la caméra vagabonde, par une nuit d'hiver, dans la même Jérusalem intimiste que celle du film précédent, à ceci près que, maintenant, elle se faufile dans le dédale d'un quartier misérable, en partie orthodoxe, où régnait encore, en ce temps-là, une certaine tolérance à l'égard des jeunes habitants laïques. Dans un appartement de location, que Mozes a du mal à se remémorer, une fête d'étudiants bat son plein et, à la lumière de bougies, un jeune homme élancé, aux cheveux longs, irradie, captivant son auditoire par le récit d'un périple en Inde. Il sort de sa poche un gros stylo à encre doublé d'une petite lampe torche ; un minuscule rouleau affichant la photo en couleur d'une jolie Indienne nue et entourée de versets, liturgiques ou pornographiques, dans une langue inconnue, est extrait du corps du stylo. Le stylo passe de main en main, les étudiants l'examinent d'un air amusé, ôtent et remettent le capuchon, appuient sur la lampe torche, retirent le rouleau, déchiffrent l'inscription indienne en essayant d'en deviner le contenu ; certains ne se contentent pas d'un coup d'œil et prennent un bout de papier pour écrire quelques mots avec ce stylo, puis s'empressent de les recouvrir de griffonnages.

Mozes ne se souvient pas de ce qui s'était dit pendant cette fête et de ce qui était censé se dire pendant cette scène, mais il n'a aucune envie de suivre la traduction de Pilar, assise maintenant à côté de lui à la place du prêtre parti se préparer pour sa messe vespérale. Du coup, il comprend le message qui lui a été lancé, comme par mégarde, à l'entrée de la salle : ne rien comprendre au doublage offre, parfois, des aperçus inédits.

Puisque le dialogue ne distrait pas son attention, il distingue mieux non seulement la mystification du héros du film, cherchant à exalter sa virilité à l'aide d'un stylo rapporté d'Extrême-Orient, mais encore la futilité indécrottable de l'acteur.

Est-ce la personnalité de cet acteur qui l'avait préoccupé pendant le tournage, au point qu'il s'est efforcé, depuis, de renier ce film malgré son succès relatif ? Avait-il pu réellement flairer que ce ce jeune homme au charme évident, qui avait conquis Trigano par des manœuvres séduisantes, était moralement douteux ? Après ce film, d'autres rôles lui avaient été attribués par d'autres réalisateurs, mais il avait fini par en avoir assez de ces jeux imaginaires et s'était lancé dans l'arène politique et, moyennant des retournements de veste machiavéliques d'un parti à l'autre, avait même réussi à occuper, pendant une brève période, un poste au gouvernement avant d'être inculpé pour corruption et voir ruinée sa carrière publique.

La répugnance que Mozes éprouvait à son endroit n'était pas due à ses opinions ou à son élocution apprêtée : le metteur en scène était simplement persuadé qu'un individu qui ne croit en rien est incapable, malgré toute sa séduction et son entregent, de pénétrer dans l'âme d'un personnage et de l'incarner. Après ce film, Mozes avait refusé de lui donner un nouveau rôle : « C'est lui ou moi », avait-il averti sur un ton définitif Trigano qui désirait exploiter la réussite du film pour une nouvelle collaboration avec son ami de fraîche date. Et, à la grande joie de Mozes, son étudiant avait préféré son ex-professeur, et sa relation avec son fascinant ami s'était éteinte d'elle-même.

Mozes se souvient des discussions au sein de l'équipe de tournage à propos du stylo, de son apparence, de sa taille, de sa couleur. Le directeur de la photographie craignait que le public ne comprenne pas le symbole, et c'est pourquoi il avait cherché des moyens de leur faciliter la tâche pour faire le lien entre le stylo et la frayeur profonde qui s'était emparée de son propriétaire. Mais Mozes et le chef décorateur tablaient sur la perspicacité des spectateurs pour saisir d'eux-mêmes le symbole. Mieux encore : plus le stylo serait banal, plus l'absurdité de la détresse causée par sa perte serait flagrante. En fin de compte, on avait trouvé un compromis avec un épais stylo à encre, mais de longueur raisonnable, sauf qu'on lui avait ajouté dans le réservoir d'encre une cartouche dessinée et calligraphiée avec l'image de l'Indienne nue et la légende énigmatique. Ainsi le stylo pourrait-il éclairer, comme avec une lampe torche, la valeur ajoutée intrinsèque, et il n'était donc pas étrange que sa perte produisît un tel bouleversement émotionnel.

Sur l'écran, il se fait tard, la fête s'achève, on voit le héros transporter sur son cyclomoteur jusque chez ses parents une étudiante jouée par Ruth, à travers la Jérusalem nocturne. Arrivés à destination, il la quitte avec une étreinte rapide et un léger baiser, puis retourne à sa chambre louée non loin de la vieille ville, convoitée et interdite aux juifs à cette époque. Encore ravi par son stylo, il se déshabille tout en écoutant une chanson diffusée par une radio étrangère, puis, vêtu d'un chaud pyjama avant de grimper sur son lit, il désire palper encore une fois son stylo indien, en retirer avec délice le rouleau et peut-être décrypter le message de la miniature indienne. Mais le stylo est introuvable, ses recherches affolées sont inutiles. Au lieu d'attendre patiemment le matin proche, épuisé et à bout de forces, il cède à la terreur, qui nourrit désormais l'intrigue, et plonge dans l'abîme.

Car, dès ce moment-là, son obsession ne fait que s'exacerber, obsession que Trigano a eu l'intelligence de faire croître graduellement, à la fois par sa minutie et par sa folie. Après avoir chamboulé sa chambre, le héros se rhabille, emporte une lampe torche pour chercher son stylo à pas comptés et nez au sol, le long des rues désertes et glacées à travers lesquelles il a transporté son amie. Il scrute non seulement la chaussée mais aussi les trottoirs et, en fin de parcours, n'hésite pas à paniquer les parents de la jeune fille, tirés de leur lit par le bruit des coups redoutables toqués à leur porte. Là, il prétend que leur fille a subtilisé son stylo pendant qu'elle l'enlaçait.

Dès lors, sa quête devient de plus en plus frénétique, et comme, contrairement aux spectateurs, le héros du film ignore ce que symbolise le stylo égaré, sa démence se transforme en épopée tragi-comique et, chemin faisant, révèle quelques aspects de la vie estudiantine israélienne : chacun réagit à sa façon, les uns avec colère et mépris, les autres avec pitié et le désir de l'aider. L'aventure picaresque à la recherche du symbole perdu se déploie au détour de ce film réalisé avec des bouts de ficelle et dont la durée n'excède pas quatre-vingt-cinq minutes. Mozes remarque que, malgré les pièges du scénario, lui-même avait veillé à respecter la dignité et la douleur de ce personnage plongé dans une déchéance sans fond et qu'il avait évité ainsi que les spectateurs ne se dissocient d'un homme aussi avide de s'humilier – sauf que le scénario de Trigano n'avait pas réussi à conclure ce film par une fin ouverte et généreuse à l'instar des grandes œuvres picaresques. Après avoir trimballé son héros d'un étudiant à l'autre pour savoir qui avait convoité son stylo, il passe à l'effraction des maisons de suspects pour y chercher son trésor perdu. Comme le héros commence à appréhender le symbolisme jusque-là énigmatique de l'objet et que l'occasion de s'en libérer lui est refusée, malgré un psychiatre qu'on lui amène vers la fin du film, il va de soi que ce scénario implacable et univoque ne pouvait renoncer à une fin extrême et que Trigano n'était disposé à l'alléger à aucun prix. Sur le dernier plan, au crépuscule, le héros pose sa tête si gracieuse sur les rails d'une voie ferrée dans une attente patiente.

Avec le mot « fin », les applaudissements crépitent avec plus de vigueur que pour le film précédent, peut-être à cause des jeunes gens dans la salle. Quelques spectateurs âgés se précipitent déjà vers la sortie avant même que la lumière ne soit rétablie. Ruth ouvre des yeux rougis et lâche un long bâillement. Mozes se demande si cela a un sens de monter sur scène en l'absence du directeur des archives. La gracile professeure d'animation, qui doit modérer le débat, ne sera pas assez énergique pour maîtriser le public lors du débat autour d'un film entaché d'une bonne dose de perversité. Aussi propose-t-il de regrouper le débat sur ce film avec celui de la soirée, d'autant que, si ce film se conclut sur des rails, le suivant s'ouvre sur la même voie ferrée...

Pas mécontente, semble-t-il, d'échapper au débat sur un film à la signification si grossière, Pilar se précipite sur la scène pour annoncer le report du débat après le film suivant. Quelques enseignants et étudiants se montrent déçus, peut-être parce que, cette fois, le désir se fait jour non seulement de discuter mais aussi de contester. Un peu honteux de se sentir soulagé par sa dérobade, Mozes exprime le souhait d'assister à la messe vespérale du prêtre et rappelle à Pilar ce qu'il lui a déclaré dans la cathédrale, au matin : si, d'aventure, lui venait l'envie de se confesser pour ses péchés professionnels devant un prêtre cinéphile, à la fin de la rétrospective, autant se familiariser avec le savoir-faire liturgique de l'élu.

Il découvre avec ravissement une petite chapelle qui servait naguère d'oratoire aux officiers. À sa manière modeste, elle ne le cède ni en beauté ni en harmonie à sa sœur imposante de Saint-Jacques. Quelques tableaux spectaculaires de bêtes de proie, plutôt inusitées dans une église, sont accrochés là – butin des pillages perpétrés dans la péninsule Ibérique au cours de la guerre civile.

L'affluence est énorme. Les retraités qui viennent de regarder *Obsession* sont là pour purifier leur âme, et, qui sait, une oraison, dans une chapelle aussi charmante, représente peut-être le but ultime de leur invitation à l'institut cinématographique... Revêtu d'une chasuble blanche, Juan de Viola chante et bénit les fidèles d'une voix céleste et, depuis l'autel en marbre jaune décoré de bouquets de roses blanches, il adresse quelques hochements de tête de gratitude à l'adresse des juifs.

La messe finie, Mozes exprime son étonnement devant cette chapelle tout en conjurant le prêtre de renoncer à les emmener dans un restaurant gastronomique à la fin du troisième film. « Ce serait dommage pour votre budget, lui dit-il, d'autant que la fatigue et l'émotion des retrouvailles avec des œuvres aussi vieillotes nous empêcheront de faire honneur à des mets élaborés et coûteux. Il vaudrait mieux assouvir notre faim par une visite rapide à la cafétéria et repousser ce repas à demain. »

À son corps défendant, Ruth se voit contrainte d'accepter ce sacrifice. Pendant la pause précédente, elle a accumulé du sommeil sur un canapé confortable et, pendant la projection, elle s'est encore assoupie ; la voici donc pleine d'entrain pour goûter aux fastes d'un grand restaurant, mais Mozes sait que, dans une ville étrangère, avec son anglais famélique, elle aurait du mal à s'y rendre seule.

La cafétéria est bondée. Ces gens sont-ils tous venus pour la projection du *Train et le Village* ? Mozes prend la file du self-service et choisit un sandwich au fromage sous cellophane. Ruth se contente d'un café noir. Dans quelques instants, elle va se revoir en héroïne principale d'un film émouvant et elle se montre tendue à la perspective de revivre chacune de ses expressions d'alors.

– 5 –

Le plancher en bois de l'auditorium en pente douce grince ; la salle est presque pleine à craquer. Mozes reconnaît quelques visages de vieilles personnes présentes au cours des projections de l'après-midi et il se réjouit que ses deux films ne les aient pas découragées. Les adolescents sont encore plus nombreux, tandis que des couples d'âge moyen ont afflué des villages voisins.

Cette fois-ci, il ne commettra pas l'erreur de se démarquer du choix de l'institut. Il se souvient de ce film et il est sûr de la qualité de l'intrigue et de la réalisation. *Le Train et le Village*, dont le titre original était *La Gare isolée*, est le quatrième qu'il a tourné avec Trigano. L'idée du film était née pendant le tournage d'*Obsession*, alors qu'ils cherchaient des rails de chemin de fer à même d'offrir un cadre approprié aux ultimes prises de vue de l'obsédé posant la tête sur la voie. Ils les avaient dénichés sur un tronçon de la voie ferrée menant à Jérusalem qui, à cette époque-là, bordait l'ancienne frontière avec le royaume hachémite, au pied d'un village montagneux coupé en deux et dont la plus grande partie était située de l'autre côté de la frontière. Ce tronçon, dont les rails empruntaient une courbe en épingle à cheveux sur un remblai taillé à flanc de montagne, était pittoresque à souhait. Tel un tortillard essoufflé, le train entre Jérusalem et la plaine n'effectuait que deux allers-retours par jour, et c'est ainsi qu'ils avaient eu tout loisir de faire aller et venir leur héros désespéré avant de lui faire poser précautionneusement la tête sur un rail, après avoir trouvé l'angle de vue adéquat, puis de le filmer à plusieurs reprises. Même si les auteurs de ce film savaient qu'il leur était interdit de montrer la tête décapitée, Trigano suggéra de clore le film par un gros plan sur le blouson ensanglanté abandonné sur la voie puis, à travers une déchirure, sur l'éclat du stylo disparu, magnifié par la lune et écrasé sous les roues du train. Néanmoins, Mozes avait repoussé avec virulence tout ajout de dernière minute au scénario. Tout changement exigeait un accord mutuel : il fallait s'en tenir aux indications de départ. D'autant que la fin originale, ouverte, avant l'arrivée du train débouchant à l'horizon avec un faible sifflement, n'humiliait pas le héros.

C'est sans doute la déception de Trigano devant le refus obstiné de Mozes de décapiter son ami qui avait excité son imagination pour le film suivant, lequel se déroulerait entièrement dans la gare d'un village isolé et montagneux, et cette fois, le rapport entre l'érotisme et la mort y serait étroit et explicite. Mozes oriente les spectateurs vers le nœud symbolique du film qu'ils s'apprêtent à découvrir : « Éros et Thanatos ». Ces Galiciens ignorant tout d'Israël dans les années cinquante et soixante, et encore plus de ses rares omnibus lents de l'époque, ne peuvent supposer qu'un luxueux express international, dont l'horaire est trop serré pour s'arrêter dans une gare isolée qu'il ne fait que traverser chaque soir, lancé à une vitesse insouciante sur un long viaduc jeté au-dessus d'une gorge vertigineuse – qu'un tel train n'était que pure fantaisie. Mais, étant donné la logique du film, leur révèle Mozes au grand dépit de De Viola, il n'est guère étonnant qu'un tel train suscite chez ces villageois ainsi dédaignés un vague à l'âme, une colère rentrée et la volonté de glisser leur grain de sable dans un monde qui les a oubliés, en provoquant une catastrophe dans laquelle ils pourront faire preuve d'une commisération bien à eux. Du coup, ils doivent détourner l'express de la voie principale sur une voie secondaire instable et le précipiter dans la rivière encaissée au bas de leur village. De Viola commence déjà à expurger sa traduction, afin de ne pas révéler la fin de manière aussi précise, mais Mozes se montre encore plus ardent à s'épancher et informe les spectateurs que le village qu'ils vont découvrir dans le film est double tout en ne faisant qu'un, parce qu'à cheval sur les deux côtés de la frontière, et qu'ils ont été contraints de filmer au zoom la partie située en Jordanie, pays à ce moment-là ennemi. Le prêtre le tire vigoureusement par la manche : « Venez, cher ami. » Puis il le pousse au bas de la scène : « Il serait dommage de gâcher le plaisir du spectacle avec les détails insignifiants de la réalité. » Et, tandis que Mozes tâte du bout du pied la marche, le projectionniste s'empresse d'éteindre les lumières.

Ce fut leur premier film à requérir de nombreux figurants pour incarner les villageois et les voyageurs du train. Jusque-là, ils avaient dû se contenter d'amis et du renfort de proches de Trigano espérant passer à la postérité et qui avaient été séduits, en toute bonne foi, par l'imagination du scénariste. Cette fois-là, ils avaient dû rameuter des figurants rétribués, jeunes et adultes, voire quelques vieillards, et les fondre en une communauté acariâtre de villageois dont toute l'existence se résume à l'affront que leur inflige l'express nocturne – communauté dont la divagation sacrilège, longtemps refoulée, délivrera, au bout du compte, une jeune femme assise maintenant à ses côtés et dont l'émotion ne fait que croître.

Sous une brume matinale que perce la lumière de l'aube, la caméra suit un convoi de marchandises catarrheux, brinquebalant et renâclant le long des courbes de la voie ferrée. La caméra revient de temps à autre sur la gare minuscule où guette le chef de gare âgé, coiffé d'une casquette et muni de deux fanions, l'un rouge et replié qu'il se hâte de baisser, l'autre vert et déplié qu'il va bientôt agiter avec ardeur devant la locomotive. Mozes se souvient de cet homme : un comédien à la mine grave, venu du répertoire yiddish. Il avait joué le rôle du fonctionnaire fidèle et zélé avec application mais, en fin de compte, il se transformerait en unique responsable d'une catastrophe et d'une horreur préméditées par d'autres que lui.

Bien que Mozes l'eût félicité pour la manière dont il comprenait le personnage et l'incarnait, le comédien, pour sa part, se montrait avare de compliments à l'égard de l'intrigue et se dérobait avec élégance : « Attendons le résultat final, voyons comment tout ça va tourner... » Mozes sentait que ce rescapé de la Shoah répugnait aux fantaisies apocalyptiques des Israéliens et, avant même la fin du montage, il avait coupé les ponts et n'était pas apparu à la première. Son absence ne pouvait s'expliquer autrement que par son aversion pour le film et, surtout, pour le personnage auquel il avait été cantonné. Un jour, Mozes le revit déambuler dans la rue, tête haute, vêtu de noir, l'air sinistre, comme s'il jouait encore le personnage tragique du chef de la gare oubliée de Dieu et des hommes. Pendant un bref instant, il songea à l'aborder et à l'informer des critiques qui louaient son jeu, mais, aussitôt, s'éveilla en lui la crainte de la colère de cet homme dupé dans le film par les jeunes de son village.

Mais, pour l'heure, avec les premières lueurs de l'aurore sur lesquelles le film s'ouvre, le chef de gare et tous les esprits chimériques et autres rêveurs du village, tous les candides et les rusés ne savent pas encore comment ils vont intervenir dans la trame tissée par le scénariste. Alors que la locomotive d'un convoi de marchandises cahote, à grand renfort de crissements de freins, et débouche d'une courbe de la voie ferrée, le chef de gare se hâte d'appuyer de tout son poids sur les leviers d'aiguillage, deux manettes grises fabriquées par l'accessoiriste : le convoi s'écarte alors de la voie principale pour s'arrêter près du quai de la gare. Tolédano s'était obstiné à filmer le visage du conducteur de la locomotive – un authentique machiniste, ému et affolé à la fois de trouver toute une équipe de tournage à l'attendre sur le quai. La caméra s'était aussi attardée sur deux ouvriers engourdis discutant dans un espagnol fluide, puis émergeant de la pénombre d'un wagon pour arracher des herbes folles sur le ballast.

« C'étaient de véritables ouvriers ou des figurants ? demande Mozes à Ruth qui, bien entendu, n'en sait rien.

— Peut-être les ont-ils ajoutés pendant le doublage espagnol ? » suggère-t-elle avec humour.

Mozes entoure son épaule de son bras gauche et lui caresse doucement les cheveux.

La lumière du jour se répand sur le minuscule village qui s'éveille pour une nouvelle journée routinière. Des gens quittent leur maison, des enfants se rendent à l'école, des femmes descendent avec leur lessive jusqu'à une petite source construite spécialement pour les besoins du film afin d'accentuer l'aspect rustique du village : la vie s'écoule si paisiblement que Mozes a l'impression que le doublage n'est plus tout à fait si étrange.

« L'espagnol que vous avez plaqué sur mes films commence à me plaire, murmure-t-il à l'oreille de Juan de Viola. Et si je réalisais mon prochain film en Espagne, peut-être même à Saint-Jacques ? »

Le visage du prêtre s'illumine. « Cela valait la peine d'investir de tels efforts dans cette rétrospective, rien que pour une telle éventualité. » Avec un geste d'affection surprenant, il attire la main droite du réalisateur à ses lèvres et y dépose un délicat baiser ecclésiastique.

Sur le grand écran, la locomotive siffle en se traînant sur la voie. Pendant ce temps, dans le bâtiment de la gare, apparaît un jeune homme nonchalant et lunatique qui, par la suite, se révélera être un assistant douteux et déloyal. Il émerge de ses draps en désordre, la chevelure en bataille, tout fripé par le sommeil et, vêtu de ses seuls sous-vêtements, il se poste à la fenêtre d'où il scrute, à l'aide de grosses jumelles militaires, les rues du village afin d'épier la jeune fille qu'il aime éperdument.

Mozes chuchote à Ruth : « Pourquoi ai-je oublié son nom ?

— Parce que c'était un beau salaud.

— Mais tout de même...

— Il s'appelait Yakir.

— Yakir, bien sûr. Et qu'est-il devenu ?

— Jadis, j'ai cru qu'il était mort au front, mais je crois que je l'ai confondu avec quelqu'un d'autre. Il y a quelques années, je l'ai croisé dans la rue et j'ai détalé aussitôt. Après ce qu'il m'a fait dans le film...

— Je sais. C'était une forte tête.

— Un homme ignoble, tu veux dire. Attends un peu, tu vas voir avec quelle brutalité il me traîne dans les buissons dans la dernière scène, et toi, tu l'as laissé faire. C'était un type abject qui a profité de l'occasion que tu lui as donnée pour m'humilier.

— Moi ? ricane Mozes, pourquoi moi ? C'était écrit dans le scénario, je n'ai fait que mettre en scène en le suivant à la lettre.

— Mais sans aucune pitié... Tu ne m'as pas épargnée », s'enflamme Ruth, comme si la scène allait être tournée derechef.

Mozes tente de jouer au plus fin : « Mais pourquoi aurais-je épargné une jeune fille qui use de ses charmes pour inciter des villageois à faire dérailler un express, juste pour attirer un peu l'attention sur elle ?

— Pourquoi dis-tu "attention" ? Tu oublies notre empathie pour la frustration de ce village, la commisération et la peine que nous voulions manifester, l'aide dévouée apportée aux voyageurs victimes du déraillement. C'était ma mission dans ce film, et tout ça sans prononcer un mot.

— Comment ça, sans un mot ? Mais attends, tiens, tu apparais, là. »

Grâce au cadrage astucieux de Tolédano, qui avait convaincu le réalisateur de laisser le jeune homme découvrir sa bien-aimée sur un sentier à travers ses jumelles et, par ce subterfuge, annexer du même coup la partie jordanienne du village, une jeune fille en train de parler au maire avec des gestes énergiques envahit l'écran.

Mozes est sous le charme.

« Quelle idée lumineuse de découvrir de loin ton personnage, juste avec les mouvements du corps, sans entendre ta voix !

— Mais ça va être comme ça tout le temps...

— Comment ça, tout le temps ?

— Je n'arrive pas à croire que, ça aussi, tu l'as oublié !

— Oublié quoi ?

— Que Trigano et toi, vous m'avez transformée non seulement en sourde mais encore en quasi-muette dans ce film ! »

Le chuchotement véhément de Ruth attire les regards des spectateurs ; la paume légère posée de nouveau sur le genou de l'invité lui signifie qu'il ne convient pas de déranger le public qui regarde son film. Mozes incline la tête, ses mains massent fortement ses tempes : comment aurait-il pu oublier que Trigano avait décidé de faire progresser l'intrigue par les agissements et les séductions d'une sourde-muette ?

La caméra quitte le regard concupiscent, filmé de loin, du jeune homme et se rapproche en gros plan et au ralenti du maire, quinquagénaire robuste et dynamique – un comédien professionnel qui avait exigé, et obtenu, le plus gros salaire, à juste titre d'ailleurs, car le voici maintenant à l'écran, dix ans après son décès : il dégage encore une autorité authentique, son regard fixant avec patience la belle sourde-muette qui n'émet que des borborygmes imités à merveille par le doublage en espagnol, qu'elle appuie par des gestes excités et gracieux, afin d'allumer la première étincelle d'une catastrophe programmée avec méticulosité, en cette matinée baignée de soleil.

Selon le scénario, le maire, qui connaît la jeune fille depuis le berceau et s'est intéressé pendant toutes ces années à la beauté répandue sur ses disgrâces physiques, est censé pouvoir interpréter ce qui la bouleverse grâce à ses mimiques.

« Que lui as-tu dit ? Tu t'en souviens ?

— Qu'il fallait détourner l'express jusque chez nous. »

Ses borborygmes paraissent désespérés ; on dirait une bête dans la détresse, et, d'un point de vue rétrospectif et professionnel, le metteur en scène comprend que, à partir de ce film, a peut-être débuté le processus faisant d'une actrice amateur une comédienne professionnelle, processus pendant lequel sa beauté aussi a mûri et s'est épanouie. Là, ce n'est déjà plus une adolescente maigrichonne, pâle et malhabile, dont l'identité hésite encore entre deux sexes comme dans *La Ronde de l'entraide*, mais une jeune femme décidée dont la beauté s'enrichit d'une puissance spirituelle et d'une aura érotique.

Mozes n'est toujours pas rasséréné.

« Mais qui t'a appris le langage des signes ? Moi ?

— Toi ? Tu plaisantes ? Qu'est-ce que tu y connais au langage des signes ? Et, de toute façon, ce n'est pas le langage des signes officiel mais une sorte de langue privée... Des signes que j'ai empruntés à Simone, la sœur aînée de Saül, une attardée sourde-muette, qui était tout le temps pendue à nos basques pendant notre enfance.

— Il n'a jamais parlé d'une sœur dans cet état.

— Sans doute avait-il honte devant toi, pourtant il l'aimait beaucoup et s'en est occupé. En tout cas, il voulait l'immortaliser à travers moi dans ce film. Oui, Mozes, le moment est venu de saisir que, dans tes films, se dissimulent des choses que tu ignorais ou que tu ne comprenais pas. »

Autour d'eux, la patience des spectateurs est à bout. Le directeur des archives se lève de son siège et, d'un geste agacé d'instituteur, agrippe le bras de Mozes et l'éloigne de quelques rangées, comme pour lui signifier : dans deux jours, vous serez de retour en Israël et, chez vous, vous pourrez faire tout le tapage que vous voulez, mais, ici, pourquoi dérangez-vous des gens venus spécialement assister à une rétrospective en votre honneur ?

En effet, l'éloignement du réalisateur est salutaire car, après avoir été relégué aux derniers rangs, sa tempête mémorielle s'apaise, et Mozes renonce à ce qui est dit dans le film, en paroles ou dans ce langage des signes inédit, et il concentre son regard sur le village sous la lumière changeante du jour, sur les bicoques, sur le train-train des habitants, sur une femme relevant le store de sa fenêtre donnant sur le pont et sortant des chaises sur son balcon, sur une charrette grimpant jusqu'au village suivie de cinq ouvriers, jeunes types bruyants parvenus jusqu'à un figuier, sur un individu arrêté net pendant sa marche et immobile, en silence, comme s'il attendait quelque chose, sur un adolescent accouru jusqu'au pont et déposant des rebuts métalliques sur la voie ferrée. Mozes comprend, à ce moment-là, pourquoi il a abandonné l'enseignement après ce film, non sans angoisse, et décidé de satisfaire ses penchants artistiques avec les scénarios d'un étudiant brillant et dévoué.

Grâce à un montage dépouillé mais acharné à poursuivre son but, la lumière déclinante du crépuscule submerge l'écran, et Tolédano, maître en variations lumineuses, ne renonce à aucune nuance. Déjà, surgissent les premiers scintillements de l'express serpentant à travers la montagne, mais encore loin du village isolé.

Or, comme, dans ces années-là, il n'existait pas de train israélien convenant à l'intrigue, ils avaient été obligés de l'emprunter à une réalité étrangère mais relativement proche de l'univers israélien. Aussi le directeur de la photographie et son assistant avaient-ils été envoyés en Grèce pour en rapporter des images d'express, en soirée et de nuit, pour les incorporer à leur film. Mais, là-bas, ils avaient eu du mal à dénicher l'objet de leurs recherches. Pendant une dizaine de jours, tous deux avaient erré au milieu de voies ferrées et s'étaient tenus en embuscade, pendant de longues nuits, pour capter au vol la chevauchée d'un train éclairé à partir de l'angle de vue souhaitable. À leur retour en Israël, ils avaient rapporté un fatras de prises de vue comprenant nombre de trains lancés à toute allure, tous différents, et des images de montagnes et de rivières. Dans l'enceinte de la gare du Pirée, ils avaient filmé des wagons et des locomotives détruits dans des accidents et mis au rebut. Les auteurs du film avaient passé de longues journées au montage afin de ravauder, à partir du butin de trains et d'accidents grecs, un express unique, dépourvu de signes nationaux, une sorte de train universel dont la destinée était de terminer sa carrière au pied d'un village israélo-jordanien.

La porte de la salle s'ouvre et, dans le rectangle lumineux découpé dans l'obscurité, apparaît un homme émacié et élancé, qui scrute la salle puis, après une brève hésitation, dévale la pente, passe lentement devant l'écran et s'enfonce au premier rang. Le cœur de Mozes bat à tout rompre. Un court moment, il imagine que son ex-scénariste vient d'entrer dans la salle. Il s'empêche à grand-peine de s'avancer afin de se rendre compte, de ses propres yeux, que l'individu qui s'est jadis séparé de lui ne se trouve pas là. Mais il se domine pour ne pas provoquer un nouvel esclandre.

Qui est le compositeur de la musique pour ballet qui accompagne maintenant la jeune fille sur le sentier jusqu'à la gare ? À cette époque, Mozes avait recours à une jeune bibliothécaire du département de musique de la Bibliothèque nationale, qui lui trouvait ses illustrations sonores. Certes, Trigano s'était opposé par principe à l'utilisation d'une musique déjà composée. Si nous n'avons pas les moyens de commander une musique originale, avait-il prétendu, autant renoncer totalement à la musique. Mais, sur la table de montage, le film appartenait exclusivement au réalisateur, et Mozes restait convaincu – peut-être parce qu'il était sous le charme de la bibliothécaire – que la musique avait la faculté d'éclairer les sentiments et les pensées des personnages, surtout s'agissant d'une jeune fille sourde qui, malgré sa beauté, était contrainte de souffler à ses partenaires et aux spectateurs une idée criminelle uniquement par des gestes de la main et des grimaces.

La musique escorte la jeune fille le long des rails jusqu'au moment où elle croise le jeune homme amoureux d'elle, sorti ce jour-là, au crépuscule, replacer les leviers d'aiguillage dans leur position antérieure et agiter son fanion vert devant l'express pour signaler que ses boggies pouvaient rouler sur la voie principale et que l'embranchement vers la voie secondaire, dangereuse, était barré. Le metteur en scène sent que, si son héroïne a déjà gagné la sympathie du public, elle doit désormais convaincre l'assistant du chef de gare que son fanion vert est inutile et que, même s'il agite son fanion rouge en signe de danger, un express aussi rapide ne pourrait freiner à temps. Le jeune assistant semble perplexe ; impossible de savoir ce qu'il a compris de sa pantomime, mais il demeure évident que le désir embrase ses mains agrippant les fanions, et il lui remet le fanion rouge. Aussi, alors qu'apparaît la locomotive lancée à grande vitesse, agite-t-il le fanion vert, tandis que sa bien-aimée brandit le rouge en le secouant d'un air menaçant sous le nez des passagers défilant derrière les fenêtres éclairées – des Grecs anonymes, judaïsés sur la table de montage pour les besoins de la cause.

Qui est donc le compositeur de cette musique ? s'interroge-t-il de nouveau, parce que cette musique est liée aux premiers bourgeons de son amour pour Ofra, la jeune bibliothécaire qui, plus tard, deviendrait sa femme, avant de le quitter mais qui demeure la mère de ses deux enfants. *La Gare isolée* restera pour toujours un film intime à ses yeux, comme si lui-même était mêlé aux figurants du village.

Le cœur de Ruth est-il, lui aussi, attaché à ce film ? Assise quelques rangées devant lui, elle semble avoir oublié son existence. Sans même voir son visage, il sait que, à l'instar des autres spectateurs, elle a conscience de la toute-puissance féminine que lui insufflent ses gestes et ses yeux brûlants. Sans même savoir si son rôle est crédible ou non.

Certes, c'est Trigano qui avait introduit ce mutisme dans son scénario, idée originale, voire géniale, fût-elle née en s'inspirant d'une sœur malheureuse, mais Mozes se montre satisfait *a posteriori* de l'avoir mise en scène sans hésiter et du mieux qu'il a pu. Une belle jeune fille, sourde-muette de naissance, voulant arrêter un express près de son village natal au prix d'une catastrophe, parviendra toujours à persuader les autres de la suivre ; car l'idée démoniaque exprimée dans le langage des signes, dont rien ne dit que leur signification ait été réellement comprise, n'a pas d'équivalent dans celle des mots. Somme toute, cette idée est trop volatile pour pouvoir déterminer qui l'a conçue, qui en a eu l'intention ou n'a fait que révéler des ruminations intérieures en les attribuant à d'autres. Du coup, rien de plus aisé que de la confier au chef de gare qui, à ce moment-là, après que l'express l'a dépassé, examine d'un air méfiant la jeune fille venue à sa rencontre. Est-ce que ses mains exigent vraiment que, demain, lorsque surgira l'énorme tempête, dont les signes annonciateurs planent dans l'atmosphère, il ne sorte pas pour manœuvrer l'aiguillage ?

C'est ainsi que le film continue à se dérouler dans cette salle où, pendant la guerre civile, des officiers et des soldats recevaient l'ordre de n'épargner aucune vie. Des turbulences d'air exhalées par un soufflet placé au pied de la caméra, émerge une minuscule draisine jaune d'où descend l'inspecteur en chef du trafic ferroviaire, appelé en renfort par ce chef de gare contraint d'arrêter un express qui n'avait jamais fait halte ici. Convaincre la direction des chemins de fer israéliens d'autoriser un comédien à conduire seul, uniquement sur cent mètres, la draisine minuscule chargée de vérifier l'état de la voie, avait nécessité de pénibles tractations... Or, dans ce film, l'inspecteur n'est pas un simple mortel : il incarne une sorte de divinité païenne, une force supérieure perverse qui n'a nul besoin d'un ouvrier de maintenance pour le transporter. Les fonctionnaires des chemins de fer israéliens s'étaient montrés intraitables : ils ne permettraient pas à quelqu'un de non habilité de conduire une draisine propriété d'État. D'autant que le comédien qu'avait recruté Trigano, un parent éloigné, chanteur occasionnel et boute-en-train de mariages populaires, un sexagénaire presque nabot, à la face rubiconde et boutonneuse, leur avait paru douteux avant même qu'il n'ouvrît la bouche. C'est pourquoi il avait fallu se résigner à épuiser l'ouvrier assigné par les chemins de fer israéliens à la draisine empruntée par la production. Cet ouvrier était ému et enthousiasmé d'acheminer, à de multiples reprises, le comédien sur sa draisine devant la caméra et, après avoir été ainsi filmé interminablement par une caméra sans pellicule, ils avaient réussi à le convaincre d'autoriser le comédien à la conduire seul pour un unique trajet. Grâce à ce subterfuge, la divinité naine, amuseur de banquets, put ainsi surgir seule, sous la pluie, de derrière une courbe de la voie puis pénétrer d'un pas sautillant dans le bâtiment de la gare. À ce moment-là, le réalisateur brûle d'envie de dévaler quelques rangées pour murmurer à l'oreille du prêtre : « Regardez, Juan de Viola, même si nous sommes des mécréants impénitents, nous avons cependant tenté de nous appuyer sur une intervention divine afin d'éviter une catastrophe superflue. Mais en vain. Car nous nous sommes rendu compte que Dieu lui-même prêtait la main à l'absurde... »

Cependant, Mozes reste à sa place et observe l'inspecteur en chef. Ce dernier semble indifférent à l'obséquiosité du fonctionnaire loyal qui s'épanche en bégayant, lui révèle le complot ourdi pour faire dérailler l'express en expliquant qu'on exige de lui de s'abstenir de manœuvrer l'aiguillage. Le nabot se contente d'écouter. Lampe son thé à petites gorgées. Pousse d'étranges soupirs. Bâille et, à la fin, pose sa lourde tête sur la table, tel un enfant, puis ferme les yeux. Le metteur en scène se souvient d'avoir pris soin que la caméra cadre patiemment et enregistre de bout en bout l'assoupissement du pitre excité à l'idée de se transformer en divinité populaire mais qui n'avait pas cessé de poser cette question : « Mais, moi, là-dedans, qu'est-ce que j'dis ? » Trigano l'avait calmé : « Tu ne dis rien, dans ce film, le dieu se tait et ne fait que dormir. Ferme les yeux et roupille, ronfle un peu et lâche un soupir, la caméra fera le reste du boulot... »

Mozes se rend compte alors que cette scène somnolente avait incité le scénariste à imaginer les sommeils prolongés et profonds du film suivant.

Ainsi, en l'absence d'une réponse de l'autorité suprême dans un sens ou dans un autre, le complot peut-il suivre son cours. Le soir tombé, le chef de gare est ébranlé et paralysé, claquemuré dans sa minuscule gare, et maintenant des habitants, flambeaux en main, prêts à la rencontre fatale avec l'express hautain sur le point de dérailler, campent le long des rails. La production ne disposait pas de nombreux figurants, et c'est pourquoi on fut obligé de les faire courir d'abord comme des villageois excités vers les wagons renversés, puis de les transformer en voyageurs, de déchirer leurs vêtements, de les barbouiller de poussière et de déverser sur eux du liquide rouge pour rendre leurs cris de douleur crédibles. Et, à la lumière de lampes destinées à étoffer l'éclat de la lune et des étoiles, Mozes s'aperçoit que lui-même avait dû renoncer à sa place à côté de la caméra et rejoindre les figurants dans le rôle d'un passager sanguinolent, couché dans les broussailles, vêtements en lambeaux, attendant la jeune fille sourde qui viendrait soulager sa souffrance. La caméra fixe son visage lacéré de coupures effrayantes. « En tant qu'acteur vivant, tu n'as aucun avenir, avait plaisanté le monteur, pendant qu'ils examinaient ensemble la scène sur la table de montage, mais comme moribond, tu ne t'en tires pas mal, surtout quand la jolie nana te caresse le crâne... »

En effet, la beauté de la jeune fille sourde resplendit à l'écran, et l'on comprend que l'assistant du chef de gare ne tarde pas à réclamer son dû en échange de la réussite du complot. Or, même si, au cours des années suivantes, l'audace des scènes violentes qui émaillaient ses films ne ferait qu'augmenter, on pouvait encore s'étonner de la liberté laissée au comédien pour exprimer son désir. Il arrache sauvagement la jeune fille des débris du wagon, et elle le suit, en renâclant, sur un sentier escarpé, puis il la traîne dans les fourrés, et, bien qu'elle connaisse le prix de la vision d'apocalypse qui l'étreignait, elle se débat entre les bras qui l'emprisonnent, tente de crier avec ses mains et ses doigts et, à la fin, réussit à lâcher un hurlement de bête sauvage à l'agonie. Quelques rangées derrière elle, Mozes se demande si cette scène violente, qui clôt le film, avait été tournée par pure fidélité au script ou si cette sensualité imprévue s'y était glissée.

Les lumières sont rallumées. Le regard de Mozes plonge jusqu'aux premiers rangs pour repérer le spectateur qui, selon lui, ressemblait à Trigano. Mais, pour peu qu'un tel individu eût jamais existé, il se sera éclipsé à la faveur de l'obscurité.

Au début, les applaudissements sont hésitants, timides, puis ils grossissent en cadence et deviennent de plus en plus nourris. Tandis que la claque se poursuit, de Viola se lève et invite Ruth à le rejoindre. Il se tourne vers le fond de la salle pour appeler aussi le réalisateur, mais Mozes ne se hâte pas de se lever et, d'un geste de la main, fait signe qu'il convient de laisser d'abord l'actrice expliquer son personnage et ses sentiments. Au moment où elle grimpe seule sur la scène, le public redouble d'applaudissements et, ici et là, on entend des bravos propres à réchauffer le cœur de tout artiste.

Ruth se montre très émue, et de Viola, qui lui accorde un répit pour recouvrer ses esprits, entame un assez long préambule en espagnol. Mais lorsqu'il lui passe la parole, il est clair que ce film a anémié davantage son anglais, et de l'hébreu s'y infiltre déjà aux endroits essentiels. Alors, un homme se lève – un juif ou un Israélien expatrié, de ceux qu'on trouve partout et toujours – pour traduire directement de l'hébreu en espagnol.

L'hébreu ainsi libéré du truchement de son anglais fruste, le soulagement de Ruth est intense. Mais, bien qu'elle soit autorisée désormais à s'exprimer dans sa langue maternelle, ses propos demeurent confus et un peu puérils au point qu'on pourrait penser que, non seulement comme personnage de film mais encore comme femme dans la réalité, elle justifie la réflexion de son ex-compagnon : les ravages et les catastrophes bonifient l'humanité... Et lorsque le prêtre s'efforce, avec un léger sourire, de modérer un peu ses propos, elle s'obstine à vaticiner, les bras agités et les yeux brûlants, et semble sur le point de revenir à la langue des signes. Mozes se dresse alors et lève la main, cette main que le modérateur attendait. Ce dernier invite aussitôt le réalisateur sur la scène afin qu'il remette un peu d'ordre dans le chaos déclenché par son actrice. Et, malgré la tentation de continuer en hébreu, Mozes préfère l'anglais pour échapper à un débat autour de quelque dilemme éthique et s'en tenir aux péripéties du tournage.

L'heure est tardive. Les anecdotes techniques fatiguent les paysans âgés qui s'éclipsent les uns derrière les autres. Les jeunes, eux, ne renoncent pas ; ils exigent de savoir si le metteur en scène partage l'avis de l'actrice. Mozes a peu de goût pour l'ambiguïté et répond donc crânement en évoquant le devoir, le repentir et le pardon, qui seuls transforment la compassion à l'égard d'autrui en sentiment authentique et évitent l'autocommisération travestie en altruisme miséricordieux. Puis il promet aux jeunes gens avides, dont la curiosité s'aiguise avec la nuit, un débat supplémentaire : après tout, la rétrospective se poursuit le lendemain.

– 6 –

« Voyez-vous, dit-il à Juan sur le chemin de retour à l'hôtel, pour moi, un homme sensé est celui qui, conscient de ses forces, renonce à un repas dans un bon restaurant.

— Sensé ou pas, répond Juan, demain, vous ne pourrez pas y couper. Parce qu'une dame vénérable, bien plus âgée que vous, doit arriver spécialement de Madrid afin d'honorer de sa présence la clôture de votre rétrospective. »

Il est presque minuit, l'esplanade déserte se déploie à nouveau dans toute sa sinistre majesté. « Voulez-vous jeter un nouveau coup d'œil à notre cathédrale avant de vous endormir ? plaisante le prêtre.

— Pourquoi pas ? » répond Ruth, revigorée par le film qu'elle vient de regarder. Mozes l'arrête sur un ton définitif : « Non, la nuit est trop courte. » Mais, avant de quitter ses hôtes, il trouve le temps de faire un éloge sincère de la ville, depuis l'hébergement, l'hospitalité généreuse, le travail de doublage jusqu'aux questions pertinentes du public. Puis il remercie de Viola pour l'excellente et fructueuse orchestration de la rétrospective, tout en le priant d'en ralentir le rythme le lendemain et, sans laisser le prêtre promettre quoi que ce soit, il se dirige vers la réception où le concierge lui remet ses clés et ses deux bâtons de pèlerin.

Mozes est tout heureux de retrouver la douceur et la quiétude de sa chambre déjà préparée pour la seconde nuit. La literie a été changée et, sur les énormes oreillers, deux petits carrés de chocolat scintillent.

De son côté, Ruth prend brusquement un air lugubre et lointain, se jette sur le lit sans même ôter son court manteau à poils ni se déchausser, puis elle déplie l'emballage du chocolat qu'elle avale en une seule bouchée.

Mozes retire ses deux écouteurs et les dépose dans leur écrin. Ensuite, il jette un coup d'œil à la dérobée sur le vieux captif qui n'a pas renoncé à sucer fidèlement le sein éclatant. Cette fois encore, il se retient de signaler le tableau à son accompagnatrice qui l'épie d'un regard hostile.

Il dénoue sa cravate et tombe sa chemise.

« Tu aurais pu au moins me demander si, *moi*, je renonçais à ce repas...

— J'étais sûr que tu n'accepterais pas de te rendre sans moi à un repas interminable.

— Eh bien, tu pouvais rester pour moi, même sans avoir particulièrement faim.

— Encore une fois, tu fais peu de cas de notre différence d'âge. Lorsque tu auras le mien, et que je ne serai déjà plus de ce monde, tu comprendras mieux ce qui reste de force à un homme comme moi à la fin d'une journée aussi longue et harassante que celle-ci. »

Elle ferme les yeux.

« Demain matin, la console-t-il, nous aurons un petit-déjeuner plantureux. Mais si tu as encore faim, tu peux manger mon chocolat. »

Sans répondre ni le regarder, elle s'empare du chocolat sur l'oreiller de Mozes.

Torse nu au chevet de leur lit, il a l'impression qu'au cours des années écoulées depuis *La Gare isolée*, le tempérament de Ruth n'a pas beaucoup changé mais que son corps mûri a conservé la silhouette de la jeune actrice gravissant le sentier montagneux.

« Qu'est-ce que tu as ressenti en te regardant dans ce film ?

— J'ai beaucoup aimé ce que j'ai vu.

— Comme toujours.

— Plus que ça.

— En t'entendant parler, on pouvait penser, à un moment, que tu croyais vraiment que les catastrophes sont le meilleur moyen pour établir une relation authentique entre les êtres humains.

— Ce n'est pas ma faute si tu as réussi à m'inculquer cette idée pendant le tournage du film !

— Tu te souviens vraiment de ce que je t'ai dit alors ?

— Plus ou moins, mais je me souviens surtout que tu ne m'as pas payée... »

Surpris, Mozes éclate d'un rire bon enfant.

« Et c'est seulement maintenant que ça te revient ?

— Je m'en suis souvenue cette nuit, dans l'obscurité.

— Mais tu sais bien qu'aucun d'entre nous ne recevait de rétribution dans nos premiers films. On travaillait en associés, dans une sorte de coopérative qui assumait les dépenses et devait partager les gains à parts absolument égales, si jamais il y en avait...

— Moi, je ne me souviens pas que vous m'ayez comptée comme membre de votre coopérative.

— Mais, à ce moment-là, tu appartenais à Trigano... à Saül...

— "Appartenais" ? Quel mot horrible !

— Je veux dire, tu étais incluse dans le compte du scénariste... Vous habitiez ensemble, vous formiez une sorte de petite famille, tout ce qu'il recevait du film te revenait automatiquement.

— Rien d'automatique là-dedans. Ce n'était ni juste ni honnête. Ce soir, j'ai compris que le personnage qui porte tout le film sur son dos, c'est moi. Sans mon langage des signes, personne n'aurait levé le petit doigt dans ce village. Alors, même si tu pensais que Saül et moi nous formions "une sorte de petite famille", comme tu dis, tu n'en avais pas moins le devoir de me payer séparément.

— Moi ?

— Et qui d'autre ?

— Bien, je vais te payer tout de suite, je vais te dédommager pour le tort que tu as subi. Surtout après avoir vu avec quelle maîtrise tu as incarné le personnage en langage des signes...

— Dont tu as même oublié la présence dans ton film. Il semble en effet que ton esprit soit aussi exténué que ton corps.

— Je te l'avais bien dit... »

Elle se tait, lui jette un regard toujours aussi noir.

« Je me suis demandé si, ce soir, en regardant à l'écran les gestes de tes mains et de tes doigts, tu pouvais encore les comprendre.

— Plus ou moins.

— Et si, là, maintenant, je m'adressais à toi en langage des signes, tu pourrais me comprendre ? »

Les yeux de Ruth s'écarquillent un peu de stupeur, voire de méfiance, et Mozes commence à faire de grands gestes en désignant le lit.

Oui, elle saisit aussitôt ses signes, sans doute parce qu'elle a deviné ses intentions. Elle se redresse lentement sur le lit pour donner de l'ampleur à ses gestes signifiant à Mozes un non catégorique. Et, avec une lueur de rouerie dans le regard, elle laisse échapper des borborygmes hachés, bestiaux, pour bien lui faire comprendre : ce n'est pas moi que tu désires en ce moment, mais le personnage que tu as regardé pendant la journée, celui de tes films, mais même si tu réussissais à tirer une compensation du personnage que tu as créé à l'écran, tu n'obtiendras rien de moi, cette nuit...

Exprime-t-elle ce refus en langage des signes ou trouve-t-il plus commode d'interpréter ainsi ses mimiques ? Comme l'usage établi entre eux de longue date veut qu'ils se retrouvent à la seule condition que les indices de chacun concordent sans équivoque, il baisse la tête, va s'enfermer dans la salle de bains et remplit la baignoire gigantesque. Il examine son visage dans le miroir. Les ans ont entièrement blanchi sa chevelure sans dégarnir tout à fait le crâne. Mais il espère que ses nombreuses rides au coin des yeux lui ajoutent de l'humanité et ne présagent pas encore l'imminence de la mort. Il se plonge dans la baignoire et jouit de l'eau qui allège son poids. Il se lave les cheveux avec soin, comme s'il voulait les noircir un peu. Et, à son retour dans la chambre, lustré et fleurant bon, il s'aperçoit que son accompagnatrice a éteint la lumière et, désireuse d'oublier la faim, a laissé le sommeil l'engloutir, en manteau et en chaussures.

Pour un peu, il la réveillerait afin qu'elle se dévêtisse et profite davantage de son sommeil, mais il s'abstient de la toucher – qu'elle ne croie pas qu'il a l'intention d'enfreindre en catimini le signal indiscutable qui vient de lui être donné. Réfléchissant à deux fois, il décide pourtant de la déchausser pour ne pas salir le drap d'une propreté éclatante. Elle remue un peu, sent des mains dénouer ses lacets, soupire, semblant lutter contre quelque chose, mais sans se réveiller. Il réussit à lui retirer ses chaussures, puis ses chaussettes en laine. La blancheur de ses pieds menus et fatigués luit dans l'obscurité. Soudain resurgit la jeune fille du premier film projeté ce jour même, confuse et déprimée dans la maison de ses parents, en short bouffant, appuyée sur un balai, alors que sa plante de pied délicate et livide caresse la brosse. Et, sans se rappeler si c'était le pied gauche ou le droit que la caméra de Tolédano avait immortalisé plus de quarante années auparavant, il se saisit de ses deux pieds, les baise légèrement l'un après l'autre et les repose avec précaution sur le lit.

III

Le sommeil des soldats

– 1 –

En se levant pour se rendre aux toilettes, il la trouve toujours recroquevillée dans son court manteau. Mais il prend garde de ne pas l'effleurer ou d'allumer la lumière et se contente du faible éclairage de la *Charité romaine* pour s'asseoir à côté d'elle et lui expliquer, sur un ton paternel, qu'un sommeil aussi désordonné n'a rien de réparateur. Sans ouvrir les yeux, elle murmure que même un sommeil désordonné la repose ; cependant, elle le laisse lui ôter son manteau et, gagnée par un brusque épuisement qui ne lui ressemble pas, elle se pelotonne aussitôt sous la couverture sans se soucier davantage de sa sollicitude.

Mais, lorsqu'il ouvre les yeux, il entend Ruth chanter sous la douche, sa voix couvre le crépitement de l'eau, et la faim matinale de celle-ci l'encourage à faire sortir Mozes du lit et à lancer à la manière de ce dernier : « Dépêchons-nous de descendre avant que les autres ne nous laissent que des miettes ! »

Sortant de la salle de bains, Mozes l'aperçoit déjà habillée et maquillée, posant le nez sur la reproduction accrochée au mur. Rien n'indique qu'à cette heure la scène qui l'avait tant perturbée dans sa jeunesse, et incitée à se rebeller contre son bien-aimé, provoque en elle quelque réminiscence. Mozes décide donc de patienter : passe pour aujourd'hui, on verra bien demain. Je ne la laisserai pas quitter Saint-Jacques sans lui rappeler sa répugnance d'alors, qui m'a imposé des années de responsabilité et de souci à son égard. Inquiète devant son regard inquisiteur, elle l'interroge : « Qu'as-tu ? » Il fait un geste de la main et répète les mots de Ruth mais dans sa propre formulation : « Viens, dépêchons-nous de descendre avant que les autres ne nous laissent crever de faim. »

Pour le deuxième jour de la rétrospective, un nouveau guide a été désigné, qui les attend à la porte de la salle à manger. C'est le même jeune enseignant, délicat et charmant, qui, la veille pendant le déjeuner, s'était plaint de la disparition des éléments abstraits et symboliques dans les films récents de l'Israélien. Il se nomme Rodrigo Bejarano, et, même si son anglais n'est pas aussi châtié et fluide que celui de Pilar, ses idées sont plus élaborées et intéressantes.

Mozes s'empresse de l'inviter à se joindre à eux, bien que, cette fois, il n'ait plus besoin de suggestions culinaires car ce qui, hier, était appétissant demeure toujours délicieux, d'autant que le jeune enseignant, un peu ému par sa mission, se contente d'une tasse de café, sans doute afin de se montrer suffisamment alerte pour la discussion qu'il brûle d'entamer.

Enseignant l'histoire du cinéma espagnol à l'institut, il semble que ses connaissances dépassent les frontières de son pays ; il possède une bonne culture des cinémas français et italien d'après-guerre. Et il avoue spontanément qu'il a été surpris par les trois films israéliens projetés la veille.

« Pourquoi ? »

L'Espagnol tente de trouver les mots justes : c'est l'implacable logique découlant d'une intrigue absurde qui l'a marqué. « Ainsi, monsieur Mozes, dit-il, je ne pensais pas que, à la fin, vous précipiteriez le train dans l'abîme.

— Ce n'est pas moi, minaude Mozes, ce sont les habitants du village...

— Tout de même...

— Et alors, que pouvions-nous faire d'autre ? Nous contenter d'une vague menace ?

— Oui, pourquoi pas ? La retenue possède une force singulière, vous pouviez juste laisser planer la menace – une menace illogique, qu'on peut imaginer sans avoir besoin de répandre le sang et semer la destruction avec une telle désinvolture... Or, à votre époque, dans l'après-guerre, vous n'étiez pas les seuls à cultiver ce genre. Nombre de cinéastes versaient dans l'absurde et le surréalisme, non seulement en Europe mais aussi au Proche-Orient ou en Extrême-Orient. Même en Égypte, votre voisine : il y a quelques mois, on a projeté chez nous de vieux films égyptiens un peu *underground*, surréalistes, mais le grotesque et l'absurde, là-dedans, étaient plus légers, bien moins violents que les vôtres...

— Eux, le Nil les calme, pouffe Mozes. Les Égyptiens ont toujours fait confiance à leurs ressources hydrauliques, c'est pourquoi leur surréalisme est sans doute moins brutal... »

L'Espagnol écarquille les yeux, puis sourit, comme si Mozes avait lâché une boutade mais, s'apercevant que son interlocuteur demeure impassible, il s'efforce de digérer la réponse, en silence. Ce n'est qu'au bout d'un long moment qu'il vérifie auprès de Mozes si, selon lui, le genre absurde recèle des aspects foncièrement nationaux et dépend donc de la géographie.

« Pas de doute, réplique Mozes en posant son couvert sur la table pour ne pas être tenté de parler la bouche pleine. Or, nous, ne l'oubliez pas, nous appartenons à un vieux peuple à l'atavisme pétri de surréalisme et d'absurde. C'est pourquoi, quand notre art entend combiner la réalité et la veine surréaliste ou, même, la malaxer par penchant pour l'absurde, un surcroît de violence est nécessaire, une dose plus puissante d'imagination car ce n'est qu'alors qu'on peut distinguer vraiment entre l'art et une réalité de toute façon absurde. Une menace qui ne ferait que planer, dites-vous ? Certes, mais chez nous, c'est tout le temps que des menaces planent sur notre vie quotidienne, et c'est pourquoi il est impossible de se contenter d'une simple menace sur un express dans un film : il faut vraiment le précipiter dans l'abîme. »

Le jeune enseignant ferme les yeux, ses traits harmonieux s'éclairent du reflet rougeâtre des ustensiles en cuivre accrochés au mur. Puis, une étincelle espiègle dans le regard, il se risque à défier le réalisateur par une nouvelle hypothèse : « Dans ces conditions, peut-on interpréter, par exemple, le naturalisme méticuleux de vos derniers films comme une sorte de surréalisme inversé, le surréalisme d'une réalité enfin pacifiée ? »

Mozes éclate d'un rire béat.

« On peut le supposer... Peut-être... Pourquoi pas ? Cette interprétation n'engage que vous. Moi, je ne me mêle jamais des commentaires sur mes films et je suis toujours disposé à considérer avec bienveillance chaque interprétation, à condition qu'elle ne dissimule pas un piège... »

Ruth se tait, avec une sorte d'air rêveur, sans paraître suivre la discussion. Elle a déjà cessé de dévorer la nourriture accumulée dans son assiette et la repousse à moitié pleine au milieu de la table. Elle caresse sa tasse de thé chaud, avec une sorte de ferveur maladive et, de temps à autre, comme si elle voulait en absorber la chaleur, elle plaque la tasse contre son visage dont le maquillage ne camoufle pas la pâleur.

Est-ce la distraction ou l'indifférence qui l'empêche d'apprécier la beauté gracile du jeune homme assis en face d'elle ? Pendant leur longue collaboration, Mozes a appris à discerner chaque saute d'humeur chez elle, et, même lorsqu'elle se trouvait loin du plateau de tournage, il lui semblait qu'il pouvait ressentir ses émois. Or, là, dans cette salle à manger, malgré ses vocalises matinales sous la douche, il comprend qu'une mélancolie inédite la ronge. Le tableau de la *Charité romaine* s'insinue-t-il dans son esprit et un ancien souvenir la déprime-t-il en ce moment ?

« Et pour aujourd'hui ? demande-t-il à Rodrigo, quels sont les films choisis ? » Contrairement à Pilar, ce dernier n'a pas besoin d'extraire une liste de sa poche et il énumère par cœur les titres en espagnol des deux films prévus, en improvisant aussitôt leur traduction en anglais.

Mozes interroge encore l'enseignant sur le film projeté le lendemain avant leur départ. Bejarano l'ignore. De Viola ne lui a communiqué que la liste du jour. De toute façon, on ne fixe la liste du lendemain qu'à la lumière de la journée précédente – selon les réactions des étudiants et des enseignants, la nature des débats et l'intérêt manifesté par le public. Car l'institut et les archives qui en dépendent ne sont pas une cinémathèque mais un centre d'études, et la rétrospective organisée à cette occasion fait partie du programme des étudiants, mais – pardon pour cette prétention ! – elle offre aussi l'occasion aux auteurs de revisiter leur passé artistique et de mieux le comprendre.

Mozes hausse un sourcil étonné.

Une serveuse en tablier lie-de-vin s'avance vers eux et prie Mozes de se rendre, à la fin de son repas, à la réception pour se voir communiquer une information. Supposant qu'il s'agit du tableau accroché à côté de son lit et préférant en prendre connaissance sans Ruth, il y répond sur-le-champ, tout en priant l'actrice de ne pas faire débarrasser son assiette car il n'est pas sûr d'avoir achevé son repas.

Mozes avait vu juste. La prompte réponse du personnel de l'hôtel au souhait incongru d'un client de passage semble relever de l'antique tradition locale de bienfaisance à l'égard du pèlerin malade. Le responsable de permanence, après avoir regardé lui-même le tableau, a retrouvé dans une ville voisine son ancienne professeure d'histoire de l'art au lycée et lui a décrit au téléphone, du mieux qu'il a pu, la scène et le style du tableau. Forte de cette description, elle a commencé à lui détailler l'histoire étrange de cette toile et a même suggéré les noms de trois peintres italiens ou allemands, mais elle ne pourra déterminer le nom du peintre qu'après l'avoir vue de ses propres yeux. Deux possibilités s'offrent donc : inviter l'experte à l'hôtel ou lui envoyer le tableau et, entre-temps, en accrocher un autre à sa place, moins embarrassant. Mozes repousse aussitôt la seconde option et lui rappelle, une fois de plus, que ce tableau ne le dérange pas du tout, qu'au contraire il lui évoque un fort souvenir intime...

« Un souvenir intime ? » L'employé de l'hôtel se montre un peu confus par ce brusque saut, aussi personnel, dans l'ère contemporaine.

« Je veux dire, le souvenir d'un film que j'ai réalisé jadis. »

En fin de compte, décision est prise de faire venir la professeure d'art, qui devrait arriver en moins de trois heures.

À son retour dans la salle à manger, Mozes s'aperçoit que Ruth a disparu. « Elle s'est rappelé – l'excuse l'Espagnol – qu'elle a oublié de prendre ses médicaments et elle m'a demandé aussi de vous annoncer que vous devrez effectuer seul la visite du musée mais de ne pas vous inquiéter pour elle.

— Pourquoi m'inquiéterais-je ? » s'étonne Mozes et, devant le spectacle de la longue queue qui s'allonge devant le buffet, il renonce à remplir de nouveau son assiette, s'empare de celle que son accompagnatrice a laissée et en avale tout le contenu.

« Les trois films que vous avez projetés hier, explique-t-il au jeune Espagnol, étaient vraiment des œuvres de novice. Je ne pouvais pas deviner que votre rétrospective plongerait aussi loin dans les abysses de ma jeunesse. Mais si vous m'avez surpris, moi, le réalisateur, alors, elle, l'actrice, a été encore plus ébranlée. Ce face-à-face avec elle-même, de surcroît dans une langue étrangère, ne pouvait que la démoraliser. Il vaut mieux, en effet, qu'elle se repose ce matin afin d'être fraîche et dispose pour les films de cet après-midi. »

Bejarano opine de la tête, ajoutant qu'il est peut-être aussi responsable de son départ ; il se peut qu'il l'ait un peu trop accablée par son bavardage. Car ce n'est pas souvent qu'il est donné de s'asseoir en face d'une actrice qu'hier encore il a découverte dans l'éclat de sa beauté et de se rendre compte que, malgré le passage des ans, elle a conservé toute sa séduction.

Mozes tapote affectueusement la main du jeune homme.

« Vos propos sont généreux, et le seraient encore plus si vous étiez tout à fait sincère. Si vous avez l'occasion de les lui répéter, vous pourriez renforcer sa confiance en elle-même, assez secouée ces derniers temps. Mais ne vous torturez pas l'esprit en croyant qu'elle est retournée dans sa chambre à cause de vous. Cette femme aime discuter et elle écoute avec plaisir les conversations quand elle est de bonne humeur, mais ses migraines sont réelles, surtout après avoir oublié de prendre ses médicaments. Au fait, de quoi discutiez-vous ?

— J'étais le seul à parler. Elle m'a écouté. Elle m'a demandé mon impression sur les films d'hier, et je lui ai répondu franchement que, malgré des faiblesses compréhensibles pour des films si anciens, j'ai trouvé, à ma grande joie, qu'ils étaient exempts d'un défaut irritant, caractéristique de tant de films contemporains. Je veux parler du dédoublement de l'intrigue dans le dernier tiers du film...

— Dédoublement de l'intrigue ? s'enflamme Mozes. Je devine ce que vous voulez dire, mais poursuivez...

— Prenons un film qui débute (le jeune Espagnol s'efforce d'exposer une pensée ordonnée malgré son anglais boiteux), disons, comme un film naturaliste, sérieux, psychologique, dans lequel la situation demeure vraisemblable. Ni une comédie, ni un policier, ni un film d'épouvante et sûrement pas de science-fiction. Ce film décrit des relations entre des individus, des gens affrontent un problème réel exigeant d'être envisagé et résolu dans la douleur et non de manière simpliste. Le suspense est réel, esquissé avec doigté mais toujours clair : il faut conduire les forces en présence dans telle ou telle direction ou, au moins, rechercher une interaction différente entre elles. Mais, au bout d'un certain temps, passé la moitié du film, on sent une chute de tension, non parce que le problème originel s'est atténué ou a été résolu, mais à cause de la crainte des auteurs ou, plus sûrement, des producteurs, que le public ne décroche. Certes, la fin du film se laisse entrevoir, et il n'y a rien à redire car une création artistique, contrairement à la vie, affiche une direction manifeste et identifiée phase après phase ; mais, entre-temps, la puissance imaginaire du scénariste et du réalisateur s'est enlisée. Ils sont incapables de creuser une couche plus profonde sous les relations déjà tissées entre les protagonistes. De son côté, le producteur commence à râler : le “matériau” qu'il a en main ne couvre que soixante ou soixante-dix minutes, et que va-t-on faire pour la suite ? Alors, au lieu de s'acharner et de tirer de nouveaux aspects du conflit existant, on étale une couche d'adhésif sur l'intrigue et on la recouvre de crème ou de chocolat, pour lui greffer une intrigue supplémentaire ; tout à coup, des fantômes surgissent : des parents oubliés débarquent, de cruels secrets de famille sont révélés par hasard, ou l'un des personnages développe un cancer. Ce n'est même pas l'antique *deus ex machina* grec, convoqué, dans les tragédies médiocres, pour descendre des cintres avec un couteau de boucher et trancher le nœud que les personnages ont du mal à dénouer. Il s'agit vraiment d'une nouvelle intrigue, cousue d'un fil blanc grossier à la précédente, afin de flatter le mauvais goût des spectateurs... »

Mozes applaudit : « Jugement exceptionnel ! Aperçu pertinent ! Et, dans mes vieux films, dites-vous, vous n'avez pas trouvé cette propension à la double intrigue... »

Le jeune enseignant pèse sa réponse :

« Pour le moment, non. La ligne de l'intrigue est évidente et linéaire, certes assez simple, peut-être un peu mal dégrossie, mais guère dédoublée d'une façon ou d'une autre. »

Décidément, ce jeune et bel hidalgo me plaît, songe Mozes. Il a non seulement de l'idée, mais il est droit et franc, on pourra donc lui soutirer d'autres informations à propos de cette rétrospective que le petit prêtre rusé entoure de tant de mystère.

« Bon, écoutez. D'abord, vous avez aiguisé mon appétit avec votre couche de chocolat ou de crème avec une cerise, pardon, il y avait une cerise ?

— Peut-être...

— Bien, nous allons prendre un autre café et nous allons jeter un coup d'œil pour voir s'il n'y a pas une intrigue dédoublée sur le buffet et en goûter un peu. Ensuite, nous nous rendrons au musée et peut-être monterons-nous une nouvelle fois à la cathédrale dont je me languis déjà. En arrivant de nuit, j'ai dit à de Viola que nous aurions du temps à profusion ici, et voilà que cette profusion s'épuise.

— Une visite de trois jours dans une ville comme Saint-Jacques-de-Compostelle ne peut qu'être bâclée, mais, si vous manquez de temps, le mien est à votre entière disposition. »

– 2 –

Mozes remonte prendre un manteau dans la chambre. Seule la lampe de chevet est allumée. Ruth, qui s'est couchée en chemise de nuit, l'air paisible, feuillette une brochure luxueuse sur la ville.

« Tu as bien fait de te remettre au lit.

— Parce que tu m'as dit, cette nuit, qu'un sommeil désordonné n'était pas reposant...

— Exactement (cela lui fait plaisir qu'elle s'en souvienne malgré sa conscience cotonneuse), et c'est pourquoi tu dois prendre des forces : cet après-midi, quand nous allons affronter les deux films antédiluviens et bricolés de notre jeunesse, c'est un sacré épuisement qui nous attend.

— Pourquoi de l'épuisement ?

— Parce que je me rends compte que j'ai de plus en plus de mal à comprendre ce que nous avons créé et pourquoi...

— C'est si pénible ? Je veux dire, pour toi ?

— Même pas. Parce que, tu sais, je ne me contente pas de l'intrigue, ni dans mes films ni dans ceux des autres. Et, dans mes premiers films, la force réelle ne venait pas de l'histoire, ni même des situations étranges, mais des merveilleux dialogues si vifs qu'il... Trigano... a écrits. C'est dans ces dialogues que son imagination débridée s'est surtout exprimée. »

Mozes évoque rarement devant elle le nom de l'homme qui l'a délaissée. Aussitôt, le visage de Ruth s'empourpre et, un bref instant, elle semble vouloir réagir mais elle reprend sa brochure.

« Tu as toujours ta migraine ?

— Qui t'a dit que j'avais la migraine ?

— Cet Espagnol, l'enseignant.

— Ah...

— Et alors, cette migraine ?

— Elle est moins forte... Ça va passer...

— Je m'en veux de t'avoir dit de repousser les analyses que ton médecin t'a prescrites.

— Et moi, je m'en veux de t'en avoir parlé.

— Pourquoi ?

— Parce que je n'ai pas l'intention de permettre à quiconque de prélever mon sang. Je n'ai aucun regret, je suis en bonne santé...

— Bien sûr, bien sûr que tu es en bonne santé », bougonne Mozes, avec le sentiment que l'ancien ressentiment de Ruth affleure.

En fait, il a été imprudent de l'emmener à cette rétrospective : l'écart entre le passé et le présent pourrait la blesser. Il tourne son regard vers la *Charité romaine* et remarque que l'éclairage est éteint. La lampe a-t-elle brûlé ou Ruth a-t-elle découvert l'interrupteur dissimulé et décidé de chasser la moindre lueur de la chambre ? Mais il se retient encore d'attirer son attention sur le tableau. C'est à elle d'en parler, en puisant dans sa propre mémoire.

« Figure-toi que ce beau jeune homme, notre guide, Bejarano, un garçon à la fois intelligent et honnête, m'a dit qu'il n'avait pas eu le temps de te déclarer que, malgré toutes les années passées, tu es toujours aussi séduisante que dans les films projetés hier.

— Pourquoi n'a-il pas eu le temps ?

— Parce que ses bavardages sur le dédoublement de l'intrigue t'ont peut-être fait fuir...

— Pourquoi m'auraient-ils fait fuir ? J'ai moi-même remarqué que tes derniers films étaient bourrés de doubles intrigues et, malgré ça, je les supporte encore.

— Il y a des doubles intrigues dans mes derniers films ? rit-il pour masquer l'affront. Je ne savais pas... Comment ça ? Explique-toi...

— Plus tard, pas maintenant..., fait-elle en éteignant la lampe de chevet. Nous avons encore pas mal de temps...

— Plus tellement », murmure-t-il en enfilant son manteau.

Une brise glaciale balaie l'immense esplanade déserte.

« On dirait que vous nous avez apporté ce ciel sans nuages d'Israël, plaisante Rodrigo.

— Mais les journées sont terriblement froides.

— Ce n'est pas grave. Le froid sec aiguise les idées, la pluie et la neige les embrument. »

Rodrigo suggère de commencer par le musée de la crypte, certes modeste et, à ses yeux, mineur, mais si une visite a été programmée, autant s'en débarrasser avant que le musée ne soit envahi par les touristes. Ensuite, au lieu d'une nouvelle visite de la cathédrale, il propose de profiter de cette matinée au ciel dégagé et de rejoindre le belvédère, à l'autre bout de la vieille ville.

Cet enseignant songerait-il à économiser son argent ? Car il discute pied à pied avec le directeur du musée et exige d'être exempté du prix de l'entrée ou, au moins, l'invité de la rétrospective et de la municipalité. Mais, lui explique-t-on, le roi d'Espagne en personne n'est pas dispensé de payer dans un musée propriété d'État : ainsi, après la visite du souverain, l'intendant de la maison royale est-il prié de rembourser le billet au Trésor public. Mozes s'empresse de sortir son portefeuille et paye pour eux deux. Mais lorsque le directeur leur propose gratuitement, sans doute en compensation, un guide patenté, Mozes préfère décliner l'offre. Qui a payé pour sa visite a bien le droit de se passer de l'érudition d'un guide passionné.

Rodrigo a raison : au premier regard, la médiocrité des statues et la désolation des tableaux sont flagrantes. Aussi, inutile de jouer aux amateurs d'art déambulant d'un pas révérencieux entre les pièces exposées, surtout qu'une idée germe brusquement dans son esprit. Mozes accélère le pas puis revient à son point de départ. « Votre visite est déjà terminée ? » s'afflige le directeur et, tandis que Rodrigo s'efforce de les excuser, Mozes s'adresse directement à lui et lui demande s'il a entendu parler, par hasard, de la *Charité romaine*, une légende illustrée dans un tableau accroché dans sa chambre d'hôtel sans le nom du peintre. Avec des gestes des mains et des mouvements des lèvres, il mime la scène du vieux captif et de la jeune femme au sein nu.

Le directeur a entendu parler en effet de ce thème de la Renaissance, bien qu'il ne se rappelle pas exactement l'histoire ou la légende dont ce sujet s'inspire. Mais si, par hasard, cette reproduction a été empruntée aux archives du musée, il pourrait en retrouver la trace dans le catalogue.

« Le musée expose donc des tableaux à l'hôtel ?

— Bien sûr ! Nos dépôts regorgent de dizaines de vieilles reproductions et, plutôt que de les laisser dormir sous la poussière, nous les louons à un prix symbolique au *parador*, qui change de temps à autre les tableaux dans ses chambres, soit pour ne pas accabler les femmes de chambre harassées par la routine, soit pour des clients réguliers, tout heureux de trouver une nouveauté à chacun de leurs passages. Eh oui, il existe encore dans ce monde des gens sensibles aux tableaux accrochés dans leur chambre, même quand ils n'y couchent qu'une seule nuit.

— C'est tout à fait vrai, opine Mozes. Moi, par exemple. »

Ébranlé par un nouveau soupçon qui l'étreint, Mozes se hâte d'entraîner Rodrigo sur l'esplanade. Il apprécie la suggestion de ne pas monter à la cathédrale et de gagner plutôt le belvédère afin d'observer la cathédrale d'un autre point de vue, plus distant. D'un pas rapide et assuré, ils empruntent des ruelles, traversent des places, croisent des fontaines et des porches, pour parvenir à un espace vert, un peu campagnard, le vaste belvédère d'où, en effet, on aperçoit la cathédrale dans toute sa splendeur. Au-dessus de ses clochers, planent quelques nuées matinales, tel le voile d'une fiancée oubliée, que l'éclat du soleil n'a pas encore dissipées. Dans le prolongement du belvédère, dans une sorte de square fort agréable, deux femmes mûres à la mine sévère, bras dessus, bras dessous, se dressent sur des socles de marbre blanc : l'une porte un manteau rouge vif avec, en main, un parapluie noir replié, les yeux noyés d'une douleur indicible, tandis que sa compagne, femme spectaculaire coiffée d'un foulard, le corps drapé dans une brillante tunique bleue, le regard de côté, tend une main en une sorte de supplication ou de question. Les pieds fins et droits des deux femmes ont l'air parfaitement boulonnés au sol car elles n'ont besoin d'aucun appui.

« Qu'est-ce que c'est ? demande Mozes.

— Il y a quelques années, des étudiants des Beaux-Arts ont placé là quelques statues, comme une sorte de réplique grotesque et mécréante à la gravité de la cathédrale et de ses statues de saints.

— Mais qui sont ces personnages ?

— On les appelle les "Deux Marie", mais elles n'ont rien de saint. Un peu plus loin, vous pourrez voir une autre statue sur un banc. »

En effet, à quelques pas de là, au bout d'un banc public, apparaît un frêle intellectuel, chevelure argentée, longue barbe effilée, vêtu d'un costume gris, jambes croisées et, derrière ses énormes lunettes, portant un regard perçant vers l'horizon.

« En quelle matière est-il fabriqué ?

— Je crois que c'est de la résine. Comme les vêtements des "Deux Marie".

— Et ainsi, il résiste aussi bien au froid qu'à la chaleur ?

— A-t-il le choix ? » Rodrigo éclate de rire. « Palpez-le... »

Mais Mozes se garde bien de toucher l'intellectuel étonnant.

Une bande d'écoliers, garçons et filles assis sur la pelouse, livres et cahiers en main, révisent un examen. Quelques-uns reconnaissent Rodrigo et s'attroupent autour de lui. « Oui, explique-t-il, ce sont mes élèves au lycée où j'assure l'essentiel de mon gagne-pain. » Et tout en répondant à ses élèves avec humour et une ironie masquée, il leur présente l'éminent metteur en scène étranger qui n'a pas oublié l'époque où des étudiants l'entouraient, lui aussi.

La rétrospective israélienne à l'institut cinématographique ? Oui, il leur semble en avoir entendu parler. Après l'examen, ils iront peut-être voir un film. Et, devant le spectacle d'élèves bavardant avec un professeur adulé, le soupçon surgi au musée prend de la consistance : Trigano, pourquoi pas ? Car qui d'autre aurait pu donner l'idée de films israéliens aussi anciens ? Qui, hormis ce scénariste, pouvait rester fidèle à des films aussi désuets ? Le directeur de la photographie est mort ; l'ingénieur du son a quitté Israël ; les monteurs ont été accaparés par d'autres films. Seul le scénariste pourrait être tenté de confirmer la valeur de son œuvre oubliée dans des archives cinématographiques étrangères et lointaines et, ainsi, jeter peut-être une ombre sur celle, réalisée sans lui, de son metteur en scène.

Mais comment ces films sont-ils parvenus jusqu'ici ? Trigano les a-t-il envoyés ou les a-t-il apportés lui-même ? L'éventualité que son scénariste ait pu le précéder fouette l'imagination de Mozes, au point que son ancien associé s'insinue dans son esprit au côté des anges et des saints érigés au sommet de la cathédrale visible de loin.

Est-ce la clé des manœuvres du petit prêtre qui lui envoie, chaque matin, un autre guide avec une nouvelle liste de films ? Trigano lui ayant sûrement raconté leur brouille, il a dû suggérer de taire sa visite et de ne pas révéler les films projetés lors de cette rétrospective pour que le metteur en scène ne décline pas l'invitation.

Les élèves sont retournés à leurs livres et cahiers abandonnés sur la pelouse, hormis deux jeunes filles qui ont du mal à se séparer de leur jeune maître si beau ; elles continuent à roucouler avec l'intonation mi-grincheuse mi-aguicheuse de femmes déjà adultes.

Bien sûr, tranche Mozes sentant que le fil, dont il tient un bout en main, est suffisamment solide pour tirer d'autres hypothèses. Car si Trigano a apporté lui-même les films, il est évident qu'il les a aidés au doublage. Et le tout en secret, sans démordre de son affront et sans pardonner, afin d'infliger un blâme allusif à l'homme qui a renoncé à utiliser son talent.

L'enseignant réussit à se défaire enfin des deux jeunes filles et s'empresse de s'excuser, avec un faible soupir non dénué de fatuité.

« Puis-je vous poser une question personnelle ? lui demande Mozes.

— Je vous en prie...

— Êtes-vous marié ? »

Le visage rieur du jeune homme devient cramoisi.

« Non... Mais on dirait qu'il est temps d'y penser.

— Parce que, moi aussi, j'étais, comme vous, un jeune professeur en classe supérieure au lycée et, bien que je ne fusse pas aussi beau que vous, je sentais que j'occupais constamment les pensées de mes élèves. »

Rodrigo éclate de rire.

« Eh oui, qu'y puis-je ? Après tout, la tâche d'un bon enseignant n'est-elle pas de nourrir l'imagination de ses élèves ?...

— Puis-je vous poser une autre question ?

— Faites donc.

— Est-ce qu'un Israélien est venu récemment aux archives ? »

Rodrigo ne se souvient d'aucun Israélien.

Mozes insiste : « Un homme dans la cinquantaine, maigre, la peau mate, du nom de Saül Trigano. Jadis, il écrivait des scénarios... »

L'Espagnol ferme les yeux, ses traits revêtent une expression de profonde gravité prouvant que sa bonne volonté explore le moindre recoin de sa mémoire. En vain. Or Trigano est un nom facile à retenir, de surcroît, pour une oreille ibérique. Décidément, non, il ne se rappelle pas le nom de Trigano.

Mais Mozes a le sentiment que l'Espagnol sait de qui il s'agit, et c'est pourquoi il s'acharne et tente de reconstituer, avec des mots, l'allure de l'individu recherché : se remémorant Trigano jeune, par une rapide improvisation, il en déduit toutes ses métamorphoses possibles intervenues depuis leur séparation.

L'Espagnol détourne le visage et baisse la tête pour un ultime effort mais demeure fidèle à sa première version. Non, aucun Israélien n'est venu aux archives, ces derniers temps, quoique, bien sûr, il n'ait pas la prétention de connaître chaque visiteur.

– 3 –

Au moment où Mozes pénètre dans l'hôtel, le concierge lui désigne une femme âgée dans un fauteuil. Il s'agit bien de la professeure d'art arrivée de la ville voisine avec un peu d'avance. Bien que retraitée depuis quelques années, elle se dit heureuse de répondre à la demande du concierge de l'hôtel, son ancien élève si appliqué qui, malgré les nombreuses années passées, prouve qu'il ne l'a pas oubliée. Mozes se présente, plein de bienveillance pour cette vieille dame si vive, dont la chevelure de neige auréole des traits intelligents, et, pendant un bref instant, il lui semble que sa mère s'est arrachée du film de la veille pour se présenter devant lui, en chair et en os, et le renseigner.

Il prend avec précaution la main ridée qui ressemble, dans la sienne, à un poussin évanoui, lui détaille sa demande et lui explique, à gros traits, le motif de sa question.

« Voulez-vous monter pour regarder ce tableau dans la chambre ou que je demande au garçon d'étage de l'apporter ? »

Après une courte hésitation, il décide de monter à sa chambre. Car en décrochant le tableau, des dégradations sur le cadre ou sur le verre pourraient apparaître, nécessitant une restauration ailleurs que dans l'hôtel. En outre, recevoir des explications à propos d'une scène osée dans le hall d'un hôtel, au milieu des allées et venues des clients, serait peu commode. Mais en sortant de l'ascenseur, il prend soudain conscience qu'il faut avertir Ruth de la présence d'une femme, fût-elle d'âge canonique... Il toque à la porte et attend, et ce n'est qu'au bout d'un temps suffisamment long, et sans percevoir le moindre bruit, qu'il s'autorise à introduire la clé dans la serrure.

La chambre est telle qu'il l'a quittée, en désordre, et, dans la pénombre saturée d'odeurs nocturnes, il aperçoit Ruth pelotonnée sous sa couverture en position fœtale. Étrange, voire inquiétant. De telles somnolences prolongées sont plutôt rares chez elle. Sans allumer la lumière, il s'agenouille à son chevet et effleure son visage pour l'informer de la présence d'une visiteuse, une experte en art. Cette dernière se faufile déjà à l'intérieur, avec une agilité féline, se plante sous la reproduction et, d'une main habile, réussit non seulement à ressusciter l'éclairage au-dessus du tableau mais même à l'augmenter.

La lumière suffit à dessiller les yeux de l'endormie, qui doit encore s'accoutumer au temps et à l'espace engloutis dans son sommeil. Après avoir repris pied dans la réalité, elle décoche un sourire stupéfait à son compagnon, lequel désigne aussitôt, avec un rictus désolé, la vieille femme en train de chercher, à la loupe, la signature du peintre.

« Le tableau ? Pourquoi ?

— Pour nous expliquer le contexte... l'histoire de cette scène... qui est ce vieillard, et pourquoi il tète un sein.

— Le vieillard ?

— Le prisonnier assis aux pieds de la jeune femme...

— Le prisonnier ? »

Est-il obligé de croire que sa mémoire est défaillante ? Est-il possible que rien ne fût ébranlé en elle, aucune émotion, alors qu'il l'a aperçue, ce matin, bouche bée, devant le tableau ? A-t-elle vraiment balayé de sa conscience son infime rébellion de jadis pour mieux effacer de son cœur l'humiliation infligée par l'amant qui l'a abandonnée ? Ou ne fait-elle que feindre pour le mettre à l'épreuve ? Avec une réelle stupéfaction, il dévisage la comédienne, contemple la ligne des seins sous sa chemise de nuit provoquant la compassion et le désir. « Je t'expliquerai plus tard, lui murmure-t-il, mais dis-lui bonjour, car cette experte est venue spécialement pour ce tableau. »

Étonnée, l'actrice se montre amusée devant le spectacle de cette femme que Mozes a introduite tout d'un coup dans la chambre sens dessus dessous, mais, sans prendre la peine de quitter son lit, elle se contente de se carrer contre un oreiller, d'allumer la lampe de chevet et d'adresser un bonjour de la tête à la vieille dame à la chevelure de neige, qui lui répond par une légère inclination. L'éclat dans ses yeux malicieux révèle qu'elle a déjà identifié le nom du peintre.

« C'est une *Charité romaine* de Matthias Meyvogel, clame-t-elle d'un ton péremptoire. Matthias Meyvogel, aucun doute. Un peintre du XVIIe siècle, né en Zélande, qui a vécu à Rome, et dont je ne sais pratiquement rien. Je veux dire Zélande aux Pays-Bas, non la Nouvelle-Zélande... À en juger par son travail, il admirait beaucoup Rembrandt et il s'en est inspiré pour figurer la position de Cimon et restituer la puissante lumière éclairant son dos dénudé...

— Mais, pardon, madame, interrompt Mozes, implorant l'experte dont la ressemblance avec sa mère l'émeut encore... Moins vite... Vous dites "Cimon" comme si je le connaissais. Avant tout, où voyez-vous de la "charité" ici ? Et en quel sens est-elle "romaine" ?

— Oh, pardon, je ne pensais pas que vous n'aviez jamais entendu parler de la *Charité romaine*. Car c'est une histoire merveilleuse et célèbre, qui a inspiré des dizaines de peintres, sinon des centaines.

— Une histoire italienne ?

— Non, pas italienne, romaine. Rome est plus antique que l'Italie, et cette histoire tire son origine de cette civilisation. C'est l'une des mille histoires rapportées par Valère Maxime en l'an 30 après Jésus-Christ, dans son recueil *Factorum ac Dictorum Memorabilium*, ce qui signifie "Faits et dits mémorables". Cette histoire est celle d'une jeune fille du nom de Péra qui, jadis, a allaité son père.

— Son père ? s'écrie Mozes. Ce vieillard, ce captif, serait son père ?

— Bien sûr, juste son père, rassure-t-elle l'Israélien qui a pris l'allaité pour un homme étranger. Il s'agit de Cimon, condamné à mourir de faim, que sa fille venait allaiter clandestinement pour le maintenir en vie. Un jour, les geôliers la surprirent mais, impressionnés par son dévouement audacieux et peu commun, ils prirent le père en pitié et le libérèrent. Voilà, en résumé, toute l'histoire, elle a inspiré de nombreux artistes dès l'Antiquité et, dans les fouilles de Pompéi, on a même trouvé une fresque sur ce thème sous les cendres du Vésuve. Valère Maxime a avoué que les illustrations de son époque étaient plus expressives que son récit. On s'arrête, stupéfait, devant ce tableau et on est incapable de s'arracher à la contemplation de la scène, comme si c'était un tableau vivant. Vous-même, cher monsieur, un citoyen du XXIe siècle, vous avez été si bouleversé par ce tableau que vous m'avez appelée...

— Mais s'agit-il de la copie d'un ancien dessin original, du temps de Rome ?

— Non, bien sûr que non. Cette histoire a séduit les peintres les plus renommés au fil des siècles, et chacun l'a interprétée avec sa propre palette. Rubens, qui l'a peinte deux fois à vingt-cinq années de distance, le Caravage, Murillo, Pasinelli, et bien d'autres encore après eux, et même avant.

— Avant ? Au Moyen Âge ?

— Non, justement, au Moyen Âge, ce motif avait presque disparu, puis il est réapparu à la Renaissance et à l'ère du Baroque.

— Sans doute à cause de son érotisme explicite.

— Exactement. Les hommes du Moyen Âge doutaient de la charité et de la pitié d'une fille allaitant son père. Peut-être abusait-elle de sa détresse, je veux dire, de manière œdipienne... »

Elle éclata d'un rire chaleureux.

« Œdipienne ? ricane Mozes. Que savaient-ils de l'œdipe, au Moyen Âge ?

— Ils ne connaissaient pas le concept, bien sûr, mais ils en avaient l'intuition. Vous savez bien que la vérité n'a pas besoin d'un concept pour exister. Et c'est pourquoi l'érotisme caché, qui s'insinue dans cet acte de charité, a dissuadé, voire effaré les artistes du Moyen Âge, de la même façon qu'il a enfiévré les peintres de la Renaissance et du Baroque jusqu'aux débuts du XIXe siècle, bien que chacun ait traité l'allusion érotique d'une façon différente, selon son tempérament, ses penchants naturels et son courage par rapport à son entourage.

— Par exemple ?

— Dans de nombreux tableaux, les peintres ont pris soin que la fille détourne les yeux, afin de ne pas regarder son père en train de téter, soit par respect, soit par pudeur, pour ne pas dévoiler d'autres motivations. Celles du père ou les siennes.

— Les siennes ?

— Mais oui, pourquoi pas ? Nous parlons d'êtres humains vivants et complexes et non de personnages en carton-pâte. Mais, dans d'autres tableaux, comme celui-ci, et par exemple dans le plus ancien des deux Rubens, on voit que Péra dévisage sans crainte son vieil allaité. Tout, bien sûr, dépend de l'état du père.

— En quel sens ?

— S'il paraît épuisé, voire moribond, elle s'autorise à le regarder droit dans les yeux car le spectateur sera certain que l'approche de la mort neutralise toute pulsion érotique entre les deux personnages. La fille peut se permettre de se montrer charitable, d'un tendre regard, voire en soutenant la tête du moribond. Mais lorsque le père se révèle robuste et musclé, comme dans votre tableau et comme dans le second de Rubens, là, elle aurait peut-être dû se méfier. Regardez par exemple, cher monsieur, Cimon, là, sous vos yeux. Malgré sa calvitie et sa barbe, je ne lui donnerais pas plus de cinquante ans, et un homme bâti comme ça est bien capable de désir et de jouissance, non ?

— En effet...

— Et c'est pourquoi, lorsqu'on allaite des hommes tels que celui-là, il est important de les laisser entravés, par les pieds ou, surtout, par les mains, comme l'homme de votre tableau.

— Mon tableau... Mon tableau..., proteste Mozes avec une pointe d'ironie. Je vous en prie, chère madame, ce n'est pas le mien mais celui de l'hôtel.

— Je sais bien que c'est celui de l'hôtel et, pourtant, cet homme-là est accroché à côté de votre lit pendant votre séjour ici, et si ses deux mains sont attachées, de surcroît dans le dos, cela signifie que le peintre a souhaité vous faire comprendre que la charge érotique de la situation est limitée ou, du moins, sous contrôle, et c'est pourquoi le regard compatissant de sa fille, tel qu'il est représenté ici, peut passer pour un sentiment pur, bien qu'on ne sache jamais très bien où se situe la frontière entre la pitié et le désir...

— Vous venez d'exprimer, chère madame, une profonde vérité.

— Pardonnez-moi, puis-je savoir quel est votre métier, cher monsieur ? On me l'a dit au téléphone mais, à mon âge, j'oublie facilement des choses qui ne sont pas directement liées à mon domaine d'intérêt.

— Je suis réalisateur de cinéma. Et mon accompagnatrice, ici au lit, est une merveilleuse actrice qui a joué dans nombre de mes films et dans ceux d'autres réalisateurs.

— Enchantée, chère madame. »

Acculée contre le mur proche du lit, l'experte fait un signe de la main, tout en esquissant une courbette sous la pâle lumière.

Mozes se dit que cette scène – une chambre d'hôtel en désordre avec des couvertures, des vêtements, une valise ouverte, et une vieille femme menue qui ressemble à sa mère s'adressant à une autre femme en tenue légère sous la couette –, il devait la garder en mémoire pour s'en inspirer dans l'un de ses futurs films, peut-être même dans le prochain. Et, de nouveau, la question de savoir si un tableau sur ce sujet fut connu de Trigano le trouble.

« Comme je le disais donc, poursuit l'experte, lorsque les pères sont des captifs sans entraves mais à l'agonie, la fille peut se permettre de se montrer généreuse en les touchant ou en les regardant. Elle en a la possibilité, mais n'y est pas obligée. Car, dans d'autres tableaux, n'importe qui peut se rendre compte que le lait de la fille ne sera d'aucun secours au père et, cependant, la fille nourricière n'ose toujours pas regarder son père. Par respect pour lui ou par peur devant sa nudité. Ce sont des choses très délicates.

— Très délicates en effet, acquiesce Mozes, autant que complexes...

— Et dans le merveilleux tableau du Caravage, *Les Sept Actes de charité* (l'experte se laisse emporter par son érudition), comme chez Perino del Vaga, dont le Caravage a subi l'influence, la fille allaite son père à travers les barreaux de la cellule, et là, même si l'homme paraît robuste et énergique, il est néanmoins neutralisé. Un tableau aussi puissant que celui du Caravage aurait pu même être exposé dans une église. Mais, dans la plupart des cas, le thème de la *Charité romaine* offre l'occasion à la fille de se rapprocher de son père, parfois de toucher sa tête ou ses épaules et, dans d'autres tableaux plus hardis, la fille découvre ses épaules somptueuses, voire le sein qui n'allaite pas, dénudé lui aussi. En général, de telles situations ne peuvent être illustrées que si les mains du père sont liées, bien que, par exemple, chez l'Américain Rembrandt Peale, un peintre du début du XIXe siècle, un seul pied du père soit attaché au mur par une longue chaîne, tandis que ses mains, dont l'une repose sur la cuisse de sa fille, restent libres et que tous deux jettent un regard effrayé de côté, comme s'ils s'inquiétaient de la présence d'un témoin. Une telle scène peut provoquer, à juste titre, toutes sortes de soupçons et de perplexité. D'autres artistes, pour éviter l'ambivalence, ont placé un nourrisson dans les bras de Péra afin de montrer qu'elle est vraiment une mère allaitante adoptant son père misérable comme un deuxième enfant.

— En somme, le nourrisson lui offre un alibi, lâche Mozes, gagné par l'impatience.

— Exactement, cher monsieur. »

Mozes adresse un sourire à Ruth, encore couchée sur le lit. Sa chevelure est répandue sur l'oreiller, et dans ses beaux yeux perlent des larmes d'étonnement et de gratitude pour la manière détournée, prudente et délicate, avec laquelle son compagnon de voyage a choisi de ressusciter en elle le souvenir refoulé mais jamais effacé.

« Mais il est aussi de mon devoir, s'échauffe tout à coup l'experte en haussant la voix, de ne pas vous cacher que certains peintres ont pris des libertés extrêmes. Tout en conservant le noyau de l'histoire, ils ont dépouillé de leurs vêtements, sans nécessité ni vergogne, à la fois le père misérable et la fille charitable, et ont fourvoyé ainsi cette histoire de charité et de compassion dans des lieux abominables. Qui mieux que vous sait que l'art ne connaît pas de limites ?

— Il n'en a pas en effet, et peut-être cela vaut-il mieux... »

Légèrement agacée, la vieille dame baisse la tête mais se ressaisit et enchaîne :

« En tout état de cause, un artiste moral place l'acte de charité au centre de son œuvre, et la dimension érotique n'est ajoutée que pour accentuer la compassion et le dévouement, sans les contredire ni, bien sûr, s'y substituer. Il faut établir un équilibre judicieux entre les différents éléments : l'homme, le père, l'âge et l'état physique. À quel point le père est-il neutralisé ? Et la fille nourricière : où son regard se porte-t-il ? Comment dénude-t-elle le sein nourricier ? Quelle partie de son corps est dévoilée sur le tableau ? L'équilibre entre tous ces éléments est censé incarner, sous nos yeux, une situation humaine mais aussi morale. Et tout cela, avant même d'examiner la qualité de la composition, la perspective, la finesse des détails et le rendu des couleurs...

— Et mon tableau, je veux dire, celui de l'hôtel, respecte l'équilibre convenable, selon vous ?

— En fin de compte, oui, il s'agit d'un tableau convenable : la compassion et la charité y sont manifestes. »

Saisi de vertige, Mozes commence à redouter que cette experte ne le lâche plus, et que le déjeuner doive être expédié. Aussi lui tend-il la main pour la remercier chaleureusement.

« Merci, merci de tout cœur, vous êtes un merveilleux professeur. Je viens d'entendre une excellente synthèse sur cette *Charité romaine*, et en si peu de temps. S'il me vient d'autres questions, je trouverai sûrement des réponses sur l'Internet de l'hôtel.

— Oh non ! se récrie-t-elle, je vous en prie, tout sauf Internet, c'est truffé d'erreurs et de stupidités. Je vous en supplie, surtout pas Internet. Cher monsieur, si vous avez soif d'autres informations, je suis à votre entière disposition, j'ai beaucoup de temps. Et, bien que je sois plus âgée que vous (elle rougit, une lueur malicieuse dans les yeux), je puis encore, comme Péra, vous nourrir ainsi que votre compagne avec le lait de mon savoir. »

– 4 –

Après un déjeuner frugal à la cafétéria, le jeune Espagnol conduit ses invités à une petite salle de projection. Cette fois, le public est plus clairsemé. « Eh bien, remarque Mozes avec une pointe d'amertume, les gens sont déjà las de ces films de jeunesse que vous avez choisis et préfèrent, à juste raison, une agréable sieste hivernale. Mes amis, que vous dire ? Je crains de quitter cette rétrospective plus vide que je n'y suis arrivé. » Rodrigo balaie ses récriminations : « Si le public est moins nombreux, cela est dû à un hasard du planning et non à une réticence d'ordre artistique. En effet, des cours importants ont lieu au même moment à l'institut ainsi que des examens d'entrée exigeant la présence des enseignants » ; mais il ne remarque pas moins, parmi les spectateurs, des amateurs sensibles et intelligents dont la qualité compensera l'absence de nombreux autres. Il fait monter Mozes sur une scène minuscule pour qu'il explique, en quelques mots, le contenu du film qui va être projeté.

Néanmoins, quelques « amateurs sensibles et intelligents » ne consolent pas le metteur en scène, dépité devant un public aussi maigre. D'autant que le soupçon que cette rétrospective étrange ait été organisée par Trigano en personne, pour l'obliger à analyser et défendre les fantasmagories éculées de ce dernier, continue de le tarauder. Se souvient-il seulement du film qui va être montré ? Y a-t-il là une intrigue claire, au moins ? Car, dans sa mémoire, surnage surtout une atmosphère onirique et statique, un film assez court bâti sur une énigme fantasmatique. Un cratère rocheux dans le désert, en plein hiver, et un tournage par un froid glacial pendant la nuit. Il chuchote donc à son jeune guide, sur le point de traduire : « Me croirez-vous si je vous affirme que je n'ai pas grand-chose à dire ? » Mais Rodrigo, qui n'a pas encore vu ce film et n'en connaît que les détails nébuleux fournis par le directeur des archives, murmure : « Dans ce cas, vous pourriez exposer le contexte historique et dire quelques mots sur le fonctionnement des réserves militaires en Israël, parce qu'ici, bien que nous nous trouvions dans une caserne célèbre, cela fait près de soixante-dix ans que les armes se sont tues. »

Mozes acquiesce, croise les bras sur sa poitrine, ferme les yeux et passe en revue les lointaines années soixante, décrivant devant le public espagnol, d'une voix calme et profonde, cette époque antédiluvienne qui lui paraît, *a posteriori*, une ère quasi pacifique, sans attentats ni assassinats, sans combats ni représailles. Une petite démocratie dans les limbes au Proche-Orient. Jérusalem divisée mais paisible. Une armée somnolente. Des villages tranquilles en Galilée, des Arabes soumis et des frontières matérialisées uniquement par des panneaux métalliques rouillés.

Tout en parlant, il remarque, au milieu d'une rangée à moitié vide, Ruth secouant la tête comme pour réfuter son exposé qu'elle écoute d'un air ahuri. Mais, sous le charme de l'irénisme qui s'est emparé de son esprit, Mozes persiste et s'en tient à ces jours de paix et de stabilité, à cette ère révolue. Il demande au public de juger son film obsolète à la lumière de ce postulat : « La paix s'éveille quand l'armée s'endort. » Et, laissant Rodrigo s'escrimer à traduire, couper et sauter des phrases, Mozes descend de la scène, l'esprit distrait, et fait signe de lui-même au projectionniste d'éteindre les lumières.

Avec les premiers plans, le réalisateur découvre que la couleur dans ce film s'était effacée de sa mémoire ; il était persuadé qu'il avait été tourné en noir et blanc. « Tu t'en souvenais, souffle-t-il à Ruth, que c'était un film en couleur ?

— Bien sûr, parce que, moi, j'ai aimé ce film mal fagoté et, jusqu'à ce jour, c'est l'un des rares films honnêtes que tu aies réalisés, même si, très vite, il part en quenouille.

— Honnête ? »

Intrigué par cette expression inédite dans sa bouche, il insiste : « Qu'entends-tu par "honnête" ?

— Je veux dire "modeste" », chuchote-t-elle en posant un doigt sur ses lèvres pour le faire taire car le premier dialogue résonne déjà dans la salle. Mozes la dévisage avec affection. Son somme matinal lui a fait du bien, ses joues ont repris des couleurs, son regard a retrouvé de l'éclat. Et il a l'impression que le rapport qu'il lui a imposé de découvrir entre la *Charité romaine* et la scène qu'elle avait refusé de tourner jadis ne la préoccupe guère. Au contraire, il s'insinue en elle et stimule son esprit. Et nous, se demande-t-il, réussirons-nous à ne pas renoncer au désir pendant le peu de temps qui nous reste ?

Au bout de trois films doublés, il s'est déjà familiarisé avec l'espagnol. Sans en comprendre un mot, cette langue lui paraît éminemment naturelle sur les lèvres de ses acteurs. Dix hommes, des quadragénaires originaires de la ville et de la campagne, ouvriers, instituteurs et fonctionnaires, quittent leurs familles pour gagner une base militaire, y signent le bordereau de réception de leur arme et de leur paquetage car, après avoir cru que l'armée les avait oubliés, cette dernière a enfin songé à les mobiliser. Avec le regard critique dû à sa longue expérience, Mozes repère immédiatement le point faible de son film : la couleur agrandit le fossé entre le réalisme du début et le fantastique de la suite. Les images en couleur montrant le départ des réservistes, leurs adieux aux épouses et aux enfants, leur barda, leurs blagues sont trop léchées. Un film désireux de provoquer de l'empathie à l'égard de soldats qui désertent leur mission et s'enfoncent pendant de longues journées dans le sommeil doit choisir exclusivement, et dès le départ, des nuances de noir, de blanc et de gris – les couleurs mêmes du rêve.

Sur l'écran, ces réservistes âgés, lourds et le cheveu rare, las et déconcertés, se déplacent d'un pas indolent, enfilent des uniformes miteux, vérifient avec dégoût cartouchière et arme des guerres d'antan, époussettent sur les couvertures militaires la crasse accumulée pendant des années. Le metteur en scène se demande si, dès cette scène d'ouverture, on devine les prémices de son obsession pour les détails véridiques, se souvenant qu'il avait eu l'intention de demander aux comédiens d'improviser en toute liberté en se fondant sur leur propre expérience de réservistes. Sauf que Trigano s'était acharné avec la dernière énergie à s'en tenir à la lettre de son scénario : ils ne diraient que ce qui y était écrit, pas un mot de plus.

Ou est-ce la rapidité avec laquelle la bigarrure citadine cède la place à la monotonie jaunâtre du désert qui nuit au film ? Sur un plan large, on aperçoit maintenant le minuscule camion des réservistes, telle une fourmi, s'engager avec précaution dans une ornière sur une route désolée. Sur la pente d'un petit cratère, le véhicule se fraie un chemin jusqu'à un édifice nabatéen que le directeur de la photographie et le chef décorateur avaient déniché au cours d'un repérage, et, afin de le transformer en « installation » dont nul ne devinerait la nature ni la finalité, ils l'avaient recouvert de bâches argentées, maintenues par des cordes multicolores fichées en terre – lui donnant l'aspect d'une coccinelle géante et préhistorique. Affectés à sa surveillance, les réservistes descendent du camion, déchargent des caisses de rations de combat, détachent la remorque d'eau du camion et se lancent à la recherche d'un coin d'ombre sous des buissons pelés. Comme leur commandant habituel n'est pas encore arrivé, ils ont désigné, au dernier moment, un remplaçant, petit fonctionnaire dans le civil, mais ce dernier a déjà étalé une couverture sur le sol, s'est pelotonné et, sans un mot, s'est assoupi.

Compte tenu de l'échec financier du film et de la déception provoquée chez nombre de ses amis, Mozes se demande pourquoi il n'a pas exigé du scénariste de nourrir le film par une histoire réelle au lieu de cette allégorie provocatrice et de ce sommeil prolongé autour d'une installation militaire secrète. On aurait pu ajouter, au moins, quelque conflit significatif entre les soldats... Mais, à en juger par la manière dont le film progresse, difficile d'y repérer ne serait-ce que le début d'une intrigue. Cependant, puisque les illusions de paix au Proche-Orient ont été démenties depuis, ce sommeil impénitent d'une troupe censée protéger une installation militaire de la plus haute importance revêt décidément une signification, du moins aux yeux du metteur en scène qui le dissèque de nouveau, loin de sa patrie.

Mozes avait tenu à ce que tous les réservistes fussent des amateurs, et lui-même les avait rameutés dans des cercles d'art dramatique populaires, préférant des hommes ayant servi dans des unités combattantes et connaissant les règles d'engagement au feu pour que l'impression laissée par leur sommeil fût forte et plausible. Les voilà qui inspectent, perplexes, l'étrange installation dont ils ignorent la fonction puis se préparent pour leur première nuit sous les étoiles et allument un feu de camp.

Certains de ces amateurs, alors plus âgés que lui de dix, quinze ans, songe Mozes, ne sont sans doute plus de ce monde, et les autres ne doivent plus se souvenir de ce film extravagant qui les a sûrement frustrés lorsqu'ils ont découvert que le scénario ne proposait aucune confrontation sensationnelle ni de situations complexes, aucune occasion de prouver leur don d'acteur, mais exigeait leur seule présence, jour après jour, nuit après nuit, devant une caméra s'abreuvant à leur sommeil. Comme de véritables réservistes, ils avaient abandonné leurs occupations et leurs familles et accepté, sans contrepartie, de descendre au désert pendant quelques jours de tournage pour y mimer leur fatigue. Lui-même et le directeur de la photographie avaient tenté de masquer la faiblesse de l'intrigue par des plans, censément inoubliables, de flammes et de brindilles tourbillonnantes, de visages reflétés sur le revêtement brillant de l'« installation » et d'images du désert, de jour et de nuit. Le public qui le regarde maintenant est-il sensible à leur beauté ?

Mozes tente en vain de saisir les réactions de ce public clairsemé. Certes, il n'entend pas encore de murmures, de quintes de toux, nul ne gigote sur son fauteuil, mais il imagine que les spectateurs se montreront indifférents à son film, sinon hostiles. Il jette un regard à la dérobée sur Ruth, dont les yeux sont happés par l'écran, guettant sa propre apparition sous les traits d'une Bédouine insaisissable, drapée de noir et voilée, espionnant les soldats endormis. Après l'impression laissée par son rôle de sourde-muette dans *La Gare isolée*, Trigano avait été tenté d'imposer un autre handicap à sa bien-aimée, une claudication, voire la cécité, mais Mozes avait opposé son veto, transigeant pour une Bédouine voilée, fendant la nuit tel un fantôme.

– 5 –

Pendant ce tournage, les liens entre le scénariste et sa bien-aimée s'étaient resserrés. Comme ils se connaissaient depuis l'enfance, leur relation ressemblait jusque-là à une amourette entre cousins, mais, après le succès de *La Gare isolée*, tous deux avaient été bientôt persuadés que leur amour se doublait d'une mission artistique, et le fait que l'éducateur de jadis fût celui qui concrétisait cette vocation accrut d'autant leur importance à leurs propres yeux et, du coup, affermit leur liaison. Ainsi, à l'époque du *Sommeil des soldats*, Trigano ne quittait pas le plateau, tout en veillant à ne pas interférer dans la mise en scène ou la prise de vue, sachant que tous suivraient fidèlement son scénario ; mais, la nuit, lorsque l'équipe de tournage et les acteurs relevaient les bâches argentées et pénétraient dans l'édifice nabatéen pour y dormir, le scénariste et la comédienne disparaissaient avec leurs sacs de couchage derrière une butte qui renvoyait parfois l'écho de leurs rires.

Cependant, le petit écran de l'institut cinématographique ne conserve pas de lambeaux de souvenirs ; il ne fait que montrer un vieux film mû par sa propre mécanique obsessionnelle. Et la lune, dont Tolédano avait eu l'intelligence d'imprimer la face mélancolique sur le revêtement argenté de l'installation, pâlit les traits des réservistes bedonnants en train de ronger les restes de leur repas avant de se glisser dans leurs sacs de couchage et de s'y enfouir, mais de manière que la caméra puisse passer d'un soldat à l'autre pour montrer son sommeil. Censées patrouiller autour de l'installation, les sentinelles répugnent à quitter le feu de camp, leur discussion meurt d'elle-même, leurs yeux se ferment. Alors, la fine silhouette de la Bédouine surgit au sommet du cratère, elle avance en silence, comme frappée par un coup de lune, pieds nus, comme si elle planait. Et, pour la première fois dans ce film dénué jusque-là de musique de fond, on entend le son d'une flûte qui, dès lors, accompagnera chaque apparition de la Bédouine.

« Tu sais, murmure Mozes à une Ruth captivée par son personnage mystérieux, je n'arrive pas à comprendre aujourd'hui comment je me suis laissé entraîner dans un film bâti tout entier autour de l'idée du sommeil.

— Moi non plus, je n'ai pas compris. Avec moi, Saül était exigeant, j'étais prête à jouer n'importe quelle bêtise qu'il imaginait. J'avais une totale confiance dans tout ce qu'il me demandait. Regarde comment je cours pieds nus sur les pierres et les ronces pour vous trois.

— Pourquoi "vous trois" ?

— Parce qu'il n'y avait pas seulement toi et lui. Tolédano aussi avait tenu à ce que, pendant les prises de vue, la nuit, je marche vraiment pieds nus, même quand on ne filmait pas mes pieds. Heureusement qu'il y avait parmi tous ceux que tu avais amenés là un type charmant d'un certain âge, un infirmier militaire, qui m'aidait à soigner mes écorchures et mes blessures à la fin des prises. Ce qui comptait pour vous, c'était juste ma barbarie...

— Ta "barbarie" ?

— Oui. Saül voulait que je ne sois pas juste une minable Bédouine d'Israël, pourchassée, mais un personnage fort et sauvage... Déjà, dans mon enfance, tu t'en souviens, il m'appelait parfois "Debdou", du nom de la bourgade marocaine d'où je suis venue avec mon père, et lui, il s'obstinait à prétendre, par dérision ou sérieusement, qu'il y avait des traces de sang étranger dans ma famille. Les pommettes, la taille élancée de mon père, que sa mémoire soit bénie, et surtout mes yeux gris doré dont j'ai hérité, selon lui, d'une tribu barbare du Sahara, parce que, chez les juifs, toujours d'après lui, une telle couleur n'existe pas. C'est ce qu'il disait, ce dingue. »

Brusquement, elle éclate d'un rire tonitruant, sauvage.

Ce rire paraît si incongru dans cette salle minuscule... Des regards perplexes et courroucés se tournent vers les auteurs de ce film hermétique et engourdi, qui osent déranger ceux qui s'efforcent de s'y intéresser et de ne pas se laisser contaminer par la torpeur régnant sur l'écran. Aussi Mozes s'empresse-t-il de reculer de plusieurs rangées, cette fois de son propre chef.

« Une tribu barbare..., ricane-t-il dans sa barbe. Je n'ai pas toujours saisi l'ampleur des ambitions que Trigano a investies en Ruth. » En fait, il y a une part de vérité dans ses allégations : c'est pour concrétiser, dès leur enfance, tous les avatars fantasmés de sa bien-aimée qu'il s'est entiché du septième art. Ce n'est donc pas un hasard s'il a voulu que cette jeune nomade soit une femme indépendante, insoumise, qu'elle vagabonde à son gré, peut-être comme une médiatrice réconciliant des ennemis qui, dans les années soixante déjà, commençaient à comprendre qu'ils étaient tous prisonniers d'un cycle sanglant.

Du coup, Mozes prend conscience que le sommeil désinvolte des réservistes les protège d'un aventurisme dément. De même que le sommeil de l'inspecteur des chemins de fer, dans *La Gare isolée*, dispensait la divinité lilliputienne de donner une réponse catégorique au chef de gare et avait suscité l'estime des connaisseurs, de même le sommeil prolongé, en ce moment à l'écran, pourrait bénéficier aussi d'une certaine faveur car beaucoup croient que le sommeil se trouve à la frontière du néant et de la créativité.

Mozes se souvient qu'en ces jours lointains Trigano affichait une thèse : c'était l'activisme du jeune État qui alimentait l'hostilité de ses voisins, tout en galvanisant les juifs originaires des pays arabes. C'est peut-être ce qui lui avait donné l'idée de prolonger le sommeil de l'inspecteur du film précédent dans ce sommeil collectif indiscipliné, excitant et gratuit – en l'occurrence, rien n'était plus convaincant qu'un sommeil de soldats pour illustrer ce genre de théorie...

De temps à autre, un soldat se réveille, s'extirpe lentement de son sac de couchage pour faire ses besoins, grignoter un morceau ou boire et, en revenant à sa couche, il repousse son arme et sa cartouchière. Symbole si transparent... Cette scène signifie à la fois un refus des obligations militaires et le début de l'effondrement d'une identité. Le chuchotement en espagnol entre le soldat et la sentinelle âgée, qui ouvre les yeux brièvement, semble certes tendre et délicat, dans l'intimité de la nuit, mais non moins incompréhensible. Ils peuvent discuter tout leur soûl ; Mozes, lui, sait que c'est le désert, avec ses changements, ses nuances, ses couchers de soleil et les hurlements du vent, qui est censé influencer l'humeur de ces réservistes envoyés en mission sans leur commandant. Et qu'en l'absence d'une autorité clairement établie, ils ont décidé de gérer eux-mêmes leur laisser-aller.

Ainsi, à cause de la mégalomanie insolente du scénariste, une jeune Bédouine, dont la longue robe noire est censée figurer une personnalité impétueuse, peut s'infiltrer dans le vide laissé par l'autorité défaillante. Elle se risque de plus en plus près, approche du feu de camp et pousse l'audace jusqu'à tourner autour de l'installation secrète, et les réservistes, qui l'ont considérée jusque-là comme un rêve nébuleux, acceptent, dans leur semi-veille, sa présence charnelle et voilée avec une tolérance infinie.

Chaque nuit, elle rejoint le cantonnement et, par son mutisme apaisant, gagne la confiance des sentinelles. Ils ignorent ses intentions, mais sa présence à leurs côtés leur est agréable et, en dignes pères de famille, ils veillent à préserver sa vertu. Parfois, elle amène avec elle un enfant noir ou traîne une vieille femme. Une nuit, deux hommes vigoureux l'accompagnent à distance respectable. On comprend que la jeune fille voilée, rendant visite, la nuit, à ces soldats qui dorment aussi le jour, n'est là que pour illustrer le débraillé du cantonnement.

Pendant le tournage, le directeur de la photographie et le réalisateur avaient eu vite conscience du mystère recelé par le voile et, surtout, de sa puissance érotique quand la caméra focalisait la féminité réfugiée dans le seul éclat des yeux gris doré. Le regard de Mozes cherche dans la salle la barbare vieillissante, et lorsqu'il la repère, à quelques rangées de lui, la tête un peu rejetée en arrière, la certitude de sa fin fatale dans ce film émerge brusquement dans sa mémoire. Comment a-t-il pu oublier le retournement de situation dans la seconde moitié du film, engendrant une réelle péripétie dramatique, sans l'ombre d'une « intrigue dédoublée », et dont le dénouement découlait de la nature supposée de cette installation ?

Mozes se rappelle que, dès la lecture du premier jet du scénario, il n'avait eu de cesse d'interroger son ex-étudiant sur la symbolique de l'installation. Trigano avait refusé de répondre : l'installation ne nécessite aucune explication, cela doit rester fluide et volatil, de sorte que chacun puisse l'interpréter à son gré. En outre, il faut la fabriquer de telle façon qu'elle se prête à des explications contradictoires. Quelque chose entre espoir et menace, entre passé et futur...

Mozes ferme les yeux. S'échinant à plusieurs reprises à percer à jour la signification de l'installation, il avait craint que cette symbolique ne fût simpliste. La nuit, à la fin du tournage, tandis que l'équipe et les figurants étaient plongés dans des parties de jacquet ou de cartes, Tolédano, mi-goguenard mi-rassurant, lui soufflait à l'oreille des hypothèses farfelues pour le réconforter : imagine qu'il s'agisse d'un dépôt de déchets nucléaires, ou d'archives secrètes, ou d'un incubateur biologique clandestin qui mettra fin à l'humanité, et ça va te calmer... Un jour, il conseilla même à Mozes d'imaginer que l'installation abritait les cendres du Veau d'or qui avait été brûlé puis moulu après le don des Tables de la Loi ; en somme, les débris d'une ancestrale identité fourvoyée. Cependant, empêtré dans la nasse des multiples nécessités pratiques, Mozes n'avait pas la force de divaguer dans des conjectures abstraites : le tournage se déroulait dans le désert, au fond d'une gorge étroite au cœur d'un petit cratère, et l'acheminement d'un approvisionnement régulier et le maintien de communications correctes étaient malaisés. D'autant qu'il leur fallait veiller à la sécurité des soldats endormis et de l'équipe filmant leur sommeil. Or un ennemi, bien réel, guettait de l'autre côté de la frontière, et des groupes de *feddayoun* s'infiltraient souvent dans le secteur ; les autorités militaires avaient donc consenti à leur envoyer, de temps à autre, une patrouille pour s'assurer de leur sécurité. Les jeunes recrues, de vrais soldats ceux-là, étaient captivées par leurs homologues âgés, vautrés, désœuvrés, sous l'œil de la caméra.

À cette époque, ils commençaient à recourir aux services d'un personnage attachant, Jacob Amsellem, grossiste d'origine nord-africaine au marché de Beersheva et cinéphile en herbe qui, plus tard, se reconvertirait en agent immobilier. Amsellem avait confiance dans les idées de Trigano, y voyant même un gain financier potentiel : il était non seulement prêt à aider la production par la fourniture d'aliments frais mais il s'était proposé comme figurant.

Mozes le reconnaît maintenant, ici ou là, à l'écran. Grassouillet, en uniforme négligé. Il avait été difficile de le filmer en soldat endormi car son tempérament pétulant ne lui permettait pas de demeurer trop longtemps couché devant la caméra. Pour autant, il avait accepté avec joie de s'occuper du feu de camp et s'était révélé un efficace ramasseur de branchages. Tolédano lui demandait d'apporter toutes sortes de brindilles produisant une fumée pourpre, à travers laquelle les traits des soldats revêtaient un masque satanique. En ce moment, cette fumée épaissit sur l'écran, et Mozes ferme de nouveau les yeux afin que ce spectacle ne bride pas ses réminiscences odorantes. Il s'enfonce peu à peu dans le parfum ancien et suave des tendres branchages en train de grésiller, dont la fumée peint en violet l'écran de ses paupières.

– 6 –

Mais quand il rouvre les yeux, la fumée, le feu de camp, l'installation et les soldats ont disparu, le désert aussi s'est évanoui, et la nuit s'est effacée sous une puissante lumière diurne : un avion atterrit sur un minuscule aérodrome de Tel-Aviv. Dans une rapide succession de plans, apparaît le commandant des réservistes, de retour d'un voyage d'affaires à l'étranger dans son jet privé, un quinquagénaire à la chevelure poivre et sel, énergique et rayonnant d'autorité. Mozes esquisse un sourire en reconnaissant celui qui jouait le maire dans *La Gare isolée*, et, tout à coup, le nom de l'acteur lui revient : Salomon Fuks, *alias* « Foxie ». Comédien aujourd'hui décédé qui, naguère, jouait à merveille le rôle de complice dans le déraillement de l'express et qui, aujourd'hui, va devoir assumer un rôle plus complexe qui le conduira à tuer de manière irréfléchie.

À peine a-t-il pénétré dans son foyer que son épouse, qui ne semble guère contente de son retour – soit selon les indications du scénario, soit à l'initiative de la comédienne –, s'empresse de lui apporter l'ordre de mobilisation arrivé pendant son absence, comme pour le presser d'accomplir son devoir patriotique avant de s'en prendre à elle et d'instaurer un ordre nouveau dans son foyer. Aussi, après un déjeuner expédié avec ses enfants adolescents, le nouveau personnage ne ralentit pas plus longtemps l'intrigue et se prépare à rejoindre ses soldats dans le désert.

Le changement de plans est accéléré, tout en s'enchaînant de manière crédible. Le civil enfile son uniforme dans sa chambre à coucher, prend soin de briquer ses insignes et retire un pistolet-mitrailleur et une cartouchière bourrée de balles noires sous le lit double. Frais et dispos, en bon soldat, le voici prêt à se lancer au combat.

C'est le directeur de la photographie, et non le scénariste, qui avait demandé qu'il conduise lui-même la jeep militaire découverte, pour que la caméra le suive de près comme de loin et mette en relief la solitude de l'autorité censée mettre le holà au laisser-aller. Tel l'inspecteur des chemins de fer manœuvrant seul sa draisine, en pleine tempête, jusqu'à la gare isolée, le gradé retardataire se fraie un chemin en solitaire sur des pistes désertiques. Entre des zooms intermittents sur un regard déterminé et des boucles argentées voletant dans le vent et des plans lointains d'une jeep kaki et mélancolique serpentant lentement dans les gorges, l'officier se rapproche du cratère isolé. Mozes sent que le trajet de la jeep, de jour et de nuit, qui ne dure pas plus de quarante secondes dans le film, provoque déjà dans le public une attente mêlée d'une vague crainte. Mais il se souvient aussi à quel point Tolédano les avait torturés pendant de longues heures pour aboutir à ces quarante secondes sublimées ; comment il avait harcelé l'équipe autour de la jeep et combien d'objectifs et d'angles de vue il avait changés, guettant les variations de la lumière, la course des nuages dans le ciel pour donner chair aux images nées dans son esprit.

Après avoir dévalé dans sa jeep, sans bruit et tous phares éteints, les profondeurs du cratère au fond duquel l'installation scintille sous les reflets d'un feu de camp mourant, le commandant ne s'en prend ni aux sentinelles paressant dans leur sac de couchage, ni à un soldat, ni ne tente de réveiller ses subordonnés, mais il erre dans le cantonnement en proie à ses ruminations, se parle à voix haute, levant le regard vers les falaises environnantes pour établir des postes de garde, un champ de tir, des raidillons à gravir pour des exercices d'assaut et une aire de prise d'armes. Ce n'est qu'en se juchant sur un rocher pour examiner un espace où ses soldats s'entraîneraient à creuser des tranchées qu'il surprend une fine silhouette noire qui le fixe de loin.

Le soldat qu'il réveille enfin est le clairon qui, dès lors, va l'escorter partout avec les mugissements de sa trompette. Du coup, le film jusque-là muet et lent se charge d'éclats de voix et d'une activité intense : ordres, cris, plaintes, rires et injures, dont le doublage en espagnol sautillant et saccadé évoque à Mozes des films italiens datant de la Seconde Guerre mondiale. Ensuite, outre des instructions de garde, des entraînements, des revues nocturnes, les rapports entre l'officier âgé et la jeune barbare monopolisent l'écran.

Car, malgré l'obéissance et l'ordre rétablis pour éliminer les restes de désordre, l'intruse ne renonce pas à ses visites, comme si elle détenait, elle aussi, un droit de propriété sur l'installation. Malgré l'ordre exprès du commandant de la chasser, elle réussit à tromper la vigilance des sentinelles et à se glisser près de l'installation. Contrairement aux soldats indifférents à sa présence et qui n'ont jamais eu l'idée de l'interroger, le commandant se montre de plus en plus obnubilé par ses apparitions nocturnes et, ignorant lui-même la nature de l'installation qu'il garde, il est persuadé qu'elle non plus n'en sait rien et que ses visites obstinées, la nuit, ont pour seul but de montrer qu'elle partage l'ignorance des juifs. Aussi le commandant décide-t-il d'arracher à la racine cette prétention à un sort commun.

Mozes avait été préoccupé par l'intention de Trigano de clore le film par le meurtre de la jeune fille. « Si tu as choisi un citoyen respectable, un homme d'affaires prospère, un père de famille mobilisé pour une courte période de réserve, empêtré dans une situation dénuée de danger réel, avait-il dit à Trigano, seule une mise en scène scrupuleuse et exceptionnelle pourrait convaincre les spectateurs de la vraisemblance de cette brusque éruption de colère qui va le conduire à lui tirer dessus... » Mais Trigano n'avait pas renoncé à la mort de sa barbare. Mozes avait dû attendre leur rupture définitive pour comprendre que seule la puissance de son amour pour Ruth l'avait incité à la jeter, dans ses scénarios, dans des situations d'anéantissement et d'humiliation, afin que le mal, concrétisé à l'écran, fût chassé de la vie réelle. En conjurant les forces adverses sur la pellicule, le scénariste entendait protéger Ruth de cette façon dans la vie. Pendant les pauses du tournage, une solide amitié s'était nouée entre les amants, l'actrice et le scénariste, et Foxie, qu'ils surnommèrent avec une chaude affection l'« officier assassin ».

Avec un léger pincement au cœur, Mozes aperçoit deux spectateurs quitter la salle, nez à terre. Oui, il avait hésité à mettre en scène le meurtre, de jour ou de nuit : devait-il laisser la jeune fille sentir la menace ou l'abandonner à sa présomption et à son indifférence jusqu'au moment de la mort ? Et le tir, devait-il être exécuté de loin ou de près ? Devait-il ajouter à la mort des spasmes d'agonie ou se contenter d'une modeste tache de sang sur ses habits ? Trigano avait commencé à faire le tri entre ces options et à avancer des suggestions, mais Mozes renâclait à voir le scénariste s'en mêler et, à la fin, il avait même interdit sa présence pendant le tournage de la scène. « Si je ne me plante pas dans ton dos quand tu écris tes scénarios, je ne veux pas plus te voir derrière la caméra quand je mets en scène », l'avait-il rabroué.

L'empressement du directeur de la photographie auprès de Ruth avait-il éveillé les soupçons de son compagnon comme ceux du réalisateur ? Car le directeur de la photographie et son assistant, qui s'étaient préparés pour cette scène dans le moindre détail, l'avaient supplié d'éloigner le scénariste – « Son intellectualisme fumeux va nous compliquer la vie ». Mais, dans la salle espagnole, en compagnie d'une douzaine de spectateurs étrangers, Mozes peut compatir avec son jeune collaborateur, à cause de la souffrance qu'il lui a infligée en l'empêchant d'assister au tournage de l'assassinat de sa bien-aimée.

« On va t'attacher sur un pic, au lever du soleil, avait dit le directeur de la photographie à l'actrice, mais, au moment de ta mort, tu seras plus belle que jamais. » En effet, le jour précédant le tournage, le directeur de la photographie avait grimpé jusqu'à un piton situé à l'est, guettant l'aurore, pour vérifier la lumière sous tous les angles possibles. Le soir suivant, il avait envoyé son assistant et l'ingénieur du son déposer le matériel sur le site et attendre là, tandis que lui-même observait de loin. Ensuite, il avait acheminé sur place, en pleine nuit, les deux acteurs ainsi que le metteur en scène et là, avec une trousse de maquillage qu'il avait bricolée, il avait fardé lui-même l'actrice, avant que les premières faibles lueurs apparues à l'est n'adoucissent et n'exaltent ses traits, révélés pour la première fois quand le voile en serait ôté au moment où la balle la frapperait en plein cœur.

Toutes les scènes aboutissant à celle-là avaient été déjà filmées. L'expulsion toujours recommencée de la Bédouine loin de l'installation, les vociférations et les mises en garde, y compris sa reconduite forcée et violente à la tente de sa famille. Son père aussi l'avait avertie et menacée, jusqu'à l'attacher, mais elle avait réussi à se libérer pour revenir rôder près des sentinelles israéliennes, avec la conviction de faire partie, elle aussi, de cette installation secrète.

L'ultime poursuite du commandant sur les traces de la Bédouine avait aussi été filmée à plusieurs reprises, de jour et de nuit, et il ne restait plus que la scène de la dernière rencontre, au sommet du pic, sur un espace étroit : un citoyen honorable, officier exténué et courroucé, face à une jeune fille délicate mais rebelle, dont le rire fuse, en ce moment, à l'écran. Mozes sait que ce rire n'était pas prévu dans le scénario originel mais qu'il était né dans un brusque éclair de génie de sa part. Rire destiné à exciter la folie de l'officier qui, après s'être résolu à chasser la jeune fille au désert, estime dorénavant qu'elle veut le séduire et qu'il ne serait pas loin de succomber à son désir pour cette créature sauvage, et cette pensée le bouleverse à ce point qu'il dégaine son arme personnelle et tire en l'air ; le rire espiègle, libre, affolant, exige une balle supplémentaire pour s'éteindre, et une troisième balle pour que l'actrice, aux souffrances et à la chute plus que convaincantes, ne se relève plus.

En découvrant le résultat au montage, Trigano fut obligé de reconnaître que la scène était réussie. Même l'aurore, captée et fondue dans le décor artificiel, avait ajouté une mystérieuse nuance verdâtre à l'agonie sanglante de la jeune comédienne tombée à genoux, comme frappée de stupeur, jouant le renoncement à la vie. Bien qu'il fût contrarié d'avoir été éloigné du tournage, Trigano avait félicité le directeur de la photographie et le réalisateur : « Vous avez réussi à rendre spectaculaire l'absurde, comme dans *L'Étranger* de Camus. » Il connaissait, bien sûr, les sentiments profonds que Tolédano portait à Ruth et ne l'avait jamais considéré comme un rival dangereux, mais peut-être que, ce jour-là, s'insinua en lui, pour la première fois, le soupçon que son professeur d'antan participait, lui aussi, à leur compétition.

En fait, le film ne s'achève pas à ce moment-là mais dure encore pendant près de vingt minutes totalement effacées de la mémoire de Mozes. Le scénario interdisait à l'officier de fuir en cachette le lieu du crime et exigeait qu'il enfouît d'abord le corps de sa victime sous un tas de pierres, ensuite démontât son arme et en jetât les pièces dans un ravin avant de revenir vers ses soldats et de se glisser dans son sac de couchage. Or, comme la jeune vagabonde menait sa vie en toute indépendance, quelques jours s'écoulent avant que sa famille ne s'aperçoive de sa disparition. Entre-temps, l'« officier assassin » aggrave la discipline du camp et multiplie les corvées et les cérémonies épuisantes. On érige un mât, on trouve même un drapeau à hisser au son du clairon. Pendant la revue de détail avant le dîner, il lit des passages de la Bible d'une voix martiale, sans grâce, comme s'il aboyait des ordres et, s'il a l'impression que quelqu'un n'écoute pas, il lui lance des graviers. Ensuite, à la fin du repas, il ordonne d'entonner des chants patriotiques démodés, accompagnés par un harmonica trouvé dans un paquetage de soldat. Et, bien qu'il vérifie le rasage de chaque sentinelle lors de la revue de détail du matin, lui-même s'autorise une courte barbe. Aussi, lorsque deux policiers militaires débarquent dans le campement pour l'arrêter, doivent-ils s'y reprendre à plusieurs reprises pour comparer son visage à la photo qu'ils détiennent avant de le menotter et de le faire monter dans la jeep kaki qu'il conduisait lui-même, il y a peu – symbole, désormais déchu, de l'autorité fonçant dans le désert. En regardant de nouveau son œuvre oubliée, le réalisateur admire l'expression irrésistible de démence vaniteuse et solennelle du commandant. Cette mimique surprenante était-elle le fruit de sa mise en scène minutieuse ou était-elle née des entrailles de l'acteur ? Ou est-ce l'usure de la pellicule originale, au cours des nombreuses années pendant lesquelles le film avait été relégué dans quelque tiroir oublié, qui l'a produite ? Cependant, Mozes se souvient parfaitement de l'image finale et s'en montre fier : l'installation brille à travers les flammes du feu de camp mourant, et toutes les sentinelles se sont replongées dans leur profond sommeil de soldats.

– 7 –

De faibles applaudissements montent de la salle, juste assez nourris pour ne pas paraître vexants. Lorsque la lumière est rétablie, un spectateur se lève, se tourne vers Mozes, brandit deux doigts en signe de victoire, lance un bref bravo, puis s'éclipse. Certes, une telle réaction succincte vaut mieux que le rituel épuisant des questions-réponses, se dit Mozes, mais Bejarano veille au bon déroulement du programme et se lève pour inviter le réalisateur à la tribune.

Mozes laisse échapper un faible soupir et, se frayant un chemin à travers les rangées, remarque les yeux gonflés de larmes de Ruth et ses traits ravagés ; il s'attarde auprès d'elle pour la réconforter. Il l'étreint chaleureusement, attire son visage contre sa poitrine et le caresse : « Allons, allons, nous avons réussi à t'organiser une mort grandiose, là-bas. Dommage que Tolédano ne puisse plus s'en réjouir. Crois-moi, cette scène justifie à elle seule la conversion du film au numérique. Comme ça, les Israéliens pourront apprécier ce que nous avons réalisé avec du matériel primitif, il y a quarante ans. »

Elle opine de la tête sans un sourire et retient avec force les mains du metteur en scène. Se sent-elle de nouveau menacée pour se montrer aussi émue et affolée par son ancienne mort ? Alors qu'il se dégage délicatement, un vieillard maigre et voûté, vêtu d'un costume noir démodé et d'un nœud papillon rouge, se lève. « C'est Don Gomez, explique Bejarano à Mozes, un éminent professeur, jadis recteur à l'université de Saint-Jacques-de-Compostelle, un théoricien du cinéma dont les articles ont été publiés dans des revues de renom. » Comme le film israélien suscite en lui de nouvelles réflexions, Don Gomez demande à son jeune collègue la permission de monter sur scène et de livrer quelques remarques.

Mozes accepte volontiers la proposition : il préfère la critique franche et indépendante d'un théoricien à un débat. Il esquisse un geste signifiant « Comme il vous plaira », et le vieillard ôte son chapeau en montant à la tribune, tandis que Mozes demeure auprès de Ruth, la main dans la sienne pour la rassurer, se contentant de demander à Rodrigo de lui traduire l'essentiel des propos du vieillard.

Mais la traduction n'est pas aisée : brûlant de communiquer ses nombreux aperçus qui ne concernent pas tous directement *Le Sommeil des soldats*, le vieil érudit en profite pour débiter une conférence savante devant ses quelques amis.

Au début, Rodrigo s'efforce de traduire fidèlement les propos complexes de Don Gomez, mitraillés à un rythme soutenu d'une voix éraillée où subsistent des relents d'un vénérable pathos. Néanmoins, les talents d'angliciste de Rodrigo se révèlent bien vite limités, et il renonce. « Du calme, ne vous donnez pas tant de mal, le rassure Mozes, écoutez-le et dites-moi simplement si sa critique est positive ou non. » Le jeune Espagnol s'empresse de le rassurer : « Positive, assurément. Il s'est montré très impressionné par l'installation et par le faisceau de symboles qui s'en dégage, il apprécie aussi le courage qu'il a fallu pour réaliser un film à l'intrigue aussi diaphane, sans le moindre artifice dramatique.

— Dans ce cas, dit Mozes en se carrant sur son siège, je n'ai plus besoin de traduction. Pour un vieil artiste comme moi, l'essentiel, c'est qu'on aime mon œuvre et non les raisons de l'aimer. Car, lorsque j'entends toutes sortes d'analyses qui me prouvent que cette adhésion découle d'une totale inintelligence, j'ai du mal à m'en réjouir. »

– 8 –

Ce n'est qu'à dix-sept heures trente qu'ils réussissent à quitter la salle. Le vieil érudit ayant oublié la course du temps, et certains de ses amis contestant ses propos, le débat s'est enflammé et prolongé. Entre-temps, Pilar est arrivée pour annoncer à Rodrigo que l'avion de Madrid amenant la mère de Juan de Viola aurait du retard et que la projection du film tiré d'une nouvelle de Kafka serait donc retardée d'au moins deux heures. Dans ces conditions, elle propose que les invités israéliens reprennent des forces dans le bureau du directeur des archives.

Mozes suggère à son accompagnatrice : « Allonge-toi, de toute façon il n'y a qu'un canapé, et puis je me sens légèrement vaseux après notre film un peu biscornu, je vais rester éveillé en marchant un peu. À part ça, le temps passe vite dans ces parages : demain soir, nous reprenons l'avion pour Israël, et je ne connais pas encore la fonction réelle de cet institut et le travail de ses archives, je vais donc renifler ici ou là par moi-même, sans accompagnateur ni guide. Toi, enferme-toi afin que je ne sais quel pieux cinéphile, impatient de se confesser auprès de son curé, ne te surprenne pas. »

Encore une fois, le réalisateur est ému par la barbare revenue à la vie ; il l'étreint, pose les lèvres sur son front et son cou et lui murmure : « Sache que tu as été, et que tu restes, une actrice remarquable », puis il la quitte pour vagabonder dans les couloirs. Or, faute d'avoir repéré les toilettes, il redoute une déconvenue et sort pour se retrouver sur un parking géant où quelques rares véhicules sont garés. Les nuages précipitent la pénombre, aussi ne craint-il pas d'entacher la réputation de son pays en urinant entre deux voitures et, ce faisant, il lève son regard au ciel : après tout, la pluie va bientôt nettoyer ma petite flaque sans laisser la moindre trace de mon passage ici. Il découvre sur l'asphalte, outre les bandes blanches des places de stationnement, des bandes jaunes et rouges, longues et obliques, à demi effacées : repères antérieurs d'une place d'armes de l'infanterie ou, peut-être, de blindés et de l'artillerie. Il faudra que j'interroge de Viola sur ce qui s'est passé ici pendant la guerre civile. Les Espagnols sont vraiment devenus des pacifistes invétérés pour transformer, avec une totale quiétude, un établissement militaire en institut artistique... Avons-nous vraiment pensé alors, en tournant *Le Sommeil des soldats*, que, chez nous aussi, les guerres prendraient fin un jour ?

Il suit une ligne rouge. Une bise froide, gonflée de gouttelettes, cingle son visage et, cependant, il avance jusqu'au centre de la place, s'immobilise au garde-à-vous sur le repère où le commandant de la base passait peut-être en revue ses soldats, et il croit entendre la houle de l'océan qui, selon ses estimations, ne doit pas être éloigné. Mais le vent violent chasse ses illusions de gloire, et il se voit contraint de revenir sur ses pas.

Comme il s'est éloigné, il ne retrouve pas la porte par laquelle il est sorti et doit rentrer dans l'institut par une autre porte. Il parvient au sous-sol où il retrouve les studios visités la veille. Ici, la grande salle de montage avec son appareillage perfectionné, là, le studio d'enregistrement d'où s'échappent des voix joyeuses. C'est sûrement ici qu'ils ont doublé mes films. Il ouvre avec précaution une porte sur une grande salle où sont disposés deux projecteurs et un système d'enregistrement que deux techniciens surveillent. Il aperçoit des jeunes gens autour d'une table ronde, des textes à la main, et, parmi eux, deux Asiatiques, un homme âgé et une jeune femme. Du haut de son siège, le réalisateur qui orchestre le doublage remarque l'invité, l'appelle par son nom et interrompt l'enregistrement en son honneur.

« Je ne veux pas vous déranger..., bredouille Mozes, pas peu fier qu'on le reconnaisse. Je voulais juste savoir si c'est ici qu'on a doublé mes films.

— Ici même, monsieur Mozes. Et j'espère que les voix que nous avons données à vos personnages vous ont paru crédibles.

— Absolument.

— Voici nos comédiens, des étudiants de l'institut, et cet homme charmant est un scénariste réputé venu du Vietnam, monsieur Hô Chi Minh, et voici sa traductrice.

— Hô Chin Lou, rectifie le Vietnamien.

— Oui, pardon... Monsieur Hô Chin Lou. Pour le mois prochain, nous préparons une grande rétrospective de vieux films de son pays traitant d'amours entre des hommes du Nord et des femmes du Sud, et vice versa, pendant leurs guerres interminables.

— Initiative intéressante et capitale...

— Ce sont des films étonnants, durs et douloureux. Mais, voilà : ce sont précisément les guerres qui fournissent une merveilleuse matière à l'art, n'est-ce pas ?

— Maudites soient les guerres, rétorque Mozes avec virulence.

— Oui, bien sûr... Mais on n'a pas le droit de les ignorer.

— Pas de doute, bougonne Mozes, tout en s'avançant vers les doubleurs qui le dévisagent avec intérêt. Pardonnez-moi..., s'adresse-t-il à toute l'équipe, quand vous avez doublé mes films, y avait-il avec vous un Israélien, comme cet homme-ci, par exemple, qui vous a guidés pendant le doublage ? Je veux dire...

— Votre scénariste.

— Que voulez-vous dire ? »

Son cœur bat à tout rompre dans sa poitrine.

« Eh bien, oui, Saül Trigano. Il y a un an, il a passé de nombreuses journées avec nous dans ce studio. Il nous a expliqué, mimé les scènes, nous a fait rire. C'est un homme brillant, original.

— Ainsi donc Trigano était ici ?

— Ce n'est pas vous, monsieur, qui l'avez envoyé ?

— Non... Non... C'est de sa propre initiative.

— Initiative bénie... Nous avons beaucoup apprécié vos vieux films... Surtout, celui, étrange, tiré d'une nouvelle de Kafka.

— *Dans notre synagogue...*

— Kafka a-t-il vraiment écrit cette histoire à propos de juifs d'Israël ?

— Sur les juifs en général. »

Bouleversé, il erre à travers les étages et les couloirs avant de retrouver, porte ouverte, la pièce où Ruth était enfermée. Des lumières et des voix l'accueillent. De Viola a amené là ses invités de Madrid et même débouché une bouteille de vin rouge en leur honneur, et tous, y compris Ruth et Rodrigo, tiennent leur verre en main et rient. D'humeur espiègle, Mozes exécute une petite révérence devant la mère, Doña Elvira, gracieuse comédienne âgée de quatre-vingt-quatorze ans. Manuel, son fils cadet, dominicain de haute taille, âgé d'environ quarante-cinq ans, dont la robe de bure blanche s'orne d'une croix d'or, s'approche aussitôt de Mozes et le salue d'un « Bienvenue à ceux qui viennent chercher un abri sous notre toit ! », dans un hébreu archaïque dont son ordre encourage l'étude chez ses moines.

Mozes plaisante la mère : « Que se passe-t-il ? La religion a donc colonisé votre famille ?

— Qu'y puis-je ? soupire-t-elle. La religion domine tout aujourd'hui. »

Juan éclate d'un rire chaleureux.

On verse du vin à Mozes qui trinque avec l'assistance, avale une gorgée, puis s'adresse avec la plus exquise courtoisie au directeur des archives : « Dites-moi, on m'a raconté au studio que Trigano est passé ici et a travaillé avec les doubleurs. Mais s'il est l'instigateur secret de ma rétrospective, pourquoi me l'avoir dissimulé ?

— Parce qu'il nous a interdit avec la plus grande fermeté de parler de sa visite.

— Pourquoi ?

— Il savait que vous n'accepteriez pas de venir.

— Pourquoi ne serais-je pas venu ?

— Parce que vous savez bien à quel point il vous hait et vous tient en piètre estime.

— Encore ? »

L'humeur de Mozes s'assombrit et son regard gêné s'égare sur Ruth qui baisse la tête.

« Oui..., murmure le prêtre, et croyez-moi, cher Mozes, nous qui n'entendons pas être mêlés à votre différend, nous sommes désolés de cette querelle fratricide. »

IV

Dans notre synagogue

– 1 –

Mozes souffle à Juan de Viola en aparté : « Pour être tout à fait sincère, dès le premier jour, quand j'ai découvert le film que vous aviez choisi de projeter, j'ai aussitôt soupçonné que Trigano était l'instigateur de cette rétrospective. Mais comme, depuis notre lointaine rupture, je le considère comme fini, il m'a été difficile de croire que sa foi en ses scénarios oubliés pût être encore à ce point inébranlable qu'il débarque au fin fond de l'Espagne pour les faire doubler.

— Il m'a expliqué que, descendant lointain des expulsés d'Espagne, répond Juan de Viola, il lui importait d'apprendre un peu d'espagnol et de sauvegarder ses œuvres en Espagne.

— Je comprends votre confiance en la pérennité de son œuvre, même si elle me semble exagérée, mais vous a-t-il convaincus d'organiser une rétrospective à seule fin que je sois obligé de venir défendre ici ses lubies ?

— Non, Mozes, c'est tout le contraire. Après le doublage des films, y compris celui qui a disparu de votre filmographie officielle, c'est nous qui l'avons interrogé pour savoir si cela valait la peine d'organiser une rétrospective avec leur réalisateur et, par ce biais, inciter peut-être ce dernier à renouer avec son ancien style.

— Et qu'a-t-il répondu ?

— Il vaut mieux que je ne vous répète pas ses propos, ils risquent de vous contrarier.

— Ce type fini a été balayé de ma vie et il ne peut plus m'affliger.

— C'est étrange à quel point vous employez les mêmes termes.

— Que voulez-vous dire ?

— Un artiste paumé, chuchote Juan, c'est comme ça qu'il vous qualifie. Un metteur en scène qui ne peut même pas revendiquer ses anciens succès. »

Les yeux de Mozes s'étrécissent. Il jette un regard furtif sur la salle pour voir si quelqu'un a entendu cette remarque lancée comme un coup d'épée.

« "Artiste paumé", hein ? ricane-t-il en reposant son verre. C'est ainsi qu'il caractérise un homme qui a réalisé autant de films réussis après avoir coupé ses relations avec lui ?

— Et même s'il l'a dit, pourquoi vous offenser ? » Le prêtre s'empresse d'atténuer l'affront. « Si Trigano est quantité négligeable à vos yeux, pourquoi accorder de l'importance à ses propos ? Nous tous, à l'institut comme aux archives, avons refusé de nous ranger à son avis. Les quatre films que nous avons vus, ces deux derniers jours, nous prouvent que nous ne nous sommes pas trompés. »

Mais l'humeur sombre qui s'est emparée de Mozes continue de le tarauder. Il fixe d'un air hostile l'ecclésiastique court sur pattes qui lui distille ses propos venimeux avec une componction reptilienne.

« Quand bien même, grince-t-il, pourquoi m'avoir invité, *moi* ? Vous pouviez vous contenter de *ses* explications sur mes films. »

La réplique du directeur des archives est immédiate et catégorique : « Un scénariste peut expliquer l'intention, mais seul le réalisateur peut justifier le résultat. »

Mozes se tait. Il prend son verre et se dirige vers la bouteille de vin posée sur le bureau. Le silence est retombé dans la pièce, comme si son humiliation était déjà publique. Lovée sur le canapé et pelotonnée sous la couverture militaire de Ruth, le sourire de Doña Elvira illumine la pièce, tandis que le dominicain, assis à côté de Ruth, lance un regard encourageant à Mozes, comme s'il guettait l'occasion de prouver sa maîtrise de l'hébreu.

Son verre de vin empli à ras bord, Mozes se dirige vers le directeur des archives et lui jette avec une précision clinique : « Je n'ai pas souvenir d'un film manquant à ma filmographie.

— Le film que nous allons projeter maintenant, *Dans notre synagogue*. À preuve, fait le prêtre en sortant de sa poche une feuille froissée affichant la photo de Mozes, il n'est pas indiqué ici, à moins qu'il ne porte un autre titre. »

Mozes lisse les plis de sa biographie tirée d'Internet.

« En effet, ce film a été omis pour je ne sais quelle raison, mais pourquoi son titre aurait-il été changé ? Il est inspiré d'une nouvelle éponyme de Kafka. C'est d'ailleurs la renommée de ce dernier qui nous a permis de faire participer un petit animal sauvage à la prière.

— Participer à la prière ?

— Être toujours présent dans la synagogue, s'empresse de rectifier Mozes. C'est un film dont je suis fier à tous égards et, s'il a été omis de ma filmographie, c'est une preuve supplémentaire que l'Internet est truffé d'erreurs et de balivernes.

— Tout à fait, soupire le prêtre, mais le public considère cette invention comme une divinité omnisciente qui exige déjà de nous confesser devant elle. En tout état de cause, je suis heureux d'apprendre que vous revendiquez ce film car, pour être franc, j'ai eu une légère crainte, et c'est pourquoi j'ai préféré le présenter à huis clos pour des invités qui considèrent Kafka comme sacro-saint.

— Que craigniez-vous ?

— Outre le fait que je ne l'ai pas trouvé dans votre filmographie, je ne voulais pas qu'il y ait des juifs dans le public.

— Il y a donc des juifs en Galicie ?

— On ne peut jamais savoir. Il y a des juifs cachés partout.

— Supposons qu'il y ait eu des juifs dans le public, où serait le problème ?

— Sans doute auraient-ils été heurtés de voir un animal participer au culte divin. Nous n'avons pas besoin d'un scandale.

— Il ne participe à rien du tout, le coupe Mozes. Cet animal est autonome. Libre. C'est un animal métaphysique.

— Un animal métaphysique ? Ça existe ?

— C'est ce que j'ai voulu montrer. »

– 2 –

Les organisateurs envisageaient d'abord de faire précéder le film par le dîner, peut-être à cause de l'influence néfaste que pourrait exercer l'animal sur l'appétit des convives mais, en fin de compte, ils décident de s'en tenir au déroulement prévu : la durée du film est connue, alors que le dîner peut se prolonger jusqu'à une heure indéfinissable. D'autant que Doña Elvira, épuisée par le voyage, préfère regarder un film si singulier tant qu'elle conserve encore toute son attention.

La salle à huis clos n'est pas l'auditorium mais le studio d'enregistrement ouvert sur la salle de post-production afin d'agrandir l'espace. Sans être aussi modeste qu'une télévision, l'écran est réduit, c'est en fait une toile tendue qu'un courant d'air fait frissonner.

Juan de Viola présente ses invités par leur nom et leur profession et, en premier lieu, le vieux professeur-théoricien de tout à l'heure dont le costume noir est constellé de pellicules blanches. Une heure auparavant, ce dernier avait gratifié *Le Sommeil des soldats*, avec courage et générosité, d'une glose à même de métamorphoser un film raté en œuvre remarquable. Les autres personnes sont des enseignants de l'institut, dont le metteur en scène se souvient vaguement pour les avoir aperçus lors du déjeuner du premier jour, et quelques étudiants assidus. Mozes compte en tout vingt spectateurs entourant une ancienne vedette du cinéma à la carrière achevée et qui consacre désormais son temps à regarder le travail des autres. Assis à côté d'elle, son fils dominicain traduit avec une délectation gourmande les propos de Ruth en espagnol moderne à l'intention de sa mère, puis transpose ceux de sa mère en hébreu ancien pour Ruth.

Juan demande à Mozes s'il désire prononcer quelques mots. Mozes hésite. Le dîner mijote sûrement sur le feu, et ses exordes, qui provoqueront d'inévitables réactions, condamnent les cuisiniers à rater leurs plats. Il vaut mieux que le film se défende par lui-même, tel qu'il est : énigmatique, polémique, et si des réticences devaient apparaître, le théoricien disert se dévouerait sans doute, une fois de plus, pour proposer un commentaire. Cependant, l'affront essuyé sous le coup du dédaigneux « artiste paumé et fini » le titille encore ; il suffit qu'une ou deux personnes aient entendu cette insulte pour le faire changer d'avis. Aussi, bien que la lumière soit déjà éteinte, il se campe devant l'écran et lance : « Il vaut peut-être mieux, en effet, que je dise quelques mots avant que la réalité du film ne démente les bonnes intentions qui l'ont fait naître. Mais inutile de rallumer, l'obscurité convient aussi bien à un tel film. »

Dos à l'écran, visage tourné vers les silhouettes et vers le projecteur sur lequel une diode rouge attend le signal de mise en marche, Manuel à son côté, Mozes se retrouve, à sa propre stupéfaction, à défendre non seulement sa réalisation mais encore ce scénariste qui a emprunté une braise au feu d'un écrivain génial :

« En Israël, dans les années cinquante, quelques traductions en hébreu de ses romans et de ses nouvelles nous avaient familiarisés avec l'œuvre de Kafka. Au cours de ces années de tensions guerrières et politiques, ses ouvrages symboliques, surréalistes et absurdes avaient quelque chose de rafraîchissant, ils paraissaient détachés du temps et de l'espace et auréolés du mystère d'un écrivain mort trop tôt pendant cet entre-deux-guerres annonciateur d'orages et de chaos. Ensuite, on a commencé à publier chez nous les journaux et la correspondance de Kafka, dans lesquels nous avons découvert des aspects fouillés et intimes de l'existence d'un juif libre, élevé dans un foyer traditionnel et dont l'identité complexe n'était pas dénuée d'aspirations métaphysiques. Mais, contrairement à ceux qui voulaient et veulent encore expliquer chaque ligne de ses écrits à la lumière de sa vie et de ses affres sexuelles et monter en épingle chaque détail juif de sa biographie, d'autres lecteurs assez nombreux, parmi lesquels je me compte, jugeaient que l'œuvre de Kafka était immunisée contre tout détail biographique et continuaient à se délecter de la seule splendeur énigmatique de son génie universel.

« Au collège, au cours des années où je lui enseignais l'histoire et la philosophie, Trigano, mon futur scénariste, avait été attiré par Kafka chez qui il puisait interminablement ses idées et ses lubies. Un jour, il découvrit, sans doute en traduction française, une nouvelle dénichée dans les archives de Kafka, qui n'avait pas été encore traduite en hébreu. Cette fois-là, il était impossible de dissocier ce récit de l'identité et de l'existence juives si familières à nos yeux, car l'écrivain, qui utilisait dans ses écrits toutes sortes d'animaux, rusés et tourmentés à la fois – singes, chiens, rats et même cloporte –, installait, avec sa verve ironique, une minuscule bête, mi-terrifiante mi-apaisante, dans une synagogue que le narrateur fréquentait lui-même. Une bête dont le silence, pour changer, ajoute une dimension nouvelle à l'énigme de l'existence juive déjà abreuvée de menaces. C'est un récit étrange, voire inhabituel, dans l'œuvre du grand écrivain. On eût dit qu'il renonçait à son anonymat et transmettait, à la première personne du pluriel, le témoignage d'une petite communauté juive dont la synagogue abrite, pendant des années, une bête antique, héritière d'une riche mémoire historique et, peut-être, d'un don prophétique.

« C'est donc ainsi, mesdames et messieurs, que débute cette histoire. Je me souviens encore par cœur, à mon grand étonnement, des premiers mots : "Dans notre synagogue, vit un animal de la taille approximative d'une martre. Il n'est pas rare qu'on puisse très bien l'observer, car il tolère l'approche des hommes jusqu'à une distance de deux mètres environ. Personne n'a jamais pu toucher son pelage, c'est pourquoi on n'en peut rien dire...[1]" Qu'est-ce qui a séduit mon scénariste dans cette nouvelle ? Je n'en ai toujours pas la moindre idée, mais, à cette époque, alors que son influence sur moi était forte, son enthousiasme m'avait convaincu. La participation d'une minuscule bête sauvage symbolique dans un film à suspense me paraissait une aventure digne d'un jeune metteur en scène, confiant dans le génie de Kafka pour le protéger.

« Certes, la nouvelle de Kafka est dénuée d'intrigue : elle ne décrit qu'une situation, des rapports entre les fidèles et l'animal se reproduisant d'une génération à l'autre. En effet, dans la nouvelle, il semble que l'animal soit plus ancien que la synagogue et qu'il y ait aménagé une tanière secrète, mais le vacarme de la prière le réveille et il surgit de son repaire, non pour perturber l'office, ce qu'à Dieu ne plaise, mais par frayeur, même si, au fil des années, il a pu constater que cette effervescence liturgique n'était pas dirigée contre lui. En l'occurrence, se souviendrait-il d'une bribe de quelque lointain passé ou éprouverait-il une obscure crainte de l'avenir ? Parfois, afin d'élargir son champ de vision, il s'accroche à la barre métallique où est suspendu le rideau de l'arche sainte et, plus souvent encore, il s'agrippe au claustra dérobant les femmes, installées en galerie, à la vue des hommes, et plonge son regard sur ces derniers, en bas. Contrairement aux hommes qui lui manifestent une totale indifférence, les femmes en prière le craignent tout en étant fascinées par lui, et certaines rivalisent pour attirer son attention. Voici donc un charmant paradoxe de plus, bien dans la veine de Kafka... »

---

1. *In* Marthe Robert, *Introduction à la lecture de Kafka*, « Dans notre synagogue », Le Sagittaire, 1946, p. 23 ; Franz Kafka, *Préparatifs de noce à la campagne*, « Cahiers divers et feuilles volantes », Gallimard, coll. L'Imaginaire, 1985 (1957), p. 442 *sq*.

Mozes s'interrompt, hésitant. Comment et pourquoi s'est-il laissé entraîner à détailler cette histoire de plus en plus vivace dans son esprit ? Si on peut distinguer l'éclat des regards de l'audience dans l'obscurité, on ne peut pas juger de son écoute. Aussi interroge-t-il Juan, tapi quelque part dans la pénombre :

« Puis-je ajouter quelque chose ? Avons-nous le temps ?

— Nous avons le temps, Mozes, bien sûr, tonne une voix. Nous ne sommes pas au cinéma mais dans un institut d'enseignement.

— Bref, enchaîne le metteur en scène, nous avons été obligés d'effectuer deux choses pour adapter une courte nouvelle linéaire en film à suspense. D'abord, inventer des rebondissements, avec un conflit et une crise ; et, surtout, choisir une bête que nous puissions domestiquer un peu. Dans la nouvelle, on ne trouve pas beaucoup de détails sur l'animal, hormis son grand âge, sa taille et sa couleur l'apparentant à une martre, et son pelage dont on ne sait s'il est naturel ou souillé par la poussière et le crépi de la synagogue. Et comme nous n'avons pas pu créer une bête kafkaïenne, le choix s'est tout naturellement porté sur une martre réelle, pas trop antique afin de la dompter un peu. Comme vous le constaterez, nous avons teint sa fourrure dans l'esprit de la nouvelle, de la couleur du crépi de la synagogue, en lui ajoutant de fines rayures dorées afin de suggérer une légère dimension mythologique. Quant à la communauté de la vieille synagogue, nous nous sommes vus contraints de la transposer, pour le public israélien, de la diaspora européenne triste et déclinante de Kafka, inconsciente de la catastrophe proche, au jeune État juif censé, lui, être gonflé d'espoir. »

Manuel traduit rapidement, d'une voix exaltée, paraissant jouir de cette occasion de prouver, *urbi et orbi*, le bon aloi de l'hébreu appris dans son ordre. De son côté, Mozes paraît si transporté par sa présentation qu'il semble qu'il ne restera plus de temps pour le film...

« Pour bâtir une intrigue, poursuit-il, il faut d'abord choisir un héros. Bien sûr, on pouvait se concentrer sur le bedeau de la synagogue car, plus que quiconque, il était censé entretenir un rapport quotidien avec l'animal, surtout la nuit, quand la martre pointe son museau et que la synagogue est vide. Mais nous avons opté pour le rabbin afin que l'histoire fût davantage chargée de sens. Nous avons imaginé un rabbin arrivé en Israël à la tête de sa communauté venue d'un pays musulman lointain, où il fonde, avec ses ouailles, une synagogue qui leur permette de concilier la nouvelle pratique de la religion avec l'ancienne. Et voilà qu'ils constatent qu'une bête minuscule, vieille et obstinée, les a précédés et que sa tanière est si bien dissimulée que ce n'est qu'en détruisant l'édifice et en le rebâtissant de fond en comble qu'ils auront une chance de la piéger. C'est tout le dilemme : doit-on détruire la synagogue, construite avec beaucoup d'efforts et sans permis, au risque de disperser la communauté jusqu'à l'achèvement d'une nouvelle synagogue, ou essayer de trouver, dans la veine de l'absurde mélancolique de Kafka, une sorte de cohabitation entre les fidèles et l'animal ? Voilà l'essentiel, et il me semble que j'ai été beaucoup trop long... »

Avant même la fin de la traduction, Mozes souhaite se fondre dans le public, sauf que la voix éraillée du théoricien le fige sur place. Le professeur souhaite ajouter un détail, dont Kafka lui-même n'avait sans doute pas conscience : « Dans l'Égypte antique, la martre était considérée comme un animal sacré et de rang élevé, peut-être à cause de sa capacité à chasser les serpents venimeux. C'est pourquoi elle méritait l'embaumement afin que, lors de la résurrection des morts, elle surgît intacte, et toujours utile, en même temps que la dynastie des Pharaons. »

Mozes rit d'émotion.

« Merci, merci. La dimension que vous venez d'ajouter à cet animal ne pourra que donner plus de profondeur à notre film si ambigu. »

Puis il fait signe au projectionniste d'éteindre les lumières.

– 3 –

Le metteur en scène s'efforce en vain de se souvenir du nom ou, du moins, de l'origine de l'acteur qui incarne le rabbin. Impossible de le retrouver au générique car, en fin de montage, l'acteur lui-même avait interdit de le mentionner. Pendant le tournage, l'animal avait été filmé séparément, puis incorporé au montage, mais lorsque le rabbin avait découvert le résultat final et compris la nature de ses dialogues avec l'animal, dont le rôle n'était pas seulement comique et sûrement pas marginal, il allégua que cette bête l'humiliait et exigea que son nom disparût.

En revanche, l'origine de l'animal lui est parfaitement connue, de même que le surnom primesautier que l'ingénieur du son lui avait attribué : Suzanne. Un livreur d'Amsellem l'avait guetté pendant plusieurs jours dans un wadi aux environs de Beersheva, l'avait capturé, puis apporté sur le plateau. Une grande martre à la longue queue fournie qui, comme dans la nouvelle de Kafka, s'était révélée silencieuse et apeurée, même si, alors qu'elle remplit l'écran, regarde les invités avec ses yeux dépourvus de paupières grands ouverts et découvre des crocs fins et acérés, elle peut laisser une impression redoutable mais guère réaliste. Afin de l'habituer à la caméra et de se familiariser avec son comportement, le réalisateur et le directeur de la photographie lui rendaient visite régulièrement dans sa cage. Ils la filmaient surtout la nuit. Devenu son dompteur, le livreur lui nouait au cou une solide laisse en plastique transparent, occultée sur les images, et, avec précaution, afin que ses mouvements paraissent naturels et volontaires, il la tirait et la dirigeait ici ou là, de l'arche sainte jusqu'au claustra de la galerie des femmes, et retour. Ensuite, au montage, ils l'intégraient sur la pellicule à l'assemblée des fidèles, filmés, en général, à la lumière du jour.

Mais qui donc jouait le rôle du rabbin ? Mozes le revoit en chair et en os avant même son apparition à l'écran. Un homme d'âge mûr, bien bâti et svelte, vêtu d'un costume noir et coiffé d'un chapeau, des yeux noirs étincelants. Ruth pourrait-elle s'en souvenir ? N'était-ce qu'un figurant, tombé par hasard au milieu de la troupe, ou un comédien professionnel ?

Fidèle à son Sud déshérité, Trigano avait d'abord localisé la synagogue dans une bourgade d'immigrants loin de tout, mais ces paysages désolés commençaient à rebuter Mozes qui avait exigé d'installer l'oratoire au bord de la mer, près de la maison du directeur de la photographie. Une histoire simple au sujet aride nécessitait d'être enrichie par des plans de coupe de paysages verdoyants et de mer. La mer n'est-elle pas photogénique à toute heure du jour et de la nuit ?

La première partie du film est destinée à maintenir le suspense jusqu'au nœud de la nouvelle kafkaïenne. Encore disséminés dans différentes synagogues d'Israël, les membres de la communauté éprouvent de la nostalgie pour le rite de leur ville d'origine, située à la lisière du Sahara. Ils décident donc de fonder leur propre synagogue. Faute de moyens et de permis de construire, ils jettent leur dévolu sur une bâtisse abandonnée, non loin de la mer, et la raccordent clandestinement à l'électricité et à l'eau d'un jardin d'enfants des environs. Un beau jour, l'assemblée se rend à la grande synagogue de Tel-Aviv pour la prière du soir et, à la fin de l'office, quelques fidèles dérobent deux petits rouleaux de la Thora de l'arche sainte et, pour en dissimuler l'origine, ils en ôtent les parements de velours rouge de style ashkénaze et les déposent dans des coffrets cylindriques en bois, caractéristiques de la coutume séfarade. Ensuite, ils envoient une délégation auprès d'un journalier, employé à la plantation d'arbres le long des routes ; en fait, c'est leur ancien rabbin qu'ils conjurent de redevenir leur guide et leur chantre.

Après l'accord du rabbin, le scénario retrouve la nouvelle de Kafka. Dès le premier office du sabbat, l'ancienne occupante de la bâtisse fait son apparition ; si sa vivacité la protège de la peur, la frayeur qu'elle inspire aux fidèles complique sa capture. Ces derniers ne peuvent s'adresser au Service d'élimination des animaux nuisibles, avec son armée de piégeurs professionnels, de crainte que ces employés ne découvrent que la synagogue est illégale ; aussi les fidèles, adultes et jeunes confondus, préfèrent-ils affronter l'animal par leurs propres moyens.

À ce moment du film, le scénariste a greffé sa plume sur la nouvelle de Kafka pour y ajouter un conflit. D'un côté, certains fidèles exigent de purifier sur-le-champ, et à tout prix, le lieu saint de la bête impure ; d'autres, plus modérés, le rabbin à leur tête, souhaitent établir un *modus vivendi* avec l'animal, dans l'esprit de Kafka. Palabres et cris submergent l'écran, dont Mozes n'essaie même pas de se rappeler la teneur ; son regard ne quitte pas le rabbin, dans l'espoir de déceler un indice afin de retrouver le nom de l'acteur. À en juger par son âge, nul doute qu'il ne soit déjà plus de ce monde, mais, mort ou vif, Mozes, de plus en plus séduit par le personnage, s'efforce de le situer dans sa mémoire. Ce rabbin le stupéfie non seulement par le professionnalisme et la véracité de son jeu mais aussi par sa gestuelle, raffinée et gracile à la fois. Ses traits sont délicats, et ses yeux, larges et noirs, resplendissent de sagesse. Pendant un bref instant, il lui paraît familier : il lui semble que c'est l'écrivain de Prague, Kafka en personne, qui s'est échappé de sa nouvelle pour se métamorphoser en rabbin cinématographique. Comment ai-je pu renoncer à un acteur aussi authentique ? se désole Mozes. J'aurais pu lui donner des tas de rôles complexes dans mes films suivants.

– 4 –

Il se lève de son siège et, à force de génuflexions, pour éviter de couper le faisceau lumineux du projecteur, il se fraie un chemin dans l'obscurité jusqu'à Ruth, qu'il attire dehors sans un mot. « C'était qui, le rabbin ? Je veux dire, l'acteur ? Comment s'appelait-il ? Et d'où sortait-il ? » Mais bien qu'elle ait été bouleversée, comme lui, par cet acteur dont l'apparition dans le film insuffle une spiritualité plausible à cette farce absurde, elle ne parvient pas pour autant à s'en souvenir. « Est-ce Trigano qui nous l'a amené ?

— Non. Je m'en souviendrais.

— Tolédano, alors ?

— Tolédano ? fait-elle, ruminant avec délice le nom du directeur de la photographie décédé. Peut-être... Parce qu'il nous trouvait parfois des comédiens vraiment photogéniques. Mais lui, tu ne pourras l'interroger que dans une prochaine vie.

— Une prochaine vie ? s'écrie-t-il, surpris. C'est nouveau chez toi, ça... »

Elle hésite un moment avant de retourner à la projection. Peu pressé de la suivre, Mozes s'attarde. Il déambule ici et là, consulte sa montre pour mesurer le temps écoulé. Tente en vain d'ouvrir la porte menant à la place d'armes. S'efforce d'entendre un écho de la houle océane. Mais, craignant de donner l'impression qu'il se dérobe devant son œuvre, il finit par retourner au studio et reste debout, dos à la porte d'entrée, épiant les spectateurs.

Les adversaires de l'animal ont amené à l'office du soir un orthodoxe fanatique, scandalisé de voir la martre le narguer du haut de l'arche sainte ; il exige de purifier la synagogue et de consacrer de nouveau le lieu saint, tout en les menaçant d'excommunication si son avis n'était pas retenu. Or, s'il est aisé d'édicter des arrêts religieux, il est impossible en pratique d'expulser l'animal sans le tuer ou raser la synagogue, et le rabbin qui, pendant la semaine, continue de travailler comme journalier, refuse de s'en prendre à la martre. La nuit, en secret, il essaie de découvrir sa tanière afin de la persuader, sur un ton conciliant, de quitter sa synagogue.

C'est là que commencent les conciliabules nocturnes entre le rabbin et la martre, au cours desquels l'homme de foi s'exprime de vive voix tandis que l'animal lui répond du regard. Il se penche, et même s'agenouille, suppliant la bête d'abandonner la synagogue et de s'évader vers la vaste nature qui l'attend dehors ; en fait, il s'adresse uniquement à la caméra, et sa main tendue pour caresser la fourrure frémit dans l'espace, tandis que la martre, le museau tendu vers l'objectif en gros plan, entravée par la laisse invisible, ne peut s'échapper. Filmant ses grands yeux brillants, dépourvus de paupières, l'opérateur a réussi à traduire la tristesse et la délicatesse de l'animal, qui comprend la demande du rabbin mais ne peut se permettre d'abandonner ces juifs à leur sort.

De là où il est, Mozes ne distingue pas les visages des spectateurs. Deux ou trois d'entre eux se sont déjà éclipsés, et deux autres bavardent à voix basse. Quelques têtes dodelinent, ceux-là sommeillent sans doute déjà. Mais les crânes de la famille de Viola, de la vieille dame et de ses fils sont toujours dressés bien droit, d'autant que, vers la fin, le rythme du film s'accélère.

Malgré leur affection pour le rabbin, l'un après l'autre, les fidèles désertent la synagogue : l'un emporte les rouleaux de la

Thora volés, l'autre démonte l'arche sainte, celui-ci débranche l'électricité et l'eau, et tous s'en vont à la recherche d'un autre oratoire.

Peu à peu, l'édifice retourne à l'abandon, les images des vagues léchant le seuil sont d'une beauté indicible. De temps à autre, des promeneurs solitaires pénètrent dans le bâtiment. Un couple d'amoureux y passe une nuit entière. Toujours journalier attaché à sa pioche, le rabbin ne plante plus d'arbres le long des routes mais a été envoyé creuser des puits dans la montagne. La caméra de Tolédano a désormais pris des libertés évidentes non seulement avec le scénario de Trigano mais encore avec le réalisateur, et, du coup, elle s'accroche au rabbin privé de sa communauté et le suit partout, comme si ce personnage séduisant possédait la solution de l'énigme kafkaïenne. Le film s'achemine vers sa conclusion au cours d'une pause du rabbin-journalier : assis sur un rocher pour prendre son maigre repas, il examine avec intérêt une martre luttant contre un serpent. C'est ainsi que, d'un film lugubre et absurde, naît un étrange espoir dont on doute que Kafka eût pu le concevoir.

– 5 –

La lumière est rétablie, mais de façon parcimonieuse, comme si le projectionniste souhaitait permettre aux gens de se défiler sans qu'on puisse lire leurs réactions sur le visage. Or Mozes n'attend pas de réactions car ce film immature lui a été imposé. Quel soulagement qu'il ait disparu de sa filmographie...

Dans le couloir, il attend la vieille mère et ses deux fils ainsi que Ruth. Le théoricien passe devant lui et lui serre la main à l'écraser, mais sans un mot. Mozes se désole : si, par hasard, celui-là fait partie du jury de mon prix, je risque de rentrer bredouille en Israël. Manuel secoue les mains du réalisateur avec effusion, clamant dans son hébreu fleuri : « Entre vos mains, vous avez accumulé la force ! Vous vous êtes hissé au pinacle de la création ! Vous avez forcé Kafka à accepter l'espoir ! » Juan confirme d'un hochement de tête le dithyrambe de son frère et suggère à ses invités de se retrouver dans son bureau avant de se rendre, tous ensemble, au dîner, dernière étape du programme de cette journée.

Mais Mozes ne veut pas d'un repas susceptible de provoquer une discussion sur le film qui vient d'être projeté. « Non, s'excuse-t-il, une telle rétrospective m'est plus pénible que la réalisation d'un nouveau film, pour la bonne raison que je ne la maîtrise pas. Si vous souhaitez me retrouver avec l'esprit clair pendant la cérémonie de demain, je vous prie de me dispenser du dernier repas et de vous contenter de mon accompagnatrice.

Avec l'aide d'un traducteur aussi habile, elle n'aura aucun mal à vous expliquer tout ce qui vous aura paru incompréhensible... »

Que ses hôtes acceptent si facilement sa requête lui semble suspect, tandis que ces derniers organisent, sans tarder, son retour à l'hôtel. À vingt-deux heures à peine, il se retrouve au *parador* et, à sa grande surprise, il découvre un hall vide à l'exception de trois clients qui, à en juger par leurs braillements, doivent être éméchés. Il est soudain navré de devoir se coucher le ventre vide, par crainte de critiques à l'égard de son travail, alors que le petit-déjeuner du lendemain, aussi abondant soit-il, ne compensera pas la privation de l'ultime dîner gastronomique que le prêtre et ses collaborateurs avaient prévu. Il s'enquiert auprès de la concierge, jeune fille à la beauté gracile, d'une collation à cette heure guère tardive. Elle est désolée et craint que la salle à manger ne soit fermée et que les cuisiniers n'aient achevé leur service. Mais elle-même se dit disposée à lui préparer quelque chose de léger, à condition qu'il n'ait pas envie d'un plat chaud.

« Un plat froid, tout simple, me conviendra tout à fait, *señorita*. »

Elle quitte le comptoir, abandonnant le manuel de mathématiques dans lequel elle était plongée. Au bout de quelques minutes, elle apporte dans sa chambre une bouteille de vin et une miche de pain noir, avec un gros morceau de fromage de chèvre. Assis face à la *Charité romaine*, des larmes de faim aux yeux, Mozes mâche goulûment le pain frais et le fromage à l'odeur puissante, dont il atténue la robustesse en buvant le vin au goulot, puis s'effondre tout habillé sur le lit.

Malgré les lumières allumées, son sommeil est si profond que seul un regard furtif à sa montre lui indique que, passé minuit, Ruth n'est toujours pas de retour. Certes, il n'est pas censé s'inquiéter : elle se trouve sous la protection de deux hommes de religion, mais il ne se déshabille pas car, si, pour une raison ou une autre, sa présence était requise, il vaudrait mieux qu'il soit prêt rapidement, et en tenue décente. Il éteint la lampe de chevet et se tourne de l'autre côté, comme pour ouvrir une nouvelle page dans l'espoir que tous ses soucis s'évanouissent – sauf que la page du sommeil se révèle plus surprenante que celle de ses rêves. Car, en ouvrant les yeux, il est tout déconcerté de découvrir que la lumière dans la chambre est tamisée et qu'il est couché tout nu sous la couverture. Allongée à côté de lui, calme et repue, Ruth feuillette le menu de son repas.

« Dis-moi, qu'est-ce qui t'a affolé à ce point pour renoncer, comme ça, à un repas inoubliable ? »

Mozes remonte sa couverture. Il lui semble que sa tête demeure soudée à l'oreiller.

« Tu veux la vérité ? Cette fois, j'ai craint leur colère.

— De la colère pour un film aussi vieillot ?

— Je suis le père de tous mes films, soupire le metteur en scène, même du plus faible et du plus misérable. Kafka a écrit à la première personne une nouvelle à ce sujet, *Onze fils*, et, là-dedans, il chérit surtout son enfant le plus pitoyable, même s'il ne lui aurait pas fait confiance en cas de malheur. Or il n'a pas détruit les œuvres qu'il considérait comme ratées, mais les a laissées, par testament, aux bons soins de son ami Max Brod, en lui demandant de les brûler. Par bonheur, son ami lui a désobéi.

— Mais pourquoi as-tu pensé que tu allais provoquer leur colère ? Tu sais, le vieil enseignant, le théoricien, a donné un petit commentaire sur ton film.

— Bon ou mauvais ?

— Je n'ai rien compris. Mais si on commente ton film, c'est déjà bon signe, non ?

— Qu'est-ce qu'il y a eu d'autre pendant ce dîner ? Pourquoi a-t-il duré si longtemps ?

— Les Espagnols sont des oiseaux de nuit, et eux n'ont pas besoin de se réveiller le matin à sept heures pour écouter les nouvelles... »

Mozes éclate de rire.

« Et les plats ? C'était vraiment spécial ?

— Magnifiques, divins. Ce que tu n'as pas goûté cette nuit, tu ne le goûteras jamais.

— Ils ont parlé de moi ?

— Hé, comme tu les as dédaignés, eux aussi t'ont oublié ! Au fait, l'attaché culturel de l'ambassade a téléphoné de Madrid pour s'excuser de ne pas pouvoir assister à la remise du prix.

— Alors, il y aura quand même un prix !

— Puisqu'ils te l'ont promis.

— Et peut-être que, entre un plat magnifique et un autre, divin, tu t'es souvenue de l'acteur qui jouait le rabbin ?

— J'ai essayé, en vain. Moi non plus, je n'ai pas compris comment un personnage aussi émouvant a pu nous filer entre les doigts.

— Peut-être nous surprendra-t-il dans le film de demain ?

— Non, il ne joue pas dans ce film. Je me rappelle chaque détail de ce film que je n'oublierai jamais.

— Ce qui veut dire ?

— Juan m'a révélé le film qui sera projeté avant la cérémonie. Tu ne vas pas le croire, c'est *Le Refus*.

— *Le Refus* ? Hé, pas mal !

— Et, cette fois, ils lui ont gardé son titre.

— Je me disais aussi que Trigano n'y renoncerait pas.

— Bien que tu lui aies changé sa fin...

— Seulement à cause de toi...

— *Aussi* à cause de moi. »

Elle éteint la dernière lampe.

« Qui m'a déshabillé ?

— Toi-même. Tu as enlevé tes vêtements avant mon retour, mais il semble que tu avais l'esprit vaseux et que tu t'es couché tout nu. Il a fallu que je te redresse et te recouvre. Mais ça a été un jeu d'enfant. Parce que, quand tu dors, tu es tout mignon et tu te laisses faire. »

– 6 –

Des brumes du passé émergent les traits d'une collégienne qui troublent aussitôt son sommeil. Pourquoi cette fille des quartiers nord de Tel-Aviv surgit-elle, la première, parmi tous les personnages qui apparaîtront demain dans le film ? Cette vision le jette à bas du lit, à quatre heures du matin. Dans l'hiver européen, l'aurore tarde à se lever de quelques bonnes heures, mais Mozes accepte de bon gré ce réveil et, nu, loyal et scrupuleux, il vérifie le sommeil serein de son accompagnatrice, puis ramasse ses vêtements, s'habille, se drape dans un manteau, y enfouit son passeport et quelques billets, laisse son appareil auditif et son portefeuille sur la table de chevet pour ne prendre que son bâton de pèlerin, puis se glisse en silence hors de la chambre.

Après qu'un modeste cinéma du nord de Tel-Aviv eut refusé de projeter *Dans notre synagogue*, Trigano lui avait déclaré : « Ma métaphysique commence à te fatiguer et même à t'épuiser. Tu penses que notre collaboration a besoin de quelque chose de plus sentimental et de plus populaire. Eh bien, le prochain scénario aura pour sujet une jeune femme empêtrée dans une situation inextricable et, afin de lui donner une dimension épique, nous allons commencer l'histoire par son adolescence mais, pour ça, nous avons besoin de trouver une jeune fille qui lui ressemble. »

Mozes préfère emprunter l'escalier car, si l'ascenseur tombait en panne, il n'y aurait personne pour le délivrer en pleine nuit. La cage d'escalier est assez sombre à cette heure, mais les marches sont larges et capitonnées, des tableaux accrochés aux murs voûtés évoquent sans doute des sujets antiques, mais l'obscurité n'en laisse rien deviner.

Surpris, il s'aperçoit que le porche de l'hôtel n'est pas vide : dans une encoignure, deux individus dorment dans des sacs de couchage. Bizarre. Seraient-ce de jeunes randonneurs arrivés tard pendant la nuit, qui auraient découvert que leur chambre réservée avait été donnée à d'autres mais auraient reçu l'autorisation d'étaler leurs sacs jusqu'au matin ? Aucune clé dans le casier de la réception. La jeune femme qui lui a apporté du fromage et du vin dans sa chambre est toujours là ; son visage, déjà attirant en début de nuit, redouble d'éclat et d'originalité. Si je devais réaliser un film en Espagne, songe Mozes, je reviendrais ici et inciterais cette réceptionniste inexpérimentée à y jouer un petit rôle, par exemple celui d'une concierge, et je demanderais au directeur de la photographie de faire en sorte qu'une telle grâce provoque le désir des spectateurs. Et même si elle ne devait apparaître que durant quelques secondes, des archives l'immortaliseraient. Du coup, il éprouve le besoin de se présenter à elle comme réalisateur de cinéma et de lui faire part de son étonnement devant sa beauté dont elle n'était peut-être pas consciente, mais il y renonce. À cette heure-ci, le compliment d'un homme inconnu à une jeune femme peut facilement passer pour du harcèlement. De toute façon, croirait-elle que le vieillard planté devant elle est un cinéaste toujours en activité, avec des projets d'avenir ?

« Je vois que vous n'avez pas beaucoup avancé dans vos maths, la taquine-t-il, en regardant des formules sur la page du manuel dont il semble qu'elle ne l'ait pas tournée pendant la nuit.

— C'est de la chimie..., soupire-t-elle, avec un sourire que deux fossettes illuminent.

— De la chimie ? soupire-t-il comme elle, en signe de solidarité.

— Et vous, *señor* Mozes, avez-vous encore faim ?

— Non, vraiment pas. »

Il a encore le goût du fromage de chèvre dans la bouche, et il n'a pas d'appétit pour l'Internet de l'hôtel. Il a juste envie de se promener et il lui demande si la ville est suffisamment sûre pour un étranger qui, par précaution, a laissé son portefeuille et n'a emporté que son passeport.

« Il vaut mieux laisser votre passeport ici, lui conseille-t-elle. Prenez plutôt la carte de visite de l'hôtel. Votre bâton aussi, laissez-le. Je vais vous donner un parapluie, il pleut et il fait froid. Cela dit, cette ville reste sainte, même la nuit, et si vous vous perdez en route, la cathédrale vous ramènera toujours sur le chemin de l'hôtel. »

Un foulard chamarré en laine, long et épais, est accroché sur le casier à clés. Il ose lui demander, avec un culot auquel elle n'est manifestement pas habituée, si ce foulard a été oublié par un client ou s'il lui appartient.

— Les deux...

— C'est-à-dire ?

— Quelqu'un l'a oublié, et je m'en sers, les jours de froid.

— Si ce foulard n'appartient plus vraiment à quelqu'un, il pourrait peut-être me réchauffer ? »

Hésitant un instant mais sûre de sa force de séduction, elle comprend que ce client âgé à la courte barbe, dont le reste du visage n'est pas rasé, veut sentir de près son parfum. Aussi se résout-elle à lui tendre le foulard. Tout en écrivant son nom sur un bout de papier qu'elle lui remet, elle ajoute : « Si vous ne me trouvez pas à votre retour, laissez-le là à mon intention. »

Sans une hésitation, comme s'il filmait à ce moment-là la jeune réceptionniste, il prend le foulard qui, de près, apparaît déchiré et un peu froissé, l'enroule autour de son cou et en respire l'odeur. En sortant de l'hôtel, il apprécie que le brouillard laiteux et humide altère les formes de l'esplanade et voile les façades des palais : la cathédrale semble, elle aussi, flotter dans les airs. Certain que les ruelles de la vieille ville mènent tout droit au belvédère et au square adjacent, il accélère le pas et s'engage avec assurance dans le dédale de la cité.

Depuis quelques années, Yaïr Mozes entretient un conciliabule amical avec la mort qui, parfois, lui répond, soit d'une voix étouffée, soit avec une sorte de sifflement et, fort de cette complicité, il ne redoute pas de vagabonder seul dans des endroits reculés, fût-ce dans un pays étranger. L'écho de ses pas solitaires n'entame pas sa bonne humeur. La ville endormie est calme et engourdie, les places, désertes, et seul un petit magasin est allumé où une femme imposante, ébouriffée, dispose des souvenirs sur des rayonnages. Pour un peu, il s'écarterait de son chemin et entrerait dans cette boutique, mais les gouttes légères qui crépitent sur le parapluie ouvert agrémentent sa marche. La lune qui l'avait accueilli la première nuit, nimbée de mélancolie, perce le brouillard et les nuages, et, bien qu'à cette heure il n'en aperçoive qu'un lambeau réduit à une tache blanchâtre, l'astre nocturne a encore le temps de briller de nouveau avant le lever du jour.

– 7 –

Saint-Jacques-de-Compostelle n'est pas très étendue, ni compliquée, ni tortueuse comme, par exemple, la vieille ville de Jérusalem, et elle ne possède pas non plus de murailles. L'Israélien l'arpente donc d'un pas assuré et franchit une sorte de pont au-dessus d'une rivière à sec ou d'une vallée, jusqu'au belvédère où le jeune enseignant l'avait conduit la veille. Ce n'est pas pour contempler la cathédrale, de nuit, qu'il s'est rendu là, mais pour jeter un nouveau coup d'œil aux statues dressées dans le square par les étudiants des Beaux-Arts. Il repère d'abord les « Deux Marie » âgées et courroucées, s'agrippant l'une à l'autre, leurs pieds menus fortement fichés en terre. Sans âme qui vive pour le voir, il se permet de les tapoter pour vérifier, méthodiquement, le matériau dans lequel elles ont été forgées. Selon Bejarano, ces statues jettent un défi mécréant aux statues en marbre de la cathédrale, et il a donc décidé qu'elles étaient constituées uniquement de plastique. Mais, à cette heure, tandis que Mozes martèle du bout des doigts les tuniques et les visages lisses des deux femmes, il sent sous ses doigts un matériau solide dans lequel, à n'en pas douter, quelque chose de plus résistant que ne le supposait le jeune enseignant a été fondu. Exposées à la pluie, au vent et aux dégradations des enfants, des femmes lourdes et graves comme celles-ci n'auraient pas survécu dans un square public, si elles avaient été constituées de simple plastique.

Ensuite, il se dirige vers l'intellectuel chétif assis sur un banc public afin d'examiner si sa matière ressemble à celle des femmes. Mais, de loin, le binoclard semble s'être acoquiné avec un nouveau compagnon, comme si une nouvelle statue lui avait été adjointe, la veille.

Le cœur en capilotade, Mozes ralentit le pas, mais la silhouette qui a entendu ses pas se lève, et un sans-logis corpulent, couvert d'une peau de mouton claire, laisse échapper un grognement ou une injure, puis s'enfonce dans l'obscurité.

Voilà un rythme de cinéma, pas du tout réaliste, ricane le réalisateur en constatant la vitesse avec laquelle une place s'est libérée à côté de l'intellectuel nu-tête, croisant une jambe sur l'autre et scrutant l'univers avec une curiosité éternelle. Mozes passe une main précautionneuse sur la longue écharpe rigide autour du cou de la statue – serait-ce un vénérable sage gelé sur place ? –, il tâte les mèches courtes, tente d'ôter les larges lunettes rondes qui demeurent soudées aux oreilles. Pas de doute, ces étudiants des Beaux-Arts appliqués ont coulé là un matériau rigide et robuste ! Des effigies sacrilèges destinées à faire la nique à des saints de pierre exigent, évidemment, un soin rigoureux !

La pluie a cessé, mais la proximité de l'aurore accentue la fraîcheur. Il resserre le foulard effiloché autour de son cou, ferme les yeux, et ses pensées voguent de nouveau vers la fillette qui a troublé son sommeil. Soudain, un doute le traverse : la verra-t-il dans le film ? N'aurait-elle pas été coupée au montage ? Il n'en est pas sûr.

Connaissant Ruth depuis le jardin d'enfants, Tolédano se considérait comme le mieux à même de trouver l'actrice adéquate pour incarner son amie dans l'enfance. Après avoir visité plusieurs cercles d'art dramatique dans des centres communautaires, il avait repéré la candidate dans un quartier résidentiel de Tel-Aviv, puis réussi à convaincre son père, officier supérieur et héros de guerre, de l'autoriser à jouer dans quelques épisodes du film dont le directeur de la photographie n'avait, à ce moment-là, qu'une vague idée.

Malgré le milieu familial très différent de la fillette, on trouva qu'elle ressemblait à merveille à Ruth, par son beau visage et son regard expressif mais aussi sa peau brune et sa voix mélodieuse.

Comme les scénarios plutôt cérébraux de Trigano n'exigeaient pas de lui, jusque-là, la participation d'enfants, Mozes s'était demandé s'il pourrait diriger une enfant inexpérimentée dans un rôle compliqué, mais Ruth, enthousiasmée par le choix du directeur de la photographie, avait pris son sosie sous son aile et promis de l'aider pour ses premiers pas devant la caméra.

Le metteur en scène refuse d'attendre la projection pour savoir si cette adolescente, qui vient de faire irruption dans sa mémoire, apparaît dans la version finale du film ; il triture ses souvenirs pour obtenir une réponse immédiate. Cette adolescente délicate arrivait sur le plateau accompagnée de son père, qui craignait qu'on impose à sa fille des situations inconvenantes, et il n'était pas facile de diriger une jeune novice, de surcroît sous l'œil vigilant de son père, dans des scènes brèves et rapides laissant deviner que l'enfant s'amourachait de son professeur, voire qu'il la subjuguait. Ruth avait certes rempli sa promesse et s'était dévouée pour l'aider, lui choisir des habits reflétant sa personnalité et, bien sûr, lui montrer comment ignorer la caméra autant que le regard aux aguets de son père laissant planer une sourde menace sur toute l'équipe.

Le Refus avait bénéficié d'une relative faveur du public et même réussi à couvrir une partie substantielle des dépenses, mais la querelle qui avait éclaté pendant l'ultime scène, puis la rupture avec Trigano avaient banni ce film de l'esprit de son auteur, et, au bout de quelques projections, il l'avait confié aux archives cinématographiques de Jérusalem, certain qu'il pourrait toujours y revenir. Cependant, les années avaient passé, et il ne l'avait plus revu, mais son scénariste, lui, l'avait repris et apporté aux archives espagnoles pour en presser une copie numérique et le doubler dans une langue étrangère.

Sans crier gare, la lune se dégage de l'ultime duvet d'un nuage attardé, et, d'un seul coup, la clarté perce l'obscurité nocturne et lave les cieux. Mozes constate que le sans-logis qui lui a cédé la place ne s'est pas beaucoup éloigné. La tête posée sur l'épaule de la Marie à la main tendue, il guette le moment où le réalisateur quittera la place à côté de l'intellectuel.

Les deux hommes échangent des regards fulgurants, et Mozes se rend compte de son erreur : l'homme robuste et élancé à la barbe fournie, qui a décidé de revenir sur ses pas et de ne pas renoncer au banc, n'est ni un sans-logis, ni un vagabond, ni un mendiant, mais un pèlerin solitaire, arrivé là par ses propres moyens et non en groupe organisé. Et, à en juger par sa pelisse, sa barbe peu soignée, ses bandes molletières et sa besace, il s'agirait plutôt d'un croyant sincère qui a préféré faire à pied le long chemin ardu jusqu'à Compostelle. Habitué à son dialogue permanent avec la mort, Mozes ne craint rien d'un homme tenant un grand et lourd bâton avec une coquille géante accrochée au bout, bâton singulier qu'on ne vend pas dans les boutiques de souvenirs. S'il veut en découdre, sourit-il à lui-même, c'est peut-être que je le mérite, après tout... Il se lève et, sans un mot, désigne courtoisement la place laissée libre. Eh bien, si on le conviait à réaliser un film en Espagne, il embaucherait aussi un pèlerin de ce genre pour une apparition muette devant la caméra, sans aucun rapport avec l'intrigue.

– 8 –

Pendant sa promenade nocturne, le personnel de la réception a changé, et il ne restitue donc pas le foulard à la jeune chimiste mais à un employé âgé, à la mine grave, qui le remet à sa place et désigne discrètement à Mozes un individu assis face à la porte fermée de la salle à manger en train de feuilleter un journal. Mozes reconnaît le théoricien du cinéma sanglé dans son costume noir. En fait, ce dernier a accepté, ou peut-être demandé, de servir de guide au réalisateur israélien pendant la dernière journée. Mozes décide de s'éclipser dans sa chambre.

En silence, il ôte ses chaussures dans la pénombre pour ne pas réveiller l'endormie et, sachant que la porte de l'armoire grince, il laisse tomber son manteau sur le parquet. Yeux ouverts, Ruth l'a entendu entrer.

« Tu es réveillée ?

— Plus ou moins...

— Depuis quand ?

— Depuis ton départ.

— Mais j'ai fait attention !

— Ce n'est pas à cause de toi que je suis réveillée.

— Évidemment, pourquoi te ferais-tu du souci pour moi ?

— Inutile de s'en faire pour toi. Bon, tout de même, où as-tu disparu ?

— Je me suis un peu baladé pour dire adieu à cet endroit. De l'autre côté de la vieille ville, il y a un belvédère et un square avec des statues de personnages amusants. Rodrigo me les a montrées hier, et j'ai eu envie de les toucher, cette nuit, un peu pour savoir dans quelle matière elles sont fabriquées. »

Il s'assoit sur le lit à côté d'elle et, d'un geste prudent, cherche sa main à tâtons. Il compte ses doigts un à un, comme pour vérifier s'il n'en manque aucun.

« Si ce n'est pas moi, qu'est-ce qui t'a empêchée de dormir ?

— Je réfléchissais...

— À quoi ?

— À des choses, à propos du *Refus* qui va être bientôt projeté...

— Toi aussi ? Depuis que tu m'as révélé que ce serait le film de clôture, j'essaie de me rappeler ce que nous avons fait là-dedans. Tu t'en souviens bien ?

— Oui. C'est le premier film où j'étais la seule à tenir le rôle principal, du début à la fin.

— Et même avant, avant la puberté de l'héroïne, dans son enfance.

— Son enfance ?

— L'enfance, l'adolescence. La jeune novice que nous avons embauchée, qui jouait ton rôle comme écolière, je ne sais pas pourquoi, mais je n'ai pas réussi à la chasser de mon esprit cette nuit, et je suis vraiment curieux de voir comment ta doublure t'a incarnée dans l'enfance.

— Tu ne la verras pas.

— Pourquoi ?

— Parce que tu as coupé toutes ses scènes dans la version finale.

— Quoi ? s'écrie Mozes.

— Tu as prétendu que le film était trop long et que le producteur exigeait des coupes. Alors, sans prendre l'avis de quiconque et sans nous avertir, tu as éliminé toutes les scènes de l'école et tu as commencé directement par la remise de mon diplôme de baccalauréat. »

Mozes éprouve le besoin de se défendre : « Si le producteur l'avait demandé, je n'aurais pas coupé. Il devait sûrement y avoir une autre raison, artistique sans doute, que je ne me rappelle plus. Les drames comprimés en un court laps de temps de Trigano ont toujours été efficaces et mordants, mais pas plus convaincants que ça pour suggérer la profondeur du passé de ton personnage – comme retracer une enfance qui puise dans les abysses de ton existence.

— La mienne ?

— Je veux dire, celle de l'héroïne. Mais regarde comment cette adolescente, qui a disparu du film, me hante comme un fantôme nocturne. Qu'avait-elle qui me pousse tant à vouloir la revoir ? Était-elle particulièrement attirante ? Te ressemblait-elle vraiment ?

— Tolédano, qui l'a découverte et amenée, pensait que c'était moi écolière, et d'autres membres de l'équipe lui ont trouvé une ressemblance avec moi, même si, moi, et c'est tout naturel, j'avais du mal à le croire. Mais c'était vraiment une adolescente impressionnante, au caractère sage et ambitieux, à laquelle je me suis beaucoup consacrée. Parce que, toi, tu n'as jamais eu la patience de travailler avec des enfants ou des jeunes. Il y a peut-être aussi quelque chose en toi qui les effraie.

— Ah ? Et quoi donc ? dit-il sur un ton amusé.

— Quand tu te tiens à côté de la caméra, tendu vers ton but, tu n'es pas conscient à quel point tu as un air hostile et détaché de tout ce qui ne concerne pas ton film. Bien qu'à l'égard de cette adolescente, je m'en souviens, tu te sois montré un peu plus tolérant, peut-être parce que son officier de père était tout le temps présent aux répétitions et pendant le tournage. C'est pour ça que tu n'as pas osé l'engueuler. Ou, alors, peut-être parce que, toi aussi, tu lui as trouvé une ressemblance avec moi. Or, à cette époque, tu étais un peu amoureux de moi.

— Je suis toujours amoureux de toi. Parfois un peu, parfois davantage. Mais comment s'appelait-elle ?

— Ruth.

— Ruth ?

— Oui. C'est à cause d'elle que j'ai remplacé mon vrai prénom par le sien.

— À cause d'elle ? Pourquoi ? Tu ne me l'avais jamais dit.

— J'avais juste l'intention de l'ajouter, mais son prénom a supplanté l'ancien.

— Mais pourquoi "à cause d'elle" ?

— Parce que j'étais contente qu'une Israélienne aussi authentique et aussi enracinée, une fille de bonne famille, dans le bon sens du terme, ait convenu pour incarner la jeunesse de l'héroïne qui connaîtra tant de déboires par la suite. C'est pourquoi, après que tu l'as éliminée de mon film, j'ai décidé de la dédommager en adoptant son prénom.

— Dédommager de quoi ?

— Du fait que, jusqu'à la première, elle ignorait qu'elle avait disparu du film. Tu n'as pas daigné l'en avertir, et moi-même, je l'ignorais.

— Tu l'ignorais parce que, jamais, dans aucun film, tu ne voulais approcher de la table de montage et que tu attendais de te voir une fois le film achevé.

— Mais c'est difficile de voir comment, toi et tes monteurs, vous nous coupez, déchirez le fil de nos existences et nous replâtrez à la colle. Pendant la première, je m'en souviens, nous étions toutes les deux stupéfaites de constater que tu avais renoncé aux scènes de mon adolescence.

— Celle de l'héroïne.

— Non, la mienne aussi. Car cela m'a beaucoup plu que vous ayez choisi une adolescente parfaite comme celle-là pour m'incarner dans mon enfance.

— Qu'est-ce que ça signifie, "parfaite" ?

— Parfaite. Enracinée. Une Israélienne authentique. Le sel de la terre. Avec une origine respectable. Parce que, à cette époque-là, je pensais... et, en fait, aujourd'hui encore... est-ce que je sais... que nous, Trigano, Tolédano, toute la bande, nous resterions toujours, d'une manière ou d'une autre, un peu marginaux, et c'est pourquoi j'ai été heureuse que tu m'aies donné une sorte de petite sœur, une jumelle qui puisse me réconforter.

— *Te* réconforter ?

— Oui, moi, dans le film.

— Dis donc, tu ne t'embrouilles pas entre le film et la réalité ?

— Ça m'arrive. Et toi, jamais ?

— Jamais. La frontière entre la réalité et l'imagination est toujours claire pour moi.

— Parce que tu n'oses jamais te planter devant une caméra, tu préfères te planquer derrière. Car ce n'est que dans cette position que tu peux distribuer tes ordres. »

– 9 –

La chambre toujours plongée dans l'obscurité, ils ne se voient pas. Mozes s'autorise à garder la main de Ruth dans sa paume, sépare un à un ses doigts, puis les réunit de nouveau. Derrière le rideau, la première lueur de l'aurore se dessine, et, bien qu'il se souvienne que le vieux professeur-théoricien du cinéma l'attend pour le petit-déjeuner, il désire par-dessus tout rester lové contre l'actrice dont la voix tremble à l'évocation de ses souvenirs.

« La petite Ruth était arrivée à la première pleine d'émotion mais, aussi, avec confiance car, pendant le tournage, nous avons tous complimenté son jeu. Et toi, tu n'as même pas averti Amsellem que tu avais coupé ses scènes, et il lui avait donc envoyé à elle aussi, comme il le faisait toujours, de nombreuses invitations pour remplir la salle. Je l'ai vue arriver, tendue, entourée des membres de sa famille et de ses amies, et, dès l'extinction des lumières, je l'ai cherchée sur l'écran. Au début, j'ai pensé que tu avais juste changé le déroulement et qu'elle reviendrait dans une sorte de flash-back, mais le film n'arrêtait pas d'avancer. J'ai compris qu'elle n'avait laissé aucune trace. Tu l'as tout simplement gommée. Et, maintenant, tu oses dire que tu ne te souviens pas si elle était dans le film ou non ?

— Je te jure que je ne m'en souvenais plus. J'espérais vraiment la revoir dans le film.

— Tu ne verras rien. C'est toi qui l'as éliminée. C'est pourquoi elle te revient comme un fantôme. Pour se venger de toi.

— Se venger de quoi ?

— Ce soir-là, elle a attendu jusqu'au dernier moment. Et, à la fin du film, alors que les félicitations commençaient à pleuvoir, je l'ai regardée, elle était pétrifiée sur son siège tandis que son père la consolait. En m'approchant d'elle, je l'ai vue sangloter. Elle voulait être actrice, elle voulait m'incarner dans mon adolescence, elle sentait qu'elle avait bien joué son rôle, et voilà que son rêve était anéanti. Et, comme j'étais incapable de lui expliquer ce qui s'était passé et pourquoi, elle s'en est prise à moi, comme si je vous avais aidés à la faire disparaître du film. Je te le répète, elle avait le cœur brisé, et moi aussi.

— Tu brises les cœurs, là, avec une telle facilité... Après tout, que s'est-il passé ? Ce n'est ni la première ni la dernière fois qu'on coupe plus d'un tiers de la pellicule.

— Non, pas aussi facilement. Crois-moi, pendant tout le travail sur ce film, je l'ai intériorisée au plus profond de moi et, malgré le scénario impitoyable de Trigano, j'ai été amenée à penser que j'étais la continuité naturelle de cette adolescente, pas celle du film, mais la jeune fille réelle que j'ai appris à connaître ainsi que sa famille – je me suis même rendue quelques fois chez eux. Sache que c'est à cause d'elle que je me suis enfuie au moment de tourner la scène de dingue avec le mendiant.

— À cause d'elle ?

— Parce que je ne savais pas, à ce moment-là, que tu avais l'intention de l'éliminer au montage.

— Moi non plus, je ne le savais pas encore. Mais qu'a-t-elle à voir avec ça ? Pourquoi “à cause d'elle” ?

— Parce que, si elle incarnait mon personnage dans ma jeunesse, et que c'est moi qui l'incarnais dans sa maturité, alors, au moment de m'apercevoir sur l'écran dans cet épisode malsain imaginé par Trigano, pendant lequel tu as exigé que je dénude ma poitrine et oblige un mendiant puant à téter le lait destiné au bébé qu'on venait de me prendre, eh bien, parce que je pensais à elle en train de regarder cette scène, à l'actrice en herbe, à cette enfant pure et sage, je me suis dit qu'en découvrant cette scène répugnante à l'écran, elle serait épouvantée et déçue, elle et toute sa famille, et qu'elle se dirait peut-être : qu'avais-je à faire dans ce film ? Pourquoi me lier à une femme aussi dévergondée ? Quel rapport puis-je avoir avec elle ? »

Mozes frémit et, d'une voix tendre, comme s'il s'adressait à une malade, il lui souffle :

« Comment ça, “moi” ? Comment ça, “elle” ? Comment ça, “incarner mon personnage” ? Comment ça, “je suis elle” ? De quoi parles-tu ? Des personnages du film ou des individus ?

— Des deux.

— Des deux ? On pourrait donc tout mêler comme ça ?

— Oui, on le peut si l'on veut vivre de manière décente...

— Alors, afin de préserver l'ego d'une enfant gâtée, d'une fille de bonne famille ambitieuse, tu as fui la caméra et tu as bousillé toute une scène ? Et moi qui t'ai défendue ! Je crois que j'ai bien fait d'éliminer cette fille du film. »

Il regrette aussitôt ses paroles et veut l'amadouer, mais la sonnerie du téléphone le surprend. À l'autre bout du fil, un employé de la réception s'excuse. Du magma de ses propos, Mozes comprend que le fameux *señor*, le professeur de l'institut cinématographique, a annoncé formellement sa présence. « Pas de problème, je suis réveillé, le rassure Mozes, je serai là dans une minute. »

Mais, au lieu de descendre à la rencontre du théoricien qui va l'assommer dans une langue incompréhensible, il se déshabille à la hâte et se glisse sous l'édredon, agrippe le personnage en chair et en os et, sans un mot, dans une puissante étreinte, l'embrasse comme pour lui demander pardon. Cependant, tandis que Ruth surprise s'amollit entre ses bras, le téléphone sonne de nouveau et coupe ses élans ; cette fois, sans détours ni excuses, le réceptionniste l'informe que le professeur a gagné la salle à manger pour se réveiller avec un premier café mais qu'il ne commencera pas à manger tant que le réalisateur israélien ne l'aura pas rejoint.

« Au diable ! » grogne Mozes en tentant de resserrer son étreinte, mais Ruth le repousse gentiment et lui dit : « Va le retrouver. Je n'ai pas compris un seul mot de ce qu'il a dit pendant le dîner mais j'ai bien senti qu'il s'efforce de t'aider. Ne le déçois pas.

— Mais qu'est-ce que je vais bien pouvoir comprendre ? Il ne parle que l'espagnol.

— Parfois, il vaut mieux qu'un artiste ne comprenne pas les commentaires sur son œuvre. »

Elle l'écarte plus fermement et le repousse sur le tapis moelleux au pied du lit, puis se pelotonne à sa place laissée vide.

– 10 –

Comme la salle à manger est encore déserte, Mozes repère dès le seuil son exégète. Étranglé dans son costume sombre, ce dernier a choisi de s'asseoir à la place la plus éloignée de l'entrée, près d'une fenêtre entrouverte ; seule une cafetière trône sur la table. D'un pas vif, Mozes s'avance vers lui et, malgré l'heure matinale imposée par l'Espagnol, il le prie de l'excuser pour son retard avec l'espoir de bénéficier, en retour, d'un simple « Bonjour » en anglais.

Mais l'anglais sera absent de ce petit-déjeuner. Si un érudit fécond en théories sur l'essence du septième art, dont les articles sont publiés dans des revues renommées, s'abstient de prononcer ne fût-ce qu'un mot de bienvenue en anglais, cela signifie, soit qu'il s'oppose par principe à la langue dominant l'univers, soit qu'il est si timide qu'il veut éviter la moindre erreur. Aussi, songe Mozes, si je me vois servir un monologue, de surcroît en doublage espagnol, que cela me permette au moins de jouir calmement de mon repas.

Accompagnant le réalisateur au buffet, les suggestions de l'Espagnol sont différentes de celles de l'enseignant d'animation du premier jour, et le repas se révèle d'autant plus plantureux. Il suggère des plats traditionnels de Galice, détaillant sans doute leur origine et leur histoire ; Mozes se lance de bon cœur dans cette nouvelle équipée car lui qui accorde une dignité artistique aux aliments dans ses films ne peut refuser de varier son menu.

Le voilà donc à tenir en main une assiette chatoyante, débordant de nourritures qui, naguère, l'auraient rebuté.

La salle à manger toujours vide, les deux serveuses sont à l'entière disposition des deux convives dont l'un pérore et l'autre déjeune. Le théoricien n'avale rien d'autre que du café noir, et, lorsque Mozes s'en étonne d'un geste de la main et en levant les sourcils, le théoricien soupire et, semble-t-il, truffe ses gloses de quelques aveux sur ses embarras gastriques.

Mozes peut examiner de manière approfondie le professeur assis maintenant en face de lui et non au milieu du public. Don Gomez est en fait plus jeune que lui, mais la brûlante Espagne a raviné ses traits. Sa chevelure est clairsemée, et ses yeux rougis témoignent d'une conjonctivite ou d'une insomnie chronique. Son costume noir est lustré par l'usage et, sur sa veste, des fils pendouillent à la place de deux boutons manquants – ce cérébral est sans doute privé d'une compagne ou d'un ami proche pour veiller sur lui. Les doigts de sa main droite maculés d'encre prouvent que ce savant à l'ancienne se défie de l'ordinateur. S'il devait mettre en scène un film en Espagne, Mozes estime qu'il y ferait figurer non seulement la concierge de nuit de l'hôtel et le pèlerin, mais aussi cet homme-là pour qu'il exprime tout ce qui lui passe par la tête pendant une demi-minute. Car il paraît doué d'un réel talent de comédien pour mouliner ses propos à un débit trépidant et d'une voix mélodramatique, sans une pause, face à un interlocuteur qui ne comprend pas un traître mot, convaincu, sans doute, que la musique et l'exaltation de sa voix sont capables d'endoctriner une oreille bouchée. À en juger par la paralysie qui a frappé la serveuse figée sur place, cafetière en main, son emphase a l'air de captiver le tout-venant, fût-il ignorant du contexte et du sujet. Mais, lorsque Mozes perçoit à plusieurs reprises les noms de Kafka et de Trigano et voit l'Espagnol évoquer, de ses mains frêles, l'*animal* et la *sinagoga* et, de là, passer au *servicio militar* et au *desierto*, pour arriver au *tren* et à l'*accidente*, il comprend que ce puits de science a pénétré au plus profond de ses œuvres anciennes et tente de les synthétiser en une somme philosophique. Les clients pénétrant dans la salle à manger leur jettent un regard amusé en entendant la voix solennelle, un rien criarde, du professeur. Certains osent même s'approcher, assiette en main, pour ne pas perdre une miette de son évangile. Avec autant de surprise que de gratitude, Mozes aperçoit Ruth et en déduit que ce n'était pas pour se débarrasser de lui qu'elle l'a poussé hors du lit et expédié écouter les homélies du théoricien, puisqu'elle-même a renoncé à paresser sous les draps pour le rejoindre et l'aider à affronter l'indéchiffrable. Mais, avant de s'asseoir avec eux, elle prend un bol et y verse des céréales, puis du lait.

– 11 –

À onze heures, un étudiant de l'institut cinématographique arrive au *parador* pour conduire les deux invités à la salle des fêtes municipale car c'est là, et non à l'institut, que sera projeté le film qui doit clôturer la rétrospective du réalisateur et pour laquelle il recevra un prix. Ce prix n'irait donc qu'à son œuvre passée ? Consolation ou hommage ? Ou encore, encouragement à emprunter une nouvelle voie ? Mais avant de connaître les raisons de cette récompense, la magnificence de la salle des fêtes le comble et, bien que ses hautes fenêtres aient été recouvertes d'un tissu noir en l'honneur du film israélien, elle demeure impressionnante par la beauté des tableaux et des statues collectionnés avec la sagesse et la persévérance de nombreuses générations. L'écran a déjà été installé derrière la tribune : une toile grise, relativement diaphane, derrière laquelle une fresque colorée transparaît, menaçant d'interférer, à certains moments, dans le déroulé du film.

La salle des fêtes n'est pas très vaste, mais les invités, une centaine environ, forment un public extrêmement divers. Outre quelques édiles en costume sombre, des enseignants et des étudiants sont là et, derrière eux, des vieillards rameutés d'une maison de retraite voisine, dont certains agrippent leur canne ; les derniers rangs sont garnis d'employés municipaux, de fonctionnaires, de secrétaires et de contrôleurs du stationnement, et Mozes croit même reconnaître quelques éboueurs invités à prendre une brève pause pendant leur manifestation à sifflets et marmites afin d'honorer de leur présence le réalisateur étranger.

« Vous avez rassemblé un public des plus variés », susurre Mozes à Juan, qui s'empresse de séparer les deux Israéliens. Il suggère à Ruth de s'asseoir à côté de sa mère, au deuxième rang, et dirige Mozes vers le premier rang, près du maire, qui le salue de la tête.

« Oui, il faut remplir la salle dans ce genre de cérémonies, se justifie Juan, car le prix perd de sa valeur si les applaudissements sont trop faibles.

— Croyez bien, cher Juan, que ce prix m'est précieux, sa valeur fût-elle purement symbolique.

— Il n'est pas symbolique du tout mais bien concret, proteste le prêtre, fût-il décerné à des films symboliques. L'attaché culturel de votre pays ne vous a donc pas informé ? Le montant est de trois mille euros et, sans l'aide de ma mère, la municipalité, qui souffre de déficit chronique, aurait été bien en peine d'offrir une telle somme. »

Les traits de Mozes s'empourprent.

« C'est très généreux de votre part et cela me touche. Mais s'agit-il d'un hommage, de condoléances ou d'un encouragement ?

— Tout est possible, répond l'ecclésiastique avec un sourire. Lorsque ma mère vous remettra l'enveloppe, elle vous en expliquera les raisons. Mais elle ne m'a rien révélé de ce qu'elle a l'intention de dire. »

Une lumière est allumée devant l'écran, et Don Gomez Alfonso Da Silva, la taille toujours aussi courte, la mine non moins austère, grimpe sur scène.

« Voilà un homme sérieux, murmure Mozes, et, bien que je ne comprenne pas un traître mot de ce qu'il dit, je sens qu'il éprouve de la générosité et de l'estime à mon égard.

— Générosité, mais aussi crainte pour la suite de votre œuvre. Cette nuit, il s'est fait projeter le film, l'a longuement décortiqué et m'a réveillé dès potron-minet pour me demander de le laisser dire quelques mots avant la projection.

— Du coup, il va me dispenser d'un préambule ?

— Volontiers, car il vaut mieux ne pas accabler le public par trop de bavardages savants, alors que la majorité ignore tout de votre métier.

— Excellent, balbutie Mozes avec gêne, si ça ne tenait qu'à moi...

— Mais, au moment de vos remerciements, vous pourrez vous expliquer dans votre langue maternelle, mon frère Manuel s'étant porté volontaire pour traduire.

— Je serais heureux de m'adresser à vous en hébreu. Cependant, qu'est-ce que votre théoricien dit en ce moment ? Il ne peut pas disserter autant à mon propos sans que j'en comprenne quelque chose, tout de même...

— Il considère *Le Refus* comme un film de transition, dans lequel le réalisateur entend renoncer aux symboles extrêmes au profit d'une psychologie populaire.

— Populaire, vraiment...

— Ne soyez pas si piqué ! Don Gomez est sans nul doute un grand savant et, comme il a connu trois épouses, chacune d'elles a aiguisé un peu plus ses réflexions. Or ces femmes venaient de différentes provinces d'Espagne dont il mélange désormais les dialectes et utilise des expressions et des allégories originales qui amusent le public, et surtout les vieux. Regardez comme ils rient... »

Las, Mozes rejette sa tête sur son siège. Sa nuit blanche commence à laisser des traces. Il ferme les yeux et compte les heures qui le séparent du retour en Israël.

– 12 –

Lorsque Mozes relève la tête et ouvre les yeux, il s'aperçoit que Don Gomez a été englouti par l'obscurité et que Ruth apparaît maintenant à l'écran, jeune adolescente en uniforme de collégienne pendant la remise des diplômes du baccalauréat. Comme les précédents, ce film est aussi doublé en espagnol mais, contrairement aux films antérieurs dans lesquels l'action et les prises de vue constituaient l'essentiel, ici, le drame se noue surtout en de longs dialogues caractérisant les relations entre les personnages. Mozes se souvient du premier jet du scénario, de l'écriture touffue de Trigano, où les dialogues s'enchaînaient, sans sommeil provocateur dans un cratère désertique ni fantasmagorie hallucinée dans un village isolé. Ici, les personnages se rencontrent autour d'une table de cuisine, parfois dans un coin de café de quartier ou à un arrêt d'autobus à la lisière d'un village. L'héroïne ne cherche pas, non plus, un lieu sinistre pour y mettre au monde son enfant mais choisit une modeste clinique clandestine, proche d'un marché du sud de Tel-Aviv.

Mozes s'était étonné à la lecture du premier jet : « Bon, comment va-t-on réussir à injecter dans ton histoire la dose de mystère dont tu ne peux pas te passer ? » Trigano avait balayé l'objection : « Ce mystère, nous le chercherons dans notre prochain film mais, dans celui-ci, après l'échec que la vieille bête de Kafka nous a infligé, nous sommes obligés de restaurer notre image avec une histoire plus humaine et des comédiens que nous pourrons peut-être embaucher avec l'aide du ministère de l'Intégration des immigrants. »

En effet, il avait réussi à les recruter et, après toutes ces années, ils surgissent tout à coup à l'écran dans la salle des fêtes de Saint-Jacques-de-Compostelle. Un homme et une femme quadragénaires incarnant un couple de professeurs dans ce *Refus*. Avec une affection intense, ils étreignent maintenant la jeune bachelière et en font un éloge appuyé devant sa mère, une veuve dans le besoin habitant, cette fois encore, une ville du Sud, et qui enfouit le diplôme de sa fille dans son sac avec une révérence sacrée.

Le gouvernement avait financé la participation des comédiens jouant les instituteurs et ajouté une subvention conséquente à la production. De son côté, Trigano avait adapté les personnages au couple marié de comédiens du répertoire hongrois, réfugiés en Israël à la fin des années cinquante après l'échec de l'insurrection de Budapest. Des juifs aux origines un peu douteuses, la femme en particulier, dont les traits et la haute taille trahissaient de lointaines racines *goyim*, et c'est pourquoi Trigano les surnommait « les deux Khazars que le ministère de l'Intégration nous a fournis gratis »...

Où peuvent bien se trouver ces « Khazars » aujourd'hui ? Où ont-ils disparu et comment ont-ils vieilli ? Ils étaient plus âgés que Mozes de quelques bonnes années. Mais, dans l'obscurité, sur la toile distendue dissimulant une magnifique fresque, ils sont jeunes, pleins de vie, et ressuscitent avec naturel un peu de leur biographie.

Artistes arrivés en Israël d'un pays situé de l'autre côté du « rideau de fer », ils avaient bénéficié d'un traitement spécial et passé un long moment dans un *oulpan* d'hébreu pour être formés au théâtre dans cette langue. Cependant, leur accent magyar les desservait, et même le spécialiste de diction envoyé à leur rescousse avait du mal à éradiquer en eux l'emprise implacable du paroxyton sur l'oxyton. Certes, dans des sketches humoristiques et burlesques, un tel accent pouvait amuser les gens, surtout lorsqu'ils se confrontaient à un comparse au fort accent oriental, sauf que ces deux-là se considéraient comme d'authentiques comédiens de théâtre et s'attendaient à ce que, dans l'État juif aussi, on leur attribuât des rôles dramatiques ou tragiques. C'est pourquoi était née l'idée de les embaucher, sur le compte du gouvernement, au cinéma où la bande-son est davantage manipulable et où l'on pouvait affermir leur hébreu. Ayant eu vent de cette idée du ministère de l'Intégration, et afin de faciliter la tâche de Mozes pour les faire jouer dans son film, Trigano avait inventé les rôles de professeur d'histoire et de professeure d'art et, au lieu de deux rescapés du régime communiste, ils les avait transformés en survivants de la Shoah, dont l'espoir qu'un enfant les consolerait, un jour, avait été anéanti dans les camps d'extermination.

C'était le point de départ du drame noué entre le couple de professeurs et la jolie collégienne douée, enfant d'une famille nécessiteuse, à laquelle Trigano avait décerné une bourse d'études que lui-même avait reçue dans sa jeunesse. Dans son scénario, outre la bourse, il avait jugé utile d'accorder à sa bien-aimée le baccalauréat qui lui faisait défaut, alors que lui-même l'avait incitée à abandonner ses études pour jouer dans ses films. Et, comme il l'avait convaincue en même temps de se déclarer religieuse afin d'être dispensée du service militaire, il l'avait dédommagée dans ce récit et l'avait métamorphosée en soldate d'élite promise au grade d'officier. Et, comme toutes ces compensations dont il avait choisi de l'abreuver dans son imagination pour se faire pardonner l'ascendant qu'il lui imposait dans la vie ne lui suffisaient pas, il ressuscita sa mère morte en couches, et c'est elle qui emplit l'écran à présent, en veuve vêtue de noir, buvant avec une délectation intense les louanges des deux Khazars qui s'efforcent de lui complaire afin qu'elle ne mette pas d'obstacle à leur dessein secret.

Mozes interroge en chuchotant le directeur des archives assis à côté de lui : « Comment sonne l'espagnol des professeurs ? Correct ?

— Pas vraiment, lui répond-il, Trigano a demandé qu'on insère un accent étranger au doublage et qu'on altère un peu la syntaxe, et un étudiant polonais, qui suivait nos cours l'an dernier, a guidé les doubleurs dans cette tâche sans les tourner en ridicule pour autant. » En effet, l'accent étranger et les erreurs de syntaxe n'éveillent aucun ricanement dans le public, ce qui fut aussi le cas lors de la projection en Israël. Depuis le début du film, l'art dramatique des deux Khazars réussit à provoquer une sorte d'effroi énigmatique.

Le projet du couple de rescapés de la Shoah s'esquisse déjà à grands traits : ils ont choisi la brillante collégienne pour la convaincre de concevoir un enfant qu'ils pourront adopter après qu'elle l'aura abandonné. Et c'est pourquoi, après la fin de ses études, ils continuent à investir en elle affection et espoir et à maintenir leurs liens avec elle.

Mozes convient que ces deux-là ont joué leur rôle en professionnels. En fait, ils se sont mis eux-mêmes en scène et les ont même dirigés, avec une fine intelligence, lui et le directeur de la photographie, pour tirer le meilleur parti d'eux-mêmes. Rien d'étonnant donc à ce qu'ils aient bénéficié d'une critique enthousiaste et de l'adhésion du public, mais, à cette époque, Mozes s'était vu dans l'impossibilité de les embaucher dans un autre film car, lorsque sa collaboration avec Trigano, qui se considérait comme leur protecteur, cessa définitivement, il n'y avait plus aucune chance de les convaincre de retravailler avec Mozes.

Néanmoins, l'espagnol lui paraît étranger à l'esprit du film. Et on ne sait quel écho dans le studio d'enregistrement accentue le caractère artificiel du doublage. Il ôte son appareil auditif, extrait les piles miniatures, puis replace les écouteurs comme de simples boules Quies pour assourdir les voix.

Le Refus n'est pas un film d'action, et les héros ne sont pas les deux professeurs, mais une jeune femme, forte et impressionnante, en proie à un processus intime, complexe et crédible. Trigano a créé là un personnage admirable, attribuant à son amie non seulement une puissante clairvoyance mais aussi une réelle force morale. Il l'a envoyée servir dans une base militaire loin de Jérusalem et, pendant ses courtes permissions, elle préfère éviter le long trajet jusque chez sa mère et dormir chez ses ex-professeurs qui lui ont réservé une chambre dans leur appartement.

Ce drame se noue au plus profond de son être, et c'est pourquoi les gros plans prolongés abondent, mais, malgré sa lenteur, l'histoire progresse vers son but inéluctable. Connaissant à merveille l'âme de leur élève intelligente, ces professeurs l'avaient en fait repérée d'un commun accord, dès son arrivée en sixième, comme leur offrant une chance inespérée de bonheur. Aussi ont-ils conservé ses devoirs et ses examens et se souviennent-ils de ses interventions pendant leurs cours. S'ils sont conscients de ses mérites, ils ne le sont pas moins de ses points faibles et, avec calme et précaution, ils essaient de gagner sa sympathie afin de la pousser à réaliser leur souhait. Ils lui racontent la Seconde Guerre mondiale, lui montrent des images de l'univers européen détruit et des photos de proches et d'enfants disparus. Avec des mots sobres et précis, sans pathos inutile, ils lui confient leur regret d'être privés de descendance. Et la soldate, devenue entre-temps officier, devine peu à peu le désir de ses ex-professeurs et la raison pour laquelle ils l'ont choisie, mais elle fait encore mine de l'ignorer tout en leur laissant entrevoir une lueur d'espoir.

À pas mesurés, sur la pointe des pieds, la trame dans laquelle Trigano a décidé d'entraîner sa bien-aimée se tisse, et ce n'est que par une force d'attraction graduelle, sans péripéties brutales, qu'il réussit à insuffler de la vraisemblance à l'accord tacite qui pourrait paraître révoltant, et même scabreux, mais qui traduit aussi un dévouement suprême : donner un enfant à des personnes à l'univers dévasté ; un rejeton qui ne les décevra pas car ils peuvent se fier à la matrice israélienne qui le mettra au monde. Cette absurdité bénéficie même, grâce à la sophistication du scénario, de l'acquiescement de la veuve esseulée qui n'écarte pas la possibilité que sa fille ainsi distinguée puisse offrir du bonheur à d'autres avec le fruit de ses entrailles, avant de fonder son propre foyer.

Ainsi, dans ce film vieillot, sur l'écran improvisé de la salle des fêtes d'une municipalité étrangère, une jeune femme officier devient enceinte avant même d'avoir achevé son service militaire. Mais, cette fois, Trigano a bouleversé la situation de fond en comble : plus de jeune fille candide et déboussolée, victime du désir des autres, mais une jeune femme sûre d'elle-même, aux sens aiguisés, changeant de partenaire comme un animal sauvage pour que le père demeure inconnu. Et le passage des saisons, que Mozes maîtrise avec un réel savoir-faire, s'étalonne en fonction du ventre s'arrondissant peu à peu.

Trigano avait revendiqué le droit de concrétiser, de manière adéquate et naturelle, la grossesse et n'avait fait confiance ni à l'habilleuse ni à la maquilleuse. Pendant les pauses entre deux prises de vue, il posait amoureusement la tête sur le coussin moelleux plaqué contre le ventre de Ruth, afin de sentir que le fœtus qui y avait été introduit le matin se souciait aussi de son scénariste. Mais, contrairement à Trigano, les autorités de l'armée ne considèrent pas cette grossesse d'un bon œil ; conscientes de la valeur de leur officier, elles lui suggèrent d'avorter de cet enfant de père inconnu. Elle refuse et quitte l'armée. Néanmoins, au lieu d'accepter l'invitation des parents adoptifs à déménager chez eux et d'y demeurer sous leur garde et leurs bons soins, elle loue une chambre à la limite de Jaffa et de Tel-Aviv, où elle attend, seule, le moment d'accoucher.

Or, à partir de là, le paysage israélien fait irruption dans le film dans tout son éclat. Mozes s'émerveille de voir comment la caméra antédiluvienne de Tolédano a réussi à peindre, avec les cieux et la houle des vagues, la jeune femme marchant sur la plage, portant le fruit de sa grossesse, car, dès lors, un bouleversement commence à s'emparer de son âme, bouleversement que Mozes s'était vu obligé de mettre en scène par de rares propos et de longs silences. Peu à peu, la signification de ce qu'elle s'est imposé lui saute aux yeux : après que l'enfant aura été remis aux parents adoptifs, elle demeurera liée pour toujours non seulement à lui, en tant que génitrice, mais aussi aux parents adoptifs ; elle devra supporter avec eux le poids des souvenirs de leur passé.

De là, une nouvelle prise de conscience, difficile et douloureuse, se fait jour, que Trigano, fidèle à l'idéologie qu'il cultivait à l'époque, avait préparée pour clore le film. Tandis qu'à Jérusalem les futurs parents adoptifs se préparent à la naissance avec une crainte mêlée de ferveur, sollicitent les services d'un gynécologue réputé et d'une sage-femme expérimentée et achètent avec une fièvre dépensière tous les accessoires qui trufferont l'existence du nouveau-né, au même moment, à Tel-Aviv, l'héroïne prend contact avec une institution gouvernementale pour proposer de lui remettre le bébé après la naissance, en vue d'une adoption anonyme dont elle ne pourra jamais connaître les bénéficiaires.

C'est ainsi que, le moment venu, sans personne à son chevet et sans dire un mot à quiconque, elle disparaît derrière la porte en fer d'une pseudo-clinique semi-clandestine – porte dont Tolédano avait demandé à changer la couleur de vert en bleu.

Mozes sent la tension s'emparer du public espagnol à l'approche de l'accouchement, tourné en studio. Cette fois, Trigano avait exigé de ne pas être tenu à l'écart, voire de participer à la mise en scène. Mais, au montage, toute la scène avait été coupée parce qu'elle paraissait crue et inappropriée à l'esprit du film. Ruth avait crié et remué de façon trop réaliste, et le sang ne semblait pas du tout authentique. Ils avaient filmé la remise du nourrisson à l'assistante sociale dans un véritable hôpital, près de la salle de travail des parturientes. Le nourrisson, déjà âgé d'une semaine, avait été prêté par la belle-sœur de l'ingénieur du son à la condition expresse d'incarner elle-même l'assistante sociale. Et, bien que cette femme ne se fût jamais tenue devant une caméra, elle avait joué son rôle avec un tel naturel que Ruth avait éclaté en sanglots irrépressibles. Nul mieux que Mozes n'était aussi expert en pleurs factices qu'il lui tirerait dans ses films ultérieurs : aussi s'étonne-t-il de constater de nouveau à quel point ses sanglots sont réels et poignants dans ce film-ci. On dirait qu'elle fait vraiment frémir l'écran.

Il se tourne pour repérer Ruth et voit que Doña Elvira, actrice à la longue expérience, est consciente, elle aussi, de la teneur dramatique de ces pleurs. Elle tient la main de Ruth, soit pour la réconforter, soit pour la féliciter.

La fin du film est proche. Non celle que Trigano avait conçue dans son exaltation. La parturiente livide n'ouvrira pas son manteau et ne déboutonnera pas son chemisier en un geste de désespoir et de générosité confondus ; elle n'allaitera pas le comédien âgé du Théâtre national ; elle ne fera que passer son chemin et se diriger vers la plage.

Ce matin-là, Mozes avait dû improviser à la hâte la dernière séquence du film, se contentant de l'atmosphère, sans action réelle, pour clore l'histoire. La jeune accouchée est non seulement affligée pour l'enfant qu'elle a abandonné mais aussi pour la déception infligée à ses deux professeurs bien-aimés, des survivants de l'enfer qui lui ont fait une si grande confiance ; elle marche lentement le long de la plage, mais d'un pas décidé, et, lorsqu'elle disparaît à l'horizon, les spectateurs sont censés croire que la foi en la liberté neuve qu'elle vient de conquérir l'anime désormais.

– 13 –

« Il se fait tard, et les employés municipaux sont obligés de retourner à leur travail, murmure de Viola à Mozes, sous les applaudissements nourris du public. Je suggère donc que la cérémonie soit brève. De toute façon, nous avons déjà beaucoup parlé au cours de cette rétrospective.

— Beaucoup trop », répond le metteur en scène.

Tandis que le générique défile sur l'écran, les assesseurs de la municipalité se hâtent d'apporter une petite table, de la recouvrir d'un tissu vert, de placer deux chaises, de brancher un microphone et de disposer un broc d'eau avec deux verres. Mais les remerciements en fin de générique sont interminables, même si les caractères deviennent de plus en plus minuscules. Des gens se lèvent, s'étirent et commencent à discuter, mais le projectionniste ne trouve pas le courage d'arrêter la bobine. Manuel, qui a saisi le geste de son frère enjoignant de presser le mouvement, fait lever sa vieille mère et la conduit à pas menus jusqu'à la table, tandis qu'un assesseur diligent se précipite pour lui remettre une enveloppe dans la main. Le directeur des archives arrache alors Mozes à son siège et l'invite sur scène.

Mais, sur le drap de l'écran, les remerciements défilent, imperturbables : à toutes sortes d'institutions, mineures ou majeures, puis à des personnes privées, chauffeurs, porteurs et artisans, patrons de restaurants et cuisiniers qui, tous, pour la plupart à leur insu, avaient apporté leur concours à la production. Eh bien, se dit Mozes, même pour ce film aussi ancien, j'avais donc des collaborateurs nombreux, connus ou anonymes, pour soutenir mon travail...

Doña Elvira s'exprime dans un espagnol suave que Manuel traduit phrase après phrase, en un hébreu guindé dont Mozes résume l'essentiel, en son for intérieur : « Certes, le prix n'est pas prestigieux mais il est décerné à un réalisateur qui n'a pas reculé, en début de carrière, devant l'absurde, le métaphysique et l'allégorique ; or, depuis Luis Buñuel, nous savons tous à quel point il est difficile d'insuffler de la crédibilité et de la chaleur à des pensées abstraites et à des rêves extravagants et débridés, immortalisés par le faisceau lumineux et translucide projeté sur l'écran, et c'est pourquoi nous devons rendre doublement grâce à ceux qui n'ont pas craint d'emprunter une voie aussi aride. »

Ensuite, elle remet l'enveloppe à Mozes.

Mozes l'embrasse sur les deux joues et livre une courte réponse :

« Au cours de ma longue carrière, j'ai participé à de nombreuses rétrospectives de mes films, dans ma patrie ou ailleurs, mais ces trois jours à Saint-Jacques-de-Compostelle, je sais que je ne les oublierai jamais, jusqu'à mon dernier souffle. Il est vrai, Doña Elvira, que sous la réalité visible est tapi un sombre abîme. Nous devons déchirer le voile qui le dissimule et le regarder en face car ce n'est qu'ainsi que nous pourrons mieux montrer ce qui n'est visible et compréhensible qu'en apparence. Pour autant, nous devons veiller à ne pas nous y complaire, faute de quoi le désespoir pourrait nous désarmer. Aussi convient-il d'attribuer un prix supplémentaire à celui qui s'en tient fidèlement à la routine quotidienne pour y puiser joie et consolation. »

Mozes étreint chaleureusement, encore une fois, la vieille actrice qui lui chuchote :

« Votre film m'a émue et m'a donné matière à réflexion, mais pourquoi la fin est-elle si obscure et si dénuée de sens ?

— La fin ? sourit Mozes.

— Oui, la fin.

— La fin représente toujours un compromis entre ce qui a existé et ce qui n'existera plus jamais. »

V

Confession

– 1 –

Pas de doute, se rengorge Mozes, en enfouissant l'enveloppe dans la poche intérieure de sa veste, cette rétrospective a été percutante, et si les Espagnols ont tiré le même plaisir des frissons qui m'ont parcouru, j'ai décidément mérité ce prix. Il suit du regard Doña Elvira qui a préféré ne pas s'appuyer sur le bras de son fils, dont la robe monastique bruisse avec quelques frous-frous espiègles sur les marches de marbre, mais sur celui de l'actrice israélienne qui veille à ce que les pans de la longue robe de l'Espagnole n'entravent pas ses jambes épuisées.

Même lorsque ses pieds atterrissent sans encombre sur les dalles luisantes de pluie, la comédienne légendaire ne renonce pas au bras féminin qui s'est proposé et elle invite Ruth à l'accompagner dans une boutique d'antiquités de la vieille ville. Cette brocante d'objets cédés par des pèlerins depuis le Moyen Âge lui donne l'occasion de gâter ses amies. Manuel rassure Mozes qui, un bref instant, s'est demandé s'il n'était pas de son devoir d'escorter celle qui lui a donné son prix : « Ne vous faites guère de souci pour ma mère, elle trouvera partout en Espagne des admirateurs pour se préoccuper de sa sécurité. » Puis il lui suggère de l'accompagner dans la bibliothèque de la cathédrale afin de jeter un coup d'œil au trésor ecclésiastique ou à l'un des trésors de l'esprit accumulés là depuis des siècles.

Mozes repousse poliment l'invitation. Certes, la « profusion de temps », promise la première nuit, n'était que présomption mais, étant donné son âge et l'état de ses jambes, il préfère piquer un léger somme avant le long voyage qui les attend. Cependant, il promet au dominicain que ce n'est pas un adieu définitif à Saint-Jacques ; il a l'intention de revenir dans ces parages, peut-être comme invité d'une rétrospective au programme plus équilibré qui n'ignorerait pas le meilleur de ses œuvres. Et même si ce n'était pas le cas, peut-être reviendrait-il pour une visite privée avec l'aîné de ses petits-enfants. « Bref, plaisante-t-il, je ne me hâterai pas de goûter aux délices du monde futur avant d'avoir puisé des forces, une nouvelle fois, dans la majesté de la cathédrale. »

Au comptoir de la réception, on lui fait remarquer, non sans un brin d'acrimonie, que l'heure de libérer la chambre est passée et qu'il doit se dépêcher de faire ses bagages car de nouveaux clients attendent. Mais, en entrant dans sa chambre, il se rend compte que l'évacuation a commencé sans lui. Deux femmes de chambre africaines passent un aspirateur bruyant, défont les draps, replient la housse de matelas et les taies d'oreiller et s'apprêtent à récurer les toilettes. En l'apercevant, elles s'immobilisent mais reprennent aussitôt leur besogne comme si un faible courant d'air venait juste de traverser la chambre et non le client en personne, dont les effets et ceux de son accompagnatrice sont encore dispersés un peu partout. Comprenant que sa présence ne les fera pas déguerpir parce qu'elles ont l'ordre de ranger la chambre pour la fournée suivante de clients, Mozes leur indique la porte et, faute d'une langue commune, leur signale à l'aide de trois secousses de ses dix doigts écartés le temps qu'il lui faut pour se préparer : trente minutes, pas une de plus. Elles repoussent sa demande avec effronterie et ne sont disposées à leur accorder qu'une seule secousse de cinq doigts. Cinq minutes, pas une de plus. Lui n'en démord pas : trente minutes, pas une de moins. Mais les deux femmes de chambre, qui semblent amusées par ce langage des signes instauré avec ce vieil homme, marchandent comme si chaque minute valait de l'or. En fin de compte, un compromis est trouvé à vingt minutes, et toutes deux brandissent leurs vingt doigts d'ébène en un seul bouquet afin d'éliminer tout malentendu.

« *Yallah, bye* », les presse-t-il avec ces simples mots, alliage parfait d'Orient et d'Occident, déchiffrables par n'importe qui sur la planète. En effet, les deux femmes se hâtent de disparaître avec des rires joyeux, non sans avoir emporté les draps, les serviettes, les savons et autres parfums de l'hôtel afin de ne laisser, dans la chambre, aucune tentation qui puisse retarder les préparatifs de départ.

Il jette un regard triste sur le matelas nu, révélant les taches suspectes et hors d'âge que d'autres mâles ont laissées là. Au pied du lit, le tuyau de l'aspirateur serpente, et il est évident que non seulement la sieste d'après-midi est perdue mais qu'il lui sera difficile de s'asseoir dans un fauteuil et d'y poser la tête pour un adieu à cette chambre où flotte déjà une odeur de détergent. L'harmonie de ces combles majestueux, qui l'avaient tant émerveillé la première nuit, est effacée et, de l'autre côté de la fenêtre ouverte donnant sur la place arrière, même l'ange de pierre et son glaive paraissent épuisés. Il faut commencer à faire les valises. D'abord, ses vêtements et ses objets dans sa propre valise, ensuite, en l'absence de sa compagne de voyage, il plie d'autorité les habits qu'elle a revêtus pendant la rétrospective et d'autres, plus nombreux, qu'elle n'a pas eu le temps de mettre. Ses robes, ses chemisiers, ses pantalons, ses sous-vêtements, un peignoir en soie et autres lingeries intimes. Il empaquette soigneusement ses bottes et chaussures et met dans un sac ce qui est destiné à la lessive. Puis il ramasse délicatement parfums et accessoires de maquillage, veillant à ne rien oublier. Et, bien que Ruth puisse le surprendre à tout moment, il ne résiste pas à la tentation de fouiller un peu dans une poche intérieure de sa valise au cas où ses analyses y auraient été glissées. Mais aucun document médical dans la poche cachée, juste de vieilles cartes de villes européennes et des prospectus d'hôtels, ainsi qu'un vieux roman historique sur les Hasmonéens, *My Glorious Brothers* de Howard Fast, que Ruth a l'intention de transposer sur scène, dans son cercle d'art dramatique, à l'occasion de la fête de Hanoucca. Après avoir déposé les deux valises près de la porte, il pense à regarder sous le lit ; à juste raison car les mules de Ruth se sont perdues dans ces oubliettes, et il doit ramper en ahanant pour qu'elles aussi regagnent leur patrie.

Si son désir avait été plus impérieux et plus opiniâtre, songe-t-il avec chagrin, il aurait pu emporter un doux souvenir de cette chambre, sauf que la main cachée de Trigano, qui avait extrait des limbes des œuvres aussi archaïques, l'avait si surpris et si bousculé que, la dernière nuit, il avait cru sentir son ex-scénariste le regarder pendant son sommeil. De toute façon, se promet-il, c'est la dernière rétrospective à laquelle il invite Ruth. Si elle préfère occulter ses maladies et se détruire elle-même, grand bien lui fasse. Mozes est incapable de l'en empêcher.

Son appareil auditif perçoit un faible grattement sur la porte, mais il l'ignore et se redresse pour jeter un ultime regard à la *Charité romaine*, maintenant qu'il a saisi la signification de cette légende millénaire.

Les coups sur la porte se font plus insistants, mais les vingt minutes convenues ne sont pas encore écoulées. Se séparer de ce qui aurait pu exister et n'a pas eu lieu lui est pénible. Grâce à la généreuse lumière diurne pénétrant par la fenêtre, il repère de minuscules détails auxquels il n'avait pas prêté attention jusque-là, comme l'expression paisible et satisfaite de la fille donnant le sein, que ce peintre néerlandais a préféré incarner non dans une jeune fille gênée et timide, ni dans une adolescente dévergondée et aguicheuse, mais dans une femme mûre dont les traits sereins prouvent le bien-fondé de son acte charitable audacieux, peut-être parce que le nourrisson, grâce auquel elle dispose de ce lait, n'est pas son premier enfant mais l'un des nombreux autres qu'elle a mis au monde, et c'est pourquoi elle sait d'expérience qu'elle ne le prive de rien en nourrissant aussi son malheureux grand-père.

Mais cet homme-là est-il vraiment un grand-père malheureux ? Mozes l'examine avec méfiance. Hormis la calvitie couronnant le sommet de son crâne, il a l'apparence d'un homme robuste, en pleine forme – dont la main sûre de sa fille dirige les lèvres, de bon gré et de mauvais gré à la fois, afin qu'il n'exige pas plus que ce qui lui revient. Malgré ses mains entravées dans cette position inconfortable, son échine dénudée conserve une robuste stabilité. Non, ce n'est pas un misérable ni une victime innocente, tranche Mozes, mais un vieillard suspect, incarcéré à juste titre et qui subit son châtiment, et, si après l'acte miséricordieux de l'allaitement, ses geôliers le détachaient de ses liens, il serait encore capable de commettre d'autres forfaits.

Les coups sur la porte se font de plus en plus brutaux, mais Mozes demeure hypnotisé par le tableau, comme s'il avait l'intention de mettre en scène une situation semblable dans l'un de ses futurs films. Cependant, les vingt minutes se sont écoulées, et ce qui a été convenu en langage des signes l'engage lui aussi. Il enfile son manteau, se saisit de son bâton et ouvre la porte. *Yallah, bye !* Ayant recruté en renfort deux garçons d'étage à la chevelure d'argent, les Africaines éclatent de rire. Le premier charge les valises sur un petit traîneau et se dirige vers l'ascenseur, tandis que le second se précipite sur la *Charité romaine*, décroche le tableau et le remplace par une nature morte de poires et de raisins noirs.

Mozes n'a pas le temps d'élucider la raison de ce changement car il doit se hâter derrière ses valises. À la réception, il demande s'il doit quelque chose, mais la municipalité a pris en charge tous ses frais. Alors lui vient l'idée d'endosser le chèque de son prix contre des espèces afin qu'à son retour en Israël il ne soit pas obligé de payer des frais de gestion de compte et d'en remettre une partie à la banque et à l'État. Surpris, il constate que, dans cette cité de croyants, un chèque revêtu de la signature du maire est volontiers honoré et échangé contre des billets multicolores.

« Lorsque ma compagne reviendra, prend-il soin d'avertir la réception sur un ton malicieux plutôt inaccoutumé, dites-lui, s'il vous plaît, que notre chambre est libérée, que sa valise est faite, et que je la prie de m'attendre ici. »

– 2 –

Il gagne l'esplanade dallée, déambule le long des chaînes et des palais et remarque que, durant sa brève absence, la place a été envahie par de nouveaux groupes de touristes attroupés en cercle autour de leurs guides agitant leur bâton en direction de la cathédrale, pour mettre en relief chaque statue, tourelle ou niche. Mozes consulte sa montre pour savoir s'il lui reste un peu de la « profusion de temps » perdue et se demande s'il ne devrait pas retourner à la cathédrale une dernière fois.

Il gravit les marches et s'aperçoit que la place est non seulement bondée mais que la cathédrale aussi est saisie d'extase religieuse, le parfum de l'encens brûle au milieu des accords hiératiques des grandes orgues précédant la messe. Les pèlerins se répandent dans les travées, certains se prosternent, font le signe de croix et remuent les lèvres, d'autres contemplent, bouche bée, l'autel décoré, attendant patiemment que quelqu'un traduise leur foi en prières. Le long des collatéraux, tous les confessionnaux sont occupés, près desquels des hommes et des femmes font la queue, considérant, sans nul doute, qu'une confession dans ce lieu historique exaltera leur piété. Dommage, songe Mozes, de n'avoir pas suivi le conseil de Pilar et de ne pas m'être laissé tenter par une courte confession professionnelle auprès du directeur des archives car retrouverai-je jamais une pareille occasion ?

Il demande à un bedeau de le mener à la bibliothèque, où il retrouve Manuel de Viola, seul, en train de feuilleter un énorme volume posé sur un lutrin.

« L'hôtel m'a demandé de libérer ma chambre, dit-il au moine tout réjoui de le voir, aussi suis-je venu dire adieu à la cathédrale. Mais qu'est-ce qui pousse une foule aussi nombreuse à affluer ici ? Est-ce un jour de fête particulier ? »

Manuel n'a pas connaissance d'une festivité quelconque, et, selon lui, c'est par hasard que plusieurs groupes organisés de touristes se sont croisés, en s'efforçant de pratiquer tout le rituel du pèlerinage réduit à quelques heures, alors que, dans le passé, il durait des semaines entières, voire des mois. Mais, ici, dans la bibliothèque, tout est calme, et il a la possibilité de montrer quelques pièces des trésors accumulés au réalisateur israélien.

Néanmoins, pendant le court laps de temps arraché à la sieste, l'invité n'est pas enclin à se délecter de gravures historiques et, à rebours, il ne s'opposerait pas à réaliser un vœu qui s'éveille en lui chaque fois qu'il visite une église : s'enfermer, ne serait-ce qu'une fois, dans un véritable confessionnal et se confesser, comme bon lui semble, devant une autorité cachée. Après tout, la confession d'un non-chrétien qui, de toute façon, rejette toute idée de providence divine, est susceptible de représenter une expérience intéressante, non seulement pour le confessé mais aussi pour le confesseur.

Les yeux du dominicain étincellent.

« Voulez-vous vous confesser ?

— Du moins essayer, goûter un peu cet acte immémorial et important. Dans les églises d'Israël, ils est difficile de trouver un prêtre qui ne soit pas arabe ou, du moins, dont les sympathies n'aillent pas aux Arabes, et c'est pourquoi la confession d'un juif israélien court toujours le risque de dégénérer en querelle politique. »

Or, en tant qu'artiste, Mozes s'est toujours gardé de s'aventurer dans une quelconque thérapie psychique, de peur qu'une telle intrusion ne fouille trop son maigre inconscient et ne lui soutire des secrets et autres disgrâces de son enfance qui, même dans son âge mûr, l'aiguillonnent encore et nourrissent son art. Car l'âme est un nœud de vipères : on en détache une, et les autres, emmêlées, surgissent avec elle. Mais une confession expéditive, inopinée, dans un pays étranger et avant le voyage, pourrait, peut-être, l'amuser...

« C'est un beau vœu que vous formulez là mais difficile à mettre en pratique. Si mon frère avait été là, il aurait été heureux de recevoir votre confession.

— Mais pourquoi ne pas me confesser devant vous, Manuel ? Vous me plaisez beaucoup, j'ai confiance en votre écoute, et il y a peu de chances que nous nous revoyions à l'avenir. Allez, nous allons faire cette confession en hébreu, comme aux débuts du christianisme, et je vais essayer de me concentrer sur mes péchés professionnels afin de ne pas gâcher notre amitié.

— Ah, cher ami, dit Manuel en frappant dans ses mains, je suis un moine et non un prêtre, et je n'ai pas le pouvoir d'accorder la rémission des péchés.

— Rémission ? s'étonne Mozes. Je n'ai pas besoin de pardon, pas plus que je ne crois en une rémission sans un véritable *acte* de pénitence. Et, cela, nul ne peut le faire à ma place.

— Si vous désirez juste vous confesser, se réjouit Manuel, venez, asseyons-nous près de cette table et, je vous en prie, parlez lentement.

— Non, non, pas ici, proteste Mozes, mon vœu, c'est une confession dans un véritable confessionnal, étroit et obscur, avec un rideau et un grillage, devant un visage dissimulé, qui m'autorise une liberté totale. Mais, en passant dans l'église, j'ai vu que tous les confessionnaux sont occupés et que la file est longue. »

Manuel lui promet d'essayer de trouver un confessionnal adéquat au sous-sol car chaque visiteur à Saint-Jacques-de-Compostelle a quelque chose en lui du pèlerin, et il ne convient pas que Mozes retourne chez lui, l'âme vide.

Manuel part en quête d'un confessionnal, tandis que Mozes regrette déjà d'avoir embarrassé un homme aussi charmant, plein de bonne volonté, dont le sens pratique paraît assez faible. Le vol pour Barcelone n'est que dans quatre heures, et l'aéroport guère éloigné, mais leurs bagages, qui doivent être expédiés directement en Israël, sont suspects d'avance et exigent la présence de leurs propriétaires au moment de l'enregistrement. Entre-temps, Ruth va revenir à l'hôtel, l'absence de Mozes va l'inquiéter ; aussi décide-t-il d'attendre dix minutes, et, si Manuel tarde, il lui laissera un billet d'excuse près du volume ouvert.

Ce volume est écrit en latin, imprimé au début du XIXe siècle. Peu de texte mais de nombreuses illustrations, certaines aux couleurs éclatantes, d'autres, en noir et blanc. Des portraits de prêtres, d'évêques et de cardinaux, en habits sacramentels et ornements, chacun selon sa charge et sa dignité : des hommes d'Église qui ont officié, semble-t-il, dans la cathédrale, en filigrane léger et aérien sur chaque gravure. Parfois, un notable se glisse au milieu de ces hommes de Dieu : un protecteur, un prince ou un chevalier de haute taille et émacié, portant épée et casque, le menton orné d'une barbichette, sans doute quelque parent éloigné de Don Quichotte. Parfois encore, s'infiltre tout un groupe de militaires en armes, en culottes bouffantes de cavalier, précédés d'un jeune homme de belle prestance sonnant dans un cor de chasse. De loin en loin, apparaît une femme de la bonne société, bien en chair, alanguie dans son salon, ou une jouvencelle svelte et triste, montée sur un cheval, et, à la page suivante, voici l'image d'un destrier flanqué d'un chien haut sur pattes, aux aguets. Mozes feuillette, la tête lourde, en consultant de nouveau sa montre. Son désir de s'installer dans un confessionnal lui paraît puéril et superflu. Oui, vraiment, pourquoi s'épuiser dans la réalité s'il a la capacité, ne serait-ce que dans son prochain film, d'insérer une scène de confession et de demander au chef décorateur de reconstituer un confessionnal d'église, avec son rideau et son grillage, de sorte que, entre deux prises de vue, le réalisateur puisse y pénétrer et en sortir, comme bon lui semblera, et se confesser devant qui lui paraîtra digne de l'écouter ?

Un bruit de pas pressés. La porte s'ouvre, la face rayonnante du moine apparaît. Il a trouvé un confessionnal au sous-sol, celui réservé à l'évêque local et destiné aux prêtres et aux moines désireux de se confesser devant lui. Manuel a reçu l'autorisation d'y accueillir le pénitent étranger sans révéler son identité non chrétienne pour ne pas provoquer de controverse théologique, bien qu'il ne craigne nullement qu'elle soit découverte. En effet, sa vocation est d'être un moine « subversif » – c'est le mot nouveau qu'il emploie –, responsable de ses actes, et, à Madrid, il a reçu la permission d'aider les immigrés et les réfugiés à l'identité incertaine, et de s'occuper des travailleurs étrangers clandestins dont beaucoup sont des païens avérés. Le fait même de recevoir une confession en hébreu d'un juif, de surcroît niant l'existence d'un Dieu quelconque, réjouit *a priori* son âme, et c'est pourquoi il a décidé de transgresser, de son propre chef, une autre règle : bien qu'il ne soit pas prêtre mais moine, il se montre disposé à lui accorder la rémission de ses péchés, et il l'en informe afin que Mozes se confesse en toute liberté.

Mozes éclate de rire. Il n'a besoin d'aucune rémission.

Et pourquoi donc ? Elle lui sera accordée même s'il ne la juge pas nécessaire. Mozes pourra la conserver pour l'avenir. Un pardon dominicain dans le confessionnal privé d'un évêque, et dans un sanctuaire historique, pourrait revêtir, sans nul doute, une valeur certaine dans le monde futur, s'il venait à en découvrir l'existence...

Ils descendent des marches, passent devant le sépulcre de saint Jacques autour duquel des touristes sont agglutinés afin d'en caresser la pierre sacrée et, par un labyrinthe de corridors, ils parviennent à une chapelle isolée où, dans un coin, un confessionnal est plongé dans la pénombre. Mais la « subversion » de Manuel ne s'arrête pas là. Comme il refuse que son confessé âgé s'agenouille devant lui, il bouleverse l'ordre établi : il ouvre le guichet du confessionnal, écarte le rideau de cuir rougeâtre et, d'une main légère, fait asseoir Mozes à la place du prêtre, tandis que lui-même s'agenouille sur un prie-dieu pour écouter la confession, de l'autre côté du grillage.

– 3 –

Se confesser pour la première fois de sa vie, dans le ventre d'une cathédrale grandiose, juste avant le vol de retour en Israël, ressortit à une grande espièglerie, pour ne pas dire à un véritable dévergondage. D'autant que Mozes ne sait pas encore quoi avouer.

Il se décide pour une brève confession, symbolique, un aveu de nature propédeutique, pour se flatter de sa propre expérience devant ses comédiens au cas où il souhaiterait la reconstituer dans un futur film, policier ou comique.

Le confessionnal de la chapelle épiscopale ne ressemble pas aux autres confessionnaux que Mozes a l'habitude de voir dans les églises. Celui-ci est particulièrement somptueux et ornementé : non seulement le rideau suspendu au-dessus du guichet est confectionné en cuir, mais les murs intérieurs sont capitonnés dans la même matière, comme dans un studio d'enregistrement, pour assourdir, autant que possible, les bruits. Un coussin ventru en cuir repose sur le siège et, ô merveille, le lattis séparant le confessé de son confesseur n'est pas en métal mais en cuir parsemé de trous en amande, comme si de multiples yeux perçaient à travers. La forte odeur du cuir, qui a aspiré la sueur et les larmes de générations de pécheurs, donne une légère nausée à Mozes, comme s'il avait été avalé dans les entrailles d'un hippopotame, mais la voix de Manuel est douce et courtoise.

« Je vous écoute, cher Mozes, dites-moi tout ce qui vous passe par l'esprit.

— Merci, Manuel. Ma confession sera brève et pratique, d'autant que je ne veux pas vous accabler, alors que vous vous tenez dans une position aussi inconfortable.

— Ne vous inquiétez pas pour moi. Pensez à vous-même.

— Vous souvenez-vous du film projeté, ce matin, dans la salle des fêtes avant la cérémonie ?

— C'est un film émouvant.

— Et savez-vous ce que votre mère a dit à son propos ?

— Certainement. Elle en a fait l'éloge.

— De jolis mots, mais peu contraignants. En revanche, elle s'est montrée réticente à l'égard de la fin qu'elle trouve nébuleuse et banale. »

La pénombre de la chapelle alourdit celle du confessionnal, et les yeux du moine disparaissent, de temps à autre, du lattis, mais, derrière le huis, sa voix exprime un profond regret. Au cours des dernières années, sa mère se montre toujours déçue par toutes les fins de film, de pièce de théâtre et de roman, et même fustige, *a posteriori*, des scènes de films anciens considérés pourtant comme des classiques, pour d'évidentes raisons personnelles, à cause de l'imminence de sa propre fin. Mozes se trouve donc en excellente compagnie de réalisateurs et de scénaristes, et il ne croit pas que ses critiques soient dirigées contre lui...

Mozes sourit, attend un peu avant de reprendre :

« Mais, cette fois, Manuel, votre mère a raison. Ce matin, sans avoir revu ce vieux film depuis de nombreuses années, j'ai compris le point faible de la scène finale : elle n'offre aucune catharsis à aucun des suspenses accumulés dans l'intrigue.

— Dans ce cas (le soulagement est manifeste, de l'autre côté du lattis), vous n'en voulez pas à ma mère ?

— Non, parce qu'un artiste sérieux ne doit s'en prendre qu'à lui-même au lieu de s'irriter d'une critique pertinente.

— Mais, en ce temps-là, vous étiez un jeune débutant... Pourquoi donc devriez-vous vous mettre en colère contre vous-même ?

— Parce que la fin évasive de ce film n'est pas due au manque d'expérience. Ce film avait une autre fin, plus authentique, mais je l'ai coupée.

— Ah... »

Qu'est-ce que je fais dans cette obscurité grotesque et étouffante ? Perplexe, Mozes se demande s'il ne doit pas se contenter de ce qu'il a déjà raconté et rejoindre Ruth.

Mais le dominicain, brûlant d'accorder son pardon sans savoir encore pour quel péché, s'accroche à cette confession pour ne pas perdre un pénitent potentiel.

« Si vous teniez une fin convenable, pourquoi y avoir renoncé ?

— L'actrice s'en est affolée, et moi, au lieu de la rassurer et de permettre au scénariste, qui était alors son compagnon, de la persuader de jouer le rôle qu'il avait spécialement écrit pour elle, je me suis empressé d'accepter son refus. »

Une grande confusion semble s'emparer de Manuel car, malgré sa propre et riche expérience de confessé, il manque de savoir-faire pour faire progresser une confession cinématographique. Aussi Mozes se lance-t-il à sa rescousse :

« Vous voulez sûrement connaître la fin originelle ?

— Qui le refuserait ? s'écrie Manuel avec émotion.

— Vous vous souvenez que l'héroïne remet son bébé, de son plein gré, à une assistante sociale qui se hâte de disparaître avant que la mère n'éprouve du regret. Donc, au lieu de la promenade pensive et banale sur la plage, l'héroïne était censée quitter la clinique et errer dans les rues – et alors, perdue, exténuée et se sentant coupable, elle apercevait un vieux mendiant, s'approchait de lui, lui glissait quelques pièces et lui demandait pardon, justement à lui, pour ce qu'elle avait commis. Puis saisissant que le vieillard ne comprenait pas ce qu'elle lui voulait, elle ouvrait brusquement son manteau, déboutonnait son chemisier et sortait un sein pour qu'il tète le lait destiné à son nourrisson, sans qu'on sache si elle obligeait ou si elle excitait le mendiant stupéfait.

— Quel acte épouvantable... mais si humain...

— C'est cette scène que j'ai éliminée.

— Quel malheur ! » bredouille Manuel.

Mais il se reprend aussitôt et console Mozes, l'assurant qu'il ne doit pas se désoler d'avoir tenu compte des sentiments d'une jeune actrice, d'une femme. Parfois, la vie est plus importante que l'art.

« Qu'est-ce qui vous fait croire que je me torture à cause de ça ?

— N'est-ce pas à cause du remords d'avoir annulé cette scène que vous voulez vous confesser ?

— Non, je n'éprouve aucun remords, juste le désir de comprendre. Et, pendant cette rétrospective que votre frère a organisée en mon honneur, j'ai compris que ce n'était pas par compassion pour mon actrice que j'ai annulé cette scène, mais parce que je tenais enfin un prétexte pour couper le lien avec celui qui l'avait imaginée et écrite. Pour éloigner de moi, une fois pour toutes, l'esprit torturé et nuisible qui avait gangrené mon travail des premières années.

— *Señor* Trigano..., murmure Manuel.

— Quoi, *vous* aussi, vous le connaissez ? s'exclame Mozes, épouvanté.

— Juste son nom.

— Comment ça ?

— C'est mon frère qui me l'a donné.

— Et qu'a dit Juan à son propos ?

— Pas grand-chose... Quelques mots... Il l'a dépeint comme un individu égocentrique, enfermé dans ses pensées... Une âme originale mais dure à cause de son orgueil... Mais mon frère vous a avoué lui-même que c'est Trigano qui a conçu la rétrospective en votre honneur. Et si, à vous en croire, il vous est devenu complètement étranger, pourquoi vous sentez-vous coupable d'avoir mis à fin à votre collaboration ?

— Mais pourquoi, s'emporte sincèrement Mozes, est-il obligatoire de parler de culpabilité dans chaque confession ?

— Une dose infime de culpabilité doit toujours être présente, s'excuse le moine, un péché véniel, des peccadilles... Sinon, à quoi accorderait-on le pardon ?

— Mais je vous ai déjà dit que je n'ai guère besoin de pardon. Votre frère Juan sait juger les hommes. Si je devais être la proie des pensées et de l'imagination de cet individu-là, j'aurais dérapé et abouti à une impasse.

— Dérapé ? » L'Espagnol remâche le mot.

« Glissé... Enfoncé... Plongé... Je me serais compromis dans des histoires incendiaires, arrogantes, pour initiés, qui m'auraient posé d'innombrables obstacles et, à la fin, j'aurais été contraint de renoncer à ma liberté de réalisateur devant Trigano. »

Préoccupé par le fait que son confessé ne manifeste aucun remords, le dominicain s'efforce, avec une prudence insigne, de franchir la barrière invisible entre le professionnel et l'intime, pour donner de la chair à la confession.

Manuel lui ouvre une brèche : « Si vous avez souhaité l'éloigner, c'était peut-être que vous vouliez vous rapprocher de cette femme... Pour qu'elle soit sous votre protection exclusive ? »

La main de Mozes se tend vers une chaînette qui brille au-dessus de sa tête, ressemblant au signal d'alarme des anciens trains, avec l'intention de tirer le rideau et de regarder en face le moine obstiné, mais le rideau reste coincé.

« Pas du tout... C'est exactement le contraire..., répond-il après un bref silence. Certes, comme toute mon équipe, moi aussi j'éprouvais de l'affection pour elle, mais nous savions tous qu'elle et Trigano étaient liés corps et âme. C'est pourquoi, lorsque nos relations se sont interrompues, j'étais persuadé, et je le souhaitais, qu'il l'emmènerait avec lui, sauf qu'il l'a punie, et moi aussi, et me l'a laissée comme une figure dont je devais assumer désormais la responsabilité.

— Une figure ? » Le moine est stupéfié par ce mot.

« Je veux dire, non comme une femme réelle mais comme un personnage.

— Comme un personnage ? » Le moine tâtonne pour mieux comprendre le mot. « Une figure ressemblant à une autre figure ?

— Oui, une figure.

— Comme la figure de qui ?

— Comme la figure d'un livre, d'un roman, ou une effigie artistique, s'embrouille le confessé. Tenez, comme les figures d'un vitrail. Une figure qui représente elle-même, mais pas seulement.

— Vous voulez dire : symbolique ? Qui symbolise d'autres personnes ?

— Pas nécessairement. Pas toujours d'autres personnes. Ni un modèle. Plutôt une personne réelle, singulière, mais qui dégage quelque chose d'autre... Une sorte de canevas... Une aura... Une émotion... Comme dans un rêve. Après tout, Trigano nous l'avait présentée comme une figure. Une figure dont l'existence engendre d'elle-même une histoire. Et c'est pourquoi, lorsqu'elle s'est un peu rebiffée contre lui, et qu'il y a renoncé et l'a abandonnée à d'autres hommes, surtout à moi, il l'a donnée non comme une femme de chair et de sang mais comme une figure de femme. »

Un silence pesant est retombé dans le confessionnal. Seul le ronflement étouffé des orgues s'échappe des étages supérieurs.

Le moine tente de défendre un peu Trigano : « Mais en l'abandonnant, il s'est puni davantage lui-même.

— Non, parce que son œuvre était plus importante à ses yeux que son amour.

— Et elle ?

— Elle ?

— Ou vous ?

— Moi ?

— N'est-elle restée avec vous que comme une figure ?

— En tant que femme, elle a eu et elle a des amis.

— Des amis seulement ?

— Je veux dire... des amants aussi... de passage... Elle a même eu un enfant avec l'un d'eux...

— Et vous ? » Manuel ose élargir la brèche de la barrière déjà totalement effondrée.

« Je me suis hâté de me marier pour ne pas être tenté par sa solitude. D'autant que, au plan spirituel, sa personnalité ne me convient pas, elle est d'un tempérament plus abrupt que le mien. Mais, comme metteur en scène, je ne pouvais pas refuser un personnage venu chercher sa place dans mon œuvre.

— Est-ce uniquement le personnage qui est venu ? » Manuel s'empêtre de nouveau autour du mot.

« Si l'hébreu est trop difficile pour vous, nous pouvons changer de langue...

— Non, non, proteste le moine, vous ne pouvez mesurer à quel point l'hébreu élève mon âme. Mais je vous prie de m'aider par un autre exemple.

— Tenez, les portraits et les gravures du livre que vous feuilletiez avant que je n'entre dans la bibliothèque. Vous ne recherchiez pas au hasard des personnes spécifiques ayant vécu dans le passé, avec la volonté de vous nourrir l'esprit et de comprendre que c'était ainsi, qu'ils ressemblaient à ça. Non, vous cherchiez des figures... Quelque chose d'abstrait qui, soudain, quitte la page et vous émeut, quelque chose que le dessinateur a débusqué dans l'intimité des personnes posant devant lui. Ce qu'elles incarnaient.

— Vous voulez dire, leur rôle ?

— Le rôle n'est qu'une des manières d'incarner une figure. Mais on peut transférer la figure d'un rôle à l'autre, d'une situation à une autre, d'un film à un autre, d'une époque à une autre, d'une famille à une autre et, cependant, on distinguera toujours son essence immuable qui va au-delà de son style de jeu, au-delà des tics du comédien... Vous me comprenez ?

— J'essaie, monsieur Mozes, mais ce n'est pas facile.

— C'est vrai, il n'est pas facile de comprendre quelle est la matière onirique qui transforme un individu en figure. Par exemple, la femme avec laquelle j'ai été marié ne comprenait pas la nature de la relation que j'ai continué d'entretenir avec la figure que le scénariste m'avait laissée. Et, bien qu'elle sût de manière absolue que je n'ai jamais cessé de l'aimer, elle, pendant toute notre vie commune, elle a mis fin à notre mariage.

— Vous voyez, votre femme, elle non plus, n'a pas compris...

— Elle a peut-être compris, sans vouloir accepter ce qu'elle avait compris.

— Peut-être à cause de la beauté de cette figure ?

— Sa beauté ? Elle est encore belle ?

— Oh oui, vraiment belle ! Et vous devez savoir que le regard d'un moine auquel la beauté d'une femme est interdite, même en pensée, est pur et sans concessions.

— Je vais lui faire part de votre regard, ce qui la réconfortera car elle est persuadée que sa beauté s'est fanée avec le temps.

— Et depuis la séparation d'avec votre épouse, vous vivez seul ?

— Seul mais pas solitaire, parce que je suis entouré de gens.

— Et la figure ? » entend-il dans un souffle.

Mozes est satisfait que son confesseur commence à appréhender son idée de manière plus spontanée.

« La figure continue à connaître des avatars dans mes films mais, parfois, dans les films d'autres réalisateurs... Selon sa volonté, et la mienne... Nous sommes des adultes libres... Pas du tout dépendants l'un de l'autre. Elle a son quant-à-soi, moi, le mien, même quand nous dormons, comme pendant cette rétrospective, dans un même lit.

— Oui, mon frère m'a dit qu'il vous avait placés dans un même sac.

— Et, bien qu'il ne vous ait sûrement pas raconté tout ce qu'il sait de moi, vous pouvez comprendre de vous-même que ma confession est pure de tout péché, et c'est pourquoi, Manuel, le pardon m'est superflu. »

Le visage de Manuel étant dissimulé derrière le lattis, seul un bruissement indique qu'il se relève. Le refus absolu de recevoir son pardon le déçoit-il à ce point qu'il décide de lui-même de mettre fin à la confession ?

Mozes consulte sa montre. Le temps a poursuivi sa course. Ruth doit évidemment se demander où il a disparu. Il se hâte de tendre la main vers le signal d'alarme pour se libérer du confessionnal, mais, cette fois encore, le rideau refuse de glisser.

« Pouvez-vous me délivrer ? » supplie-t-il. Manuel écarte facilement le rideau et ouvre la porte.

« Je vous remercie, Manuel, ce fut une expérience inoubliable, balbutie Mozes saisi d'un vertige. Ce confessionnal singulier, comme un ventre d'hippopotame, je vais le conserver dans ma mémoire, et si je réussis à le faire figurer dans mon prochain film, je vous l'enverrai sur un CD afin que vous vous en souveniez, et de moi aussi. »

Mais Manuel arbore une mine lugubre, sans réagir ni sourire, comme si un vice caché s'était révélé dans la confession de l'Israélien. Il agrippe fortement le bras de Mozes et, prudemment, comme s'il était épuisé ou handicapé, il le soutient en gravissant l'escalier en colimaçon jusqu'au cœur du sanctuaire.

– 4 –

La messe déroule ses fastes. Dans le chœur, sept prêtres en somptueux habits sacerdotaux officient autour de l'autel dans diverses langues devant une énorme assemblée observant un silence exemplaire, et, comme Manuel et Mozes doivent pénétrer dans le sanctuaire par le déambulatoire, ils ne peuvent se frayer un chemin au milieu des fidèles sans déranger le bon déroulement des oraisons.

« Qu'allons-nous faire ? chuchote Mozes, je ne peux pas m'attarder plus longtemps. En outre, Ruth doit se faire du souci pour moi.

— La figure ? »

La réplique ironique échappe à voix basse au moine qui, sans un mot de plus, fait faire demi-tour à Mozes et, à travers un dédale de salles et d'escaliers sombres, l'achemine jusqu'à une lourde porte en bois puis le libère dans une minuscule arrière-cour où se dresse l'ange pointant son glaive sur le juif échappé de la cathédrale.

« D'ici, vous retrouverez facilement votre chemin jusqu'à l'hôtel », s'excuse Manuel, sur un ton froid empreint d'une gravité inexplicable, et sans lui tendre la main pour un adieu. Il joint ses deux paumes, tourne les talons et s'engouffre derrière le portail.

Mon entêtement l'aurait-il déçu ? se désole Mozes. Après tout, qu'est-ce que ça pouvait me faire d'accepter un pardon propice à mon avenir ? Il se hâte de quitter la petite place et de gagner l'esplanade impressionnante à nouveau déserte. Cette cathédrale doit jouir d'un réel prestige religieux pour avaler, avec une telle facilité, les masses de touristes qui déambulaient là peu auparavant. En revanche, l'autre extrémité de la place grouille d'éboueurs manifestant de nouveau contre le maire, bien qu'ils aient remisé leurs sifflets et marmites à cause de la sainte messe.

Près de l'hôtel, le véhicule destiné à les conduire à l'aéroport les attend. Le chauffeur, un étudiant du département de mise en scène de l'institut cinématographique qui s'est proposé avec plaisir pour transporter Mozes, ouvre aussitôt le coffre à bagages pour que le réalisateur lui confirme que les trois valises et les deux bâtons de pèlerin qu'il a déjà chargés lui appartiennent bien.

« Nous avons bien encore quelques minutes, n'est-ce pas ? l'interroge Mozes.

— Pas tellement », répond l'étudiant, sûrement au fait que les Israéliens sont obligés de prouver à satiété leur innocuité et de déclarer qu'ils ont fait eux-mêmes leurs valises et quelles aventures ces dernières ont connues depuis lors avant de se voir autorisés à embarquer... Cette fois, Mozes ne tergiverse pas, le désir de se retrouver dans sa patrie est pressant, bien qu'il sache en son for intérieur que cette rétrospective et, surtout, la confession qui l'a suivie demeureront longtemps inoubliables.

Le calme est revenu dans le grand salon de l'hôtel, tous les clients vaquent à leurs occupations, les uns sont à la messe, les autres se reposent, et, de loin, son regard repère Doña Elvira, le visage diaphane, assise dans un coin du salon, seule et nimbée d'un pâle rayon de lumière hivernale. Brûlant de l'égayer par le récit de sa confession clandestine que vient de recevoir son fils, il se précipite vers elle. Mais il la trouve assoupie, vieillarde émaciée, figée, à la respiration presque imperceptible. Il vérifie si le manteau et le sac de Ruth sont posés à côté d'elle, sans les trouver ; elle a dû craindre de les confier à la vieille femme somnolente et les emporter aux toilettes pour se préparer au voyage. Il dévale l'escalier des toilettes proches de la salle à manger vide. Après avoir uriné et s'être aspergé le visage d'eau froide, il se dirige vers les toilettes des dames, entrouvre une porte arrimée à un solide ferme-porte à ressort, siffle leur air de reconnaissance, le début d'une mélodie, pour lui signaler sa présence, attendant en silence qu'elle la complète. Mais aucun sifflement en écho. Il ouvre la porte en grand jusqu'au cœur des toilettes, dont l'espace plus généreux que celui des hommes le surprend. Cette salle n'est pas dénuée, non plus, de faste. Sans doute était-ce la salle d'opération de l'hospice, à laquelle on n'avait pas dû trouver d'usage plus noble dans la configuration de l'hôtel. Tout en veillant à demeurer sur le seuil, pour ne pas être soupçonné d'intentions malhonnêtes, il prononce son nom dans le vide et siffle plusieurs fois leur mélodie en entier, jusqu'à ce qu'un cabinet s'ouvre, avec un grand bruit d'eau, et qu'une femme de ménage de taille respectable en émerge et agite dans sa direction une brosse verte qui le fait aussitôt décamper.

Même si, en tant qu'Israéliens, nous avons à subir des contrôles de sécurité draconiens, nous avons encore le temps, l'aéroport n'est pas très loin d'ici, se rassure-t-il en revenant auprès de Doña Elvira qui n'a pas changé de position mais, cette fois, garde les yeux ouverts. Elle sourit au lauréat de son prix et l'invite à s'asseoir près d'elle. De son côté, il se garde de lui faire croire à une réelle conversation et demeure debout, tout en lui racontant sa confession.

La mère ne se montre guère surprise du tour de passe-passe théologique de son rejeton et réagit avec une colère rentrée :

« Monsieur Mozes, vous avez eu tort d'accepter de vous confesser devant un moine qui n'a pas été habilité à recevoir votre confession, et si Manuel, comme à son habitude, vous a accordé son pardon, sachez qu'il n'a aucune valeur.

— Je n'ai pas demandé de pardon, murmure-t-il avec un sourire suave, et je n'en ai pas besoin. »

Mais Doña Elvira continue de maugréer :

« Ces derniers temps, il joue un peu trop avec les règles de son ordre et se livre à des provocations inutiles. Au bout du compte, les dominicains vont l'expulser, et il va devoir revenir chez moi et être davantage dépendant de sa mère. »

Mozes incline la tête devant une récrimination aussi franche, qui la rend plus chère à son cœur.

« Mais ma confession devant Manuel n'était pas une provocation parce que moi, vous vous en souvenez, je ne suis ni chrétien ni même croyant, mais un simple individu.

— Vous n'êtes pas chrétien ? » Un bref moment, il semble que sa mémoire se soit égarée, mais elle se ressaisit. Pour autant, elle n'en démord pas complètement : « C'est vrai, vous n'êtes pas chrétien mais pourquoi êtes-vous athée ?

— Parce que Dieu m'a créé ainsi, réplique Mozes avec un air triomphal, en écartant les bras dans un geste d'impuissance. Or moi, je n'ai ni la force ni l'autorité pour m'opposer à sa décision. »

La réponse du lauréat vieillissant lui plaît, elle rit de bon cœur.

« Dans ce cas, venez vous asseoir à côté de moi. Mais d'abord, trouvez-moi un plaid.

— Je vais rester juste une minute, dit-il en dépliant le plaid posé à côté d'elle, car nous devrions déjà être en route pour l'aéroport, mais Ruth n'est toujours pas là. »

Doña Elvira hausse les épaules.

« Elle n'est pas revenue avec vous ? lui demande Mozes.

— En fait, Ruth m'a quittée dans la vieille ville avec l'intention d'acheter d'autres souvenirs.

— Et vous, vous êtes rentrée seule ?

— Quelqu'un m'a reconnue dans la rue et proposé de me ramener à l'hôtel.

— Quand ça ?

— Il y a moins d'une heure. »

Il jette un regard à sa montre. Du coup, il s'aperçoit que sa confession n'a pas été si brève.

« Elle sait pourtant que nous devions partir à quinze heures pour l'aéroport...

— Quelle heure est-il ?

— Quinze heures moins une.

— Bien sûr qu'elle le sait, pourquoi vous inquiéter ? Elle ne risque rien dans cette ville.

— Pourquoi devrais-je m'inquiéter ? » proteste-t-il, comme s'il lui avait confié une jeune enfant. Mais, saisi d'une brusque panique, il plante là, sans un mot, celle qui lui a remis son prix et se précipite à la réception pour savoir s'il n'y a pas un message pour lui.

Pas de message.

Étreint par une inquiétude qui se nourrit d'elle-même, il quitte l'hôtel, fait signe à l'étudiant d'attendre encore un peu et, dévalant rapidement les marches, pénètre sur la grande esplanade dallée qui lui paraît désormais hostile, cherche en vain la figure de Ruth, puis, pris d'une impulsion soudaine, traverse toute la place, parvient à la première ruelle de la vieille ville et s'immobilise. Où va-t-il pouvoir la chercher ?

Or Ruth a conservé son passeport et son billet d'avion, elle connaît l'horaire du vol... Tout à coup, le soupçon lui vient qu'elle s'est mise délibérément en retard pour le renvoyer seul au pays ; pour se séparer définitivement de lui, ici où s'est achevée la rétrospective, ici où le fantôme de Trigano est passé, puis s'en est allé. Comme si la confession qu'il venait de faire était remontée des profondeurs de la cathédrale et avait plané jusqu'à elle, dans la vieille ville, et qu'elle sût déjà que sa figure n'aurait plus aucun rôle dans ses futurs films. Ainsi aura-t-elle désiré s'en séparer pour toujours. Assumer son indépendance.

Il retourne sous le porche de l'hôtel, l'étudiant-chauffeur le rejoint. « Il est arrivé quelque chose ? Nous sommes déjà en retard, le trafic est dense sur la route de l'aéroport. » Mozes s'appuie contre la voiture. « On va attendre encore un peu, ce n'est pas grave, il semble que mon actrice ait du mal à quitter cet endroit merveilleux.

— Si elle ne revient pas, dit l'étudiant, il ne faudra pas oublier de sortir sa valise du coffre.

— Vous avez raison. » Il dévisage affectueusement le metteur en scène en herbe et, pris d'une subite envie de vengeance, il lui montre la valise de Ruth : « Enlevez-la tout de suite, et ce bâton aussi, laissez-les là, et, avant de démarrer, nous allons demander à un groom de les rapporter à l'hôtel. » Tout à coup, avec une sorte d'humour inédit, il poursuit : « Si vous désirez devenir réalisateur de cinéma, il convient que vous vous familiarisiez avec les transferts aux aéroports, parce qu'on trouve au moins dix minutes de ce genre de courses dans tous les films contemporains. »

L'étudiant rit à gorge déployée.

Quinze heures trente. Non, se dit-il, il n'y a là ni erreur ni oubli mais un acte prémédité. Car, au cours des longues années de travail en commun, elle a appris à connaître sa peur panique de l'horaire, sa ponctualité obsessionnelle, son sens des responsabilités. De toute façon, elle n'avait pas besoin de descendre dans les entrailles de la cathédrale et de coller l'oreille au confessionnal pour apprendre ce qui y a été dit. Elle et lui sont autonomes. Chacun pour soi. Viendraient-ils à dormir dans le même lit qu'ils ne seraient pas seuls, tout au plus seraient-ils comme deux comédiens entourés par un metteur en scène, un directeur de la photographie, un ingénieur du son et un chef décorateur.

« Très bien, on y va, lance-t-il à l'étudiant, comme s'il se résignait à la disparition définitive de Ruth. Permettez-moi juste de lui laisser un message à la réception. »

Le groom rapporte la valise et le bâton à l'hôtel. Doña Elvira a disparu. Il laisse ses ultimes recommandations au concierge qui avait appelé son ex-professeure pour lui exposer les avatars successifs de la *Charité romaine*. L'employé de la réception promet de s'occuper de la disparue du mieux qu'il pourra.

Après tout, si sa carte de crédit est valide, le monde entier lui est ouvert...

Mais, en revenant à la voiture, il distingue de loin, sous la lumière déclinante du soir, la disparue avançant d'un pas nonchalant.

Il se précipite vers elle, lui empoigne le bras avec colère, tandis que le chauffeur se rue dans l'hôtel pour reprendre la valise et le bâton : « Qu'est-ce qui s'est passé ?

— On m'a dit que ça valait le coup de contempler la cathédrale depuis le belvédère.

— Et alors ?

— C'est vraiment un spectacle grandiose.

— Et ensuite ?

— J'ai pensé que, plus loin, il y avait une autre cathédrale, alors, j'ai continué un peu.

— Pourquoi y aurait-il une autre cathédrale ?

— Qu'est-ce que tu en sais ? Peut-être qu'il y en a une ? Tu ne sais pas tout. »

Il fixe ses yeux. Plus d'une fois, il avait ordonné à Tolédano, et à d'autres opérateurs qui avaient travaillé avec lui par la suite, de focaliser la caméra sur son regard. Révéler aux spectateurs l'univers intime du personnage dans ces prunelles vert doré. Or, maintenant, Mozes lui jette un regard perçant et distingue au fond de ses prunelles une détermination nouvelle qu'il faudra décrypter, à leur retour en Israël.

VI

Remettre de l'ordre dans l'ancien foyer

– 1 –

Mozes a l'impression que le chauffeur de taxi a reconnu sa compagne de voyage et se contente de lui donner l'adresse de Ruth. Ce n'est qu'à deux heures du matin, arrivés chez elle dans le quartier de Névé Tsedek, qu'il lance au chauffeur : « Ma valise et mon bâton restent dans le coffre jusqu'à mon retour, puis nous continuerons à l'adresse que je t'indiquerai. Entre-temps, je vais aider cette dame, il n'y a pas d'ascenseur dans sa maison.

— T'as besoin d'un coup de main ?

— Non, merci, je sais ce qu'il y a dans sa valise, et je peux la porter moi-même. »

Ils gravissent lentement les marches et doivent rallumer trois fois la minuterie. D'abord, le réalisateur soulève la valise au-dessus des marches, puis il la fait rouler sur le palier, et, parvenu au quatrième étage, il ne quitte pas Ruth avant qu'elle ouvre sa porte et éclaire son appartement pour être sûr que son appartement est demeuré tel qu'elle l'a laissé, trois jours auparavant.

« Veux-tu que je t'aide à ouvrir le robinet d'arrêt d'eau ? lui propose-t-il sur le palier.

— Pas besoin, je n'ai pas pris la peine de le fermer.

— Tu veux une nouvelle inondation chez toi ?

— Je n'y peux rien, il est trop difficile à atteindre. »

Depuis la construction du quartier à la fin du XIXe siècle, l'appartement avait connu plusieurs réfections, mais l'arrêt d'eau demeurait toujours dissimulé dans un placard de la cuisine, et il fallait s'agenouiller et ramper un peu pour y avoir accès.

« Eh bien, voilà, dit-elle avec un petit rire, dépêche-toi, sinon le chauffeur de taxi va croire que tu as pris la poudre d'escampette et que tu lui as laissé une valise vide. »

La minuterie s'éteint à nouveau, et seul l'éclairage de l'appartement illumine Ruth dans son dos. Pendant le vol de Saint-Jacques à Barcelone et de Barcelone en Israël, elle avait dormi en toute quiétude et, avant l'atterrissage, elle avait rafraîchi ses traits avec de nouveaux accessoires de maquillage achetés à l'escale. Pas étonnant que son visage irradie en ce moment d'un éclat nouveau. Et le désir inassouvi et repoussé pendant ces trois jours fait frémir l'homme qui se tient devant elle.

« Encore une chose... Une dernière...

— Non. » Elle pose un doigt sur les lèvres de Mozes. « Je n'ai pas besoin d'analyses supplémentaires. Crois-moi, je suis en bonne santé. Et même si je devais mourir, ce ne serait pas ta faute. »

Il pose sa main sur le front de Ruth pour prendre sa température, l'effleure des lèvres pour avoir une sensation plus précise, puis l'attire contre lui avec force. Elle sourit puis embrasse ses yeux et son front. Ils demeurent ainsi enlacés, un bref instant, sur le palier. Naguère, il était plus grand qu'elle, mais, avec les années, il s'est tassé, et ils font désormais la même taille. À la fin, elle pénètre chez elle et referme sa porte, mais il s'attarde un peu devant la porte voisine recouverte d'autocollants bariolés, celle du studio où elle enseigne l'art dramatique à des enfants. Malgré tout, se rassure-t-il, quelque chose de pur et d'agréable persistera entre nous. Nous avons réussi quelque chose de rare.

La tête du chauffeur repose sur le volant, il est plongé dans un sommeil si profond que Mozes doit toquer à la vitre pour le réveiller, mais à légers coups, pour ne pas l'affoler. Le chauffeur se frotte les yeux avec énergie, comme pour déchirer les fils de son sommeil et des miettes de rêve, et reste bouche bée devant Mozes, comme si c'était un passager nocturne inconnu sans bagages, entré dans son taxi par hasard. Il écoute patiemment les instructions minutieuses pour rejoindre la nouvelle adresse, et ce n'est qu'en cours de trajet que sa mémoire retrouve la passagère là auparavant, qu'il semble chercher du regard dans son rétroviseur.

« À la télé, y en a une, des fois, qui lui ressemble un peu...

— C'est elle, confirme chaleureusement Mozes. En chair et en os. »

Au pied de sa tour d'habitation, le chauffeur exige un supplément pour l'attente. « Combien ? s'étonne Mozes, tu ne m'as pas attendu plus de cinq minutes. » Le chauffeur consulte sa montre, vérifie aussi son compteur. « T'as raison, excuse-moi, mon rêve m'a perturbé.

— Quel genre de rêve ? » s'enquiert le passager. Mais le chauffeur de taxi n'est pas enclin à le révéler à un inconnu.

Vue du vingtième étage, dans l'appartement confortable acquis grâce aux bénéfices du film *Pommes de terre*, Tel-Aviv resplendit au cœur de la nuit au milieu du bouquet des immeubles et de la forêt de panneaux lumineux reflétés sur sa baie vitrée d'un mur à l'autre, et seule l'écume sur la mer lointaine rappelle au voyageur de retour chez lui que la nature existe encore quelque part. Il ouvre le robinet d'arrêt d'eau, allume la chaudière, enfouit les billets de son prix dans un tiroir et se dévêt. Puis, verre de vin en main, il se campe devant sa fenêtre et tente d'évaluer jusqu'à quel étage s'élèveraient les croix coiffant les tours de la cathédrale de Saint-Jacques si on les avait édifiées face à son immeuble.

Ensuite, il pénètre dans sa chambre à coucher et relève le store donnant à l'est afin de jouir, du fond de son lit, des lumières couronnant les monts de Judée. Ses pensées ne l'ont pas laissé somnoler pendant les deux vols, mais, à présent, il est déterminé à se livrer à un sommeil réparateur.

Si les réservistes figurants dans *Le Sommeil des soldats* s'endormaient vraiment quand on leur demandait de simuler l'assoupissement, le cinéaste revenu chez lui, épuisé par une rétrospective exigeante, continue à s'agiter sur sa couche. « J'ai tellement amusé les Espagnols avec le sommeil dans mes anciens films, maugrée-t-il dans son lit vaste et confortable, qu'ils ont confisqué le mien, et je crois que mon cœur, si excité aux confins de l'Occident, va avoir besoin d'un somnifère en Orient... »

Pour autant, la pilule ne favorise pas son endormissement, et il fantasme, une nouvelle fois, le désir inassouvi sans parvenir à le combler par ses propres moyens, et, du coup, il saute du lit pour s'épuiser en ouvrant sa valise et en mettant un peu d'ordre chez lui. Malgré ses efforts, le sommeil tarde à venir, il ouvre donc, de mauvais gré, sa messagerie et efface tout ce qu'il peut, écoute sur son répondeur la voix de son ex-épouse qui veut le voir, puis ses paupières clignent enfin. Il éteint l'ordinateur, coupe le téléphone, tire les rideaux, baisse les stores, enfonce le visage au creux de son oreiller et chuchote à son sommeil : « Et voilà, tu n'as plus le choix maintenant ! »

Non seulement le sommeil se soumet mais, d'heure en heure, gagne en intensité et en délices, et même lorsque le metteur en scène s'éveille pour se ruer aux toilettes, il sait qu'il le retrouvera à l'attendre en toute loyauté dans le lit quitté pour un instant. Malgré cela, un obscur tourment s'insinue dans les brumes de sa conscience. Cette fois, ce n'est pas le fantôme du scénariste qui a projeté son ombre clandestine sur sa rétrospective. Car, même si Trigano le hait encore et le tient pour quantité négligeable, Mozes éprouve toujours une étrange affection envers lui. Quelque chose d'autre, d'infime mais de persistant, ronge son repos. Sans cesse *La Ronde de l'entraide* lui revient, et il lui importe de savoir de manière urgente si tous trois, le directeur de la photographie, le chef décorateur et lui-même, avaient réussi à diviser la maison de ses parents en trois demeures différentes, avec trois entrées séparées, dans ce film, ou s'il avait imaginé cet aménagement à Saint-Jacques-de-Compostelle, à cause des fluctuations de sa mémoire. Mais qui s'en souvient et à qui cela importe-t-il ? Tolédano est mort, Mozes a oublié le nom du chef décorateur, Trigano le fuit, et pourquoi Ruth se rappellerait-elle ? Le sommeil qui le regagne et s'alourdit ne balaie pas la question mais ne fait que l'assourdir, pour le moment, en l'entraînant dans les abîmes auxquels il aspire tant.

– 2 –

Au moment où la douceur d'une conscience obscurcie se dissout dans les premiers signes du dégrisement, l'œil phosphorescent de la pendule accrochée au mur l'effare. Est-ce l'heure exacte ou l'horloge s'est-elle détraquée pendant son absence ? Il relève le store et retrouve la nuit laissée là avant de s'endormir, sauf que l'univers est désormais noyé sous la pluie et le brouillard et que les panneaux publicitaires clignotent dans la brume. Se peut-il qu'une journée presque entière se soit écoulée pendant son sommeil sans qu'il s'en rende compte ?

Il allume les lampes, ouvre les radiateurs dans toutes les pièces, puis se dirige vers la cuisine pour se préparer un en-cas qui, peut-être, aiguillonnera sa faim domestiquée par son sommeil, et, tout en hachant et mélangeant les légumes et en faisant bouillir de l'eau, il se souvient de la manière dont Suzanne, l'animal kafkaïen, avait disparu en plein tournage : la panique régnait déjà sur le plateau pour lui trouver une remplaçante, jusqu'à ce que le Bédouin d'Amsellem la trouve dissimulée sous le carrousel d'une aire de jeux et, maniant tour à tour menaces et appâts, il l'avait attirée dans la synagogue pour y achever son rôle. Dans la courte nouvelle de Kafka, la martre était âgée et sans doute douée d'une mémoire exceptionnelle, tandis que la leur était novice, nerveuse, dépourvue de mémoire et de vision. Néanmoins, un employé du Zoo biblique de Jérusalem, venu montrer à l'équipe comment l'apprivoiser, s'était étonné du semi-dressage de cette jeune rebelle qu'ils avaient accompli et avait proposé de la prendre dans son zoo à la fin du tournage, car son parcours artistique pouvait inspirer d'autres bêtes.

Pendant sa vie conjugale, Mozes participait, de temps à autre, aux tâches de la cuisine, et des plats qui n'exigeaient pas de savoir-faire particulier lui procuraient de francs succès. Depuis sa séparation d'avec son épouse, bien qu'il ait pris l'habitude de prendre ses repas à l'extérieur, il n'en a pas moins enrichi sa palette culinaire. Mais un souper, si tardif et savoureux soit-il, ne dure pas plus d'une heure. Aussi, la conscience claire et le ventre plein, il attend l'aurore pour pouvoir enfin se dire : je suis de retour chez moi, à mon train-train quotidien. Entre-temps, il met en marche la machine à laver, puis rouvre sa messagerie, cette fois non par envie d'effacer mais par désir de communiquer. Pas de nouveaux messages, hormis un seul de Jacob Amsellem qui le félicite pour son prix espagnol et lui propose une idée pour un nouveau film.

Pourquoi le moindre prix anecdotique jouit-il d'une telle publicité dans ce pays ? Les marques de reconnaissance témoignées à l'étranger occultent-elles donc les injustices et la corruption nationales ? « Cher ami Amsellem, se hâte-t-il de répondre, tes félicitations sont superflues. Ce n'est pas un prix mais un investissement minuscule pour un prochain film. C'est pourquoi, je t'en prie : pas de tam-tam, ne va pas réveiller l'agent du fisc ! »

Puis il rebranche le téléphone qui signale aussitôt un message déposé pendant son long sommeil. C'est à nouveau son ex-femme qui le cherche et qui, de sa voix cristalline et policée, qu'il aime toujours, y va, elle aussi, de ses félicitations. Dans ces conditions, s'incline-t-il, si même une femme aussi discrète en a entendu parler, je n'ai plus d'autre choix que de le déclarer au fisc...

Les restes de son souper fin traînent sur la table de cuisine, mais il se sent incapable ne serait-ce que de les regarder ; il les met au réfrigérateur, lave la vaisselle et nettoie la table, mais il ne lui vient pas à l'esprit de regagner son lit, et c'est pourquoi, avant que le temps ne recouvre son cours normal, il passe sous la douche, rase avec soin les coins de son bouc, s'habille et même enfile ses chaussures afin d'éprouver le réconfort de la routine. Ensuite, il fait pivoter son fauteuil télé face à la baie vitrée pour épier les premiers signes de réveil chez ses voisins puis tire un scénario de la pile entassée sur sa table, au cas où une étincelle en jaillirait.

Pour l'heure, pas la moindre étincelle, le manuscrit lui échappe très vite des mains, tandis que lui-même, spectateur solitaire du point du jour, s'assoupit de nouveau. Et cette somnolence l'enfonce dans un rêve : il descend de larges marches à la suite de son ex-épouse menant sa tante – une blonde corpulente, paralysée dans son fauteuil roulant jusqu'à sa mort, mais qui ressuscite maintenant sans son fauteuil roulant. Appuyée au bras de son ex-épouse, elle dévale l'escalier d'un lycée ou d'un collège universitaire, tandis que lui-même se lance à la poursuite de ces deux femmes pour rattraper et relever la tante si, par malheur, elle trébuchait.

Construit en terrasses sur une colline rocheuse, l'établissement scolaire ressemble au lycée de Jérusalem dans lequel le rêveur avait étudié, puis enseigné, avant de devenir metteur en scène. Et la tante, bien qu'elle boite encore, est déterminée à poursuivre sa descente, ne glisse pas en avant ni ne trébuche en arrière, mais arrive saine et sauve au rez-de-chaussée et de là, sa nièce la conduit à une cafétéria dont les murs sont tapissés de livres, libérant définitivement son ex-époux de sa mission de garde du corps. Tout léger et libre, il cherche d'autres escaliers et trouve une volée de marches étroites, horribles et rongées, menant à une cave abandonnée. D'un geste irréfléchi, il lance du haut des marches un sac bourré de linge sale : slips, maillots de corps, chaussettes, chemises, et, tandis que le sac plane au-dessus de l'escalier, il regrette sa précipitation. Puisqu'il possède une machine à laver et une autre à sécher, pourquoi demander à un établissement scolaire de laver son linge sale sans étiquettes portant son nom ? Mais ce qui est fait est fait. Le sac a disparu, il faut se résigner à sa perte définitive ; il quitte les marches, ouvre une large porte vitrée et se retrouve à contempler un wadi verdoyant.

De la chambre à coucher, il aperçoit une lueur à l'est. La pluie a cessé et le brouillard s'est dissipé. Si un sommeil aussi prolongé garde quelques traces de somnolence, cela signifie que les Espagnols ne lui ont rien dérobé de son sommeil mais qu'ils y ont même ajouté du leur. Cependant, cette rétrospective s'est-elle vraiment achevée ? Car Mozes demeure toujours préoccupé par le fait qu'il ignore si le directeur de la photographie de *La Ronde de l'entraide* avait réussi à diviser la maison de ses parents en trois demeures différentes. Il retire le linge essoré de la machine à laver et le place dans la machine à sécher, enfile un coupe-vent et emporte le bâton car cela n'aurait aucun sens de se déguiser en pèlerin, seul dans son appartement.

– 3 –

Dès Chaar Haguaï – la Porte de la Vallée –, le carrefour de la montée vers Jérusalem, il doit se protéger du soleil levant. La pluie n'a pas cessé de tomber pendant la nuit, et les rayons de lumière pointant de l'orient deviennent plus aveuglants sous un ciel limpide. De temps à autre, il doit lâcher son volant et faire de l'ombre avec la main au-dessus de ses yeux pour retrouver la route. Mais comme il est encore tôt, la circulation est fluide, le trajet lui est familier, et il arrive donc à bon port au quartier de son enfance, un quartier ancien et bourgeois de Jérusalem conquis pendant la guerre d'Indépendance, et, depuis, la résidence du président de l'État et la demeure du Premier ministre y ont été construites à côté d'un hospice de lépreux vétuste et mystérieux. Il gare sa voiture près du monumental Théâtre de Jérusalem, non loin de la maison de ses parents. Il désire boucler ainsi sa propre rétrospective. Il avait vendu cette petite et jolie maison près de vingt ans auparavant et, depuis, il ne l'avait pas revue ni même n'était passé à proximité, et c'est pourquoi il se prépare en son for intérieur à constater des modifications et des ajouts, voire un étage supplémentaire. Or, au premier regard, rien n'a changé. La même lourde porte métallique noire menant à deux volées de marches, et la même boîte aux lettres. L'énorme pot en terre cuite, filmé dans *La Ronde de l'entraide*, trône toujours sur la clôture, seule sa couleur a été modifiée. Après le décès de son père, la maison avait été acquise par un couple de jeunes avocats dont les noms sont inscrits sur la grande boîte aux lettres. Habitent-ils toujours là ou ont-ils loué la maison ? Ils avaient l'intention de l'agrandir et de construire un autre étage, mais il s'avère qu'ils se sont contentés de ce qui avait suffi à ses parents, ou alors, leurs affaires ont-elles peut-être périclité ? Aucun autre étage n'a été bâti.

Un calme hivernal règne dans cette rue de Jérusalem où les matinées sont froides. Il est beaucoup trop tôt pour pénétrer dans le jardin à seule fin de vérifier un angle de prise de vue. Il retourne à son véhicule et prend son bâton de pèlerin espagnol, supposant qu'un homme à la chevelure de neige, tenant un bâton de marche, inspire de la sympathie, et que les passants ne se soucieraient pas de ses intentions. Pendant sa brève absence, un quotidien du matin a été glissé dans la boîte et, du coup, il peut attendre que le maître de maison vienne le ramasser et, ainsi, lui demander la permission d'effectuer une rapide visite du jardin pour confronter son imagination à la réalité. Mais le maître de maison ne se montre pas, et battre le pavé d'une rue déserte et glacée n'est ni convenable ni prudent, compte tenu du peu de temps dont il dispose. Aussi pénètre-t-il dans une cour mitoyenne qui, pendant sa jeunesse, avait été toujours vide avant qu'un immeuble de quatre étages n'y fût bâti. Par une allée étroite et presque invisible le long de la clôture séparant les deux édifices, il contourne la maison paternelle et, après s'être frayé un passage à travers des arbustes, il parvient à un recoin d'où, enfant, il avait tout loisir d'observer le balcon et le jardin de sa maison sans que ses parents fussent conscients qu'il épiait. Malgré l'heure précoce, il peut craindre que quelqu'un, ouvrant sa fenêtre, s'étonne devant ce vieillard inconnu, tapi dans un recoin aussi écarté, et c'est pourquoi il se dissimule derrière un fourré, s'agenouille et s'appuie à l'extrémité de la clôture de pierre, et, pendant tout ce temps, son regard ne quitte pas sa maison, tentant de comprendre par quel subterfuge sophistiqué Tolédano et le chef décorateur avaient réussi à diviser une maison en trois demeures différentes.

De fines gouttelettes de pluie s'écrasent sur son visage. Que s'obstine-t-il donc à chercher là ? Alors même qu'une journée entière, bien réelle, vient de s'écouler sans qu'il s'en aperçoive, pourquoi essayer de restaurer une réalité obsolète ? Ne vaudrait-il pas mieux renoncer à lutter contre une mémoire à éclipses, même si sa rétrospective devait se conclure sur une question sans réponse ? Mais l'immémoriale patine de Jérusalem a amolli la pierre de la clôture sur laquelle il a appuyé sa tête, et le lierre grimpant planté sous la clôture caresse son visage avec une tendresse bienfaisante et odorante, et comme le bâton, dont la pointe est fichée en terre, le stabilise, rien ne l'empêche de continuer à béer devant la maison de ses parents.

La porte s'ouvre enfin, mais il n'en sort qu'un chien perclus et perplexe qui commence à flairer méthodiquement les plantes et les arbustes pour vérifier si, au cours de la nuit écoulée, quelque élément nouveau ne se serait pas infiltré sur son territoire de juridiction. Lentement, par cercles concentriques, il avance en direction de Mozes mais, à la grande surprise du metteur en scène, le chien n'éprouve ni émotion ni étonnement, ne lâche aucun grognement ni aboiement, comme si l'odeur d'un artiste pouvait se fondre partout. Aussi Mozes lui gazouille-t-il une marque de gratitude, sauf que le chien cacochyme se contente de dresser les oreilles et de remuer faiblement la queue, puis il recule, urine et, en chien fidèle, pointe son museau vers son maître qui, entre-temps, l'a suivi : un vieil homme en robe de chambre, arborant un bouc semblable à celui de Mozes, et dont la silhouette est identique à la sienne. L'individu décroche d'abord du linge trempé par la pluie et oublié sur une corde, ensuite il s'éloigne pour prendre son journal sans se hâter de retourner à l'intérieur, s'attarde sur le seuil et porte la main au-dessus des yeux : serait-il possible que se dissimule, dans un recoin à l'arrière de la maison mitoyenne, au milieu des arbustes, un homme inconnu qui lui ressemble autant et dont son chien s'est désintéressé ? Mais une femme vive, décharnée, auréolée d'une masse de cheveux blancs, apparaît déjà à son côté ; elle verse l'eau d'un arrosoir sur les plantes que la pluie n'a pas humectées. Malgré les vingt années écoulées depuis la vente de la maison, Mozes reconnaît l'avocate qui avait argumenté avec entêtement sur chaque clause. Cet homme ne peut donc être que son époux, lui aussi avocat. Dans ce cas, le couple a non seulement respecté la maison de ses parents avec tous ses défauts, mais ces deux-là sont restés fidèles l'un à l'autre. Ont-ils tenu à garder cette maison à cause de sa proximité avec la résidence du président et la demeure du Premier ministre ou croient-ils que le surprenant consulat belge, planté sur la place, et dont nul ne sait à quoi il sert, exalte leur propre demeure par sa beauté, telle une cathédrale séculière ?

Ainsi donc, se dit Mozes, un directeur de la photographie, à la fois talentueux et tragique comme Tolédano, était capable de faire naître trois maisons de celle de mes parents. Peut-être a-t-il même planté sa caméra ici, de l'autre côté de la clôture, dans ce coin-ci, et par de délicats mouvements à droite et à gauche, en haut et en bas, a-t-il donné l'impression aux spectateurs que, dans chaque scène, les héros entraient dans une maison différente et dans un quartier différent. Mais tout cela a-t-il été effectué pour économiser les frais d'un film à maigre budget ou y avait-il une intention symbolique que seul le scénariste serait en mesure d'élucider ?

Les deux avocats appellent le chien à se réfugier dans la chaleur de leur foyer, mais, avant de s'en aller, il tourne le museau vers Mozes et lâche un bref jappement, comme pour l'avertir : « Je t'ai flairé, ne t'avise pas de franchir la clôture ! »

Par un dernier regard à la maison de ses parents à Jérusalem, par une matinée glaciale, Mozes conclut enfin sa rétrospective et, dès lors, il lui faut revenir à sa routine. En regagnant son véhicule, il s'étonne de voir les portes du théâtre grandes ouvertes et le parvis éclairé de si bon matin. Une bande de jeunes, en manteau et écharpe, se presse avec la fièvre somnolente de lève-tôt autour d'un kiosque improvisé pour se réchauffer avec du café et un biscuit chauds. Il désire connaître les raisons de ce réveil matinal. Quelqu'un le reconnaît de loin et l'appelle par son nom. C'est une troupe de comédiens, de chanteurs et de danseurs tombés du lit pour répéter un spectacle musical pour enfants, qui sera représenté pendant les vacances de Hanoucca.

« Un spectacle de qui ? Sur quoi ? les interroge Mozes.

— Une pièce tirée de *Don Quichotte...* mais adaptée au contexte israélien.

— Encore ce *Don Quichotte* ! (Mozes balaie l'espace de la main.) Vous n'en avez pas assez ? Décidément, ce héros est éternel... »

D'autres comédiens identifient le metteur en scène et s'agglutinent autour de lui comme un essaim d'abeilles ; dans le lot, se distingue un jeune homme élancé, affublé d'une barbiche, véritable ou postiche, qui, semble-t-il, jouera et dansera le Chevalier à la Triste-Figure. Certains comédiens ont entendu parler du prix et l'en félicitent.

Une jeune et jolie comédienne, ayant participé, des années auparavant, au cours de Ruth, lui apporte un café et un biscuit et lui demande ce qu'il fait, si tôt, à Jérusalem. Des repérages pour un nouveau film ? Si oui, sur quel sujet ? A-t-il déjà embauché ses comédiens ? Souhaite-t-il assister à leur répétition ? Non, il n'a pas encore de projet de film, juste quelques vagues réflexions. Mais, bien qu'il ait englouti une journée entière de sommeil, il est trop fatigué pour regarder leur répétition. Lorsque la comédie musicale sera à l'affiche, il viendra sans faute avec son petit-fils aîné, et peut-être amènera-t-il aussi la sœur.

La troupe est rameutée à l'intérieur, et le porche se vide aussitôt. Mozes aussi s'apprête à s'en aller, mais l'employé du buffet qui ramasse les gobelets lui lance : « Où tu cours comme ça ? Finis d'abord ton café. »

– 4 –

Mozes sait que Hanan, le mari de son ex-épouse, est un lève-tard car, la nuit, il a l'habitude de travailler sa musique. C'est pourquoi il préfère appeler Ofra le matin, à l'heure où l'homme qui l'a supplanté dort, pour ne pas s'embarquer dans un échange stérile de politesses.

« Eh bien, me voici de retour d'Espagne, et, tu vois, je t'appelle aussitôt.

— Comment vas-tu, mon cher ?

— Je tiens le coup.

— J'ai été très heureuse pour ton prix.

— Ne te réjouis pas trop vite, c'est un tout petit prix.

— Tout de même... Ça va te donner des ailes. Ils ont organisé toute une rétrospective en ton honneur.

— Une rétrospective bizarre, ils ont fouillé dans les bas-fonds de mes films les plus archaïques. Mais laissons ça pour l'instant, je suppose que ce n'est pas pour me féliciter que tu m'as demandé de te rappeler...

— Pourquoi pas ? Bien sûr que si. Mais aussi pour vérifier avec toi quelque chose concernant la bar-mitsva d'Itaï.

— Qu'y a-t-il à vérifier ?

— Pas au téléphone, mon Yaïr, voyons-nous ce soir.

— Où ça ?

— Le mieux, c'est à la maison.

— Non, pas à la maison. Tu sais bien que je refuse par principe d'être invité dans la maison qui jadis fut aussi la mienne.

— Tu resteras toujours l'ex-maître de cette maison et non un invité. À part ça, Hanan est à l'étranger, et je suis seule.

— Seule ? C'est encore pire. Il vaut mieux qu'on se voie dehors.

— Mais pourquoi ?

— Tu ne te souviens pas de la situation embarrassante dans laquelle nous nous sommes mis, il y a quelques années, quand nous nous sommes retrouvés seuls dans l'appartement ? Je t'ai harcelée, je n'arrivais plus à me contrôler, et ça s'est terminé par une scène horrible qui nous a fait du mal à tous les deux.

— Mais, mon joli, les années ont passé depuis. Je ne te fais sûrement plus le même effet. J'ai soixante-trois ans.

— Soixante-quatre...

— C'est vrai, bientôt soixante-quatre. Et toi, tu approches des soixante-dix.

— Je les ai déjà.

— Alors, pourquoi devrais-tu t'émouvoir devant une vieillarde comme moi ? Surtout toi, toujours entouré de belles actrices.

— Pas plus de belles actrices que de beurre en broche, rugit-il. Tout ça, c'est des ragots de journaux de caniveau.

— Bon, alors, pas de belles actrices ! Disons des femmes vertueuses et douées qui ont sûrement de l'affection pour toi. Allez, voyons-nous à la maison, cette fois. C'est important pour moi, et toi, tu vas te contrôler. Et moi aussi, au besoin, je me refrénerai. Car, à part la bar-mitsva d'Itaï, il y a quelques objets dans la maison qui nécessitent le conseil clairvoyant d'un œil exercé.

— Comme quoi, par exemple ?

— Non, pas au téléphone. S'il te plaît, viens. En début de soirée. Consacre-moi une heure, pas plus.

— Même pour une heure, ça me sera difficile.

— Non, ce ne sera pas difficile, je te le promets. Après tout, nous avons dit à tout le monde que nous étions restés en bons termes.

— C'est vrai. Et c'est peut-être ça, mon erreur. »

Les premières notes d'une mélodie s'échappent du théâtre, et, peu à peu, lui parvient le chant mélancolique d'une femme. Dulcinée, sans aucune doute, sourit-il, et, un bref moment, il a la tentation d'assister à la répétition pour y découvrir peut-être un nouveau talent, mais il y renonce : laissons mûrir le spectacle, et si nous en avons de bons échos, nous emmènerons nos deux petits-enfants pour découvrir ce qu'on peut renouveler, au XXIe siècle, de l'histoire de Don Quichotte. Il regagne la place, aveuglé par la puissance de la lumière surgie du désert. Les discussions avec son ex-épouse provoquent en lui colère et douleur à cause du désir qui se réveille en lui, à chaque fois. Il n'aurait pas dû lui céder. Après une rétrospective aussi intrusive, une rencontre en tête à tête avec la femme de sa jeunesse, de surcroît, dans leur ancien foyer conjugal, risque de le torturer. Car, jusqu'à son dernier souffle, il ne parviendra pas à décider si son divorce était nécessaire ou non. Même si les années ont passé, qu'elle s'est mariée entre-temps, et qu'il éprouve une tiède affection pour son nouvel époux plus jeune qu'elle de trois ans, musicien médiocre qui rêve encore d'écrire l'accompagnement musical d'un film de l'ex-époux.

À peine a-t-il mis le contact que le téléphone mains libres sonne. Amsellem a lu sa mise en garde et promet de ne parler du prix à personne. « Mais, dis-moi, ça va chercher dans les combien ?

— Quelle importance ? Pas beaucoup.

— Chaque shekel est important. Vas-y, fais pas ton timide. »

Mozes énonce la somme, Amsellem est consterné : « C'est pas un prix, ça, juste un symbole de prix. Peut-être qu'ils ont adapté leur prix aux films symboliques que tu leur as montrés.

Pour une somme comme ça, et comment qu'il ne faut pas laisser le gouvernement mettre sa patte dessus ! »

Jacob Amsellem-Tamir a passé la barre des quatre-vingts ans depuis quelques années, tout en demeurant alerte et dynamique. Bien qu'il ne participe à la production qu'à hauteur de trois pour cent, surtout par l'approvisionnement des comédiens et de l'équipe, il se considère comme un producteur patenté, son partenaire à tous égards. Sur le plateau, il se balade comme chez lui et exige, parfois, de poser un œil dans le viseur de la caméra. Par-dessus tout, il lui importe d'exciter l'esprit du metteur en scène en lui inculquant des vérités élémentaires sur l'existence. C'est ainsi qu'un jour il avança l'idée d'un film sur des pommes de terre, qui connut un succès surprenant. Maintenant encore, sentant que l'occasion est mûre pour un autre film, il voudrait prendre les devants et proposer une idée.

Pendant le trajet de retour, tout en conduisant, Mozes lui raconte la rétrospective et le rôle que Trigano a joué en coulisses. Amsellem a un peu perdu de vue celui qui l'avait parrainé dans le monde du cinéma, mais il a gardé une bonne impression de ses anciens scénarios qui, alors, lui paraissaient invraisemblables – avant que la réalité israélienne ne se charge plus tard de les valider. « C'est vraiment étrange, s'étonne Amsellem, qu'après tant d'années, grâce à des miettes de ladino qu'il a picorées chez ses voisins, ce gars dégote on ne sait quelles archives en Espagne, au bout du monde, juste pour qu'on lui rende là-bas un peu hommage. Et ça lui va bien, à ce Trigano, de faire l'impasse sur le réalisateur, c'est pas le genre à pardonner un affront remontant au Déluge ! »

Amsellem avait bien connu l'oncle maternel de Trigano, un détaillant foireux au marché mais un type respectable, qui n'avait pas survécu longtemps à la mort du père de Trigano mais qui, de son vivant, avait élevé l'orphelin avec dévouement. Il ne lui a pas déjà raconté ça ? « Trigano l'aimait. C'était un gars plaisant, avec une bonne voix mais, quand il était ému, il bégayait et se bloquait. Et, malgré ses bégaiements, il avait la lubie de diriger la prière, juste pour l'office de *Minha*, l'après-midi, devant une synagogue à moitié vide. Les fidèles l'aimaient bien mais craignaient que ses bégaiements n'allongent l'office, et ils le pressaient tout le temps d'accélérer. Qui sait, peut-être que c'est à cause de l'humiliation de son oncle que Trigano leur a inventé c'te p'tite bête, tu sais, celle qui se baladait dans la synagogue et faisait son bazar ?

— Suzanne.

— Oui, Suzanne. » Le rire tonitruant d'Amsellem ébranle l'habitacle. « Suzanne... C'est exactement ça...

— Mais ce n'est pas Trigano qui l'a inventée, il l'a tirée d'une nouvelle de Kafka.

— Kafka ? C'est qui, c'te Kafka ?

— Un écrivain de renommée planétaire, et même toi, Amsellem, qui n'as pas voulu terminer l'école élémentaire, tu devrais le connaître et te souvenir de son nom.

— Si tu l'dis... je m'en souviendrai. Et, samedi, quand tu vas venir chez moi, apporte-moi, s'te plaît, un bouquin de ton Kafka, on va peut-être trouver une autre bestiole chez lui.

— Il y a beaucoup d'animaux dans ses nouvelles, et toutes du plus haut intérêt. Au fait, ça m'intéresse de savoir ce que ton Bédouin a fait de la martre, à la fin du tournage.

— Qu'est-ce que j'en sais ? Il l'a relâchée, ou l'a mangée, ou l'a donnée à ses chiens.

— Parce que, dans l'Antiquité, dans l'Égypte des pharaons, et cela, je l'ai appris seulement à Saint-Jacques-de-Compostelle, la martre était considérée comme un animal sacré qu'on momifiait comme les pharaons.

— Eh ben, peut-être que le Bédouin l'a momifiée, et, samedi, quand tu seras chez moi à Beersheva, peut-être qu'on ira sur sa tombe.

— Qui t'a dit que je viendrai samedi chez toi ?

— C'est moi qui l'dis, parce que c'est important pour moi et aussi pour toi. Pointe-toi vers midi, et on te donnera aussi une chambre pour te reposer après déjeuner, pour que tu ne rates pas ta sieste sacro-sainte. De Tel-Aviv à Beersheva, le samedi, ça te fait à peine une plombe. On aura des invités intéressants et aussi un jeune couple, assez spécial, qui va peut-être booster notre prochain film. Bon, maintenant, ça suffit, *habibi*, réveille-toi, mon pote, la rétrospective est derrière toi, assez de fouiner là-dedans. Nous ne sommes plus très jeunes, et s'il nous reste encore un peu de jus, on va continuer de l'avant et pas regarder en arrière. »

– 5 –

Mozes ne méprise pas les admonestations de son producteur avisé, sa participation au budget de ses films fût-elle marginale. Au lieu de retourner directement chez lui, il fait d'abord un détour par son modeste bureau pour voir comment ses affaires ont tourné pendant son absence. Sa secrétaire le félicite pour son prix, et, cette fois, il s'abstient de rabrouer celle qui le congratule et se contente de hocher la tête et de remercier humblement. Pas grand-chose de neuf dans son minuscule bureau qu'avec chaque nouvelle production il agrandit considérablement et réduit au strict minimum entre deux films, pour entretenir la flamme. Il ramasse ce qui lui paraît indispensable, fourre dans un sac, en soupirant, des scénarios, des romans et des récits susceptibles de fournir matière à des films. Enfin, il prend quelques CD de clips envoyés par des comédiens ou des directeurs de la photographie pour qu'il se fasse une opinion sur leur travail. Ensuite, il invite sa secrétaire à déjeuner afin d'entendre les derniers potins sur la concurrence.

De retour chez lui, il songe à appeler Ruth mais décide de la laisser en paix pour ne pas lui donner l'espoir d'un nouveau rôle. Nous avons déjà passé ensemble plus de temps qu'il ne faut... Après une courte sieste, il s'assoit devant son ordinateur pour surfer sur Internet. Il repère facilement l'histoire de la *Charité romaine* et, malgré les mises en garde de la vieille érudite, fait défiler toute une galerie de personnages figurant la fille et le père.

Ensuite, il visionne les clips des comédiens et des directeurs de la photographie, sans trop lever le regard de l'écran, en profite pour jeter un coup d'œil à des synopsis tenant parfois sur une seule page. Au lycée, il avait développé une technique efficace pour évaluer rapidement devoirs et examens et en déterminer la valeur au premier regard. Et comme l'univers du cinéma attire nombre d'auteurs en herbe avides de semer à tout vent leurs élucubrations, comptant sur d'autres pour leur donner de la chair, il a appris à faire le tri sans craindre de passer à côté de la perle rare. Aussi, lorsque Ofra l'appelle aux premières lueurs du crépuscule pour vérifier s'il n'a pas oublié leur rendez-vous, considère-t-il avec un étonnement béat l'amas de feuilles à ses pieds, tout en lui répondant : « Ai-je le choix ? Je vais te céder comme toujours, mais juste pour un petit moment. »

Ofra, il ne la croise qu'à l'occasion d'événements familiaux ou publics, et leurs proches considèrent d'un bon œil et avec soulagement leurs relations apaisées et amicales. Mais Mozes se garde farouchement de mettre un pied dans son ancienne demeure. Il a emporté ou jeté ce qui lui appartenait, et si quelque pli postal anodin s'égare encore à l'adresse qu'il a quittée il y a quinze ans, peu lui importe de le récupérer chez ses petits-enfants. Par principe, il n'est pas disposé à se retrouver en invité dans son ex-maison ; aussi, remarquant sur la boîte aux lettres rouge que lui-même avait jadis posée, dans le hall de l'immeuble, quelques lettres de son nom encore visibles, se sent-il plus que jamais humilié d'avoir accepté de venir là. Cette rétrospective espagnole m'a fait baisser la garde, maugrée-t-il. Amsellem a raison de dire qu'il faut se hâter de la chasser de mon esprit. Il renonce à l'ascenseur et gravit lentement les étages, pour vérifier quels anciens voisins habitent encore l'immeuble. Mais, parvenu au quatrième étage, il s'immobilise sur la dernière marche. L'idée que la femme de sa jeunesse l'attend, seule, dans son ancien appartement l'épouvante.

Ofra a dû l'apercevoir de la fenêtre car elle lui ouvre la porte avant même qu'il n'y toque. Elle aussi est émue et embarrassée et regrette peut-être de s'être acharnée à l'inviter chez elle. Évitant de la dévisager, il bredouille un bonjour, l'enlace de force et lui baise seulement le front et les joues, pour ne pas effrayer ni blesser cette âme à laquelle il se sent encore lié.

D'un regard hésitant, non dénué, pour une raison ou une autre, d'un zeste de contentement, il inspecte son ancienne demeure qui lui paraît encore plus sinistre et plus négligée que lors de sa dernière visite. Ofra a été élevée en fille unique gâtée, dont les parents corrigeaient le laisser-aller et le désordre avec un amour patient qu'ils avaient recommandé à son premier époux. Or, désormais, elle doit affronter, seule, non seulement son propre chaos mais aussi, semble-t-il, celui de son artiste de mari, musicien qui croit, en toute bonne foi, que le bazar nourrit la création.

Ainsi, pour faire de la place à un grand piano à queue, les vestiges d'harmonie laissés dans le salon ont-ils été balayés. Le canapé a été repoussé dans un coin inapproprié, et la grande table de repas s'est vu adjoindre deux commensaux permanents : un ordinateur et une imprimante. Des journaux antédiluviens, que nul ne songe à jeter, s'accumulent sur la table basse à côté de quelques raviers de biscuits salés et de fruits secs. Mais lorsqu'elle lui demande ce qu'il veut boire, il exige de préparer son propre café afin de prouver, non seulement à elle mais à lui-même, que jusqu'à son dernier jour il ne serait jamais un invité dans la maison d'où il a été chassé. Confuse, Ofra tente de le dissuader d'entrer dans la cuisine, et à juste raison, car le tohu-bohu qui règne dans le salon n'est qu'une pâle esquisse de celui qui fait rage dans la cuisine. Il branche la bouilloire électrique à la poignée fendue, puis prend une tasse jaune que, de son temps, il affectionnait, mais, à cette heure, sa propreté lui paraît suspecte ; aussi la remplace-t-il par un grand verre. Ofra se tient à côté de lui, tendue, avec un sourire gêné, forcé, le visage sagement maquillé, la chevelure grisonnante – a-t-elle raté sa teinture ou a-t-elle renoncé à la teindre ? Le bocal de café n'est pas à sa place, et c'est elle qui doit le retrouver. « Tu prends toujours ton café sans sucre, n'est-ce pas ?

— Du sucre ? Jamais au grand jamais », répond-il, en ouvrant le réfrigérateur pour y découvrir, au milieu du trop-plein effrayant de produits et de plats rancis, non pas une bouteille de lait mais trois. Mozes ne demandera pas à la maîtresse de maison laquelle est la plus récente mais il vérifiera lui-même les dates de péremption avant de verser le lait de son ex-épouse dans son verre.

À sa grande surprise, l'embarras d'Ofra laisse place peu à peu à de la tendresse, et elle suit, le visage radieux, la liberté qu'il prend dans sa maison, comme si l'odyssée de son ex-époux à travers son chaos lui redonnait quelque espoir. Sa gentillesse séduit tant Mozes qu'il s'apprête à protester contre sa chevelure négligée – pourquoi ? par paresse ou par credo féministe excessif ? – mais il ravale sa récrimination. Elle ne lui appartient plus. Et, bien que l'allure fanée de la femme qui l'a abandonné soit censée le réjouir, elle le blesse, voire le crucifie.

Elle le félicite de nouveau pour son prix, et, fidèle à sa promesse, il ne se hâte pas d'en minimiser la valeur mais sourit modestement en la remerciant. Ensuite, elle lui demande des détails sur sa rétrospective et se réjouit que Ruth l'ait accompagné. « Comment va-t-elle ?

— Elle n'est pas en pleine forme, se plaint-il, elle néglige sa santé. » Il lui révèle son refus de subir de nouvelles analyses médicales. « Ce n'est pas bien, tu dois la convaincre...

— Pourquoi moi ? Elle a un fils, après tout.

— Mais tu sais bien ce qu'il vaut », lui rappelle-t-elle car elle connaît parfaitement la vie de Ruth et garde en mémoire des détails intimes que lui a oubliés depuis des lustres. Il lui décrit brièvement ses retrouvailles surprenantes avec ses premiers films et, à sa grande stupeur, elle s'en souvient encore car c'est à cette époque qu'ils s'étaient connus, quand il se rendait auprès d'elle, à la Bibliothèque nationale, pour y chercher des illustrations sonores. « Peut-être reste-t-il ici un exemplaire quelconque de ces partitions, dit-elle, essaie de chercher dans le cagibi.

— Non, refuse-t-il, affolé, je n'ai rien laissé ici. »

Elle l'a invité pour parler de la bar-mitsva d'Itaï, leur petit-fils, qui doit se dérouler au début du printemps. D'un commun accord, Itaï et ses parents ont décidé d'annuler la grande fête et de se contenter, après la lecture de la Thora à la synagogue, d'un repas de famille, supposant sans doute que leurs proches seraient les seuls à offrir de gros chèques. Ni Galit ni Zvi n'ont d'énergie pour une grande fête. Zvi attend toujours sa titularisation à l'hôpital et accumule les tours de garde, et le salaire de Galit, malgré son embauche définitive, est celui d'une technicienne. Dans ces conditions, pourquoi se charger du tracas d'une grande fête pour de nombreux invités ? Juste parce que le grand-père a promis d'en tirer un petit film ?

« Je l'ai proposé comme ça, une fois, et de bon cœur. De toute façon, je ne sais pas filmer.

— Je ne savais pas qu'on pouvait être un réalisateur à succès et un mauvais opérateur...

— Tout est possible. Bon, alors, quelle est ta question ?

— Voilà, ils ont tout de même réfléchi à la manière de faire plaisir à Itaï avec quelque chose de tangible et pas seulement avec sa lecture de la Thora, je veux dire, lui offrir une expérience vraiment réjouissante, et, maintenant, tu sais, il y a une nouvelle mode chez ses copains de classe, partir en excursion de bar-mitsva en Afrique. Alors Galit et Zvi ont pensé qu'un tel voyage serait merveilleux pour Itaï, pour sa sœur aussi, et pour eux-mêmes.

— De tous les continents, ils n'ont trouvé que l'Afrique pour son passage de l'enfance à la maturité !

— Ils ne réfléchissent pas comme ça. Ils pensent juste à une excursion agréable au cœur de la nature, au milieu des bêtes sauvages et des paysages. Un voyage qui va leur vider un peu la tête...

— Celle d'Itaï ou la leur ?

— De quiconque a la tête pleine à déborder.

— Mais pourquoi l'Afrique ? S'ils doivent renoncer à une fête et s'en aller vadrouiller dans le vaste monde, qu'ils partent en Europe. Qu'ils offrent un peu de culture à leur fils. Qu'ils lui montrent des cathédrales, des musées, des sites historiques. Qu'ils le familiarisent avec quelque chose d'esthétique, et non avec je ne sais quel lion ou singe qu'il peut voir au Safari de Ramat-Gan. Et crois-moi, un tel voyage ne fera pas de mal, non plus, à Galit et à Zvi. Eux dont toute la vie se limite aux quatre murs de l'hôpital.

— De la culture, nous en avons ici en abondance, même sans l'Europe.

— Tu le penses vraiment ?

— Je ne sais pas ce que je pense, mais c'est leur volonté, et il faut la respecter. Si tu veux les convaincre de changer d'itinéraire, très bien, vas-y, mais, quoi qu'il en soit, il faut les aider.

— En quoi ?

— Je ne sais pas quelle somme tu comptes leur offrir.

— C'est une question un peu indiscrète.

— Pourquoi ? C'est un secret ? De toute façon, on le saura bien à la fin.

— Deux mille shekels ou quelque chose d'approchant...

— Eh bien, peut-être pourrais-tu augmenter un peu cette somme pour les aider ? Ce voyage coûte cher.

— Augmenter ? Rien qu'à cause de notre divorce, Itaï va recevoir deux cadeaux au lieu d'un, de son grand-père et de sa grand-mère !

— Il gagne deux cadeaux mais perd une relation naturelle avec un grand-père et une grand-mère vivant ensemble.

— Ce n'est pas ma faute, en tout cas.

— Si, c'est ta faute. Mais, s'il te plaît, ne discutons pas de ça maintenant. Si tu veux bien, gardons un esprit serein.

— Un esprit serein... D'accord. Combien, *toi*, tu comptes donner ?

— Trois mille. Je vais puiser dans un petit compte d'épargne. Ce n'est pas pour Itaï, c'est pour Galit et Zvi qui ont besoin de voir un peu le monde.

— En Afrique...

— L'Afrique aussi fait partie du monde.

— Bien, je vais essayer d'augmenter la somme.

— Tu as bien reçu un prix...

— De quoi te mêles-tu ? Ce prix ne te regarde pas.

— Pardon, je suis désolée.

— Et j'espère encore avoir le droit d'essayer de les convaincre de renoncer à l'Afrique pour l'Europe.

— Bien sûr que tu as le droit. Ce sont ta fille et ton gendre. Ils doivent au moins entendre ton avis. »

Il perçoit une nuance de dédain dans ses propos et fixe d'un regard hargneux le piano à queue qui bouleverse l'harmonie du salon. Cet interrogatoire à propos du montant de son cadeau, son ingérence quant à son prix tout autant que le voyage en Afrique provoquent en lui une hostilité amère, malgré son amour fidèle pour cette femme aux cheveux gris.

« Dis-moi, ce piano était là la dernière fois que je suis venu ici ?

— Il y avait un piano, mais droit.

— Ah, ah, je me disais aussi... Il a transformé le beau salon que nous avions là en entrepôt à instruments de musique.

— Et c'est précisément de ça que je voulais te parler. »

Elle se lève de son siège, montre le mur séparant le salon du couloir et lui demande de se souvenir si ce mur a toujours été là ou s'il a été ajouté au cours des réfections effectuées après l'achat de l'appartement.

« Ce mur est on ne peut plus d'origine, s'emporte-t-il. Nous n'avons ajouté aucun mur, mais pourquoi me poses-tu cette question ?

— Parce que Hanan pense que ça vaudrait la peine de l'abattre pour agrandir le salon.

— Pour un piano plus grand ?

— Non, s'esclaffe-t-elle, il n'en existe pas de plus grand. Juste pour pouvoir se déplacer plus facilement, profiter de l'espace du couloir.

— Vous ne profiterez de rien, la détrompe-t-il sur un ton catégorique, parce que c'est un mur porteur, et si vous le faites tomber, vous recevrez sur la tête l'appartement du dessus, et alors Schuster s'assiéra aussi dans ton salon.

— Il n'habite plus au-dessus.

— Eh bien, l'occupant actuel.

— Tu en es sûr ?

— Interroge un entrepreneur ou un architecte, pourquoi moi ?

— Mais c'est toi qui as planifié les réfections.

— Raison de plus pour être sûr de ce que je dis.

— Dans ce cas, que peut-on faire ?

— Pourquoi détruire des murs, alors qu'avec un peu de jugeote on peut réparer le chaos que vous avez mis ici ?

— Comment ça ?

— En rapprochant le piano de la fenêtre.

— Mais Hanan va avoir du mal à écrire sa musique face à la fenêtre, le paysage risque de le distraire et de le perturber. Tu sais, il compose une musique très abstraite. Pas romantique pour un sou.

— Eh bien, qu'il ferme la fenêtre et baisse le store.

— Il n'aura plus d'air.

— Bon, qu'il ferme les yeux pour écrire sa musique.

— Tu te moques...

— Non. Mais je te pose la question : c'est quoi, ce caprice ?

— Ce n'est pas un caprice. C'est son art.

— Moi aussi, je suis un artiste et je ne t'ai jamais fait de caprices.

— C'est vrai, en ce sens, tu étais un mari plus commode.

— Bien, et maintenant, écoute-moi, pour une fois. Dans le salon, la solution est relativement simple. Mais, je te jure, votre bazar commence à m'énerver. Rien que votre cuisine, j'en ai eu un frisson dont je ne me suis pas encore remis.

— Tu exagères.

— Pas du tout. La maison que j'ai laissée en bon ordre s'est transformée en un hangar à bric-à-brac.

— Parce que tu ne m'as pas appris à mettre de l'ordre.

— T'apprendre, à toi ? Tu n'as jamais voulu apprendre. Tu te reposais sur moi pour tout.

— Parce que tu ne m'as pas obligée à mettre de l'ordre.

— Je pouvais t'obliger, moi ?

— Pas m'obliger. Mais m'éduquer. Tu n'avais pas la patience de m'éduquer.

— C'est exact. Je t'aimais trop, et c'est pourquoi je fermais les yeux sur tous tes défauts.

— Bon, et alors ? Tu as une idée pour rétablir de l'ordre ici ?

— Viens, aide-moi. Profitons de l'absence de Hanan. Et, crois-moi, je ne fais ça que pour toi. Parce que je ne sais pas pourquoi j'éprouve encore un peu d'amour pour toi. »

Les traits d'Ofra s'empourprent, un sourire timide naît sur ses lèvres, celui d'antan – elle sait qu'il l'aime encore. Puis elle se lève pour l'aider à enlever l'ordinateur et l'imprimante de la table de repas, ramasser les fils, transporter les partitions du fauteuil à la chambre à coucher et replacer le fauteuil à sa place précédente. Ensuite, Mozes débloque les freins du piano et le roule jusqu'à la fenêtre, pousse avec précaution la queue noire jusqu'au fond de l'encoignure et, de son propre chef, sans prendre l'avis de la maîtresse de maison, y dépose un vase afin de créer, à l'en croire, un peu d'esthétique entre deux mélodies.

Le visage d'Ofra est maintenant cramoisi à cause de l'effort et de la proximité physique avec son ex-époux. Elle s'étonne de constater qu'avec un peu de bon sens, et sans détruire aucun mur, il ait réussi à restituer un peu de la beauté et de l'ordre qui régnaient jadis dans le salon. « Ne t'en fais pas, lâche-t-il, Hanan aussi s'habituera au nouvel emplacement de son piano. Et, de toute façon, les artistes en mal d'inspiration, qui croient qu'en cajolant leur muse elle le leur rendra au centuple, ne comprennent pas qu'une muse digne de ce nom déteste les gâteries et les capricieux.

— Hanan n'est pas capricieux. Simplement, il traverse une période difficile.

— Moi, pendant mes périodes difficiles, je n'ai jamais provoqué un tel tohu-bohu autour de moi.

— Toi, tu as fait bien pire, chuchote-t-elle en baissant le regard.

— C'est ce que tu croyais, parce que tu n'avais pas compris qu'un metteur en scène est différent des créateurs qui travaillent dans la solitude. Le metteur en scène porte une responsabilité personnelle à l'égard des personnages qui prennent vie grâce à son œuvre.

— Elle, ce n'était pas qu'un personnage, murmure-t-elle, c'était une femme. Mais laissons ça, je t'en prie. Il s'est passé tellement de temps.

— C'est vrai, les années ont passé. »

Et il se souvient comment cette femme délicate et frêle avait levé la main sur lui quand il lui avait révélé son infidélité, et comment il l'avait forcée à faire l'amour – leur dernier rapport sexuel.

« Veux-tu que je t'aide à mettre aussi un peu d'ordre dans la cuisine ?

— Non, se récrie-t-elle, tu en as assez fait. Merci. »

Silence. Il sait qu'elle lui serait reconnaissante s'il la laissait en paix maintenant, mais il a du mal à la quitter.

Bien que de nombreuses années se soient en effet écoulées, il avoue, à voix basse : « Tu seras étonnée d'apprendre que, parfois, je rêve encore de toi. Peut-être dans l'espoir que tu réussisses enfin à comprendre la nature de mon art, sinon dans la réalité du moins en rêve.

— Tu rêves encore de moi ? »

Cet aveu la trouble, comme s'il pouvait s'immiscer en rêve dans son intimité.

« Parfois.

— Et de quoi peux-tu encore rêver ? Qu'est-ce que tu me fais subir dans tes songes ?

— Aucun sévice, je ne fais que regarder. Tiens, ce matin, après avoir entendu ta voix sur le répondeur, tu m'es apparue dans un rêve court, et c'est la raison pour laquelle j'ai accepté de venir chez toi.

— Qu'est-ce que tu as rêvé ? Qu'est-ce que tu as vu ?

— Que tu descendais un escalier, de nombreuses marches.

— Pour aller où ?

— Je ne m'en souviens plus. Les escaliers, comme tu le sais, ne sont pas que des escaliers mais un symbole érotique dont je me sers parfois dans mes films, quand je veux renforcer la relation entre le héros et l'héroïne.

— C'est la première fois que j'entends cette théorie.

— Mais elle est authentique, demande à ton Hanan. Si c'est un intellectuel, il en a sûrement entendu parler. Mais ne t'en fais pas, dans mon rêve, tu n'étais pas seule, il y avait aussi tante Sonia, de sorte qu'il ne pouvait pas y avoir beaucoup d'érotisme dans cette situation.

— Tante Sonia ? éclate-t-elle d'un rire espiègle et enfantin, oh, oh, c'est bien de l'avoir mise dans ton rêve !

— Je ne l'ai pas mise, elle est venue d'elle-même et, en plus, sans son fauteuil roulant, et toutes les deux, vous descendiez lentement les marches, et toi, tu la soutenais, moi, je te suivais, je vous suivais en veillant à ce que je puisse la relever, si elle tombait.

— Au moins, dans tes rêves, tu es un être attentionné.

— Mais, en te racontant ça maintenant, j'ai l'impression de comprendre mon rêve. Je pense que je l'ai amenée pour te protéger du désir que j'éprouve encore pour toi. Un désir noble, pur, disons même, pour le gros grain de beauté sur ton cou, là, au-dessus de la colonne vertébrale, une délicieuse tache de naissance que toi-même tu ne peux pas voir, et c'est pourquoi, de temps à autre, je devais t'en donner des nouvelles. »

Ofra ferme les yeux, soupire. Ses traits sont fatigués. Des rides inconnues se sont creusées pendant les années où il ne l'a pas revue. Mais quand elle parle, une tendresse ironique émane de sa voix.

« Je vois que tu as du mal à oublier ta rétrospective espagnole.

— Peut-être. Mais en quoi est-ce un péché ?

— Aucun péché. Mais tu as promis de te contrôler.

— Je ne me suis pas contrôlé ?

— Pas vraiment. Tu es encore bouleversé par cette rétrospective. »

Elle parle sans colère, sans affolement, elle a déjà posé les pieds sur la table basse. Et il lui semble qu'elle n'est plus aussi pressée de le voir partir.

La douleur causée par leur rupture l'accable de nouveau, il se lève de son fauteuil, sans regagner la porte d'entrée mais s'approche d'elle et l'interroge, avec un sourire amusé : « Dis-moi, je n'aurais pas droit à une petite récompense pour avoir déplacé le piano et, du coup, réduit ton chaos ? » Le regard reconnaissant d'Ofra le fixe. « Bon, dans ce cas, ne t'affole pas si je regarde, juste un peu, ce grain de beauté que tu ne connais pas, mais que, moi, j'ai beaucoup aimé dès le moment où je l'ai découvert. »

Et, à la stupéfaction de Mozes, telle une comédienne se pliant aux directives de son metteur en scène, elle incline la tête en avant, en un geste lent, pour dénuder son cou, et lui, avec une extrême délicatesse, baisse le col de son chandail et déniche facilement le grain, brunâtre et rond – peut-être un peu préoccupant –, approche les lèvres et l'effleure du bout de la langue. Ensuite, il remonte le col et lance, d'un ton décidé : « Voilà, je m'en vais, et ne va pas croire pas que je n'essaierai pas de convaincre Galit de renoncer à cette idée barbare de célébrer la bar-mitsva de notre petit-fils avec des lions et des singes. »

– 6 –

Le vendredi soir, Amsellem le harcèle de nouveau pour qu'il vienne chez lui, à Beersheva. « Demain à midi, y aura quelques gars qu'on pourra convaincre d'investir dans un nouveau film, mais eux, ils doivent d'abord voir qui tu es et à quoi tu ressembles.

— Plutôt que de me voir, *moi*, rétorque Mozes, envoie-les regarder mes derniers films.

— Non, rétorque Amsellem, ce sont de braves types, simples, avec trop de pognon, ils comprennent rien aux films mais s'y connaissent en bonhommes, et c'est pour ça qu'ils veulent renifler de près l'inventeur des fantaisies avant de mettre le premier shekel dans ses films. À part ça, y aura aussi ma belle-fille qui vient de divorcer.

— Quel âge a-t-elle ?

— Quarante-cinq ans. Mais c'est pas à elle que je pensais pour toi, plutôt à un jeune gars avec un bébé, qui, si je me fie à mon intuition, pourrait fournir une histoire comme on n'en connaît pas beaucoup.

— Rien de nouveau sous le soleil », soupire Mozes.

Il lui lâche une promesse paresseuse, truffée d'hypothèses, elles-mêmes sujettes à des suppositions infinies. Primo, ça dépend des forces qui lui resteront, samedi. Secundo, on verra à quoi ressemblera l'univers, ce jour-là. Tertio, il a l'intention de rendre visite à ses petits-enfants. Cependant, le lendemain, son producteur le rappelle tandis qu'il se prélasse encore au lit avec ses journaux et scrute, plein d'espoir, les cieux gris et pluvieux. « Mais la tempête commence à faire rage, proteste Mozes. Si on repoussait à samedi prochain ? » Impossible, ce samedi-là, ses invités ne seront pas là, ni les braves types ni le jeune homme. Et la tempête, c'est juste à Tel-Aviv. Dans le Sud, l'horizon est tout bleu, et ce beau temps va mettre Mozes à moins d'une heure de Beersheva par l'autoroute.

Si la société Amsellem-Tamir n'a jamais mis plus de trois ou quatre pour cent dans ses films, la fidélité du grossiste et sa foi en Mozes lui ont gagné l'affection du metteur en scène. Car, contrairement aux sociétés de production et institutions publiques investissant dans ses films, Amsellem a conservé sa bonhomie populaire et gardé le parfum des fruits et légumes à la base de sa fortune, même après avoir conquis le marché de l'immobilier et même si, dernièrement, il arbore une petite queue-de-cheval malgré son âge avancé. Bien que les liens d'Amsellem avec Trigano se soient distendus, Mozes n'oublie pas que c'est le scénariste qui les avait présentés et que ce dernier entretient toujours de bons rapports avec le producteur marchand de quatre-saisons.

Il appelle sa fille et s'invite chez elle, sans lui cacher son intention de la détourner de l'Afrique vers l'Europe, avant d'augmenter son cadeau de bar-mitsva. Elle se montre surprise. Mais, bien qu'ils aient déjà choisi la destination africaine et qu'ils soient censés réserver leurs billet d'avion la semaine suivante, elle se dit disposée à entendre pourquoi l'Afrique déplaît à son père. « Mais je voudrais, lui dit-elle, qu'on en parle entre nous, seuls, sans Itaï et sans Zvi. S'il te plaît, ne viens pas ce matin, il y aura des gens chez nous. Et, ce soir, on va à un concert. Mais, demain matin, à l'hôpital, je fais une pause entre dix et onze heures, on pourra bavarder tranquillement à la cafétéria, et tu pourras aussi me raconter ta rétrospective et le prix dont maman m'a parlé.

— Un tout petit prix... négligeable.

— L'essentiel, c'est qu'on t'ait rendu hommage. »

Sachant que son gendre ne supporte pas qu'il s'immisce dans ses affaires familiales, il accepte de bon gré une rencontre intime à l'hôpital, d'autant qu'à cette occasion – l'idée lui traverse l'esprit – elle pourrait lui faire passer une cardiographie dans son service de radiologie et lui donner des nouvelles de sa santé.

La tempête n'a pas encore atteint Tel-Aviv, mais les cieux gris rendent la quiétude du sabbat encore plus morne. Il décide donc de troquer la grisaille de la ville pour la sécheresse pure du désert et, du coup, en une petite heure, suivant les instructions précises qui lui sont données pendant le trajet, il se retrouve à chercher où se garer au milieu des nombreux véhicules qui encerclent l'énorme villa du grossiste.

Amsellem ne l'a pas trompé. Parmi les nombreux invités, commerçants, courtiers et autres entrepreneurs, certains se montrent intéressés par ses films mais, d'abord, ils veulent connaître le réalisateur et savoir quelles sont ses intentions pour son prochain film. Ainsi, Mozes se retrouve très vite au centre de l'immense salon, à lamper le verre que le producteur continue de remplir d'un vin excellent, à répondre longuement à la curiosité de ses interlocuteurs dont la candeur artistique n'a d'égale que l'astuce pratique. De temps à autre, une volée sauvage de jeunes gens de tous âges s'abat sur la pièce, se rue sur la table chargée de biscuits salés et sucrés, se sert avec une liberté gloutonne, puis s'égaille dehors pour y poursuivre ses jeux.

« Alors, ce prochain film ? l'interroge un invité dont Amsellem a révélé le volume des affaires à Mozes. Qu'est-ce que tu mijotes dans ta marmite ?

— La marmite est encore vide, confesse Mozes en toute franchise, et le feu n'est pas allumé... »

Il s'aperçoit aussitôt de son erreur car un artiste qui se plaint des bouderies de sa muse provoque instantanément chez les gens la volonté impérieuse d'allumer son feu et de lui bourrer le crâne de conseils et d'idées, d'histoires vraies ou fictives. Et lorsqu'ils se rendent compte que l'écoute de Mozes est distraite sous l'avalanche des suggestions, ils demandent au maître de maison d'apporter une feuille de papier où ils pourront, au moins, inscrire leur nom et leur numéro de téléphone – on ne sait jamais, si le metteur en scène désirait davantage de détails, il pourra les contacter facilement. Avec l'expérience de l'âge, connaissant et aimant ses amis, Amsellem hésite déjà entre réaliser leur souhait et la nécessité de les modérer. Il appelle un adolescent calme et triste, assis dans un coin du salon à bercer une poussette de bébé, pour qu'il apporte une feuille où inscrire quiconque tient à se rappeler au bon souvenir de Mozes.

Mais l'enfant ne quitte pas son siège et, à sa place, s'approche une femme très séduisante portant une coiffe multicolore. La belle-sœur d'Amsellem, la jeune sœur de sa seconde épouse. Mozes l'a déjà rencontrée en compagnie de son mari au milieu des nombreuses personnes que le producteur se permet d'inviter aux premières de « ses » films. Il lui fait de la place à côté de lui et, malgré la sainteté du sabbat, elle écrit, avec une sorte d'application étrange, d'une écriture un peu puérile, les noms de ceux qui souhaitent attiser les braises mourantes. La jeune divorcée, mignonne et attachante, dont le parfum est agréable et capiteux, serait-elle la cause de l'obstination d'Amsellem à le faire venir jusqu'ici ? Car si, après le décès de la mère de ses enfants, Amsellem s'est autorisé à épouser une femme plus jeune que lui de vingt ans, pourquoi Mozes, plus jeune que lui de dix ans, ne suivrait-il pas son exemple ?

Achevée l'inscription de ceux qui entendent apporter leurs idées à son prochain film, et peut-être leur argent, Mozes plie la feuille et la glisse dans sa poche, promettant de s'en souvenir et de revenir vers eux, puis il invite la gracieuse secrétaire improvisée, dont la coiffe pudique accroît la séduction, à l'accompagner au buffet autour duquel quelques invités se sont déjà regroupés. Et, tandis qu'il cueille la grande assiette que cette femme, Rachel Sico, lui remet, il s'autorise aussi – sans une allusion, Dieu l'en garde, au fait qu'il est au courant de son divorce – à la sonder prudemment sur son lieu de résidence, sa profession et, bien sûr, ses enfants dont il s'avère, malgré sa pratique religieuse, qu'ils ne sont que deux et assez jeunes. Yoav, l'aîné, a célébré récemment sa bar-mitsva, c'est l'adolescent pâle qui remue doucement une poussette dans un coin du salon et jette des regards avides sur le buffet. Tandis que Mérav, la fille qui, à en croire sa mère, est une belle enfant de dix ans, s'époumone avec la bande de gosses. Mozes l'écoute poliment, tout en faisant le point en son for intérieur : ses enfants sont trop jeunes... Pas question de me lier à cette femme, mais une relation amicale, de temps à autre, pourquoi pas ? De son côté, elle continue de s'épancher, dévisageant son auditeur avec un regard lumineux et, avec une franchise téméraire, presque suicidaire, lui annonce qu'outre ses deux enfants elle a un petit-fils âgé de sept mois.

Il tend l'oreille pour vérifier que son appareil auditif a perçu exactement le mot. « Un petit-fils ?

— Oui, un petit-fils. Il est là dans la poussette à côté de son père.

— Son père ? (Éberlué, il le cherche dans la pièce.) Tu veux dire ton époux ?

— Pas mon mari, mon fils. Le jeune homme qui veille sur son fils dans la poussette. C'est lui, le père.

— Son père..., murmure Mozes, stupéfait.

— C'est la pure vérité. Et c'est l'histoire que mon beau-frère et moi pensions te proposer pour ton prochain film... Si, toutefois, tu n'as pas une autre histoire en tête. »

Tandis que Mozes tourne un regard épouvanté vers le gamin berçant tristement son bébé, son assiette lui échappe des mains et se brise à ses pieds. Mais son interlocutrice se hâte de le rassurer par un « *Mazal tov*, ça porte bonheur » et se baisse pour ramasser les débris.

En prenant avec précaution une autre assiette, un soupçon lui vient à l'esprit : je me demande si c'est seulement pour cette histoire effarante qu'Amsellem s'est acharné, ce matin, à me faire accourir de Tel-Aviv ou si c'est aussi pour cette femme qui vient de me la raconter.

– 7 –

Entre-temps, la suite de cette histoire est interrompue par la maîtresse de maison qui appelle sa sœur dans la cuisine pour l'aider. Mozes peut se ressaisir et remplir consciencieusement son assiette, s'installer à une petite table dans le jardin et, tout en mangeant, tenter d'identifier, dans la bande d'enfants s'ébattant autour de la piscine vide, la fillette mignonne, déjà tante à un âge si précoce. Un couple âgé habitant Sdérot le rejoint à sa table ; en ce jour de sabbat, ils sont venus se reposer chez Amsellem, loin des roquettes tirées de Gaza. « Mais les missiles tombent ici aussi, à Beersheva, objecte Mozes.

— C'est vrai, mais, ici, ils ne tombent que de temps en temps et, en plus, avant qu'ils arrivent, le temps d'alerte est plus long. »

De toute façon, personne demeurant hors de portée des roquettes ne les a invités. Ils connaissent Mozes, Amsellem les avait invités à la première de *Pommes de terre*, qu'ils ont bien aimé – ils ont même pleuré à la fin. Ils possèdent un grand magasin de fruits et légumes au marché couvert de Sdérot, et ça leur a fait vraiment plaisir de voir qu'on peut broder toute une histoire à partir de choses aussi banales. Simple et vrai, votre film, déclarent-ils à Mozes, et c'est pour ça qu'il touche le cœur. Eux en ont assez des films à suspense et des meurtres, au cinéma et à la télé, où tant que le véritable salaud n'est pas tué, impossible de savoir lequel c'est parmi tous les autres salauds.

Le père adolescent pénètre maintenant dans le jardin, les traits concentrés, tenant à deux mains un grand plateau couvert de raviers pleins à ras bord, tandis que la grand-mère, à la recherche d'une table à l'ombre pour sa petite famille, porte son petit-fils. Mozes a la tentation fugace de les rejoindre pour en connaître un peu plus sur cette histoire mais, craignant de blesser le couple de marchands de quatre-saisons assis à sa table, il fait un signe à Amsellem passant de table en table avec deux bouteilles de vin blanc et rouge. Et tandis que le vin rouge coule dans son verre, le metteur en scène chuchote à son producteur :

« Dis-moi, cette histoire est vraie ou c'est une divagation de ta belle-sœur ?

— Bien sûr qu'elle est vraie, s'offusque Amsellem, je t'aurais pas traîné, en plein sabbat, jusqu'à Beersheva juste pour un bobard. C'est pas les bobards qui vous manquent, à Tel-Aviv.

— Mais où se trouve la mère du bébé ?

— Tu veux entendre toute l'histoire de la bouche de ma belle-sœur ?

— Raconte-moi l'essentiel.

— La mère du bébé n'est plus ici. Je veux dire, elle a quitté Israël.

— Qui est-ce ?

— Qui c'était... Je veux dire, elle existe toujours. Une môme américaine.

— Vraiment américaine ?

— Et juive aussi. En fait, à moitié. De Californie. Elle est arrivée ici seule avec son père, un genre de professeur, tu vois, style géologue, ou *zéologue*, quelque chose dans le genre, il est venu pour un an dans un institut de recherche de notre université. Elle est plus âgée que Yoav d'un an, mais on l'a baissée de classe à cause de la langue. Et, même dans la classe de Yoav, elle a eu du mal, surtout en cours d'hébreu et de Bible, parce que son côté juif est assez pâlot. Mais t'y trompe pas, Mozes. Je l'ai un peu connue grâce à ma femme et à ma belle-sœur, c'est une enfant développée, de corps et de cervelle. Intelligente et joyeuse, mais livrée à elle-même. Son père vadrouillait dans le désert pour ses recherches, et elle, elle avait beaucoup d'heures libres dans une maison vide, du genre maison ouverte à tous, où ses potes se vautraient et déconnaient et, bien sûr, notre Yoav aussi, qui lui plaisait plus que les autres. Parce que, hein, regarde-le, là-bas, à la table près de l'arbre, c'est un enfant délicat, un beau garçon, regarde... Tu vois ?

— Oui... De loin...

— On va te le présenter pour que tu puisses te faire ta propre idée.

— Mais pourquoi me le présenter ? s'effraie Mozes.

— Ben, pour l'histoire... Pour le film, quoi.

— Attends... Tu vas trop vite... Qui t'a dit que j'ai envie de ce genre d'histoire pour mon film ?

— Pourquoi pas ? Ici, on te livre une tranche de vie réelle... Tu savais qu'il y a eu une histoire similaire en Angleterre ? Mais, là-bas, la jeunesse est dévergondée et violente. Ils les ont montrés, une fois, à la télé, ceux d'Angleterre. Deux enfants du même âge à peu près qui ont eu un bébé. Là-bas, la fille était plus grande et assez grasse, mais le môme, je veux dire, le père, ressemblait à un poussin, du genre Anglais maigrichon, tu vois, genre propre sur lui... Tu l'as pas vu par hasard ?

— Non, Amsellem. Attends... s'il te plaît...

— Je te le dis, crois-moi. Si on se presse pas pour ce film, les Anglais vont nous rafler le sujet.

— Grand bien leur fasse ! Qu'est-ce qui t'arrive ? Qu'est-ce que tu as à te précipiter et à t'enflammer avant même que je comprenne quelque chose à cette histoire ?

— C'est le sujet, les opportunités qui m'excitent.

— Qu'est-ce qu'il a de particulier, ce sujet ?

— Est-ce que je sais, moi ? Les problèmes de la jeunesse, la liberté déchaînée, le laisser-aller, l'alcool...

— Mais, là, ce n'est pas exactement la même chose. Je ne comprends toujours pas.

— Qu'est-ce que tu comprends pas ?

— Pourquoi n'ont-ils pas interrompu la grossesse dès le début ?

— Parce que, en fait, cette fillette vivait seule ici, je te l'ai déjà dit. Sans sa mère divorcée, qui se fichait de sa fille, et aucun membre de sa famille pour comprendre ce qui lui arrivait. Et son père, le prof, la négligeait, vagabondait un peu trop dans son désert. Avant qu'ils saisissent enfin qu'elle était enceinte, il était trop tard. Je veux dire, l'avortement aurait été dangereux. Alors, on s'est tous dit : pas grave, qu'elle accouche, puis on donnera le bébé à l'adoption. C'est ce qu'on a tous décidé.

— Vous étiez tous mêlés à cette histoire ?

— Oui. Après tout, c'est une histoire tellement spéciale, même du point de vue de la loi, que toute la famille devait s'en mêler. Parce que même si, c'est sûr, d'autres gars avaient couché avec la fille, même avant la naissance, c'était clair que notre Yoav était le père, parce qu'il en était dingue, totalement toqué d'elle et, en plus, il a pris la responsabilité sur lui, malgré son père qui lui a dit de s'en laver les mains. Mais sa mère, ma belle-sœur, a défendu son fils. Alors, son mari a cédé.

— Et ensuite ?

— Y a eu l'accouchement... Pas facile... Pas simple... Elle a perdu beaucoup de sang... Un moment, on a craint pour sa vie car, après tout, ça n'était encore qu'une enfant. Mais, au moins, à ce moment-là, sa propre mère – et juste là, on a découvert qu'elle était pas juive – s'est souvenue de sa fille et elle est venue pour rester avec elle. Sauf que, tout de suite après la naissance, elle, le *zéologue* et je ne sais quel avocat roublard, débarqué avec eux, se sont dépêchés de kidnapper la petite pour la ramener en Amérique, comme ça, si le bébé était adopté, sa mère n'aurait plus rien à voir avec lui. Et c'est comme ça que la partie américaine du bébé est partie en fumée, mais peut-être qu'il pourra la récupérer quand il sera grand.

— Comment se fait-il qu'il n'ait pas été adopté à la fin ?

— Parce que l'enfant, je veux dire, le père, mon Yoav, et c'est là l'essentiel, a dit soudain qu'il était pas d'accord. Il croit que si le bébé reste avec lui, elle finira par revenir, je veux dire, la fille qu'il aime. Elle reviendra à son bébé... Et, comme ça, il essaie de garder un lien avec elle, mais ça marche pas.

— Il l'aime tant que ça..., murmure Mozes.

— Qu'est-ce qu'on y peut ? Alors qu'il a toute la vie devant lui, il est mordu de cette Américaine fêlée, et même si elle se trouve maintenant en Amérique, cet amour ne lui passe pas et il fait même qu'augmenter. Mais, pendant ce temps, il élève son enfant avec l'aide de sa mère. Et ce Yoav, c'est quoi, en tout et pour tout ? Un môme dont, il y a deux ans à peine, on a fêté la bar-mitsva. En fait, c'est une tragédie pour lui... Alors, dis-moi, Mozes, une histoire comme celle-là, ça vaut le coup de la laisser aux Anglais ou de la piquer pour nous, en premier ?

— Pourquoi est-ce important de la "piquer" ?

— Pour en faire un film éducatif pour notre jeunesse. Pour la mettre en garde contre les dangers. Le ministère de l'Éducation et celui des Affaires sociales pourraient même le subventionner... »

Mozes appuie le visage sur sa main, avale un peu d'eau. Ce coq-à-l'âne entre une tragédie personnelle et une hypothétique subvention gouvernementale le met mal à l'aise.

« Et si nous poursuivions cette discussion un peu plus tard ? dit-il au producteur.

— Pas de souci, répond Amsellem en posant les mains sur les épaules des deux marchands de quatre-saisons qui suivent leur conversation sans en perdre une miette. T'en fais pas, eux, ce sont de véritables amis, et pourquoi ils n'écouteraient pas cette histoire, eux aussi ? »

Les deux commerçants opinent de la tête.

« Mais d'abord, dis-moi comment étaient les grillades ? reprend Amsellem. Tu veux qu'je t'ramène du rab ?

— Non. Je me servirai si j'en ai envie. Mais laissons ça pour le moment. Tu me donnes le tournis.

— Je vois pas pourquoi t'aurais tout à coup le tournis, t'es trop émotif, à force, avec cette rétrospective. Lève-toi, prends-toi encore un peu de viande avant le gâteau et les desserts. Et, avant de retourner à Tel-Aviv, repose-toi dans la chambre que je t'ai préparée. De toute façon, t'aimes mieux ta sieste que tous tes potes. »

– 8 –

Remué par l'histoire de la jeune parturiente, Mozes hésite à se servir en viande grillée et en dessert, puis y renonce pour une pomme rouge qu'il glisse dans sa poche et, après un petit tour dans l'immense demeure au milieu des invités, il retourne au jardin, attiré par la mère et son fils. Assis sous un olivier, ils attendent que la petite sœur finisse sa glace. Il s'arrête près d'eux, caresse la tête de la fillette, puis s'agenouille pour regarder le bébé dans sa poussette, comme s'il songeait à lui donner un rôle dans un prochain film. Le nourrisson minuscule, à la peau très claire, agite un peu les mains. Le père le surveille, tendu, mais Mozes lui sourit et, avec l'assurance d'un grand-père plein d'expérience, remarque : « Ce bébé est mignon, mais est-ce qu'il te laisse dormir ?

— Pas toujours », répond le jeune homme sans amertume et, aussitôt, il se reprend : « Presque pas. » Mozes fixe cet adolescent à peine plus âgé que son petit-fils, qui a déjà connu l'amour et conçu un enfant et, plein de mélancolie, paraît mûr et grave. Il jette un regard chaleureux et encourageant à la jeune grand-mère dont le charme est exalté par les rayons de soleil. « Oui, ton beau-frère a complété l'histoire que tu as commencée et, je dois l'avouer, c'est vraiment une histoire singulière.

— C'est pourquoi, s'interpose le jeune homme, nous avons pensé que mon histoire pourrait servir de base à ton film… Avec des modifications, bien sûr… »

Mozes se montre réticent, voire hostile devant la volonté manifeste de ce garçon d'expier sa faute par un film, comme si l'art devait effacer la honte de ce malheureux épisode. Mais il se garde bien de laisser échapper quoi que ce soit de vexant et se contente de marmonner doucement :

« Oui, peut-être... Mais, pour en décider, j'ai besoin d'autres détails. Par exemple, comment tes condisciples réagissent-ils ? Que pensent-ils de ce que tu as fait ou de ce qui t'est arrivé ?

— Au début, ils n'y croyaient pas. Ensuite, quand ils ont vu que c'était vrai, ils ont paniqué, ils ont eu peur de s'approcher d'elle et de moi, et, après la naissance, ils se sont encore plus éloignés. Ce n'était pas tellement eux-mêmes, mais c'est leurs parents qui les avaient mis en garde, comme si nous ou le bébé, on était contagieux. Une sorte de quarantaine, au début. Mais, maintenant, cette mise à l'écart est devenue moins sévère, et il y a des amis, surtout des filles, qui viennent voir le bébé et même m'encourager et m'aider. Ils m'apportent les cours que je rate, certains se proposent même de changer ses couches et de lui donner son bain. Pas seulement des filles... Des garçons aussi...

— Formidable, dit Mozes, qui échafaude déjà une scène dans laquelle des jeunes gens et des jeunes filles donneraient le bain au bébé. Mais, dis-moi, qu'est-ce que ton père dit de tout ça ? »

Le silence retombe aussitôt. Les traits de l'adolescent se crispent.

La mère intervient à sa place : « Son père ne dit rien. Son père a abandonné son fils, il nous a tous abandonnés.

— Abandonné ? Pourquoi ? Pour des raisons religieuses ?

— “Religieuses” ? Pourquoi ça, “religieuses” ?

— J'ai dit ça juste comme ça... Je croyais... Parce que je comprends que vous êtes un peu religieux.

— Nous sommes traditionalistes, et un traditionaliste fixe lui-même les règles de ce qui est interdit et de ce qui est permis.

— Parfait, c'est comme ça qu'il convient de pratiquer, répond Mozes, emporté par son enthousiasme. Ainsi, j'ai remarqué que, malgré ta coiffe pudique, tu te permets d'écrire, le sabbat. »

La femme se trouble.

« Je ne fais pas qu'écrire..., chuchote-t-elle, mais elle s'arrête sans détailler ses autres activités illicites du sabbat.

— Tout de même, pourquoi son père a-t-il abandonné son fils ?

— Parce que, dès le début, nous nous étions mis d'accord pour confier le bébé à l'adoption. Parce que son père prétend que la jeune fille, la mère du bébé, ne reviendra plus.

— Et toi, crois-tu qu'elle reviendra ?

— Je ne sais pas... Peut-être qu'elle ne reviendra pas, en effet... Mais comment puis-je ne pas respecter l'amour et la fidélité de mon fils ? Serait-il juste de lui ôter l'espoir de la voir revenir s'il le croit, en s'occupant lui-même de leur enfant ? Qu'elle revienne à mon fils ou à son enfant... »

Plein de gratitude, l'adolescent boit avidement les paroles de sa mère, comme s'il entendait, pour la première fois, l'affirmation de son soutien inébranlable à son plan.

« Et tu ne comprends toujours pas qu'une pareille histoire puisse donner, entre nos mains, un film merveilleux ? susurre Amsellem, debout en silence derrière eux.

— Je comprendrai après y avoir réfléchi à tête reposée.

— Bravo ! s'écrie le producteur. Eh bien, repose-toi et réfléchis, parce que, aux nouvelles, ils viennent d'annoncer une tempête dans le Nord. Pourquoi te presser d'aller te faire arroser ? »

Trois ans auparavant, à l'occasion de la pendaison de crémaillère d'Amsellem, Mozes avait offert une statuette en bronze d'un animal de race indéfinie. Puis, on lui avait fait faire le tour de la maison pour en admirer les dimensions et la beauté, mais il s'avère qu'il n'avait pas vu toutes les pièces car, au milieu du vacarme, Amsellem le conduit à une chambrette communiquant avec la demeure par la cuisine. Une sorte de petit bureau dans lequel Amsellem s'isole en compagnie de ses comptes et de ses dossiers – surtout ceux qu'il n'a aucun intérêt à montrer à un œil étranger. « Le bureau de la véritable comptabilité », surnomme-t-il cet endroit où l'on trouve, outre une table de travail, un ordinateur et une imprimante, un grand fauteuil inclinable sur lequel il peut sommeiller, pendant que la comptabilité véritable et exacte dresse son bilan par ses propres moyens.

Certes, Mozes n'a pas besoin de s'endormir ni même de somnoler. La journée de sommeil, quarante-huit heures auparavant, nourrit encore sa vigilance, mais s'isoler avec lui-même, face à la paisible aridité désertique, n'est pas de refus avant de retrouver le tumulte de la métropole. Pas de doute, il éprouve de l'affection pour son producteur, et sa relation avec lui redonne une simplicité terre à terre à ses idées complexes car Amsellem, selon ses propres mots, incarne « le peuple simple mais profond », à ne pas confondre avec « la populace abrutie et superficielle ».

« Tu veux une couverture ? Ou qu'on te mette le chauffage ?

— Les deux, répond le metteur en scène, même si je n'ai pas l'intention de dormir. Juste reprendre quelques forces.

— Même si tu t'endors un peu, ça sera pas la catastrophe. Ici, c'est quand même plus confortable que sous mon camion.

— Pendant les journées où je me reposais sous ton camion, je pensais encore qu'on pouvait ressusciter ainsi les neurones morts pendant la matinée. Ensuite, j'ai appris que ce qui est mort ne ressuscite pas. Cette fois, ne t'en fais pas, je ne vais pas m'endormir. Mais, s'il te plaît, envoie quelqu'un avec du café noir, du turc, bien fort, comme celui de ta première femme, que sa mémoire soit bénie.

— Celui de la seconde, c'est pareil. Je n'aurais pas épousé une femme qui ne sait pas préparer un bon café.

— C'est vrai qu'elle a l'air d'une femme exceptionnelle. Sa sœur aussi, d'ailleurs. Sauf qu'elle est un peu étrange.

— Pas étrange mais têtue. Elle a fourré je ne sais quoi de religieux dans sa dispute avec son mari, elle y a mêlé le bon Dieu. J'ai dit à ma femme : “Au moins, fais-la descendre de son arbre à bon Dieu.” Mais elle n'a pas réussi. Nous aussi, on a essayé de la convaincre de confier le bébé à l'adoption, mais elle a fait la sourde oreille. Alors qu'elle sait bien que la mère ne reviendra pas en Israël, mais elle a peur de détruire l'espoir de son fils. Sans se rendre compte que le bébé lui bousille son adolescence. Dis-moi, Mozes, la vérité, c'est pas une bonne histoire ?

— Tout doux, tu t'excites un peu trop vite. Pour le moment, ton histoire ressemble à du Bollywood.

— Peut-être, à la base. Mais si nous trouvons un scénariste malin, un peu givré comme le Trigano que tu avais, il ferait passer le film des égouts de l'Inde aux salons d'Europe, il te touillerait tout ça, t'ajouterait une pincée de poivre, et même, il te conduirait le garçon amoureux et désespéré à menacer la vie de son bébé, pas sérieusement bien sûr, juste pour lui ramener son amour. »

Mozes ferme les yeux, le café l'obsède.

« Qu'est-ce qui t'a pris de parler de Trigano ?

— Juste comme ça. C'est pas toi qui en as parlé en racontant ton voyage en Espagne ?

— Je n'ai pas fait attention. Tu as encore des relations avec lui ?

— Aucune.

— Bon, sur ta vie, maître de maison, envoie-moi du café pour me donner un coup de fouet avant mon départ. Et faisons une pause. Aujourd'hui, tu n'as pas arrêté de me donner le tournis.

— Comme tu voudras. Mais fais-moi plaisir, ne touche à rien ici. J'ai tout bien rangé, et si on me bouge un papier, je suis foutu. »

– 9 –

Le maître de maison parti, un silence agréable s'installe dans le réduit à comptabilité. De l'autre côté de la fenêtre grillagée apparaissent des cieux d'un bleu d'azur comme sur les dessins d'un enfant. C'est la force du désert, songe Mozes, la tempête se déchaîne à quatre-vingts kilomètres au nord, et, ici, les cieux sont purs. Bien que la chambrette soit tiède, il décide de ne pas s'assoupir et attend le café qui va le revigorer, mais, entre-temps, il se pelotonne sous la couverture à carreaux en laine que lui a donnée Amsellem, mange la pomme glissée dans sa poche et examine la photo du roi du Maroc accrochée au-dessus du bureau où Amsellem fraude le fisc.

Il est si habitué à sa sieste de l'après-midi que, malgré sa décision de se reposer sans dormir, il doit ouvrir les yeux en grand, brûlants et affolés, au moment où la belle-sœur d'Amsellem pénètre, un plateau dans une main avec un *finjan* et une assiette de biscuits tandis que, de l'autre, elle tire la poussette du bébé, suivie par l'écho d'une marche israélienne tonitruante accompagnée à l'accordéon.

Mozes suppose qu'elle a pris l'initiative de lui apporter son café afin de poursuivre le récit de son histoire familiale, mais elle le surprend par une étrange demande : laisser le bébé dormir dans cette pièce. Son jeune père voudrait se délasser en jouant au foot avec les autres enfants, et elle souhaite rejoindre les chanteurs dans le salon pour échapper un peu à sa déprime.

Si elle le gardait, le bébé perdrait sa sieste de l'après-midi, alors qu'ici, au calme, il pourrait dormir sans être dérangé. Mais s'il commence à crier, Mozes peut l'appeler aussitôt, et puis, lui aussi a eu des petits-enfants de cet âge, n'est-ce pas ?

« Quatre, trompette-t-il fièrement, et ce n'est pas fini.

— Alors, tout va bien », sourit-elle.

Qu'est-ce qui va « bien » ? s'étonne-t-il devant cette demande un peu désinvolte de jouer au baby-sitter temporaire pour ce bébé d'origine douteuse, comme si on voulait l'appâter pour réaliser un film susceptible d'effacer la honte de sa naissance. Mais il sourit de bon gré, aide cette femme à la féminité si épanouie à trouver un endroit adéquat pour la poussette, et reçoit sa tétine, bien qu'il soit sûr qu'il se hâtera de rameuter du secours, dès le premier vagissement.

« Merci, Yaïr », lui dit-elle en l'appelant tout à coup par son prénom, puis elle s'empresse de retourner à ses chansons. Il referme la porte derrière elle et, sans regarder l'intrus dans la poussette, verse son café, avale une tasse après l'autre du liquide bouillant et fleurant bon la cardamome. Et ce n'est que lorsque son esprit est tout à fait éveillé qu'il se tourne pour examiner de près le bébé dont nul n'a pris la peine de lui révéler le nom.

Or, à sa grande surprise, le nourrisson est bien éveillé, fixant tranquillement le metteur en scène de ses yeux intelligents. Le bleu noirâtre de son regard est-il le fruit d'une coopération entre l'Amérique et Israël ou est-il susceptible de changer ? Mozes se demande s'il doit lui enfoncer la tétine dans la bouche, afin de prévenir les cris qu'il ne manquera pas de pousser, ou attendre patiemment pour se débarrasser en vitesse de sa garde et le rendre à sa famille qui, de toute façon, ne lui a pas laissé de lait. En fin de compte, il tend sa tétine au bébé, lequel hésite un peu avant de l'accepter et se consoler ainsi du sein envolé en Amérique. Même pendant ses succions énergiques, sa curiosité ne tarit pas à l'égard du vieil inconnu en passe de le faire figurer dans son prochain film.

D'expérience, Mozes sait que la tétine n'empêchera pas le déluge des pleurs, ni ses propres risettes, ni ses grimaces, et c'est pourquoi, décidant clairement qu'il n'a pas l'intention, ni le temps, d'affronter les pleurs d'une créature qui ne lui est rien, il se baisse et prend le bébé dans ses bras, tout étonné par sa légèreté.

Il l'emmène jusqu'à la fenêtre pour contempler le désert brûlant sous le soleil d'après-midi, tout en veillant à soutenir son crâne minuscule pour qu'il ne retombe pas en arrière, bien qu'il semble capable de se maintenir de lui-même. Le bébé est calme, et, tandis que Mozes lui montre l'azur déployé au-dessus du désert, saisi d'étonnement, il laisse tomber sa tétine. Une nouvelle idée, surprenante et pressante, traverse l'esprit du réalisateur, et il repose le bébé dans sa poussette.

Du coup, la déception du nourrisson provoque une sorte de piaillement ténu en guise de reproche, mais, pour Mozes, le signal est clair : il ne luttera pas contre ce bébé. Il le soulève à nouveau et le conduit jusqu'à la cour, à travers la cuisine jonchée de restes, pour chercher le jeune père. Il est là, adolescent au milieu d'autres adolescents, excité par les jeux de ballon, et Mozes a brusquement le cœur serré devant ce gamin si jeune pris au piège de l'amour. Le bébé dans les bras, il regagne l'intérieur de la maison, dévisage d'un air sévère la chorale improvisée dont les vocalises baissent de plusieurs octaves devant son irruption. Tandis qu'il cherche du regard la jeune grand-mère, elle se précipite aussitôt pour lui prendre son petit-fils des mains et lui dit, avec un dépit manifeste : « Déjà ? Si vite ?

— Qu'y puis-je ? Tu ne m'as pas laissé de lait et, de toute façon, je dois m'en aller parce que j'ai une autre visite à faire en route. »

– 10 –

L'après-midi n'est pas très avancé, et Mozes demande à Amsellem qui le raccompagne à son véhicule s'il se souvient encore du wadi où ils avaient tourné *Le Sommeil des soldats*. Amsellem s'en souvient, parce que, pendant tout le tournage, il y apportait l'approvisionnement en aliments frais. « D'ici, ça te fait quarante, cinquante bornes à tout casser, et la route a sûrement été refaite depuis.

— Ça fait plus de quarante ans..., lâche Mozes. Bon, montre-moi l'endroit sur la carte. Quand j'ai vu le film en Espagne, j'ai éprouvé de la nostalgie pour l'édifice nabatéen que nous avions transformé en installation militaire.

— Prie qu'ils ne l'aient pas rasé ! »

Mozes extrait de son coffre à bagages une vieille carte routière et suit le doigt épais d'Amsellem qui le conduit du carrefour Ohalim, proche de la prison Ohalé Kédar, jusqu'au carrefour Hanokdim, au cœur de Ramat Hovav, puis à la forêt de Nahal Sekher, ensuite au carrefour du Néguev, et, de là, il se déplace vers la gauche sur l'ancienne route du Pipeline passant au pied du mont Tsavoa, puis à la périphérie de Yérouham, se précipite jusqu'au Grand Cratère et plonge dans le wadi Matmor. « C'est ici que nous avons fait ce film dingue, dit Amsellem.

— Matmor ?

— Ou wadi Khatira. Quand tu seras sur place, tu vas te rappeler, ou demande à un Bédouin que tu vas sûrement rencontrer dans le coin. Voilà. Si je n'avais pas mes invités, je t'aurais conduit avec plaisir, mais puisque tu es déjà venu jusqu'à Beersheva, pourquoi tu n'irais pas en effet jusque là-bas ? Les routes sont vides le sabbat, et la police n'a rien à y faire, comme ça, tu pourras foncer aller-retour, maximum une heure. Je vois que tu commences à faire ta rétrospective dans la réalité, et pas seulement en Espagne. »

Après un encouragement aussi chaleureux, Mozes se dirige vers le sud au lieu du nord pour regagner sa maison. Il roule sur les traces du doigt d'Amsellem et s'aperçoit qu'en effet la route est déserte – décidément, la sainteté du sabbat profite de sa propre sieste. Ici ou là, passe une vieille fourgonnette échappée d'un campement bédouin éloigné, et, parfois, des Bédouins traversent la route en levant la main, et on ne sait si c'est pour saluer ou faire de l'auto-stop.

Le jaune règne sur le paysage, mais on aperçoit aussi des arbustes rougeâtres et des plantes duveteuses et verdoyantes qu'une pluie avare a fait pousser. Au loin, surgissent des monts ridés, tel le soufflet d'un accordéon géant, surplombant de petites collines disposées dans un ordre méticuleux comme des pâtons attendant la chaleur du four. Mais, sur ce spectacle, se superpose le hurlement d'un vent qui se lève, épaississant le nuage poussiéreux, et répand, de temps à autre, une nappe de sable fin sur la chaussée.

Au carrefour du Néguev, le soupçon lui vient qu'il risque de s'égarer en empruntant la route du Pipeline, et c'est pourquoi il roule au pas en cherchant un être humain qui lui assure qu'il ne se trompe pas. Quelques Bédouins, hommes debout et femmes assises, sont attroupés autour d'un arrêt de bus en ruine. Il s'arrête pour vérifier son itinéraire, eux le rassurent, tout en s'intéressant à sa destination : wadi Matmor ou wadi Khatira dans le Grand Cratère. L'un d'eux connaît-il cet endroit ? Et, dans ce cas, quelqu'un sait-il si l'antique khan nabatéen est encore debout ? Ils se repassent la question de l'un à l'autre et, à la fin, un homme maigre au teint noir s'encadre dans la portière, il jure connaître le wadi et la ruine et se dit prêt à l'y conduire. « Mais pour quoi faire, là-bas ?

— Voir, juste voir.

— Pour y rester ?

— Non, juste regarder puis repartir. »

Dans ce cas, le Bédouin se propose comme guide mais contre rétribution parce que le trajet est long. « Comment ça, "long" ? s'affole Mozes. Pourquoi "long" ? » Mozes agite sa carte. « Long », s'entête le Bédouin. Long pour lui parce qu'il n'habite pas loin d'ici. « Cent shekels, propose Mozes.

— Cent shekels pour chaque direction, réplique le Bédouin, il faut bien que je revienne. » Mozes remonte la vitre et enclenche la première. « *Yallah*, cent shekels, pas un de plus. » Le Bédouin frappe à la vitre. « Bon, cent trente, c'est mon dernier prix. »

Connaît-il vraiment la route ou fait-il semblant ? Mais l'heure tourne, le Bédouin saute sur le siège avant et presse trois femmes, habillées de noir et voilées, de monter à l'arrière. Regrettant déjà cette péripétie, Mozes s'écrie en pointant un doigt : « Juste une seule. Juste une », répète-t-il sur un ton agressif. Le Bédouin marchande. « Deux, juste deux.

— Non, tranche Mozes, pas deux, juste une. De toute façon, on revient. Que les autres t'attendent ici. Juste une seule ou pas de femme du tout. »

Le Bédouin hésite et, à la fin, fait signe à l'une d'elles, sans doute la plus jeune, qui, tel un oiseau, s'engouffre rapidement sur le siège arrière avec son baluchon et se recroqueville. Seuls ses yeux étincellent dans le rétroviseur.

Pendant ces palabres, l'univers s'est assombri, un énorme nuage descendu du nord a avalé le soleil. Selon ses calculs, il ne reste plus maintenant que vingt kilomètres jusqu'à destination, et, bien que ce soit le début de l'hiver et que la journée soit courte, la lumière peut encore percer à travers les nuages.

Ils roulent sur la route du Pipeline, font le plein à l'entrée de Yérouham, le silence règne dans l'habitacle, mais les yeux de la Bédouine brûlent la nuque du conducteur. Le Bédouin connaît en effet le chemin et, bien vite, ils commencent à dévaler la pente du Grand Cratère puis empruntent une piste ; Mozes identifie, çà et là, des portions de la route sur laquelle le commandant roulait dans sa jeep débâchée avant de rétablir l'ordre et la discipline dans son unité assoupie. Mais, pour une raison inconnue, le crépuscule les surprend avec une vitesse inattendue, et, au moment d'approcher de l'endroit où l'édifice nabatéen était censé s'élever, la pénombre s'abat sur tout le Grand Cratère. Seul le faisceau lumineux d'un projecteur perché sur un mirador érigé au-dessus d'un double barrage les poursuit. Trois soldats réservistes qui, dans leur uniforme, semblent tout droit sortis de son ancien film, hormis le fait qu'eux sont tout à fait éveillés, agressifs et équipés de leur cartouchière et de leur arme, arrêtent la voiture et ordonnent aux trois passagers de descendre et de se placer sur un seul rang.

Devant eux, se dresse une base militaire importante, bien gardée, où, bien sûr, aucune sentinelle ne s'endort sans autorisation. Des tentes et des baraquements entourent une installation hermétique à la coupole métallique, dont la ressemblance avec l'installation produite par son imagination impressionne le metteur en scène – sauf que cette base est dix fois plus imposante que leur propre construction recouverte, alors, d'un plastique brillant. Est-ce un poste d'alerte avancé de la centrale nucléaire proche de Dimona ou une nouvelle usine atomique ?

Personne ici pour leur révéler le secret. Au contraire, on suspecte les arrivants inopinés de savoir quelque chose et d'être venus flairer l'endroit. C'est pourquoi on leur demande de s'identifier. La femme, non plus, n'est pas dispensée d'introduire la main dans son giron et de retirer la carte d'identité de sa robe. Mozes raconte aux soldats le film tourné ici, des décennies auparavant, et demande si une ruine nabatéenne n'aurait pas été engloutie dans l'installation située au cœur de cette base. Ils ignorent sa question, nul n'a entendu parler de son film ; en revanche, ici, on éprouve encore du respect pour un réalisateur de cinéma qui proclame fièrement les titres de ses deux derniers films. Et il se trouve même une sentinelle pour les connaître.

« Si tu es vraiment venu ici pour tourner un nouveau film, dans ce cas, nous, on est prêts à y jouer les figurants », s'esclaffent-ils, tout en appelant l'officier de permanence, un commandant coiffé d'une calotte, qui se demande quoi faire de ces intrus et décide, pour finir, de libérer le metteur en scène et de retenir le Bédouin pour un interrogatoire plus poussé. Quant à la femme, elle peut aller où elle veut...

Affolé, Mozes se bat comme un beau diable pour faire relâcher son guide. « Qu'est-ce que vous lui voulez ? Qu'est-ce qu'il a fait ? Il n'a fait que m'aider à arriver jusqu'ici. Et, de toute façon, nous n'avons pas pénétré dans votre cantonnement, nous nous trouvons en zone publique, ouverte à tous les citoyens. »

L'officier le rassure : « Ne t'en fais pas, nous voulons juste connaître un peu mieux cet homme.

— Qu'y a-t-il à connaître ? crie Mozes. Regardez-le, il est là tout entier devant vous, un gars que j'ai rencontré par hasard, inoffensif. » Mais l'officier le calme : « Chaque homme possède sa part d'inconnu. Personne ne lui veut du mal. Demain matin, il sera sûrement libre. Pendant ce temps, on va lui donner à manger et un lit, mais il faut que quelqu'un qui connaît les Bédouins vérifie comment et pourquoi cet homme t'a amené précisément jusqu'ici, qu'on contrôle ce qu'il sait ou ne sait pas. Juste quelques petites questions avant de le laisser filer. »

Ils entraînent déjà le Bédouin de l'autre côté du barrage. Ce dernier garde son sang-froid et son flegme et lance à Mozes : « Pas grave, t'énerve pas, je les connais, c'est rien. Mais prends la femme avec toi et ramène-la à l'endroit où tu l'as prise, et de là, elle trouvera toute seule son chemin. Juste, paie-moi maintenant ce qu'on a décidé. »

Mozes le dédommage pour cet incident en le payant le double et suggère à la femme, dont il ne sait toujours rien, de s'asseoir à côté de lui afin qu'il ne se perde pas en route. « Pas la peine, dit le Bédouin, même derrière toi, elle pourra te dire si t'es dans la bonne direction. »

– 11 –

Bien qu'il ne soit pas encore dix-sept heures, l'obscurité est totale, les phares n'éclairent qu'une piste de terre menant jusqu'à une route nationale. Dans la pénombre de la banquette arrière, ce n'est pas une actrice qui est assise mais une vraie femme, une Bédouine à la silhouette gracile, que l'époux, le frère ou l'oncle, a laissée sans surveillance. Soulagée, elle écarte son voile et contemple le paysage avec voracité. Mozes regarde ses traits délicats dans le rétroviseur, respire son odeur mais craint de dire un mot. Il finit par oser, hurlant presque : « L'hébreu, tu connais un peu ? Tu as appris un peu d'hébreu ?

— Un peu, un peu, répond-elle de sa voix chantante, ajoutant tout à trac : Un peu rien. »

Et si elle connaissait plus d'hébreu qu'elle ne l'avoue, se dit-il, et qu'elle préférait se concentrer, pour l'heure, sur les lumières étincelantes de l'univers et ne pas se laisser cuisiner par un vieux juif ? Mais Mozes ne peut s'empêcher de nouer un contact, pendant les quelques kilomètres qu'il leur reste à rouler ensemble, et il la questionne pour savoir si elle appartient à la tribu des Al-Azama.

Voyant que ce juif connaît le nom de la célèbre et puissante tribu de la région, elle s'empresse de nier : « *La Al-Azama !* » Puis se hâte de remettre son voile. « *Al-Jarjawi* », clame-t-elle le nom de sa tribu avec un air de défi.

Il décide de ne pas insister et de laisser en paix cette créature impénétrable, sans plus de commentaires ni d'hypothèses. Leur trajet se poursuit en silence, jusqu'au moment où il sent un doigt léger se promener sur sa nuque : elle doit s'arrêter là. « Ici, au milieu du vide absolu ? s'étonne-t-il.

— Ici, ici », confirme-t-elle avec assurance, et, avant même qu'il n'ait le temps de stopper, la portière arrière s'ouvre, et elle s'éclipse, avec un grognement dont il est difficile de savoir si c'est de l'arabe ou de l'hébreu. Sa tunique flotte un bon moment sur l'horizon avant que l'obscurité ne l'engloutisse.

La tempête s'est calmée à Tel-Aviv, mais les rues sont jonchées de branchages et de feuilles arrachés, l'eau gronde encore dans les gouttières et gonfle les flaques. Il allume son appartement, met en marche le chauffage et écoute le répondeur – personne n'a eu besoin de lui. Il ouvre sa messagerie, mais l'abattement le gagne : il n'efface aucun courriel et ne répond à aucun. Il a envie d'étonner Amsellem par la description de l'installation réelle qui a poussé sur les ruines de la divagation de Trigano mais y renonce. Je dois d'abord digérer la vérité avant de la raconter aux autres. Il se déshabille et va se doucher, il sent que l'odeur de la Bédouine imprègne son âme. A-t-elle regagné sa tente ? Ou peut-être a-t-elle profité de cette escapade pour rejoindre une autre tribu ?

Peu à peu, Ruth revêt la figure de cette femme, en Bédouine improvisée dans une salle de poche des archives espagnoles avant que le commandant ne l'abatte. Debdou, Debdou, répète-t-il en son for intérieur. Le désir inassouvi à l'hôtel le transperce. Il s'approche de l'étagère où sont rangés les vingt films qu'il a réalisés depuis que Trigano l'a abandonné et retire l'unique film qu'il a envie de revoir. Il l'introduit dans l'appareil et avance avec dextérité jusqu'à la scène qu'il aspire à regarder maintenant.

Ce film n'est d'ailleurs pas l'un de ses meilleurs ni des plus connus, mais il compte quelques scènes fortes. Alors âgée d'environ trente ans, huit ans après sa séparation d'avec Trigano, Ruth cherchait encore sa voie. Elle jouait le rôle d'une jeune femme attendant en vain, dans une chambre d'hôtel, un homme marié et mûr qui s'intéresse à elle. La scène n'était pas longue, pas plus d'une minute, mais au moment où il fut évident, pour elle et pour les spectateurs, qu'elle attendait en vain, Mozes lui avait demandé de se déshabiller, d'entrer nue dans le lit et de s'envelopper dans un drap.

Ils avaient dû tourner cette scène à trois reprises avant de parvenir au plan satisfaisant, à la juste dose de lumière et à l'état d'esprit exact de la femme. Ce n'était pas la première fois que Ruth posait nue devant la caméra et, en général, elle se conduisait avec naturel et sang-froid. Dans cette scène, sa magnifique nudité se conjuguait à sa tristesse et sa solitude. Sans doute à cause de la chambre exiguë et négligée contrastant avec sa beauté, sans doute aussi à cause du regard hagard et blessé qu'elle dardait sur la caméra.

Dans le studio redécoré en chambre d'hôtel, seuls Tolédano et le preneur de son étaient restés avec Mozes. Comme cette scène devait se dérouler, dans sa majeure partie, en silence, il avait décidé de renvoyer le preneur de son et s'était chargé de l'enregistrement. Ainsi Ruth serait moins gênée de se dévêtir. Mais l'émotion de Tolédano n'avait cessé de croître au point que le réalisateur en avait été affecté : cette nudité, entrevue pendant trois secondes à peine, avait continué à irradier son érotisme violent, même après que Ruth se fut lovée sous le drap.

La Bédouine disparue revient pour se confondre avec l'actrice de son film, tandis que lui-même se tient devant elle, nu, conscient qu'il désire et qu'il peut se soulager. Il se soulage.

VII

Cardiographie

– 1 –

Persuadé de la trouver déjà réveillée, Mozes l'appelle au matin pour prendre de ses nouvelles.

« Encore toi ? s'étonne Ruth en entendant la voix de celui qui, quelques jours auparavant, avait dormi avec elle dans le même lit pendant trois nuits sans la déranger. Et moi qui croyais que tu voulais un peu de répit.

— Du répit pour quoi ?

— Du répit avant de m'annoncer que je n'aurai aucun rôle dans ton prochain film. »

Un bref instant, il accuse le coup.

« Ta formulation est certes originale mais inexacte car j'aurai peut-être un rôle pour toi dans mon film. Je n'ai pas encore commencé la conception mais, quand j'y pense, je pense aussi à toi, non comme personnage imaginaire mais comme actrice en chair et en os.

— Que veux-tu dire ?

— Je veux dire, non comme comédienne mais comme assistante à la réalisation. Parce que, cette fois, les rôles principaux iront à des jeunes, voire à de très jeunes adolescents et adolescentes, et même à des enfants. Qui possède une meilleure expérience que toi dans la direction d'enfants ?

— Assistante à la réalisation ? C'est tout ?

— Pas simplement en tant qu'assistante mais comme associée. Et tu décideras toi-même de ce qu'on mettra au générique.

Mais on a encore le temps pour ça. Pour le moment, je voudrais venir dans ton studio, pour préparer l'histoire, me rendre compte de près de la manière dont tu mets en scène des enfants et sentir ce qu'on peut leur imposer ou non. Parce que, cette fois, c'est tout à fait clair dans mon esprit : il faut que ce soit un film audacieux. Et moi, comme tu sais, jusqu'à ce jour, j'ai très peu utilisé d'enfants dans mes films.

— C'est quoi, ton histoire ?

— Il est trop tôt pour en parler. Je te l'ai dit, Ruth, j'ai juste une petite graine qui a germé dans ma tête, plus exactement, dans la cervelle d'Amsellem. Ce sabbat, il m'a invité chez lui et, là, il m'a fourni l'étincelle d'un curieux drame survenu dans sa propre famille.

— Qu'est-ce qui lui est arrivé ?

— Doucement, laisse-moi avancer à mon rythme. Pas au téléphone et, surtout, pas comme ça, à la-vite.

— Le studio est trop petit. J'accueille trois enfants au maximum. Mais si tu t'entêtes, soupire-t-elle, je ne vois pas comment te le refuser...

— Impossible de me le refuser, et, tiens, tu vois que je ne te dis rien de tes analyses.

— Très finaud de ta part.

— Pourquoi ? Parce que tu les as déjà effectuées ?

— Non, je n'ai rien fait et je ne ferai rien... Voilà que tu recommences.

— Je n'ai pas dit un mot.

— Tant mieux.

— Non, ce n'est pas mieux, mais je me tais. Pour l'instant... Parce que j'ai une histoire pour toi, une histoire surprenante.

— Je vois que cette rétrospective t'a ressuscité.

— Non, mais elle m'a rendu de la curiosité. Tiens, écoute ça. Hier, chez Amsellem, dans sa villa à la lisière du désert, je me suis souvenu du *Sommeil des soldats*, et j'ai eu envie de revoir le cratère où a eu lieu notre tournage. Eh bien, à ma grande surprise, Amsellem se rappelait non seulement l'endroit mais il m'a même encouragé à y faire un saut. Je me suis dit : qu'as-tu à perdre ? C'est l'occasion ou jamais de clore la rétrospective. Tu te souviens qu'entre les prises de vue on ôtait la couverture de l'installation et qu'on y faisait la cuisine, on chantait et on s'amusait ?

— C'était une période joyeuse.

— Exactement. C'est pourquoi j'y suis retourné et, pour ne pas me perdre en route, j'ai emmené un Bédouin avec une de ses femmes. Mais, comme la journée était courte, il faisait déjà sombre quand nous sommes arrivés et là, tu ne vas pas me croire, j'ai découvert une base militaire et, à nouveau, des réservistes. L'imagination est devenue réalité, mais, cette fois, les soldats n'étaient pas endormis mais, au contraire, très éveillés. Et si vigilants qu'ils ne nous ont pas laissés passer. Cependant, et c'est là l'essentiel, tu m'entends ? Derrière le barrage, de loin, à la nuit tombante, qu'est-ce que j'aperçois ? Encore une installation.

— L'installation ?

— La même installation.

— La nôtre ?

— Coiffée d'une coupole comme dans notre film mais plus grande, une coupole solide, qui a peut-être quelque chose à voir avec la centrale nucléaire voisine. Pour la protéger. Comme dans le film, ces soldats ignorent peut-être, eux aussi, ce qu'ils gardent. Et je me suis dit : c'est magnifique, notre vision s'est transformée en réalité. Nous avions l'esprit prophétique à l'époque...

— Nous ? Toi ? le coupe-t-elle avec une irritation déconcertante. Tout venait de lui... de Saül... de Trigano...

— Certes, Trigano était l'instigateur, il a semé la première graine, mais nous étions associés et pleins de foi, sûrs que nous concrétisions sa chimère. N'est-ce pas une histoire extraordinaire ?

— Peut-être pour toi, pas pour moi. Dès l'enfance, j'ai senti qu'il possédait ce genre d'intuitions, presque prophétiques, qui, au bout du compte, en ont fait un homme vaniteux, dur, parfois même cruel...

— C'est tout à fait ça ! Dur et cruel, mais il en a payé le prix.

— Nous avons tous payé, pas seulement lui. Mais laissons ça pour le moment. Décris-moi seulement notre construction, l'originelle, la nabatéenne ou la turque, je ne sais plus... Tu l'as retrouvée ?

— Non. Il faisait noir, et, outre qu'ils ne nous ont pas laissés pénétrer dans la base, ils ont même pensé nous retenir pour interrogatoire parce qu'ils ne comprenaient pas comment nous étions arrivés jusqu'à un lieu aussi secret. Alors, j'ai renoncé. De toute façon, si l'armée investit un wadi, qu'est-ce qui peut bien rester d'un édifice antique ?

— Justement, aujourd'hui, ils font davantage attention à ce genre de bâtiments, vraiment antiques. Mais, ça suffit, Mozes, je dois me lever et entamer ma journée. »

– 2 –

Ce matin-là, après son appel à Ruth, il se rend à l'hôpital pour tenter de convaincre sa fille de transférer le voyage de bar-mitsva d'Afrique en Europe, avant qu'il ne soit trop tard.

Comme convenu, il l'attend d'abord à la cafétéria de l'hôpital, mais, prise par un empêchement de dernière minute, Galit l'appelle pour qu'il la rejoigne dans son service de radiologie : « Papa, puisque tu es déjà là, on va se voir un peu et essayer de comprendre pourquoi l'Afrique te tracasse autant. Mais je t'avertis : tu ne pourras pas nous convaincre de changer notre programme. Mais, comme ça, on va pouvoir au moins fixer une date pour un dîner à la maison. »

Malgré ses indications qui semblaient précises, il s'égare dans le labyrinthe des services, avant de s'arrêter devant une porte surmontée d'une lampe rouge lui barrant l'entrée pour lui éviter des rayonnements qui ne lui sont pas destinés. Bon gré mal gré, coincé entre des malades attendant un examen et d'autres, leurs résultats, il guette l'arrivée de sa fille sur un banc du couloir. Il n'a jamais mis les pieds dans cet endroit car, après plusieurs années dans des laboratoires privés, Galit n'a été nommée qu'il y a deux ans à un poste élevé dans ce service de cet hôpital important. Bien que fier de cette promotion, il ne s'était pas consolé qu'elle eût arrêté ses études de médecine, à cause de sa grossesse et de son mariage précipité avec un condisciple de la faculté de médecine qu'elle aidait à terminer son cursus.

Pendant les premières années de leur vie conjugale, son père essayait encore de la persuader d'achever ses études et lui avait même promis une allocation mensuelle, mais en vain. Accaparée par sa vie de famille, elle avait renoncé définitivement à la médecine pour se contenter d'un poste de technicienne. Et, pour justifier peut-être cet abandon, elle s'était empressée de mettre au monde un deuxième enfant. Malgré sa réussite dans son travail et l'amour qu'elle lui porte, Mozes estime que c'est le divorce de ses parents qui avait convaincu Galit, dans la fleur de sa jeunesse, de lier son destin à un homme pas vraiment exceptionnel et, ainsi, réparer ce qui avait été détruit dans son enfance.

Est-ce le remords qui l'incite à faire changer d'avis sa fille pour une broutille ? Va-t-elle trouver une compensation à une carrière médicale gâchée en passant de l'Afrique à l'Europe ? Assis au bout d'un banc à attendre patiemment la fin d'alerte à l'irradiation, il aperçoit un lit transportant une vieillarde foncer sur lui, et l'infirmier qui la conduit déposer un dossier médical sur son abdomen puis l'abandonner là. Cette vieillarde énergique se redresse pour vérifier si Mozes patiente pour un examen ou pour des résultats.

« Ni examen ni résultats, j'attends ma fille, qui dirige ce service... »

Les traits de la vieille femme s'illuminent en entendant le patronyme de Galit, – Mozes a pris soin de ne pas omettre son titre de docteur –, et elle ne tarit pas d'éloges à son égard.

« Votre fille a une patience d'ange, monsieur. C'est la quatrième fois que je suis convoquée chez elle pour un scanner du cœur.

— La quatrième fois ? Que vous est-il arrivé ?

— Il se trouve, fait la vieille dame avec un clin d'œil, que mon cœur fait des siennes, il devient cinglé et rend cinglés leurs appareils. Leur nouvelle machine ne parvient pas à décider vraiment ce qu'il a, mais votre merveilleuse fille, la chef, a décidé de ne pas céder à ses caprices.

— C'est vrai, se rengorge Mozes, petite déjà elle était têtue et méticuleuse.

— C'est bien de l'avoir laissée s'obstiner. Vous travaillez dans quoi, monsieur ? Vous êtes enseignant ?

— Je l'ai été dans un lointain passé, maintenant, je suis metteur en scène, disons, un artiste.

— Artiste... Comme c'est étrange. Tenez, la voilà ! »

La lampe rouge s'éteint, et sa fille en blouse blanche, une liasse de documents à la main, se précipite pour étreindre et embrasser son père. « Tu es tombé sur une journée de dingue, s'excuse-t-elle, on m'envoie tout le temps des cas urgents. Mais, puisque tu es là et que tu m'as attendue, viens, entrons, on va bavarder un peu. »

Elle l'introduit dans son service au centre duquel est installé un appareil neuf : un long tube cylindrique blanc, branché à des prises murales avec, à côté, un lit vide sur lequel traînent des câbles d'électrodes. Derrière une baie vitrée, sont alignés des moniteurs surveillant la cardiographie et les résultats.

Galit présente son père aux autres techniciens qui le saluent cordialement. Ensuite, elle le fait asseoir dans une petite pièce et lui dit : « Avant de commencer à te lamenter, raconte-moi comment ça s'est passé en Espagne. Ils ont organisé une rétrospective juste en ton honneur ou il y avait d'autres acteurs et directeurs de la photo avec toi ? Parce que, dans le journal, c'est écrit que tu es le seul à avoir reçu un prix.

— Ma Galit adorée, laisse tomber le prix, il n'a aucune importance, en plus, il est modeste. Et cette rétrospective, si vous le souhaitez, toi et ton mari, je vous la raconterai au cours du dîner que tu m'as promis. Mais, en ce moment, tu es pressée, et moi, je suis venu spécialement pour te convaincre de choisir l'Europe plutôt que l'Afrique.

— Pourquoi est-ce si important pour toi ?

— C'est fondamental à mes yeux. Écoute-moi bien, je ne parle même pas de votre décision de renoncer à la fête...

— Excuse-moi, papa, tu n'as pas à te mêler de ça. Réfléchis, qui va-t-on inviter ? De toute façon, maman et toi, vous n'avez plus d'amis communs. Alors, dis-moi, qui va-t-on inviter ? L'équipe médicale d'ici que mon mari et moi nous fréquentons, de toute façon, chaque jour ? Et il y aura toujours des collègues pour se vexer d'avoir été oubliés. Et, crois-moi, ça n'est qu'un embarras de plus pour les invités eux-mêmes. Parce que si, naguère, on offrait un bouquin, cadeau alors plus que respectable, aujourd'hui, on doit se fendre d'un chèque pour couvrir les frais du repas... Alors, pourquoi ne pas te contenter qu'Itaï lise dans le rouleau de la Thora à la synagogue, puis d'un repas avec la famille proche, et ensuite, qu'on parte en Afrique pour oublier le monde ?

— C'est précisément de ça que je suis venu te parler : pour vous évader du monde au lieu de vous en souvenir... Tu m'as interrogé à propos de l'Espagne. Nous étions dans un endroit vraiment merveilleux, à Saint-Jacques-de-Compostelle.

— Où est-ce ?

— À l'extrémité nord-ouest de l'Espagne, à portée de voix de l'océan.

— Et alors ?

— Il y a là-bas une cathédrale imposante, magnifique.

— Alors, c'est pour cette cathédrale que tu veux que nous allions là-bas ?

— Je n'ai pas dit précisément là-bas. Mais toute l'Europe est couverte de cathédrales, elle regorge de culture, de musées importants, de sites historiques... C'est l'occasion ou jamais d'enrichir Itaï avec quelque chose de significatif et, soit dit en passant, vous aussi...

— Toutes ces merveilles, il peut les voir à la télé et sur Internet, pourquoi aller jusque là-bas ?

— Ma chérie, les animaux aussi grouillent à la télé et sur Internet, et s'il veut les voir dans la réalité, il peut toujours visiter le Safari de Ramat-Gan ou le Zoo biblique de Jérusalem.

— Ce n'est pas pour les animaux que nous y allons, papa,

mais d'abord pour le calme et les paysages. Nous cherchons justement la nature sauvage, le contraire de la civilisation qui nous étouffe ici. »

En lui parlant, Mozes constate à quel point sa fille ressemble de plus en plus à sa propre mère. Le regard aigu, le débit rapide et assuré de ses propos, non dénués cependant de chaleur.

« Ça, c'est ce que vous vous imaginez, Zvi et toi, riposte Mozes avec un soupçon de colère, que vous êtes plongés au plus profond de la culture parce que vous manipulez, ici, toutes sortes d'appareils médicaux. Moi, je te parle d'art, de musique, de peinture, de mythes qui vous enrichiront et révéleront à mon petit-fils d'autres aspects de l'univers au moment précis où il aborde la maturité.

— Pas si vite, papa, il n'aborde aucune maturité. Les jeunes d'aujourd'hui restent des enfants jusqu'à trente ans.

— Ta mère m'a demandé d'augmenter mon cadeau, et j'ai aussitôt accepté avec plaisir mais je te pose la question : pour quoi faire ? Pourquoi dépenser tout cet argent pour des lions et des éléphants ?

— Et aussi pour des paysages surprenants.

— Mais, enfin, après l'armée, il va sûrement s'envoler pour l'Inde ou l'Amérique du Sud, pour y voir, encore une fois, des paysages et des populations de primitifs, mais, là, il a l'occasion d'une aventure culturelle en compagnie de ses parents. D'une expérience de qualité qui marquera la mémoire familiale. Et, par ailleurs, il existe aussi des paysages étonnants en Europe.

— Mais c'est compliqué d'y arriver. En Afrique, on descend de l'avion et on se retrouve en pleine nature, inutile de la chercher. Non, papa, je vois bien ce que tu as en tête, mais ça ne marche pas. Nous sommes tous deux fatigués et à bout de nerfs, nous voulons juste du repos au cœur de la nature. À part ça, tous ses copains de classe sont partis, ou vont partir, en Afrique, et il ne peut pas être le seul à n'avoir visité que l'Europe. De quoi va-t-il parler avec eux ? Et, crois-moi, même pour l'Afrique, le voyage coûte cher et, si tu augmentes ton cadeau, ça nous aidera. Au fait, quand as-tu pris ton petit-déjeuner ?

— Ce matin, tôt.

— Et depuis ?

— Rien. Je t'ai attendue à la cafétéria.

— Parfait. Bon, puisque tu as mangé il y a un peu plus de trois heures, il m'est venu tout à coup une idée : puisque tu es ici, on pourrait te faire passer une cardiographie par scanner.

— Un scanner de mon cœur ?

— Oui, pourquoi pas ? Quand as-tu subi un examen cardiaque pour la dernière fois ?

— Me souviens pas... J'ai pas fait...

— Je suis sûre que ton cœur est sain, bien que tu ne sois vraiment plus tout jeune mais, tout de même, comme ça, tu ne diras pas que tu as pris la peine de venir jusqu'ici pour rien. On va te faire une cardiographie approfondie, et tu t'en iras d'ici l'esprit tranquille. Et nous aussi, nous serons rassurés.

— Comment de temps ça va prendre ?

— Rien, vingt minutes. Et tu ne sentiras rien. On va t'injecter un produit de contraste, puis on va regarder ce qui se passe dans ton cœur. Viens, mon petit papa, tiens, donne-moi la main... Une petite piqûre, et c'est tout... »

Galit dit quelques mots aux techniciens, qui se réjouissent d'examiner son père. Mais, avant de lui injecter le produit de contraste, elle doit lui faire signer un formulaire de consentement car cet examen se déroule dans le cadre d'une expérimentation clinique inédite. Et ce n'est qu'après l'accord de Mozes qu'on le place sur un brancard coulissant automatiquement, puis on lui pose quatre électrodes sur le torse et on branche ses chevilles à un tensiomètre. Ensuite, sa fille l'introduit à trois reprises dans le scanner et, à chaque fois, lui demande de respirer différemment : une fois, bloquer sa respiration, et l'autre, haleter au contraire comme un chien après une longue course et, entre chaque passage du scanner, entre deux respirations, elle revient à sa rétrospective espagnole et lui repose la question : était-il seul ou accompagné ? Et lui d'évoquer Ruth. Or Galit sait que c'est à cause d'elle que ses parents ont divorcé. « Tu es encore lié à elle ? le questionne-t-elle avec sang-froid et sans trace d'acrimonie.

— Pas vraiment », se hâte-t-il de répondre. Après le troisième passage du scanner, libéré des électrodes, il lui dit : « Tu n'imagines pas à quel point tu ressembles de plus en plus à ma mère.

— C'est bien ou mal ? réplique-t-elle avec une légère frayeur.

— C'est bien, la rassure-t-il, cela me ravit. »

Ensuite, on l'envoie dans le couloir attendre les résultats, et la vieille malade, toujours couchée sur son lit avec son dossier médical sur la poitrine, le fixe d'un regard hostile.

« Et alors ? Vous aussi, ils vous ont examiné à la fin ?

— Bah, je suis venu voir ma fille, et elle s'est mis brusquement en tête de me faire une cardiographie.

— Mais pourquoi en passant devant tout le monde ? rétorque la vieille femme d'un ton acerbe.

— Avant tout le monde, c'est vrai, mais qu'y puis-je ? La patronne ici, c'est ma fille. »

Il s'éloigne de la vieille et s'installe sur un autre banc au bout du couloir. L'angoisse des résultats l'empoigne, épuise ses forces, ses yeux se ferment et sa tête retombe en arrière. Mais une main légère l'effleure délicatement : son gendre se dresse devant lui, le père de ses petits-enfants en blouse blanche, stéthoscope suspendu comme un cintre à son cou, se penche sur Mozes, les traits radieux, en lui tendant les résultats de sa cardiographie qu'il a signés en tant que cardiologue.

« C'est quoi ? s'affole Mozes. Qu'est-ce qu'il y a d'écrit là ?

— Lis toi-même... »

Angiographie coronarienne
L'examen a été effectué au moyen d'un nouveau scanner 128 dans le cadre d'une expérimentation clinique, avec le consentement du patient.

Au cours de l'examen, deux scannages ont été réalisés :
Le premier du thorax, à basse radiation, sans injection de produit de contraste.
Le second, angiographie coronarienne, avec injection de 70 cm³ de produit de contraste iodé (Ultravist 370).
Au cours de l'examen, le rythme cardiaque s'est établi aux environs de 75 pulsations/minute. Imagerie relativement satisfaisante du cœur et des artères coronariennes.
Le cœur est de grosseur normale. Absence de liquide péricardique.
Calcifications mineures de la valve mitrale.
Organes scannés dans l'épigastre : absence de pathologie maligne.
Taux de calcium : 186 (valeur référence : 52 % des sujets masculins dans la tranche d'âge du sujet).
Aorte : 35 mm de diamètre.
Anneau de l'aorte prépondérant à gauche.
Plaques calcifiées externes dans la partie proximale sans vasoconstriction significative.
Absence de traces de perfusion du myocarde.
Conclusion : sclérose non occlusive comme décrit dans les artères coronariennes.

« Bon, et alors ? questionne Mozes mais, cette fois, un peu moins inquiet.

— Eh bien, répond le gendre en tapotant l'épaule de son beau-père, tu viens de recevoir un prix supplémentaire : la rétrospective d'un cœur en bon état, de sorte que tu pourras continuer à jouer les bons vivants en toute quiétude. »

– 3 –

Cette réputation d'homme libre d'attaches et d'hédoniste que lui font ses proches et ses amis lui colle-t-elle à la peau à cause de ses relations équivoques avec la figure que son ex-scénariste a plaquée ? Ou l'art cinématographique, qui conduit les auteurs à changer de personnages, de lieux et d'intrigues, tout en menant une collaboration intime avec des comédiens et des membres de l'équipe, donne-t-elle l'impression que la solitude d'un metteur en scène n'est ni véritable ni torturante, parce qu'il est toujours entouré ? Voilà que même les membres de sa famille ne se doutent pas combien sa solitude et ses incertitudes lui pèsent, même lorsqu'il se trouve en compagnie de son équipe. Et peut-on vraiment le décrire comme quelqu'un qui « fait des siennes » alors que, même devant cette figure qu'il traîne de film en film, il n'exerce aucune autorité réelle ? Ruth n'exige-t-elle pas de connaître le sujet de son prochain film avant de lui ouvrir la porte de son studio ? Et que ce n'est qu'après lui avoir cédé et le lui avoir révélé, certes de manière nébuleuse, que sa curiosité a été piquée et qu'elle lui a fixé une date ?

À l'occasion de la fête de Hanoucca, Ruth a suggéré à une école du sud de la ville, où elle dirige des cercles d'art dramatique, de ne pas se contenter d'une célébration routinière en ressassant l'histoire d'Antiochus l'Impie et de la fiole d'huile inépuisable, mais de monter une pièce de théâtre originale sur la dynastie des Hasmonéens, tirée du beau roman de Howard Fast, *My Glorious Brothers*. Certes, la directrice d'école redoutait que la traduction en hébreu châtié ne soit incompréhensible pour de nombreux élèves. Mais lorsque Ruth avait témoigné que, quelques années auparavant, dans une école de Yérouham, elle avait pris part elle-même, encore enfant, à la représentation de *My Glorious Brothers*, qui avait été accueillie avec une révérence religieuse et enthousiasme par un public *a priori* aux antipodes du beau langage, la directrice avait donné son accord, à condition que la pièce ne dure pas plus de cinquante minutes.

Et c'est ainsi que, depuis quelques semaines, Ruth dirige les Maccabées à l'école et, de temps à autre, convoque les rôles principaux dans son studio afin d'affiner leur jeu. Il ne lui viendrait pas à l'esprit, bien sûr, d'inviter Mozes à l'école, mais s'il souhaite assister à des répétitions individuelles de certaines parties de la pièce, il sera le bienvenu, mais sans se présenter comme réalisateur de cinéma car cela risquerait de nourrir l'illusion chez certains élèves d'être aptes à jouer dans un film. En outre, sous réserve que ses remarques, favorables ou non, ne soient pas prononcées devant les élèves mais seulement à ses propres oreilles, et à sa seule demande.

Il s'était rendu à de nombreuses reprises dans son appartement de Névé Tsedek, soit pour parler d'un nouveau rôle, soit comme ami attentionné de passage dans le quartier, mais elle ne lui avait jamais ouvert la porte de son studio, bien que situé face à son appartement avec cette inscription « Studio Néhama ». Sans doute faisait-elle ainsi la distinction entre domaines privé et professionnel et y gagnait-elle quelques pourcentages d'abattement fiscal supplémentaires. Chaque fois qu'il s'intéressait à ses sources de revenus et exprimait le désir de visiter le studio, elle refusait tout net : « Laisse tomber, c'est le foutoir là-dedans, et tu n'y trouveras rien de ce que tu cherches.

— Mais qu'est-ce que je cherche ? s'indignait-il. Juste te connaître un peu mieux, voilà ce que je cherche. » Un fin sourire aux lèvres, elle s'obstinait : « Tout ce que tu connais et sais déjà te suffit amplement, et à moi aussi. »

Mais, aujourd'hui, à la perspective d'être associée à son nouveau film, elle va lui ouvrir son studio et même lui permettre d'assister à son cours. Du coup, elle l'oblige à renoncer à sa sieste et à se présenter avant l'arrivée de ses jeunes élèves à la fin de leur journée scolaire, en lui enjoignant de nouveau de s'asseoir dans un coin, de ne pas ouvrir la bouche et, surtout, de ne pas révéler son métier.

À sa grande surprise, le studio n'est pas aussi minuscule que Ruth l'en a averti. La salle est assez vaste, avec une kitchenette transformée en grande partie en cagibi. Et l'unique fenêtre est large et donne sur la mer, de sorte que la lumière de l'après-midi y pénétrant est douce et agréable. De même, le nouvel arrivant ne remarque pas le foutoir qu'on lui a signalé. Certes, de nombreux costumes sont accumulés là : certains, remarque-t-il, ont servi dans ses films, elle-même et d'autres acteurs les ont portés ; et certes, des accessoires destinés à éveiller l'imagination des enfants sont éparpillés çà et là : masques, épées et poignards en fer-blanc ou en bois, de même que des pistolets et des grenades factices ; mais, malgré cette accumulation, une main experte a réussi à entasser intelligemment ce fourbi dans la kitchenette. Ruth fait asseoir son invité âgé près de toilettes masquées par un rideau, à côté du bâton de pèlerin à coquille Saint-Jacques qu'il lui a acheté. Et il se retrouve un peu dissimulé derrière une aube blanche dont il lui semble que le chantre en était revêtu dans son film, *Dans notre synagogue*.

« T'escamoter complètement serait dangereux, lui dit-elle, il ne manquerait plus que tu tousses ou éternues, pour que les enfants s'affolent. Mais, pour une fois au moins dans ta vie, tâche de te faire oublier. Tu peux constater par toi-même à quel point mon studio est petit.

— Oui, mais sympa et agréable.

— Tu trouves ?

— Tout à fait. »

Au bout de quelques minutes, et sans frapper à la porte, trois élèves se précipitent à l'intérieur, deux garçons et une fillette qui ont l'air d'être des habitués de l'endroit car, aussitôt, il se défont de leurs lourds cartables et de leurs manteaux, entassent le tout dans un coin, aux pieds de Mozes, qui leur sourit, tout en prenant garde d'émettre le moindre mot. Mais Ruth, en contradiction totale avec ses propres instructions, s'empresse de le présenter comme un vieil ami, un metteur en scène réputé venu spécialement assister à la répétition.

Comme prévu, les jeunes gens, pour qui le septième art représente la quintessence de tous les arts, se montrent tout émoustillés, et l'un d'eux, un adolescent brun d'environ treize ans, qui semble vif et zélé, demande déjà à connaître son nom et les titres de ses films. Avec un sourire gêné, Mozes se montre disposé à citer certains films de sa rétrospective, mais Ruth le coupe et lance : « Ça suffit, les enfants, maintenant, vous allez faire comme s'il n'était pas là, on va commencer à travailler. » Deux des enfants ont une évidente origine moyen-orientale, mais l'intense matité de la petite fille évoque l'Extrême-Orient – une Asiatique délicate, svelte, aux membres déliés, aux yeux étirés, bridés, dont les traits affichent une grâce harmonieuse. Sans doute la fille de travailleurs étrangers ayant planté de fortes racines dans le pays ou l'enfant d'une tribu lointaine des profondeurs de l'Asie ayant creusé une brèche dans la « Loi du retour » pour bénéficier du statut d'immigrants. Leur professeure d'art dramatique leur ordonne des exercices d'assouplissement afin de les débarrasser de la somnolence de l'école, puis elle les fait asseoir devant elle sur un banc pour rafraîchir leur connaissance du texte, avant de monter sur la scène.

Le garçon qui s'était enquis de l'identité de Mozes joue Simon l'Hasmonéen, le rôle principal, et l'on voit qu'il maîtrise déjà son rôle. La jeune fille, qui porte le nom de Ruth dans la pièce, hésite encore, ici ou là, dans son jeu, mais les traces d'accent étranger insufflent un charme supplémentaire à sa beauté.

Il faut retenir son nom et son adresse avant même de trouver l'histoire qui lui convient, décide Mozes, car un gros plan sur son splendide visage aimantera, sans un mot de plus, n'importe quel spectateur.

Une conversation nocturne débute entre Simon l'Hasmonéen et la fillette qui le poursuit de ses avances, tandis que l'autre garçon, Judas Maccabée, se tient à l'écart, muet. Son regard foudroie les deux amoureux.

— *Simon, où donc es-tu ?*

— *Qui donc appelle Simon ?*

— *Jeune somnambule, assis à rêver à une jeune fille gracieuse... L'ennui t'aurait-il submergé, Simon ?*

— *Je craignais que les chacals n'eussent forcé l'entrée de la bergerie. Il n'est pas décent, Ruth, que tu t'asseyes ici, à mon côté.*

— *Pourquoi ? Pourquoi ne serait-il pas décent que je m'asseye à côté de toi, Simon, ou alors, serait-ce que tu ne guettes pas un chacal mais un lion ?*

— *Cela fait trois siècles qu'aucun lion n'a foulé la terre de Judée.*

— *Tu ne souris jamais, et jamais ton humeur n'est affable, n'est-ce pas, Simon fils de Mattathias ? Il n'est pas d'homme plus malheureux que toi dans tout Modi'in, dans toute la Judée, que dis-je, dans tout l'univers ! Il me vient à l'esprit que je donnerais le meilleur de mes années si seulement un lion pouvait surgir de quelque part et te déchiqueter.*

— *Supposition bien hasardeuse...*

— *Il fut un temps où tu me chérissais, Simon, ou alors, n'ai-je fait que rêver... Ou, encore, l'ai-je imaginé si longtemps. Chaque fois que je pénétrais dans la demeure de Mattathias, mon cœur s'interrogeait : Simon sera-t-il là ? Posera-t-il les yeux sur moi ? Me sourira-t-il ? Échangera-t-il quelques mots avec moi ? Effleurera-t-il ma main ?*

— *Quatre jours ne se sont pas écoulés depuis que Judas est parti, et...*

— Que dis-tu ?

— Tu as parfaitement entendu mes paroles.

— Simon, que m'importe Judas ? Simon, que t'arrive-t-il ? Quelle faute ai-je commise à ton encontre ? Tel un silex, tu étais, tel un bloc de glace, tu es désormais, non seulement avec moi, mais aussi avec ton père, et avec Judas !

— Crois-tu que ce soit sans raison ?

— Comment le saurais-je, Simon ?

— Quand tu es sortie, avant son départ...

— Je n'aimerai jamais Judas.

— Et lui, le sait-il ?

— Il le sait.

— Mais lui t'adule, cela, je le sais. Je connais mon frère Judas. Chacun de ses gestes, chacun de ses regards, chacune de ses pensées, chaque jour. Il a été pourvu de tout ce que désirait son âme. Je connais sa maudite humilité...

— Et c'est pourquoi tu le hais.

— Je ne le hais point.

— Simon, Simon, Simon fils de Mattathias, Simon de Modi'in, ils sont nombreux, les noms que je t'ai donnés dans mon cœur. Mon Simon, tu es si sage, tu es si stupide. Simon, tu es mon unique, il n'est point d'autre que toi. Depuis toujours, tu n'es qu'à moi, et je rêve qu'un jour tu m'aimeras. Et, même si tu ne m'aimais pas, je vivrais dans ton ombre. Afin que tes yeux se posent enfin sur moi, que tu m'adresses quelques mots. Est-il possible que je ne mérite même pas cela, même juste cela ?

— Mais Judas, lui, t'aime.

— Simon, Judas est-il l'unique obsession de ton existence ? N'y a-t-il rien d'autre dans ton univers que Judas ? Certes, Judas m'a prise dans ses bras, mais j'avais pitié de lui. Je ne lui appartiens pas, pas plus qu'à un autre. Simon fils de Mattathias, tu es le seul homme auquel je brûle d'appartenir.

— Tu as eu pitié de lui ? Tu as eu pitié de Judas ?

— J'ai eu pitié de lui, Simon, ne le comprends-tu pas ?

Excitée et émue comme si elle-même avait déployé, dans l'espace du petit studio, ce dialogue amoureux entre deux jeunes gens de l'Antiquité, Ruth les interrompt. L'invité, aussi, admire sa capacité à muer un dialogue ampoulé et suranné en échange vibrant et fluide et, malgré la mise en garde de Ruth, il ne peut se retenir d'applaudir.

Les deux adolescents sourient de contentement. Mais le troisième comédien, ombrageux et sinistre – Judas Maccabée qui a écouté, les traits douloureux, la tirade de ses amis à son propos, amoureux éconduit avant même d'avoir commencé son rôle dans la pièce –, décoche un regard assassin à Yaïr Mozes, qui se dresse brusquement, sur une impulsion subite, et tente de retrouver dans les ténèbres de sa mémoire où il a déjà rencontré un regard aussi noir.

– 4 –

Comme il ne lui viendrait pas à l'idée d'utiliser des toilettes dissimulées par un rideau avec une cuvette destinée à des enfants, il fait signe à la propriétaire qu'il désire se rendre dans son appartement. Habituée à ses déboires physiologiques, elle lui remet la clé et chuchote : « Tu vas te débrouiller tout seul ?

— Bien sûr, lui répond-il, quelle question ! »

Ne connaît-il pas très bien cet appartement, avec son salon derrière lequel se cache une chambre à coucher délicieuse ? Il y a quelques années, il s'y rendait, lui aussi, et parfois même y passait la nuit. La pièce n'a pas beaucoup changé. Les tapisseries bariolées des canapés et des fauteuils et des petits coussins disséminés se conjuguent joyeusement aux bigarrures des affiches sur les murs : publicités encadrées des films dans lesquels elle a joué, sous la direction de Mozes ou d'autres metteurs en scène.

Certes, cet appartement laisse percer une touche de vulgarité, avec ses murs recouverts d'affiches d'une actrice à ce point obnubilée par son passé et, pourtant, ce narcissisme ne dépare pas l'esthétique du logis, d'autant que la maîtresse de maison, ayant prévu que Mozes ne renoncerait pas à une intrusion chez elle, a veillé à le nettoyer et à y mettre de l'ordre.

Avant de retourner au studio, il s'enfonce un moment dans son fauteuil préféré et se verse un verre d'une bouteille de cognac qu'il a apportée, il y a des années, et qui a été si peu entamée. Son regard erre sur les murs familiers et se pose sur la table. Un dessin dépasse au milieu des papiers, un portrait au fusain de Ruth dans sa jeunesse. On voit bien qu'il s'agit d'un dessin d'amateur, de quelqu'un de maladroit, dont le trait a agrandi un peu un œil et un peu trop rehaussé le front. Mais, à en juger par la manière dont le sourire de l'actrice est rendu, force est de constater que le dessinateur la connaissait à la perfection et que, eût-il copié une photo, le cliché dont il s'était inspiré était fidèle à la réalité. Peut-être trouverait-il, sur la table, les anciennes analyses, les plus inquiétantes. S'il pouvait les montrer à son gendre, ce dernier saurait en évaluer la gravité. Mais il ne touche à rien. Jadis, il se conduisait avec une totale liberté dans cet appartement, mais ce temps est révolu. Le regard de Judas Maccabée, le jeune homme qui n'a pas encore proféré un mot, traverse son esprit. Est-ce possible ? Ou n'est-ce qu'une illusion ?

Ruth entre pour voir pourquoi il s'attarde.

« Tes jeunes comédiens m'ont démoralisé...

— Eh bien, ressaisis-toi. Parce qu'ils exigent maintenant que tu assistes à leur répétition. Je savais qu'ils frétilleraient devant un réalisateur de cinéma. Même dans l'école la plus déshéritée de ce pays, ils se prennent tous pour des stars en puissance.

— Pardon, mais ce n'est pas moi qui ai révélé mon identité.

— D'accord. Mais il fallait leur expliquer pourquoi un croulant comme toi a atterri tout à coup dans mon studio, et je n'ai pas su t'inventer une autre identité. Mais qu'est-ce qui t'a fatigué ?

— Tu l'as dit toi-même : je suis un croulant. De plus, quelqu'un qui a renoncé à sa sieste. Alors, ce croulant n'aurait-il pas le droit de se reposer dans un fauteuil et de contempler, à nouveau, toutes ces vieilles affiches ? Cela dit, comme c'est agréable de constater ta patience, qui plus est, avec des enfants. Mais, dis-moi, tu ne crois pas qu'il aurait été préférable de leur simplifier un peu le texte ?

— Simplifier quoi là-dedans ?

— Alléger les “où donc”, “tu me chérissais” ou encore ce “t’adule”. Je crains que les élèves qui vont assister à cette pièce ne soient perdus sous le flot de ces ornementations.

— Détrompe-toi. La plupart des élèves du sud de la ville appartiennent à des familles traditionalistes, que leurs parents emmènent, le sabbat et les fêtes, à la synagogue, et là, ils entendent ce genre d’expressions.

— Et ce garçon-là ?

— Lequel ?

— Le troisième, le muet, Judas Maccabée.

— Qu’est-ce que tu lui veux ?

— Jusqu’à présent, il n’a pas prononcé un mot. Il n’a pas de tirade ?

— Pas aujourd’hui. Je l’ai convoqué pour qu’il souffre en silence, dans son coin, à cause de l’amour naissant entre sa bien-aimée et son propre frère. Afin de lui inoculer du désespoir avant de jouer sa mort pendant la répétition de demain.

— Merveilleux de voir ta mise en scène. Il semble que tu aies tout de même appris quelque chose auprès de quelqu’un d’autre.

— Sans doute... Un peu.

— Mais, dis-moi, cet enfant ne te rappelle pas quelqu’un ? Dans ses yeux... dans la manière dont il regarde...

— Tu penses à Trigano.

— Exactement. J’avais peur de te le dire...

— De quoi avais-tu peur ?

— Je ne sais pas...

— Quand j’ai commencé à travailler avec eux, j’ai noté une certaine ressemblance, et j’ai même vérifié s’il n’y avait pas des liens de parenté entre eux. Mais je n’ai rien trouvé, bien que le grand-père de cet enfant soit originaire de la même région que Trigano. Mais, pendant les cours, cette ressemblance s’est brouillée. D’ailleurs, c’est un enfant compliqué, un gosse à problèmes...

— Comment s’appelle-t-il ?

— Elisha.

— Je n'ai pas osé dire qu'il me rappelait Trigano parce que ça fait de nombreuses années que je ne l'ai pas vu. Mais toi-même, tu as senti la même chose...

— Oui, il y a quelque chose... Ce n'est pas une simple illusion.

— Tu vois ! La sénilité ne m'a pas encore totalement décati. Retournons au studio. Je suis curieux de voir comment tu vas monter la scène. Tu vas demander aux enfants de se toucher ou leur amour va rester purement platonique ?

— Pourquoi "platonique" ? Les jeunes d'aujourd'hui se touchent facilement. Par amour ou par violence. Or, toi, tu prépares des contacts autrement plus concrets dans ton prochain film...

— Ne mets pas la charrue avant les bœufs. Ce n'est pas encore un film, juste une petite graine. »

– 5 –

Dans le studio, les deux jeunes comédiens se sont déjà dévêtus et ont enfilé des *abaya* blanches, afin de se pénétrer, dans leur chair, de l'esprit de l'époque. Elisha est assis à sa place, l'air toujours aussi lugubre, à réchauffer ses mains autour d'un verre de thé qu'il s'est lui-même préparé. Mais Ruth le fait lever et lui demande de se déshabiller, lui aussi, et de mettre une *abaya*.

« Pourquoi ? grince-t-il. Tu avais dit qu'aujourd'hui j'étais là juste pour regarder.

— C'est vrai, pour regarder mais pas comme un spectateur. En t'habillant comme eux, tu participes à la représentation avec ton corps et pas seulement avec ton regard, et tu pourras ainsi enflammer la jalousie en ton for intérieur, non seulement comme frère mais aussi comme amoureux. Ça va t'aider à restituer, demain, la souffrance du personnage que tu devras incarner. »

Le jeune homme hausse les épaules, comme s'il doutait de la théorie de son professeur, puis va prendre une large tunique brodée, la passe sur ses vêtements et retourne dans son coin.

Ruth empile des coussins sous la fenêtre, y fait asseoir le jeune Hasmonéen et lui fait pencher délicatement la face de côté, vers le ciel, tandis qu'elle demande à la jeune fille amoureuse de se déchausser et de se tenir pieds nus dans un recoin du studio et de murmurer : *Simon, où donc es-tu ?*

Répétée à plusieurs reprises, la scène progresse, et Ruth dispense non seulement ses instructions mais esquisse les gestes et exprime les sentiments, passe elle-même d'un personnage à l'autre, une fois Simon, l'autre, Ruth. Et comme elle connaît le texte à la perfection, elle est libre de jouer et d'expliquer son jeu et, vers la fin de la scène, après que Simon a avoué son amour et y a cédé, elle invite le jeune homme et la jeune fille à se rapprocher, se toucher et se caresser, poser une tête sur une épaule, et les encourage à effleurer d'un baiser le front et la joue. Les enfants se montrent confus et hésitants ; Ruth, s'écrient-ils, les copains vont se moquer de nous, on les connaît ! Leur professeur balaie leur appréhension. Dans sa jeunesse, on avait représenté dans son école *My Glorious Brothers* et, quand quelques ricanements s'étaient produits, le directeur les avait fait taire sur-le-champ.

Le jour baisse et, dehors, une grisaille grosse de pluie envahit le paysage. Ruth n'allume pas les lampes mais se sert en quelque sorte de la pénombre pour approfondir les émotions de ses acteurs. Dans son coin, l'invité est captivé par les liens à la fois réels et imaginaires en train de se tisser entre les deux jeunes gens et, de temps à autre, il tourne son regard vers le troisième protagoniste, sosie affligé de Trigano adolescent, qui épie ses deux amis pour entretenir en son âme la souffrance et le désespoir qu'il exprimera demain.

C'est exprès qu'elle torture cet enfant – cette curieuse pensée lui traverse l'esprit.

À la fin de la répétition, il se garde bien d'applaudir, son esprit déjà concentré sur l'idée d'Amsellem. Serait-il possible de raconter l'histoire de la grossesse inattendue qui s'abat sur deux adolescents avec du réalisme psychologique ou un sujet aussi déroutant exige-t-il une clé différente et, dans ce cas, qui va la trouver ?

Les jeunes comédiens déambulent maintenant dans le studio dans leurs tuniques blanches tels des fantômes. Mozes sent que leurs regards quêtent sa réaction, mais il se contente de sourire sans un mot. La répétition suivante est fixée au lendemain, et les élèves se rhabillent, saisissent leurs cartables et saluent Mozes en partant.

Épuisée, Ruth s'écroule sur les coussins placés sous la fenêtre.

Son invité la félicite : « Du beau travail. Tu me redonnes de l'espoir.

— De l'espoir pour quoi ?

— Pour un nouveau film, sur des enfants devenus parents du jour au lendemain.

— Qu'as-tu à gagner à réaliser un tel film ? lui lance-t-elle, yeux clos, les traits pâlis.

— Pourquoi pas ? C'est un drame contemporain bien dans l'air du temps, avec cette jeunesse gavée de violence et de sexualité. »

Elle rouvre les yeux et le fixe.

« C'est ça, l'air du temps ?

— C'est ce qu'on dit, c'est ce que j'entends. »

Elle se tait, l'esprit troublé.

Et lui de poursuivre, avec une légère ironie :

« Ce sera comme dans ton *My Glorious Brothers*, mais avec une gloire d'un genre différent... une gloire un peu pourrie...

— C'est ce que toi et Amsellem, vous projetez ? lui dit-elle avec un trace de mépris dans la voix.

— Et toi ? Toi, qu'est-ce que tu en penses ? »

Elle ne lui répond pas. Exténuée, ses yeux se ferment d'eux-mêmes. Il sait qu'elle serait contente qu'il se lève et s'en aille aussitôt. Mais lui, il a non seulement du mal à la quitter mais il a aussi envie de revenir dans son appartement et de lui demander ce qu'il n'a pas réussi à trouver en Espagne.

« Et si on allait manger un bout...

— Non, je suis morte de fatigue, je vais me mettre au lit, et n'aie pas le culot de me parler encore une fois de mes analyses.

— Motus et bouche cousue !

— Parfait.

— Mais, si je puis me permettre, je m'invite à la prochaine

répétition avec ces enfants. Je veux voir la souffrance et le désespoir que va exprimer Judas Maccabée, ce petit Trigano, dont il me semble que tu le martyrises un peu.

— C'est possible...

— Alors, tu m'autorises à venir à la prochaine répétition ?

— Non, Mozes, je regrette, mais ne reviens plus. Tu as senti toi-même que les enfants sont excités par la présence d'un réalisateur. Tu les troubles avec des illusions inutiles pour des enfants qui participent juste à une représentation scolaire. Tu en as assez vu, et si tu veux regarder le résultat final, tu devras venir avec les parents à la représentation.

— Quels parents ?

— Les parents de ces enfants et leurs grands-parents. Pourquoi pas ? Après tout, tu as un petit-fils de leur âge. »

Il baisse la tête. Silence. Son ironie inaccoutumée le surprend et le séduit à la fois. Il sait qu'elle aspire à ce qu'il la laisse en paix, mais il est encore trop tôt pour qu'il s'en aille. Tandis que l'obscurité envahit le studio, l'odeur de moisi du confessionnal, dans la crypte de la cathédrale, lui revient. Là-bas, derrière le lattis en cuir, face au moine qui s'adressait à lui dans un hébreu désuet, son cœur s'était épanché. Mais il avait oublié de révéler au moine qu'il fut un temps où il avait été sur le point d'épouser cette femme et qu'il avait reculé au dernier moment. Pas seulement parce qu'il redoutait la vengeance de Trigano mais parce qu'il craignait de se livrer, pieds et poings liés, à un personnage qui se réincarnerait sans fin dans son œuvre. Sauf que cela s'était produit, sans qu'il l'ait épousée.

Il se lève, prend par inadvertance le bâton de pèlerin pointu de Saint-Jacques-de-Compostelle, s'approche de la femme étendue sous la fenêtre et chuchote tout à coup :

« Ils sont passés comme un rêve, ces trois jours à Saint-Jacques.

— Un rêve ? Pourquoi ? Je me souviens de chaque moment de la rétrospective qu'ils ont organisée pour toi, et, en fait, pour moi aussi.

— Pour toi aussi, bien sûr. Ce fut notre rétrospective à tous deux.

— Alors, pourquoi “un rêve” ?

— Parce que trois nuits dans le même lit sont passées comme un rêve.

— Ce rêve, c’est juste le tien, Mozes, et je n’ai pas le droit de m’immiscer là-dedans.

— Pourquoi ça ? réplique-t-il en caressant le bâton de pèlerin. En revoyant la scène du viol dans le wadi, ton ancienne colère contre moi s’est réveillée.

— Ce n’était pas de la colère mais du dépit, parce que j’ai compris qu’à travers la violence déchaînée contre la sourde-muette, tu réalisais les fantasmes les plus troubles de Trigano. C’est *toi* qui m’a déçue, l’homme jeune que tu étais alors, un enseignant et un éducateur disposé à renoncer à toutes ses valeurs pour se mettre au service de l’histoire d’un autre : abandonner une jeune femme, une comédienne débutante, à un acteur pour qui la caméra n’était qu’un alibi pour assouvir ses instincts. Et Trigano, qui se tenait tout le temps à côté de toi pour veiller sur son scénario, satisfait par ton obéissance servile, s’est vu encouragé à aller encore plus loin avec moi dans ses scénarios suivants. »

Il est tendu vers elle dans l’obscurité ; en la voyant diriger sa mise en scène scrupuleuse avec les enfants, elle lui est devenue encore plus chère et plus précieuse.

Il recule, dépose le bâton, enfile son manteau et revient vers Ruth qui, entre-temps, s’est enveloppée dans une couverture légère, comme si elle était déterminée à rester couchée sur le tas de coussins et à ne pas retourner dans son appartement, de crainte que Mozes ne veuille la suivre.

« Si c’est toi qui as raison, si la rétrospective en Espagne n’était pas seulement la mienne mais aussi la tienne, eh bien, accompagne-moi à la gare isolée et voyons ce qu’il en reste.

— À quoi bon ?

— Pourquoi pas ? Puisque la frontière a été effacée depuis ce temps-là, et que le village que Tolédano avait annexé avec sa caméra se trouve désormais sous contrôle israélien. Nous pourrons examiner un nouvel angle de vue.

— Pourquoi est-ce si important pour toi ?

— Parce qu'il m'importe de clore la rétrospective avant de songer à un nouveau film. Et je tiens à ce que tu m'accompagnes. Là-bas, dans le désert, dans l'obscurité, j'étais seul, juste avec ce Bédouin et sa femme mais, cette fois, nous irons en plein jour, nous nous promènerons le long des rails et nous descendrons même dans le wadi où je t'ai déçue. »

Elle se soulève un peu, tout en attirant à elle la couverture.

« Tu pourras t'y retrouver après tant d'années ?

— Nous allons unir nos deux mémoires. En outre, les cartes ne sont pas faites pour les chiens. »

Mozes sent que sa proposition la séduit.

« Mais quand ? Je travaille toute la journée.

— Eh bien, nous irons samedi. Dès le matin.

— Si c'est si important pour toi, je t'accompagne. Mais la douleur de cette jeune femme risque de se réveiller... »

Il sourit.

« Nous lui expliquerons que c'était nécessaire pour conclure l'histoire mais que, dans la réalité, il n'est rien arrivé.

— C'est *toi* qui vas lui expliquer, je ne suis pas sûre qu'*elle* comprenne.

— *Elle* va comprendre. La sourde-muette que Trigano a amenée pour le film était très futée... »

Un faible sourire passe sur son visage dont la pâleur dans la pénombre fait battre le cœur de Mozes.

« Une dernière chose, et ne t'énerve pas.

— Non... Mais ne me ressasse pas ton...

— Juste une petite phrase. S'il te plaît.

— Mais très courte.

— D'accord. Si tu es sûre que tu n'as rien, alors inutile de refaire tes analyses. Mais pourquoi n'effacerait-on pas ton nom des résultats pour les montrer, de manière anonyme, à Zvi, mon gendre ? Comme ça, il pourrait nous rassurer définitivement. »

Elle se tait. Ferme de nouveau les paupières.

« Regarde, s'enhardit-il, j'ai rendu visite à Galit dans son service de radiologie, et elle a en a profité pour me faire une cardiographie, et maintenant je suis tranquillisé.

— Et avant, tu n'étais pas rassuré ? Ton cœur est complètement calme. Il bat à peine.

— J'étais calme, mais sans savoir pourquoi. Maintenant, j'ai davantage confiance en lui, et c'est pourquoi je vais lui permettre de s'émouvoir davantage. Et toi aussi, sans être à jeun, sans piqûre, sans faire couler le sang, tu pourras conserver ta sérénité grâce au rapide coup d'œil d'un spécialiste.

— Je n'ai pas besoin du regard d'un spécialiste. Tu avais promis une seule phrase brève, et tu as en déjà débité cinq interminables. Salut ! »

– 6 –

Il ne fait pas de doute que la carte routière de Mozes est périmée, puisque n'y est pas signalé que l'administration israélienne du village jordanien, conquis pendant la guerre des Six Jours, est passée, entre-temps, à l'Autorité palestinienne. Par une belle matinée de sabbat, après avoir goûté les délices des virages d'une route bien entretenue grimpant de la vallée d'Ayalon jusqu'aux crêtes méridionales de Jérusalem, accompagnés surtout par de paisibles cyclistes escaladant et dévalant les côtes sous des nuages blancs bourgeonnants, ils découvrent, surpris, un barrage militaire leur interdisant l'accès du village. Bien que ce barrage soit déglingué et tout au plus symbolique, Mozes se plie à sa réalité et attend la policière et le soldat en uniformes débraillés qui s'avancent vers lui en bâillant : « Vous allez où ? »

Il leur dit le nom du village, eux lui demandent ce qu'il compte y faire et, bien que le metteur en scène ait le désir de raconter aux forces de sécurité la rétrospective commencée en Espagne et censée s'achever ici, un autre véhicule klaxonne derrière eux, et les soldats font signe à Mozes de poursuivre sa route non sans l'avertir que la visite d'Israéliens dans ce village s'effectue à leurs risques et périls.

« Tu as envie de continuer ? l'interroge Mozes après avoir franchi le barrage. Ça vaut vraiment la peine de courir un danger juste pour un nouveau regard ?

— On va pas décamper maintenant ! riposte son accompagnatrice, dont le beau visage est rougi par l'air des montagnes.

Que redoutes-tu ? Si le train de Jérusalem ne s'arrête plus là, on ne pourra de toute façon parvenir à la gare qu'en passant par le village et, de là, on pourra jeter un œil sur le wadi. Si on ne le fait pas maintenant, quand le pourrons-nous ? Quand tu seras plongé dans ton nouveau film, toute la rétrospective sera oubliée, et la vie est bien courte.

— Pour qui est-elle courte ?

— Pas seulement pour celui dont la biochimie est inquiétante mais aussi pour celui qui a découvert que son cœur fonctionne bien et qu'il peut encore s'émouvoir... »

Aussitôt, un rire joyeux fuse dans la voiture.

Il se tait et effleure doucement sa chevelure. Depuis Saint-Jacques-de-Compostelle, il la regarde non seulement comme l'adolescente qui a joué dans ses premiers films mais aussi comme la jeune femme qui dénude un sein pour alimenter son père. Et, bien que certain d'avoir tiré tout le parti possible de sa figure, de toutes ses nuances et de ses virtualités dans les films du passé, et que même ses derniers fidèles penseraient que ce serait une erreur de lui redonner un rôle, il n'en redoute pas moins de la voir disparaître définitivement de sa vie.

Au bout de quelques kilomètres, parvenus à un carrefour signalant l'entrée du village en arabe et en hébreu, il hésite encore pour savoir s'ils devraient se contenter d'un simple regard de loin ou dévaler la pente d'une route cahoteuse et étroite jusqu'aux entrailles du village, jadis converti d'hostile en amical sur la table de montage. Non loin d'un poste de garde jordanien engourdi, la caméra de Tolédano avait avalé des maisons, des sentiers, des cours et des animaux et, parfois, des habitants du village, qui, par la suite, au montage, avaient été annexés au film israélien et transformés en complices involontaires du cauchemar allégorique né d'un scénario présomptueux.

Mozes s'interroge à haute voix : est-ce que notre irruption dans le village ne va pas leur compliquer la vie ? Parce que, si ce village s'est débarrassé de l'occupation israélienne, il doit sûrement être plus que jamais jaloux de son indépendance.

Il se gare à l'entrée du village et sort pour chercher un point de vue qui le dispense d'entrer dans une zone peu sûre. Mais Ruth, pour protester contre cette infiltration trop timorée, demeure dans la voiture.

Un nuage impressionnant plane au-dessus du village, les rayons du soleil tamisés à travers la nuée dorent les maisons et les oliveraies. Pour autant qu'il s'en souvienne, le village a grossi et s'est étendu avec les années et, bien que son regard repère le wadi et la voie ferrée, il ne réussit pas à découvrir l'essentiel, la gare miniature.

« Qu'est-ce que ça peut faire si elle a disparu ? s'exclame Ruth au moment où Mozes revient vers la voiture et suggère de renoncer à descendre au cœur du village. Les rails sont bien là, et personne n'a déplacé le wadi et, de toute façon, de quoi as-tu peur ? Pourquoi les Palestiniens se préoccuperaient-ils de toi ? Si quelqu'un te demande ce que tu cherches là, il ne sera que trop heureux d'apprendre que, jadis, nous les avons associés à un film artistique. »

Il pose la main sur son épaule. Depuis qu'il a assisté à sa mise en scène avec ses jeunes comédiens, elle obsède ses pensées, et il ne sait plus quoi faire pour lui être agréable. C'est pourquoi, malgré sa peur de pénétrer dans un endroit à leurs risques et périls, il remet le contact et dévale lentement la route étroite aux ornières comblées à la va-vite. Ce qui a été subtilisé hier apparaît maintenant dans toute sa réalité : une placette et un puits, un âne attaché à une carcasse rouillée de véhicule et des poules picotant en toute quiétude, mais aussi une moto moderne et briquée, garée à côté d'un tracteur perfectionné, et des antennes satellitaires sur chaque toit. Les habitants, des femmes surtout, regardent les Israéliens sans curiosité particulière. Au moment de descendre vers la voie ferrée, escortés par les aboiements déchirants d'un chien lancé à leurs trousses, le nuage s'appesantit, assombrissant l'atmosphère.

Mais, là, une frontière tangible se dresse. Une haute barrière sépare le village de la voie ferrée. Étrange de constater que ce qui était hier une brèche entre ennemis s'est mué en obstacle infranchissable entre voisins.

« Mais où la gare est-elle passée ? » Ils posent la question à un jeune Palestinien assis sur le seuil de sa maison à lire le supplément « Sports » d'un gratuit israélien d'extrême droite, *Israël aujourd'hui*. « Cela fait cinq ans que les habitants utilisent les pierres du bâtiment de la gare pour agrandir leurs maisons, leur dit-il.

— Mais avant l'achèvement de la nouvelle voie entre Modi'in et Jérusalem, les chemins de fer d'Israël empruntent-ils toujours cette voie ?

— Le train passe sans s'arrêter, précise le jeune homme, et, le samedi, il passe même pas.

— Alors, comment peut-on arriver jusqu'à la voie et se promener un peu dans le wadi proche ?

— C'est pas possible et, en plus, c'est interdit, répond le Palestinien, parce que ça, c'est la barrière de la frontière, comme ça, nous aussi, on sent qu'on a un peu d'indépendance. Mais, pour vous, ajoute-t-il avec un sourire narquois, vous du camp d'en face, on va vous montrer comment, nous, on entre en Israël, et sans passeport. »

Il replie son journal et guide l'actrice et le metteur en scène, qui tient à la main son bâton de pèlerin, à travers une ruelle, puis une autre, jusqu'à un champ de luzerne en herbe et, là, à un endroit qui apparaît à tous égards comme une frontière, il agrippe à deux mains la barrière, la secoue violemment et ouvre un large passage.

« Parfait, dit Mozes, mais referme-la de façon qu'on puisse l'ouvrir facilement à notre retour. Et peut-être qu'il vaudrait mieux, si possible, que tu nous attendes ici car nous allons faire une courte promenade pour nous souvenir de quelque chose du passé.

— D'accord, je vous attends, acquiesce le jeune homme, amusé par ces deux Israéliens d'âge mûr saisis de l'envie soudaine, un matin de sabbat, de se balader sur la voie ferrée désertée, en contrebas de son village. Mais pour revenir chez nous, en Palestine, sourit-il, vous devrez subir un interrogatoire de sécurité et payer une taxe.

— On paiera la taxe, s'esclaffe Mozes tout réjoui, mais à condition que tu ne bouges pas d'ici. »

Le jeune homme déniche une grosse pierre sur laquelle il s'assoit puis déplie son supplément « Sports ». Pendant ce temps, le réalisateur et l'actrice boitillent, lui devant, elle derrière, à tour de rôle, sur les traverses en béton gris de la voie ferrée, tentant de repérer l'endroit où le train imaginaire s'était abîmé dans un ravin qui ne l'était pas moins. Mais restituer une réalité chimérique n'est pas si aisé car l'actrice bute sur les rails, et le talon de sa chaussure se coince dans le gravier du ballast. Le metteur en scène la relève d'une main ferme et s'attarde pour libérer la chaussure, la secouer et chausser le pied nu. De nouveau, il ressent entre ses bras, dans la réalité, la douceur de cette femme qui a joué dans la plupart de ses films. Quoiqu'elle lui sourie de reconnaissance, elle cherche à échapper aux bras qui l'agrippent. Peut-être soupçonne-t-elle que ce n'est pas par désir d'elle que le vieux réalisateur l'étreint ainsi mais par nostalgie pour la jeune fille svelte et brune dont le bien-aimé avait exigé qu'elle incarnât le personnage d'une sourde-muette aux gestes énigmatiques et décousus.

« Bon, qu'est-ce que nous cherchons au fond, dans ces parages ? » l'interroge Ruth.

Mozes aussi a du mal à expliquer cette impulsion à revenir sur les lieux de tournage de ses premiers films. Veut-il uniquement reconnaître les sites de ses œuvres les plus anciennes ou désire-t-il, aussi, les corriger ?

« On peut corriger le passé ?

— Impossible, reconnaît le metteur en scène, mais on peut tenter d'apaiser la colère ancienne qui s'est réveillée pendant la première nuit à l'hôtel.

— Ce n'était pas de la colère mais de la déception.

— Quand bien même, s'enflamme-t-il, elle n'est pas moins douloureuse. C'est pourquoi je t'ai amenée jusqu'ici, afin d'atténuer, au moins, ta déception.

— Atténuer ? Comment ça ? » siffle-t-elle avec une étincelle d'ironie dans le regard.

Parce que, peut-être, en marchant autour de ce village qui a été rendu à sa situation d'antan, de l'autre côté de la frontière, elle comprendra que *La Gare isolée* ne pouvait pas s'achever sans la scène du viol brutal. Même un public étranger, dans un pays lointain, l'a compris...

« Que le public comprenne ce viol ne compense pas l'humiliation éprouvée par le comédien...

— Mais, dis donc, ce n'est pas moi qui ai écrit le scénario, je n'ai fait que l'interpréter.

— Une interprétation bien zélée, bien au-delà de ce qui n'était que suggéré dans le scénario.

— Mais Trigano était avec nous et il pouvait m'arrêter ou me modérer.

— Il ne le pouvait pas parce qu'il y avait cet accord entre vous : toi, tu ne modifierais rien dans son scénario final, et lui n'interviendrait pas dans ta mise en scène dès le moment où tu commençais ton travail. Il était pieds et poings liés.

— Pieds et poings liés même, à t'en croire, quand je t'humiliais ?

— Tu as raison, ce n'est peut-être pas votre accord qui le paralysait, et ce n'était qu'un prétexte à ses yeux. Mais tu dois comprendre : ta collaboration à son œuvre est née à cause de ta normalité, de ton sens des proportions, parce qu'il supposait que toi, en tant que metteur en scène, tu mettrais un peu de vraisemblance et un frein à son imagination débridée. Tu tempérerais l'agitation qui le consumait, tu décrypterais les symboles qui fourmillaient dans son esprit. Or, pendant le tournage des dernières scènes de *La Gare isolée*, il s'aperçoit que ta normalité n'était pas si évidente. Il a compris que tes valeurs bourgeoises de bon garçon de Jérusalem étaient moins solides qu'il ne le croyait, et que la normalité pouvait être aussi violente et perverse. C'est pour cette raison qu'il n'a pas voulu se mêler à la scène du viol. Ça lui plaisait de voir qu'il pourrait, à l'avenir, repousser les limites avec toi... Oser davantage. Avec moi aussi, ou en se servant de moi...

— Avec toi, avec toi surtout, réplique Mozes, troublé par sa harangue. Après tout, nous savions tous à quel point vous étiez liés.

— Ce n'était pas qu'un lien, Mozes, mais une exigence au-delà d'une relation, bien au-delà de l'amour d'un homme pour une femme. Parce que l'amour ne lui suffisait pas. Cet amour avait un objectif au-delà de lui-même : me transformer en symbole, en figure.

— Une figure ? » frémit Mozes.

Voilà que lui revient le mot qui planait dans le confessionnal de la cathédrale.

« Une figure, poursuit Ruth pleine d'aplomb, une figure qui, sans rapport avec le rôle qu'elle joue et juste parce qu'elle possède un statut singulier, force les gens à porter un regard un peu différent sur le monde. Malgré ce qui est arrivé dans *La Gare isolée*, j'ai accepté d'incarner une figure, pas seulement à cause de Trigano mais parce que je me suis rendu compte que tu étais d'accord avec lui, que tu le soutenais et le suivais fidèlement. Mais, quand vous m'avez renvoyée dans la rue après l'abandon du bébé et avez attendu de moi que j'oblige un vieux mendiant puant à me téter, et que vous m'avez rabaissée devant cette enfant qui avait été moi-même dans le passé, j'ai senti que, si je n'y mettais pas le holà, vous me pousseriez tous les deux encore plus loin. Parce qu'un amour qui tente de passer au-dessus d'une femme et de la transformer en figure, en symbole, n'est pas un amour digne de ce nom. »

Ils continuent à avancer prudemment, traverse après traverse. Mozes écoute en silence, avide d'entendre chaque mot.

« C'est pourquoi j'ai essayé de couper net le déroulement de la dernière scène. Et j'ai voulu aussi vérifier *ta* réaction.

— Tu as essayé ? Tu n'as fait qu'essayer ?

— Oui, je n'ai fait qu'essayer. Mais, au lieu de me consoler – par exemple, en me promettant que tu veillerais au moins à introduire dans cette scène, grâce à la photographie de Tolédano, je ne sais quelle compassion humaine qui me protégerait un peu de cette violence morbide –, tu as tout simplement changé ton fusil d'épaule et tu m'as soutenue dans mon refus.

Tu as annulé cette scène précipitamment sans me permettre, à moi ni à toi-même, d'y réfléchir à deux fois...

— Je me suis empressé de te soutenir, de te protéger.

— Bien sûr, mais ton soutien a été si brutal qu'il a atteint Trigano dans son amour-propre et l'a blessé.

— Juste à cause de son orgueil de dingue, de sa mégalomanie. Parce qu'il était persuadé que ma normalité s'aplatirait devant lui et qu'elle avalerait tout ce qu'il me ferait ingurgiter.

— Ce n'est pas vrai. Tu n'as rien dit, tu étais prêt à tourner cette scène, ce n'était pas l'essentiel.

— C'était quoi, dans ce cas ?

— Tu as produit chez lui, et peut-être aussi en moi, l'impression inexacte que tu me soutenais parce que tu voulais m'arracher à lui. Mais tu ne voulais pas vraiment de moi et, à l'époque, tu ne m'aimais évidemment pas. »

Mozes frappe sur une petite pierre et chuchote : « Tu as raison.

— Dans ce cas, tu devais le calmer, proposer de transiger et, surtout, apaiser mon angoisse. Tu pouvais prendre sur toi et trouver je ne sais quelle compensation à cette scène qui me terrorisait. Pourquoi n'as-tu pas voulu nous réconcilier, lui et moi ? Après tout, c'était toi, le metteur en scène, toi, le plus fort. C'était toi, le natif de ce pays, toi qui maîtrisais le tournage. Tu n'avais pas le droit de le laisser couper ses liens avec toi et avec moi. Mais tu as voulu profiter de cette querelle pour t'en débarrasser définitivement, pour ne plus avoir à affronter d'autres idées de ce cinglé.

— Si je comprends bien, souffle-t-il, le corps agité d'un tremblement, le tableau de la *Charité romaine*, au *parador*, a profondément marqué ta conscience, bien que tu n'aies pas dit un mot, même après les explications de la spécialiste. »

Dans le droit fil de sa confession donnée à Saint-Jacques-de-Compostelle, il avoue : « C'est vrai, j'ai voulu me séparer de lui ou, du moins, l'éloigner de moi pour un certain temps. Je craignais qu'il ne me conduise à une impasse. »

– 7 –

Les bruits d'une scie ou d'une fraiseuse parviennent de loin, augmentent peu à peu, se rapprochent ; croyant en toute innocence que la quiétude du sabbat leur épargnerait un train, fût-ce un convoi de marchandises, les deux promeneurs enjambant les rails sont surpris de voir déboucher d'une courbe de la montagne une draisine jaune lâchant les couinements stridents de sa trompe, comme ceux d'un oiseau de proie en vol plané. Mozes prend le bras de Ruth et la tire de côté. Dans ce pays, on ne peut même pas faire confiance au rabbinat pour faire respecter le sabbat, maugrée-t-il.

Tous deux échangent des sourires en apercevant un vieil homme en salopette, chauve et ventripotent, immobiliser la draisine qui les hèle : « C'est quoi ça ? Comment vous êtes venus jusqu'ici ? Hé, c'est pas une promenade de bord de mer ! Barrez-vous ou j'appelle les polices. » Difficile d'identifier sa nationalité en se fondant sur son accent et son allure ; il parle de « polices » comme s'il était déjà un citoyen binational, fort d'une double protection. Mozes finasse : « Qu'y a-t-il, monsieur, ne sommes-nous pas en plein sabbat ? Voulez-vous que nous révélions aux religieux que les chemins de fer d'Israël roulent le jour du sabbat ? » Sauf que le cheminot n'a aucun sens de l'humour. Il descend de la draisine en agitant les mains. « *Yallah, kichta*, dégagez ! » les presse-t-il en arabe et en hébreu, puis il remonte sur sa draisine, actionne sa trompe et poursuit sa route vers la vallée.

Le jeune Palestinien, leur garde-frontière, est toujours plongé dans ses pages « Sports ». En les voyant approcher, il se lève avec une lenteur calculée et les attend près de la brèche. Souriant, Mozes lui tend un billet de cent shekels et lui dit : « Voici la taxe, mais laisse tomber l'interrogatoire de sécurité car il y a la paix entre nous désormais. » Le jeune homme palpe avec étonnement le billet auquel il ne s'attendait pas, secoue ensuite à deux mains la barrière et libère un passage, tout en chantonnant : *« La paix, la paix, mais il n'y a pas de paix. »* Ce qui ne l'empêche pas d'inviter les deux Israéliens à boire une tasse de café, comprise dans la taxe d'entrée. « Pourquoi pas ? s'enthousiasme le réalisateur. Nous avons le temps. »

De toute façon, Mozes souhaite prolonger cette escapade. D'autant que, du salon agréable et propret, se découvre le débouché de la voie ferrée israélienne avant de disparaître dans une courbe. Aussi sirote-t-il lentement son excellent café et raconte-t-il au jeune homme et à son épouse son film d'autrefois.

Ces deux-là se montrent surpris qu'un film d'action israélien ait été tourné si près de leur maison, plus d'une génération auparavant, avant même leur naissance, et apprécient les tours de passe-passe du directeur de la photographie qui franchissait la frontière et volait leur village, mais c'est surtout l'intrigue du film qui les stupéfie – cet attentat commis contre eux-mêmes par des Israéliens, comme ça, sans raison politique ou militaire.

« C'est vrai, cette histoire ?

— Oui, on pensait comme ça à l'époque, répond Mozes, sans aucun conflit politique, juste à cause de la solitude et de la vacuité de l'existence. »

Les hôtes opinent de la tête. Oui, ils connaissent des gens de ce genre. Même dans leur village.

« De toute façon, poursuit Mozes avec un sourire, en désignant Ruth affalée dans un fauteuil, c'est *elle*, la coupable, c'est elle qui a provoqué les habitants du village, c'est elle qui les a ensorcelés par sa beauté. » Et de broder sur les agissements de la sourde-muette dans son film.

Leurs hôtes ne cachent pas leur excitation. Aujourd'hui encore, ils ont une sourde-muette dans le village, mais elle est déjà vieille. Si les juifs veulent la voir, ils peuvent l'amener.

Pourquoi pas ? se réjouit Mozes. La possibilité de s'enfoncer dans un nouveau méandre obscur de sa rétrospective l'attire. Mais son accompagnatrice lui siffle entre les dents de cesser. Elle est épuisée. Il est temps de partir.

Le Palestinien les accompagne jusqu'à leur véhicule en demandant, sur un ton hésitant, si le film a eu beaucoup de succès, parce que sa femme, qui travaille dans un cabinet d'avocats à Bethléem, lui a suggéré qu'une partie des bénéfices revenait peut-être au village pour sa participation au film.

Mozes éclate de rire. « Vous êtes devenus fous ? Vous parlez de bénéfices pour un film que nous avons tourné il y a plus de quarante ans ?

— Pourquoi pas ? rétorque le jeune homme. C'est quoi, un litige de quarante ans ? Rien. D'ailleurs, le litige entre vous et nous dure depuis plus d'un siècle, et il durera au moins un siècle de plus ! »

Ruth pénètre dans la voiture. Mozes a un geste de dédain et monte, à son tour, dans son véhicule. Mais lorsqu'il met le contact, le Palestinien ouvre la portière du conducteur. Le soleil qui éclaire son visage révèle une lueur hostile.

Le metteur en scène tente de le calmer : « Des critiques ont certes aimé ce film, mais nous n'avons eu que des pertes. Et dis à ton épouse que, puisque nous en sommes à apurer les comptes, on peut, nous aussi, vous poursuivre pour les pertes que vous nous avez infligées, il y a un siècle. »

– 8 –

Mozes propose de passer par Jérusalem, mais Ruth refuse. « Ça suffit, dit-elle avec une vague acrimonie dans la voix. Pour moi, la rétrospective est terminée, et je te conseille d'en faire autant. S'il te plaît, ramène-moi à Névé Tsedek. » D'un geste énergique, elle actionne un levier, qui lui est familier, et repousse le siège afin de pouvoir étendre les jambes. Ensuite, elle retire l'épingle qui retient ses cheveux, rejette la tête en arrière et ferme les yeux.

Pas de doute, elle est malade, se dit-il en détournant, de temps à autre, le regard de la route pour le porter sur le visage ensommeillé de Ruth qu'une douleur secrète, semble-t-il, fait grimacer de temps à autre.

Mais dort-elle vraiment ou fait-elle semblant ? Dans le doute, il se tait et conduit avec prudence, sans à-coups, sur les routes dégagées du sabbat. Une pluie fine mouchette le pare-brise, et, bien vite, le voilà déjà à chercher son chemin dans le dédale de Névé Tsedek. Avec d'infinies précautions, afin de ne pas déranger sa passagère, il se gare sans bruit devant chez elle en attendant qu'elle se réveille. Ses yeux rougis prouvent que son sommeil n'était pas simulé mais profond. Elle se montre surprise en découvrant sa maison, relève aussitôt son siège et lâche, en souriant : « Tu conduis bien. »

Lui aussi sort de la voiture, bien qu'il soit évident qu'elle ne souhaite pas qu'il l'accompagne. Il a du mal à se séparer d'elle à cause de l'hostilité soudaine qu'elle lui a manifestée. Aussi tente-t-il de gagner un peu de temps et la questionne-t-il à propos du portrait d'elle qu'il a aperçu sur sa table. « Qui t'a dessinée ? D'où vient ce dessin ? »

Elle hésite un moment, puis murmure : « Tolédano.

— Tolédano ? s'écrie Mozes, je ne savais pas qu'il dessinait.

— En cachette, comme un passe-temps. Il dessinait surtout des portraits d'amis à partir de photos. Parfois, il exécutait des dessins miniatures de scènes déjà filmées.

— Extraordinaire ! Il ne m'en a jamais parlé. C'est comme si l'art de la photographie ne lui suffisait pas et qu'il avait besoin de dessiner ce qu'il filmait. Mais comment ce portrait est-il tombé entre tes mains ?

— Son fils, David, me l'a apporté.

— David ? Ah bon ? L'ostracisme de sa famille est donc terminé ?

— C'est sa femme qui a imposé cet ostracisme. Contre moi et contre toi et, en fait, contre tous ceux qui travaillaient avec nous. Moi, elle m'a accusée d'avoir provoqué son accident, mais elle est aussi en colère contre toi.

— Et comment ! Parce que je n'ai pas éloigné son mari de toi. Comme si j'en avais le pouvoir... C'était une femme dure, une lionne blessée qui ne voulait aucun contact. Même au cimetière et pendant les anniversaires mortuaires. Elle exigeait que je me tienne à l'écart, jusqu'à ce que j'en aie assez, et je les ai laissés tomber. Comment se fait-il que cette colère ait brusquement cessé, qu'est-ce qui s'est passé ?

— Ce n'est pas fini, et ça ne peut pas finir. Mais elle s'est trouvé un mari, un juif français revenu à la religion, elle a quitté le pays avec lui. Ses deux enfants ont décidé de vendre l'appartement, et, à cette occasion, ils ont trouvé les dessins dont quelques portraits de moi et d'autres encore.

— Dans ce cas, s'excite Mozes, il y a peut-être aussi un portrait de moi ? Après tout, nous étions très liés et nous nous

nous comprenions au quart de tour, surtout dans les films où tu jouais, parce qu'il avait un œil excellent à ton sujet.

— C'est vrai.

— Alors, qu'en dis-tu ? Je vais peut-être appeler ce fils, David, avant que lui et son frère ne liquident tout… J'en ai déjà vu des enfants qui, après la mort de leurs parents, jettent à la rue des dizaines de photos et des bibliothèques entières, sans aucune émotion ni regret. S'il a fait un portrait de moi, je serais curieux de voir comment il m'a croqué. C'est extraordinaire que, malgré tous les films qu'il a photographiés, la caméra ne lui ait pas suffi. Une âme artistique authentique a du mal, semble-t-il, à se contenter d'un seul moyen d'expression.

— Bien vu...

— En outre, je l'aimais beaucoup (la flamme de Mozes redouble d'intensité), je l'aimais et je le respectais, bien que son désir et son amour pour toi m'aient paru parfois ridicules. »

Le visage de Ruth s'empourpre, elle mordille ses lèvres.

« Pourquoi “ridicules” ? Qu'est-ce que tu y comprends ? Cet amour remonte à l'enfance. Un amour pur et sincère. Dommage que je n'aie pas pu y répondre.

— Un amour pathétique...

— Ni pathétique ni tragique... Qu'est-ce que tu comprends à ce genre d'amour ?

— Pardon... Excuse-moi... C'est possible. Je ne savais pas ce qui se passait entre vous.

— Il ne s'est rien passé. C'était sentimental, purement sentimental. Tout ce que ton cœur a du mal à saisir. »

Son véhicule gêne la circulation dans la rue étroite de Névé Tsedek. Quelqu'un klaxonne. Mozes dit : « Un moment, attends, ne pars pas. » Il remonte dans sa voiture et la gare sur le trottoir. Puis il revient vers elle :

« Écoute-moi, Ruth, tu as sûrement l'adresse de son fils ou son numéro de téléphone. Je vais l'appeler.

— Inutile de l'appeler. Dans deux semaines, à la fin du sabbat, il organise une rencontre de copains dans l'appartement de sa mère pour partager objets et dessins à qui souhaite en emporter. Si je trouve, par hasard, un portrait de toi, je te l'apporterai.

— Pourquoi le prendrais-tu pour moi ? Je vais venir moi-même.

— Ne fais pas ça. C'est une rencontre privée, je regrette de t'en avoir parlé. David n'avait pas du tout l'intention de t'inviter.

— Qu'est-ce que ça veut dire “il n'avait pas l'intention” ? Qu'est-ce que ça peut lui faire si je viens ?

— Non, à lui, ça ne fait rien, mais... »

Sa langue l'a trahie. Il a compris.

« Trigano aussi sera là ?

— Peut-être... Tolédano a dessiné plusieurs portraits de lui.

— Et alors ? »

Mal à l'aise, elle recule et s'appuie contre la façade de sa maison.

« Parle... Tu me caches quelque chose, à moi ? Après tout, en Espagne, nous avons couché dans le même lit. Qu'est-ce qui t'arrive ? lui dit-il en lui caressant la main. Dis-moi, est-ce que Trigano a posé comme condition pour venir que je n'y sois pas ?

— Peut-être... Quelque chose comme ça... En tout cas, ce n'est pas à cause de moi car, moi non plus, je n'ai plus de relations avec lui, tu le sais très bien. Mais c'est ce que j'ai compris quand j'ai demandé à David si je devais t'en parler. Il m'a répondu qu'il ne valait mieux pas car ce serait désagréable si Trigano t'ignorait ou s'en allait en te voyant. Aussi il m'a conseillé de ne pas t'en parler et, de toute façon, il pense que les dessins d'amateur de son père ne t'intéressent pas.

— Il pense ! » Son cri retentit si fort dans la rue étroite que des fidèles sortant, à cet instant, d'une synagogue se figent sur place. « Qui lui demande de penser à ma place ? Et pour qui se prend-il, le fiston ? Qu'est-ce qu'il fait dans la vie ?

— Ne t'énerve pas. David est un garçon délicat et gentil, il vient de finir l'armée et, comme son père, il fait de la photographie, mais pas dans le cinéma. »

Mozes est dévoré d'une fureur nouvelle, inconnue de lui.

« Je m'en fiche de ce qu'il fait. Si c'est un garçon "délicat et gentil", qu'il ne décide pas de ce qui m'intéresse ou non ! Son père a été mon fidèle collaborateur, pas comme ce cinglé ! Je te demande de ne rien dire à personne : si je décide de venir, je viendrai, tu me connais. Je te demande juste, s'il te plaît, de me donner l'adresse.

— C'est toujours la même.

— Où ça ? À Bat Yam ?

— Rue des Pères-Fondateurs, chuchote-t-elle, à bout de forces, mais je ne me souviens plus du numéro.

— Le numéro n'a aucune importance, je reconnaîtrai la maison, j'y suis allé plusieurs fois. »

– 9 –

La bruine du sabbat n'était qu'un avant-goût des vents violents et des tempêtes de la semaine, de jour comme de nuit. Mais, après que les vents et la pluie ont été balayés, la température baisse de manière notable. Un froid vif, qui réjouit Mozes, fait frissonner la ville. Il retire de son armoire des gilets oubliés et, le soir, s'emmitoufle dans une vieille robe de chambre en laine. Eh bien, se dit-il, ce froid va nous rafraîchir la cervelle et geler les chimères stupides. Deux semaines plus tard, en fin de sabbat, il enfile un lourd manteau et coiffe un vieux bonnet de laine, tout en emportant son bâton de pèlerin auquel il voue désormais une affection particulière et, se fondant sur sa seule mémoire, il parvient sans peine à Bat Yam, rue des Pères-Fondateurs, et trouve où se garer non loin de la maison de Tolédano.

Jadis, quand Tolédano devait servir de baby-sitter à ses enfants la veille des tournages, Mozes se rendait parfois chez lui pour préparer le travail du lendemain et, constate-t-il malgré les années, l'endroit n'a pas beaucoup changé.

Dès l'entrée de l'immeuble, le vacarme de la réunion au deuxième étage l'assaille. La porte de l'appartement est ouverte, et les invités – des amis d'enfance de Tolédano pour la plupart, dont certains arrivés spécialement du Sud – ne sont certainement pas venus là pour se partager un butin qui, de toute façon, doit être maigre, mais pour chercher leurs propres portraits ou ceux d'amis décédés, et surtout pour évoquer des souvenirs dans l'appartement à moitié vide, noyé sous la fumée de cigarettes. Mozes a l'impression que l'appartement est encore plus pauvre qu'à l'époque de sa dernière visite à son directeur de la photographie. À cause du froid glacial qui règne dehors, l'amas des manteaux, des écharpes et des chapeaux s'élève à une belle hauteur, mais Mozes, qui ne compte pas s'attarder, évite d'ajouter son manteau au tas et, par-dessus tout, de se défaire de son bâton de pèlerin, craignant que quelqu'un ne pense qu'il appartenait au défunt et ne l'emporte en souvenir.

L'appartement est sombre, les lumières, rares et faibles. La veuve de Tolédano avait dû le négliger avant même de se lier à ce juif qui l'a emmenée outre-mer. L'éclairage médiocre accentue, à rebours, la liesse des présents éclairés à la flamme des bougies, examinant sur les murs nus des dizaines de portraits et de dessins que Tolédano a réalisés de son vivant. De loin, Mozes remarque déjà de grands portraits de Trigano accrochés l'un à côté de l'autre, puis Trigano en personne, le cheveu ras, vêtu d'une chemise kaki et d'un gilet rouge, élancé et svelte comme jadis, tenant une longue bougie et scrutant avec soin ses propres portraits, tout en échangeant avec une grande concentration des propos avec David, l'aîné, dont la silhouette ressemble à celle de son père en plus petit.

La plupart des invités sont des hommes et des femmes d'âge mûr, mais plus jeunes que Mozes. Les uns restent debout, d'autres sont assis ou étendus sur des nattes de paille sans doute apportées spécialement pour la circonstance, après que la plus grosse partie des meubles a été débarrassée. Malgré ces conditions spartiates et la maigre collation constituée uniquement de biscuits salés, une certaine fraternité règne entre les invités qui se versent des fonds de bouteilles d'alcool et de liqueurs colorées dans des gobelets en plastique.

Bien que Mozes ne connaisse personne dans l'assemblée hormis Ruth, réfugiée dans un recoin éloigné, outrageusement maquillée et voilée par la fumée d'anciens admirateurs, certains identifient le metteur en scène, malgré son lourd manteau et son bonnet de laine enfoncé jusqu'aux yeux, et comme son bâton marron suggère un handicap récent, ils lui frayent un passage.

Le regard inquiet, il cherche son portrait sur les murs, mais en vain. Il trouve certes quelques délicates esquisses au fusain de scènes qu'il a dirigées, mais seuls les acteurs y figurent. Le metteur en scène, le directeur de la photographie et l'ingénieur du son n'ont laissé aucune trace. Malgré tout, il ne désespère pas de se trouver lui-même, sinon dans un portrait individuel, du moins en comparse dans un dessin de groupe. Le fusain de Tolédano surprend par sa précision autant que par sa modestie car, là où il a rencontré des difficultés à rendre des détails, il s'est contenté d'esquisser un trait qui, à son grand étonnement, comble les manques. Ainsi les mains et les hanches de Ruth ne sont-elles rendues que de manière estompée, comme si Tolédano avait éprouvé de l'appréhension à les saisir. Il découvre que Ruth et Trigano tiennent la vedette dans de nombreux dessins mais, à l'inverse de Trigano qui examine avec curiosité ses propres portraits, Ruth, dans son coin avec ses amis, un verre d'alcool ambré en main, se montre indifférente aux siens.

Mozes est sûr que Trigano s'est rendu compte de sa présence dans son dos et, bien qu'il semble enrager qu'on ait invité l'homme qu'il exècre, malgré son injonction, il fait mine d'ignorer son ancien associé, sans, toutefois, le vexer ouvertement.

Mais c'est incroyable, s'enflamme Mozes, qu'il continue à m'ignorer après m'avoir lancé à bride abattue jusqu'au fin fond de l'Espagne pour que j'y défende ses scénarios... Exprès, faisant fi de son amour-propre, il effleure l'épaule de Trigano pour lui signaler qu'il exige de renouer, ne serait-ce que brièvement, le lien coupé plus de trente ans auparavant.

Trigano persiste d'abord à ignorer la main posée sur son épaule, se tourne, avec un sang-froid appuyé, vers le jeune Tolédano – embarrassé par cette rencontre inopportune – et lui demande de décrocher ses propres portraits du mur parce qu'il doit s'en aller.

Déterminé à briser ce dédain, le metteur en scène agrippe le gilet rouge de son ex-scénariste et lui dit : « Bonjour ! Je t'ai apporté aussi un salut de Saint-Jacques-de-Compostelle ! »

Au fil des années, les yeux noirs de Trigano se sont profondément enfoncés dans ses orbites, mais son front s'est élargi sur son crâne déplumé. Le regard vague, en coin, il lâche entre ses dents : « Tu t'es entêté à venir ici, malgré tout.

— Et pourquoi pas ? Tolédano est resté mon chef opérateur, même après que tu m'as laissé tomber.

— C'est vrai. » Trigano lève le regard vers lui. « Et, malgré ça, il n'a pas voulu te dessiner.

— Comment le sais-tu ?

— Parce que je me suis déjà baladé dans les autres pièces. Je te rassure, tu n'es accroché nulle part.

— Pourquoi devrais-je me rassurer ?

— Parce qu'on ne sait pas ce que ton portrait aurait pu donner.

— Et qu'est-ce que donnent les tiens ?

— Regarde toi-même : chaque portrait est différent de l'autre. Pendant un certain temps, nous avons été apparemment des amis proches, mais il semble que je sois resté une énigme à ses yeux. Regarde avec quelle obsession il m'a dessiné.

— Ruth aussi.

— Debdou ? Elle, c'est compréhensible. Elle l'a torturé jusqu'à son dernier jour, et il est naturel qu'il l'ait poursuivie à la fois avec sa caméra et son crayon. Mais, toi, malgré tout, tu n'as rien remué en lui.

— Contrairement à toi.

— En me séparant de toi, je t'ai rayé de ma vie.

— Et, bien sûr, tu en es totalement persuadé.

— Je ne prends même pas la peine de vérifier.

— Pourtant, tu te plais à torturer mon esprit.

— Dans ce cas, pourquoi ne l'apaises-tu pas par un autre de tes films de série Z ? »

Le vacarme dans la pièce est un peu retombé. Certains ont l'air d'avoir interrompu leurs conversations pour suivre cet échange inopiné. Mozes redoute que Trigano ne puisse se retenir et lâche des mots insultants qui l'empêcheraient de prolonger cette conversation. Aussi, avec l'autorité ancienne de l'enseignant, prend-il d'une main ferme le bras de l'élève rebelle et le conduit-il dans une encoignure.

« Écoute, je veux m'entretenir calmement avec toi.

— De quoi ?

— J'ai des choses à te dire.

— À quel sujet ?

— Non, pas ici, c'est impossible. Allez, revoyons-nous.

— Je suis très occupé, je n'ai pas le temps. J'enseigne dans plusieurs endroits. J'ai de nombreux élèves et je sers de conseiller dans de nombreuses commissions. On pourrait attendre les vacances d'été...

— Les vacances d'été, c'est trop loin. Je te demande une brève rencontre. Pas plus.

— J'ai du mal à trouver du temps, même pour une brève rencontre, d'autant que tu n'es pas disposé à me dire ce que tu veux de moi. Il vaudrait peut-être mieux que tu m'envoies une lettre, ou même un courrier électronique, et je jugerai si une discussion entre nous est nécessaire.

— Courrier électronique ? T'es dingue ? Je veux te parler.

— Bon, alors, donne-moi ton numéro de téléphone et, pendant la semaine de la Pâque ou le Jour de l'Indépendance, si j'ai du temps, j'essaierai de t'appeler.

— Pourquoi le Jour de l'Indépendance ? Pas question de la semaine de la Pâque. Tu m'as baladé jusqu'en Espagne et, maintenant, tu veux te dérober ? Écoute-moi, Trigano, j'ai besoin d'aide. »

Trigano fait un geste d'impuissance.

« Comprends-moi, je suis vraiment très occupé. J'enseigne dans trois collèges universitaires. Je dirige les travaux d'étudiants, je suis leurs mémoires. Une soirée par semaine, je descends à Nétivot pour animer un atelier de cinéma au centre communautaire, et j'y passe la nuit.

— Eh bien, je viendrai jusqu'à Nétivot. J'y passerai la nuit avec toi.

— Tu viendrais jusqu'à Nétivot ? Tu sais bien que ça mitraille là-bas. La région est sous les bombes. Tu as envie de mourir ?

— Qu'est-ce que ça peut te faire si je meurs ? Mais, avant de mourir, je veux qu'on parle. La rétrospective que tu m'as imposée n'est pas terminée. »

VIII

Dîner avec ton ex-scénariste

– 1 –

Tu prévois d'arriver à Nétivot avant le crépuscule pour avoir le temps de repérer l'adresse de l'atelier de Trigano. S'il s'obstine tant à te fuir, tu dois lui prouver que tu ne viens pas uniquement par égoïsme mais que tu es encore capable d'épouser ses idées, ses chimères, et d'être, ne serait-ce que pour quelques heures, le disciple de ton ex-élève.

Après tes pérégrinations de ces dernières semaines, tu n'as déjà plus confiance en ta carte routière et tu en achètes une neuve dans une station-service. Son graphisme pédagogique te garantit que, cette fois-ci, tu ne t'égareras pas en chemin.

« Ils ont déjà tiré leurs missiles dans le Sud ? » te renseignes-tu auprès du jeune homme qui te fait le plein d'essence.

Même si cet Arabe israélien n'a que faire des obus qui ne le menacent pas personnellement, il te répond qu'à son avis ils ont intérêt à les tirer pendant le dîner des juifs. Pour le coup, tu constates qu'il n'a aucune idée de la psychologie de ses congénères de l'autre côté de la frontière car, en route, la radio annonce que des missiles sont tombés dans des zones non habitées, bien avant le repas du soir. Dans ces conditions, tu as bon espoir que le quota balistique quotidien soit épuisé avant même de pénétrer dans le secteur visé.

Tu es content de découvrir que Nétivot n'est déjà plus une misérable bourgade mais une véritable ville à laquelle la guerre des missiles de ces dernières années a donné du prestige et un statut. Sous les ultimes rayons du soleil couchant, les magasins sont encore ouverts et les rues bondées, et le premier passant croisé est capable de t'orienter vers le centre communautaire. Mais tu es en avance. Et, comme il serait humiliant que Trigano t'interdise d'emblée l'accès de sa classe, il vaut mieux t'y glisser à la faveur de la pénombre puisqu'il s'agit, comme tu l'as compris, d'un atelier où l'on projette et analyse des films d'amateurs. Aussi, ignorant les cris d'alarme de la faim, te postes-tu sur un banc, derrière un bosquet, à un jet de pierre du centre. Tu choisis d'assouvir ta fringale en compagnie du scénariste qui se conduit, pour autant que ta mémoire soit fidèle, en musulman pieux pendant le Ramadan : il ne mange presque rien dans la journée et se rassasie avec un repas roboratif, la nuit. Puisque tu as fait tout ce chemin jusqu'au sud du pays pour désarmer une hostilité si ancienne, autant l'inviter, sur tes deniers, à un festin, décontracté et assez prolongé pour favoriser la discussion et l'écoute.

Du petit bosquet de pins abritant un bassin de poissons rouges, tu regardes, stupéfait, le nombre d'étudiants du soir qui affluent, sans aucun doute, des localités avoisinantes. Des jeunes et des gens âgés, parmi lesquels se distinguent beaucoup de femmes, se garent sur le parking et se rendent aux diverses activités du centre transformé, le soir, en collège universitaire. De temps à autre, tu entends des détonations étouffées. Et, bien qu'un habitant expert, qui s'assoit à côté de toi sur le banc, les identifie d'un dédaigneux « Ceux-là, c'est les nôtres, pas les leurs », toi, en citoyen prudent de Tel-Aviv, tu songes à te mettre à l'abri et te rends dans l'espace sécurisé du centre communautaire où tu découvres, ravi, que l'atelier cinéma se tient au sous-sol.

Pendant un bref moment, tu hésites à te faufiler dans l'obscurité de la vaste classe avant de dénicher une place au dernier rang. À en juger par les chevelures d'argent nimbées par le faisceau du projecteur, ton âge ne te trahira pas.

Tu n'aperçois pas encore ton bonhomme, mais sa voix résonne, claire et assurée, et, pour tu ne sais quelle raison, tu as l'impression que, depuis votre séparation, il a forcé son accent oriental, sans doute pour être de plain-pied avec la majorité de ses étudiants et auditeurs. Posé au milieu de la salle, le gros projecteur démodé déroule dans un ronronnement sur un écran minuscule un film amateur enregistré sur pellicule et non en vidéo – peut-être pour affiner la sensibilité des réalisateurs novices aux détails réalistes. La discussion qui débute maintenant dans la classe prouve qu'il ne s'agit pas de la première projection de ce film, car d'anciens jugements ont été évoqués et, en ce moment même, fusent des remarques fondées sur un visionnage antérieur. Parfois, l'enseignant demande d'arrêter le film sans rallumer la lumière, afin de débattre d'éléments fondamentaux – esthétiques, techniques, voire éthiques –, et la discussion qui progresse dans le noir montre que l'enseignant est capable d'identifier ses élèves au seul son de la voix. Et il te plaît que, dans cet atelier du soir pour amateurs, le débat soit approfondi et critique, sans ces encouragements complaisants et mécaniques si fréquents dans les ateliers de création. Tandis que Trigano met le doigt sur les faiblesses et les opportunités gâchées, tu fermes les yeux et te projettes dans le passé, sur le seuil du cinéma Sémadar, dans la Colonie allemande de Jérusalem, où, à la fin de la deuxième séance, un étudiant-ouvreur t'attendait pour exposer son point de vue sur le film que son professeur venait de regarder.

La projection terminée, les lumières rallumées, Trigano ne remarque pas encore son nouvel élève. Tandis qu'on change de bobine, une femme âgée, coiffée d'un foulard sur la tête et en robe longue, se plante devant les élèves pour présenter son court-métrage : l'histoire imaginaire et expérimentale, à l'en croire, d'une famille religieuse qui décide, délibérément et à l'unanimité, d'abandonner la religion. Son époux et ses trois enfants jouent les rôles principaux, et, pour les rôles secondaires de mécréants, elle a rameuté des parents et des amis. Malgré leurs doutes et leurs réticences, tous ont été très vite séduits par l'intrigue : il s'avère que ce dévergondage simulé a été si agréable qu'il leur a été difficile de revenir à la réalité...

On éteint les lumières, et, sur l'écran, apparaît un film de débutant, confus et haché, et néanmoins amusant, audacieux ; les amateurs religieux incarnent leur relâchement avec une foi et un zèle impressionnants. Le regard est attiré par le premier rôle, une belle jeune femme pieuse qui entraîne sa famille à une fête sur la plage, au point que même le rabbin du quartier, acteur de circonstance, qui tentait au début de s'opposer à cette famille, doit se résigner à cette dérive et plonger dans la mer, comme le dernier des mécréants. Là se clôt le film.

Pendant que les remerciements du générique défilent sur l'écran, des applaudissements frénétiques éclatent dans la classe et te transportent, toi aussi. Ému et souriant, Trigano se lève pour embrasser l'artiste au foulard, qui, normalement, éviterait le contact d'un homme dans la vie quotidienne. Maintenant, alors qu'il dévisage ses élèves avec satisfaction et affection, il te reconnaît enfin, spectateur libre au dernier rang, et ses traits s'assombrissent.

– 2 –

Cependant, à la fin de son cours, il ne peut éviter plus longtemps celui qui est déterminé à ne pas attendre la semaine de la Pâque ou le Jour de l'Indépendance. Et si le vieillard qui le guette dans la classe vidée de ses occupants a pris la peine de le suivre jusque dans le Sud et de rejoindre son atelier, entre deux missiles, il n'a plus d'autre choix que de l'aborder, après la fin des questions et le départ de ses élèves.

Pour le moment, juste une poignée de main. Mais un frisson s'empare de lui à ce premier contact physique après des éternités.

« Tu restes vraiment ici, cette nuit ? lui demandes-tu. Quand la zone est calme, le trajet de retour chez toi n'est pas bien long...

— Même quand la zone n'est pas calme, ce n'est pas long, balaie-t-il ironiquement ta remarque. J'ai accepté cet atelier à Nétivot à cause de notre fils qui habite dans un village coopératif de la région, chez une famille adoptive. Comme ça, après le cours, j'ai l'occasion d'être avec lui pendant la nuit et le matin, avant qu'il ne se rende à son travail.

— Cet enfant..., hésites-tu, en te souvenant que tu avais appris quelque chose de terrible que tu as oublié au fil des années.

— Oui. Ouriel, dit-il en prononçant par défi le prénom de son fils aîné. Il y a quelques années, nous lui avons trouvé un refuge sûr dans une famille d'un *mochav* voisin, où il est employé au conditionnement des fruits et légumes.

— Quel âge a-t-il aujourd'hui ? demandes-tu, comme si, en connaissant l'âge de son fils arriéré, tu prenais une conscience plus nette des ravages du temps sur le père.

— Vingt et un ans.

— Mais ce n'est pas ton seul enfant... »

Regard noir de Trigano.

« Ouriel a un frère et une sœur.

— Et eux ?

— Son frère est à l'armée et sa sœur au lycée.

— Ah, bon, je ne le savais pas.

— Ce n'est pas la seule chose que tu ignores.

— C'est normal. Après tant d'années. Mais, toi aussi, tu ignores des choses... à mon propos...

— Beaucoup moins que tu ne crois.

— Nous avons tout le temps pour nous en rendre compte. Mais je n'ai pas oublié ce que je sais de toi. Par exemple, que tu repousses ton repas principal au début de la nuit. C'est pourquoi, si tu n'as pas changé, je suis venu dîner avec toi et, pour cela, je suis à jeun depuis midi. Permets-moi de t'inviter à un bon repas, avec l'espoir de trouver un restaurant potable à Nétivot, à cette heure. »

Son sourire étonné prouve que ce détail personnel conservé dans ta mémoire est susceptible d'amadouer un peu l'animosité de celui qui aurait préféré avoir avec toi un échange expéditif, debout et dans une classe vide.

« Eh oui, tu n'as guère le choix, continues-tu de le défier stupidement. Si tu t'es rendu en pèlerinage jusqu'à Saint-Jacques-de-Compostelle pour renouer je ne sais quel lien avec moi, tu devras aussi m'écouter patiemment en Israël.

— Je ne me suis pas rendu à Saint-Jacques pour renouer un lien avec toi mais uniquement pour confier aux archives quelques-uns de mes films et les sauver d'un oubli définitif.

— Certes, mais comme il se trouve que j'en suis partie prenante, tu m'as traîné, moi aussi, jusque là-bas, que tu l'aies voulu ou non. Et, à cause de toi, on m'a organisé une rétrospective qui m'a aussi honoré, figure-toi, d'un modeste prix.

— Je n'ai pris aucune part à ta rétrospective, et tu ne méritais aucun prix pour des films qui étaient le fruit de mon esprit et dont tu sabordais la qualité. Mais qu'y puis-je, Mozes, si des étrangers, dans un pays civilisé, des gens sensibles et non moins connaisseurs que toi et tes amis, sont conscients de la valeur de mon œuvre et sont désireux de la conserver pour l'étudier ? Moi, je n'éprouve qu'indifférence à ton égard. Si j'avais vraiment voulu renouer un lien, pourquoi aurais-je dû aller jusqu'en Espagne alors qu'ici, en Israël, tu es tout le temps dans les parages, et que tu t'agites partout ? »

Tu baisses la tête en souriant.

Il poursuit sa diatribe : « De toute façon, depuis notre séparation, je n'ai eu aucune envie de me rapprocher de toi, surtout quand d'autres personnes me parlent du style vulgaire qui a pollué tes films. Mais, encore une fois, qu'y puis-je, si tu t'imposes comme ça ?

— Eh oui, il n'y a rien à faire...

— J'ai demandé à David, le fils de Tolédano, de ne pas t'inviter pour cette soirée-là car Tolédano n'a pas dessiné un seul portrait de toi. Mais tu t'es incrusté et tu m'as dit que tu avais besoin de mon aide, ce dont je ne crois pas un mot. Et plus j'ai essayé de me dérober ou, du moins, de repousser une rencontre, plus tu t'es entêté et tu m'as poursuivi jusqu'ici. Alors, s'il te plaît, Mozes, pourquoi te fendre d'un repas ? Viens, on va parler ici et maintenant. C'est calme. Parle, mais brièvement, qu'est-ce que tu veux encore de moi ? »

Devant un langage aussi abrupt, il serait peut-être convenable de préserver ton amour-propre et de déguerpir sur-le-champ, mais la fatigue et la faim renforcent ton sang-froid et, derrière l'orgueil écorché et la colère de ton ex-scénariste, surgissent le fils arriéré, que tu avais oublié, et la pitié pour son père qui s'évertue à te blesser.

Tu te permets de poser la main sur son épaule. « Allons, Trigano, voyons... Pas comme ça... Pas debout et dans une classe vide... Je suis venu jusqu'à toi, affamé et assoiffé, avec de bonnes intentions, alors, s'il te plaît, allons nous installer dans un endroit plus commode et, dès l'instant où tu me diras "Assez !", je me lèverai et disparaîtrai. »

Trigano a l'habitude de dîner au *mochav*, dans la famille adoptive de son fils.

« Je ne pourrais pas t'accompagner ?

— Je ne suis pas sûr que cet endroit te convienne.

— Pourquoi donc ? Où est-ce ?

— À quelques kilomètres d'ici, dans la direction de l'ouest. Près de Nétiv Haassara. Juste sur la frontière avec Gaza. Mais ne t'en fais pas, ce n'est pas *eux* qui te tueront, ce soir. »

Un bref moment, tu te figes devant la lueur démoniaque dans ses pupilles, puis tu éclates d'un rire chaleureux, libérateur.

Or il ne sourit pas mais ramasse ses papiers, enfile un coupe-vent, coiffe un chapeau à large bord, éteint la salle avant même que tu n'en sortes. Longuement et cordialement, il salue les vigiles du centre et te guide jusqu'au parking, déjà déserté et noyé sous l'éclat jaunâtre de la pleine lune. « Tu vas rouler derrière moi, ordonne-t-il, et là-bas, je t'expliquerai comme regagner le Nord. Mais fais attention à ne pas me perdre, surtout dans les embranchements vers les routes secondaires.

— Une minute, dis-tu en lui agrippant l'épaule, ce n'est pas moi qui ne dois pas te perdre, c'est toi qui ne dois pas me perdre. »

Surpris brièvement par ta poigne vigoureuse, il te jette un long regard.

Laissant derrière les lumières de la ville, il te traîne sur des routes étroites et désertes, sillonnées, de temps à autre, par de rares véhicules militaires aux phares en veilleuse. Bien qu'il puisse facilement te semer et se débarrasser ainsi de ta visite inopportune, il veille à ce que tu le suives. Avant les feux tricolores, il ralentit pour passer au vert en même temps que toi. Et il t'attend et clignote à l'avance avant chaque tournant. Comme il connaît à la perfection le chemin vers son fils, il ose parfois prendre des raccourcis, même sur des chemins de terre, tout en gardant le cap à l'ouest, vers l'horizon traversé, par intermittence, d'une lueur silencieuse – un éclair sans le grondement du tonnerre ou un missile portant sa charge explosive. Même s'il n'est qu'un hôte de passage dans ce secteur, tu es enclin à penser que lui aussi sait distinguer entre « les nôtres » et « les leurs ». Mais quand un flash embrase l'horizon, dont le fracas recouvre le roulement de tambour tonitruant qui se déchaîne dans ton habitacle, tu t'étonnes de le voir freiner sec, sauter de sa voiture et lever la main vers le ciel, et lorsqu'il s'aperçoit de ton air ahuri, il te tire de ton siège et te fait rouler dans le fossé, sous le bas-côté de la route, et plaque violemment ton visage contre terre. Alors, une autre explosion, plus forte et plus proche, vous secoue, suivie d'une grêle de cailloux retombant sur ton crâne et sur l'univers rendu à sa quiétude et sur lequel plane une odeur douceâtre de poudre.

Alors que Trigano se redresse, toi, tu restes couché dans le fossé et tu lui dis, avec une nuance amusée dans la voix : « Dis donc, *habibi* ! Tu m'avais pourtant promis que ce ne serait pas *eux* qui me tueraient, cette nuit ! »

Son ancien sourire affleure enfin, le sourire sagace d'un rêveur qui a conquis ton cœur dès votre première rencontre, en classe de première. « C'est vrai, confirme-t-il, ce n'est pas *eux*. C'est quelque chose d'autre. On verra bien. » Il s'époussette et allume une cigarette. Et toi, tu ne te hâtes pas de te relever. Recroquevillé dans l'herbe et au milieu des pierres, tu respires l'odeur de la terre dont tu n'as jamais été aussi proche depuis de nombreuses années. Trigano a dû deviner la langueur délicieuse qui s'empare de toi car il ne te tend pas la main et se contente de souffler sa fumée en te fixant d'un regard ironique, comme s'il lui était agréable que le metteur en scène vieillissant qui l'a trahi se traîne à ses pieds. Et qui sait si, en cet instant si idyllique, après la chute de la roquette, ne surgit pas dans sa cervelle quelque idée machiavélique, audacieuse et provocante, qu'il avancera comme condition *sine qua non* à votre réconciliation…

« Je n'y comprends rien (tu t'agrippes à un rocher et te relèves lentement), on m'a dit qu'ils tiraient toujours en début de soirée, mais jamais la nuit, quand tout le monde se trouve à proximité des abris et des chambres sécurisées.

— Ils n'ont aucune méthode. Ils tirent quand ils éprouvent de la nostalgie, et la nostalgie, comme tu sais, est incontrôlable : elle va, elle vient.

— De la nostalgie pour quoi ?

— De la nostalgie pour les terres et les maisons que nous leur avons prises en 1948. Et peut-être de la nostalgie pour nos serres et nos hangars de conditionnement, pour nos jardins d'enfants et nos belles maisons aux tuiles rouges que nous avons implantées de manière humiliante au milieu des baraquements des camps de réfugiés. Ils veulent nous revoir chez eux pour pouvoir nous jalouser, nous haïr et se venger, et pas seulement en imagination. Comme des enfants frustrés, ils tirent leurs stupides bombinettes, qui égratignent à peine, pour nous inciter à revenir et à rester au milieu d'eux.

— Mais nous n'allons pas nous réinstaller là-bas.

— Je l'espère bien. Du moins, pas pour y rester. Ça suffit ! Cette maudite cohabitation est terminée. »

L'impudence sans fard avec laquelle il parle des Palestiniens et des Israéliens donne l'impression que ce n'est pas uniquement eux qu'il vise, mais, entre-temps, surgissent, comme du ventre de la terre, des réservistes venus chercher le point d'impact du missile et, apercevant deux hommes discutant tranquillement près de leurs voitures, ils leur lancent : « *Yallah*, les mignons, ici, c'est pas le cordon sanitaire de la Toscane, c'est pas vraiment l'endroit pour s'envaper... »

Assez vite, vous vous retrouvez devant une barrière à l'entrée d'un *mochav* appelé Na'arout – « Jeunesse » –, et, à en juger par les visages étranges et torturés des jeunes gens qui entourent ton véhicule, tu comprends qu'il n'y a pas là une seule famille adoptive mais que tout le village sert d'asile. Tu te demandes qui va piéger l'autre, cette nuit. Le réalisateur ou le scénariste ? Et, à ce moment-là, tu te prends à souhaiter que la barrière ne s'ouvre pas et à renoncer à renouer des liens avec cet homme si inflexible et si orgueilleux qui, semble-t-il, s'obstine à se venger de toi. Mais ton inquiétude à l'égard de la figure qui refuse toujours d'accepter sa maladie provoque en toi le curieux désir d'un nouveau film, et te voilà poussé à l'intérieur. Oui, mon gars, en avant, puisque tu as fait tout ce chemin.

– 3 –

« Il t'a attendu toute la soirée mais, à la fin, il n'a pas tenu le coup et il s'est endormi. Tu veux qu'on le réveille ? » lui demande un paysan corpulent entouré d'une meute de chiens paisibles léchant de bon cœur ses bottes.

C'est une véritable ferme, au bout du *mochav*, ouvrant sur des champs et entourée d'arbres. Une grange, une étable et un poulailler ceinturent la cour boueuse.

« Non, ne le réveille pas, répond Trigano, je passe la nuit ici, de toute façon. Mais lui, comme je te l'ai dit, partira dès la fin du repas. »

Il te présente poliment : « Mon ancien professeur, qui a abandonné ses élèves pour le business du cinéma. » Et le paysan, un homme de ton âge, te regarde affectueusement et dit : « Mais si le professeur change d'avis, on lui trouvera toujours un lit.

— Il ne changera pas d'avis, le coupe Trigano.

— Bien sûr que non », confirmes-tu calmement en te penchant sur les chiens peu farouches qui te flairent et lapent déjà tes chaussures.

Une envie folle te traverse : peut-être faut-il accepter la proposition du paysan et rester cette nuit afin de pérenniser cette rencontre capitale et ne pas la laisser s'évanouir en fugace péripétie. Car, à en juger par le bref moment que tu as passé avec lui, il est clair que, malgré les circonstances qui ont contraint Trigano à se transformer de créateur en enseignant, il n'a rien perdu de sa vivacité, ni de son acuité et de son originalité. C'est pourquoi, si l'occasion t'est offerte de t'immiscer dans son intimité et de manifester un peu de commisération pour sa détresse, la réconciliation pourrait être davantage envisageable.

Sur le seuil, la maîtresse de maison les attend, une paysanne âgée d'environ quarante ans, aussi corpulente que son époux. L'expression d'étonnement permanent inscrite sur son visage et ses gestes ralentis indiquent qu'elle aussi a été peut-être soignée dans le passé et qu'au fil des années elle a progressé au point d'aider elle-même d'autres handicapés. Dès lors, ta sympathie pour ce lieu ne fait que croître, et tu lui fais une légère révérence, tu te présentes par ton nom et ta profession et tu lui demandes de t'excuser pour cette visite impromptue.

Lorsque tu franchis le seuil, tu te rends compte que cette ferme abrite en fait un foyer d'accueil. Le salon a été agrandi en salle à manger et, sur les murs, tels les tableaux d'une exposition, clignotent de petits écrans annonçant les programmes d'activités pour toutes les tranches d'âge. Une partie des présents tournent aussitôt vers vous des regards vifs, tandis que d'autres se recroquevillent comme si un courant d'air glacial venait de s'engouffrer brusquement dans la pièce. De l'intérieur, des chiots silencieux accourent à ta rencontre, ils s'avancent sans un aboiement, comme si on leur avait arraché les cordes vocales.

La maîtresse de maison répète les mots de son époux : « Ouriel dort. Il t'a attendu mais il n'a pas tenu le coup. Tu veux qu'on le réveille ?

— Non, inutile, lui répond Trigano en l'enlaçant. De toute façon, je reste jusqu'à demain matin. Et nous, où est-ce qu'on se met ? Dans la cuisine ?

— Comme tu m'as avertie que tu amenais un invité, on vous a préparé une table dans la cabane et, si vous avez froid, on vous allumera un poêle.

— Dans la cabane, c'est parfait, et, pour le chauffage, on verra.

— Comment faites-vous pour maîtriser tous ces chiens ? demandes-tu au paysan.

— C'est nous qui sommes à leur service.

— Combien en avez-vous ?

— On a arrêté de compter. Mais ne t'en fais pas, ils ne sont pas tous à nous. Il y a aussi des chiens des environs qui s'invitent pour profiter des restes de la cuisine. Tiens, ce petit bâtard que tu vois, là (il empoigne un chiot blanc frisé et le soulève), est un invité permanent qui déboule chaque soir du kibboutz Réïm pour réclamer son dîner. »

Sa main frictionne affectueusement le pelage du chiot avant de le relâcher. Trigano, déjà attablé, émiette une grosse miche de pain. Le maître de maison tire un prolongateur avec une ampoule raccordée et l'accroche au merveilleux feuillage grimpant sur la pergola qui décore la cabane.

« Tu te souviens de notre premier court-métrage ? demandes-tu à Trigano.

— Un mari qui se déguisait en chien.

— Est-ce qu'il en reste une copie ?

— Il y a quelques années, moi aussi, j'en ai cherché une.

— Pour les archives espagnoles ?

— Non, bien avant que je connaisse leur existence. Je voulais le projeter à mes élèves pour leur montrer comment mettre en scène des animaux. Parce que, comme réalisateur, tu as réussi, pour une fois, à mettre en scène un chien de façon pas trop mauvaise, avec un aller-retour intelligent entre le symbolique et le concret, et tu es parvenu, le diable seul sait comment, à tirer du chien la jalousie et le désespoir du mari trompé. Mais, en fait, ça t'est peut-être naturel, ajoute-t-il avec un sourire, car, pendant le tournage, tu te vantais devant nous que, dans ton incarnation précédente, tu avais été toi-même un chien...

— J'avais été moi-même un chien ? » Tu rougis en éclatant de rire.

« C'est toi qui l'as dit, s'esclaffe-t-il méchamment. Dans ta précédente incarnation. Ou peut-être que tu te réincarnerais en chien. Je ne m'en souviens pas exactement, mais en tout cas ça t'a aidé à tisser une réelle intimité avec ce chien qui était vraiment braque.

— C'était un chien des rues, t'exclames-tu, c'est vrai, un chien intelligent mais à l'âme tourmentée.

— Après le tournage, tu as jeté ton dévolu sur lui, puis tu l'as adopté jusqu'à ce que, semble-t-il, tu en aies assez et qu'il s'enfuie de chez toi.

— Il ne s'est pas enfui. Il a été écrasé.

— Ah, écrasé, ça, tu ne nous l'avais pas raconté (Trigano tente de te prendre la main dans le sac). Peut-être que tu as eu honte d'avouer que tu avais laissé tomber comme ça un acteur fidèle.

— D'abord, ce n'était pas mon chien mais celui de la production. Ensuite, ce n'est pas moi qui ai jeté mon dévolu sur lui, mais lui qui s'est attaché à mes basques. Mais je trouve prodigieux que tu te souviennes encore de ce que je t'ai raconté il y a plus de quarante ans. »

Un regard effronté te fusille.

« Eh oui, Mozes, ne fais pas l'étonné, c'étaient tes propres paroles, presque mot pour mot. »

Or, à en juger par le le ton de sa réponse, il semble que l'importance accordée à « tes propres paroles » va être versée à ta charge plutôt qu'à ta décharge au cours du procès nocturne. Aussi te tais-tu et détournes-tu le regard sur un couple d'oies qui pénètre dans la cabane en se dandinant et en zigzaguant, provoquant l'hommage des chiens aux queues frétillantes dans l'attente des restes. Au demeurant, ces restes ne manqueront pas, à en juger par le foisonnement des saladiers et des raviers qui s'amoncellent sur la table, légumes crus et cuits, condiments de toutes les couleurs, poissons frits, viandes odorantes baignant dans une sauce brunâtre, palette d'abats que Trigano convoite avec une fougue sauvage.

Toi, l'appétit t'a quitté et, malgré le jeûne que tu t'es imposé depuis midi pour jouer ton rôle dans ce festin, ta fourchette faiblit dans ta main et le peu qu'elle parvient à soulever retombe en partie dans ton assiette. Après la disparition de la lune, l'éclairage que le paysan a branché dans la cabine élargit les plaques d'ombre. Et tu ignores si le commensal taciturne en face de toi attend que tu parles ou s'il espère que tu le laisses en paix et déguerpisses.

Par quoi vas-tu donc commencer ?

« Est-ce que tu sais que, dans ma rétrospective à Saint-Jacques, ils ont projeté *Le Sommeil des soldats* ? Mais ils ont changé le titre en *L'Installation*.

— Je sais, là-bas, ils ont l'habitude de changer systématiquement les titres.

— Au début, j'ai pensé que c'était un titre banal, mais...

— Il n'était pas banal.

— C'est vrai. C'est un bon titre. J'ai compris ça à mon retour en Israël. Ensuite, pris d'une subite impulsion, je me suis rendu aux endroits où nous avions tourné nos films, les premiers, et je suis même descendu au désert, jusque dans le cratère. »

Le couteau se fige dans sa main.

« Dans ce wadi-là ?

— J'ai eu du mal à le retrouver. Le paysage a changé, on a ouvert de nouvelles routes, du coup, on avait parfois l'impression que la ligne des crêtes avait disparu. Mais je n'ai pas renoncé et j'ai fini par repérer de loin l'endroit où nous avions traîné pendant trois semaines.

— Pourquoi de loin ?

— Écoute ça : des soldats, des sentinelles ne m'ont pas laissé approcher. Parce que, figure-toi, il y a là désormais une installation semblable à la nôtre, mais hermétique, très grande et bien concrète. Comme si notre imagination débridée avait engendré une réalité.

— Mon imagination...

— La tienne, bien sûr, mais aussi celle du directeur de la photographie, de l'éclairagiste et du chef décorateur et, même, celle du metteur en scène... Tu peux vérifier par toi-même...

— Je n'ai rien à vérifier. Ce n'est pas ma première métaphore à se changer en réalité. Car quelle était mon intention dans cette métaphore ? Signifier qu'un pays transformé en installation militaire, au lieu d'être une patrie vivante et prospère, ne mérite pas que ses soldats veuillent le défendre. En fin de compte, ils le mépriseront et s'endormiront au lieu de le garder.

— Oui, c'est ce que j'ai compris alors.

— Permets-moi d'en douter. Certes, tu as été captivé par ma chimère mais tu n'as pas pénétré au plus profond de sa signification. Pas seulement dans ce film-là, d'ailleurs, mais dans les autres aussi. En Espagne, quand je les ai aidés au doublage pour qu'ils respectent l'intonation correcte des dialogues, je me suis aperçu à quel point les allusions cachées dans mes scénarios étaient nombreuses, dont toi, le réalisateur, n'avais aucune conscience, bien qu'elles aient prouvé leur pertinence comme autant de prémonitions précises.

— Est-ce possible ?

— Et comment ! Et ce n'est pas par étroitesse d'esprit mais par manque d'ouverture parce que, comme aujourd'hui, tu étais incapable d'échapper à ton milieu culturel, à ton environnement protégé et rassurant, et d'adhérer au regard neuf de quelqu'un qui, comme moi, venait des marges de la société.

— Bêtises, Trigano ! N'oublie pas que je suis celui qui s'est occupé de ton histoire, de la continuité logique de l'intrigue, de la crédibilité des personnages, de l'enchaînement plausible des causes et des finalités. Comment peux-tu dire que je n'étais pas capable de comprendre la signification cachée d'une œuvre dans laquelle chaque scène portait mon empreinte ?

— Parce que tu ne pouvais pas t'identifier à une révolte qui exigeait de déraciner les valeurs fondamentales qui t'ont été inculquées et que tu considérais comme sacro-saintes. Tiens, aux archives espagnoles, j'ai regardé de nouveau ta mère. Même sous le masque de la vieillesse solitaire et du dépérissement qu'elle était censée jouer dans ce film, sa personnalité combative et sûre d'elle-même saute aux yeux. Tu parles, un haut fonctionnaire du ministère des Finances !

— De la Cour des comptes.

— Encore plus imposant ! Mais, à l'époque déjà, pendant le tournage, j'ai pu observer le système de valeurs absolu et impitoyable que cette grande dame de Jérusalem t'a inculqué. Et quand, grâce à ce film, tu es passé du statut de fils à metteur en scène, tu ne t'es pas libéré pour autant de ta loyauté et de ta soumission, et tu as pris garde de ne pas lui manquer de respect.

— C'est faux ! Tu te trompes, à force de rancœur à mon égard. Parce que justement là-bas, aux archives, alors que je ne pouvais comprendre aucun mot, j'ai pu remarquer d'autres choses, non moins importantes, au-delà des mots et, contrairement à ce que tu crois, j'ai été bouleversé jusqu'aux larmes en découvrant à quel point j'avais exagéré l'abaissement de ma mère – tout ça, par la faute du scénario –, et avec quelle générosité elle s'était humiliée elle-même.

— Vraiment ? chuchote-t-il sur un ton sarcastique, "jusqu'aux larmes" ? Tu es vraiment capable de verser des larmes ?

— Seulement si elles sont sincères.

— Mais (il se penche vers toi, le couteau toujours en main, son chuchotis exhalant tout son mépris) l'heure est venue, Mozes, de comprendre que ta réalité, hier comme aujourd'hui, est protégée et même calfeutrée. Ce qui passe à tes yeux pour une humiliation n'est que le pâle reflet d'une humiliation réelle. Mais de quoi causons-nous ? Ce que tu ne comprenais pas alors, comme jeune enseignant curieux, t'échappera aussi aujourd'hui, alors que te voilà en fin de carrière. Mais, minute, ce n'est pas à cause du passé que tu m'as poursuivi jusqu'ici...

— Pas seulement.

— Au fait, pourquoi tu ne touches pas aux plats ? Tu m'as bien dit que tu étais venu délibérément affamé. Alors, s'il te plaît, vas-y, prends ton couteau et ta fourchette, parce que si tu ne commences pas à manger tout de suite, je ne vais rien te laisser. Et si tu penses qu'à cause de toutes les bêtes qui gambadent ici, la nourriture n'est pas propre, je puis te jurer qu'aucun chien n'a le droit d'entrer dans la cuisine.

— Ce n'est pas la nourriture, Trigano, c'est toi... ta manière de parler...

— Moi ? Ce que je dis ou pas t'émeut encore ? À ton âge et dans ta position, il est temps de te montrer indifférent à l'égard d'un homme qui t'a rayé de sa vie depuis longtemps.

— Quel rapport avec mon âge ?

— Parce que, pendant le trajet jusqu'ici, quand les missiles sont tombés et que j'ai plaqué ton visage contre terre, j'ai eu l'impression de voir un truc enfoncé dans une oreille. C'était quoi ? Juste du coton ou un appareil auditif ?

— Un appareil auditif.

— Dans ce cas, je vais te donner un bon conseil, et gratis. Si des gens comme moi t'irritent pour si peu, ôte tes écouteurs et laisse couler. Crois-moi, il y a des moments où je serais heureux de pouvoir me couper du monde aussi simplement. »

Tu reposes ton couteau et ta fourchette. Tu replies ta serviette et tu te lèves. Et, un moment, il paraît affolé.

« Merci pour le conseil, Trigano, c'est chic de ta part de me le donner gratis. Je vais y réfléchir à tête reposée. Mais, pour le moment, indique-moi où se trouvent les toilettes. »

– 4 –

Brusquement, la tristesse t'étreint. L'enthousiasme que tu as éprouvé à la pensée de la reprise éventuelle de votre relation retombe. Plus jeune, Trigano n'avait pas un caractère commode et, au fil des années, son esprit tortueux et son aigreur ne se sont pas améliorés. Te provoque-t-il pour que tu t'en ailles ou veut-il liquider un contentieux ancien et, dans ce cas, souhaite-t-il que tu restes ? Il est plus de vingt-trois heures, et te voilà à traverser la grande salle vidée de ses occupants. Tous les moniteurs installés sur les murs sont occupés, à cette heure, par un présentateur de la Première Chaîne, un sosie du président des États-Unis. Au bout d'un dédale de couloirs et de pièces, tu découvres trois cabinets où l'on prépare les pensionnaires pour leur coucher.

« Si ça urge, vous pouvez entrer, te suggère une assistante en train de laver un adolescent très développé dans une baignoire. Je vais sortir, ça ne dérange pas ce garçon. » Tu lui adresses un sourire de remerciement mais tu recules, tu n'entends pas dévoiler ton inimité devant n'importe qui. Mais, comme le besoin se fait plus pressant, tu te précipites dehors, du côté des champs. Dans un pré que la nuit revêt de teintes violettes, derrière un potager de gros choux, entre des arbustes dont le feuillage sauvage montre qu'ils ont été épargnés par le sécateur pendant de nombreuses années, se tient, silencieux, dans un calme absolu, un lourd cheval qui dirige vers toi un regard de philosophe las, tandis que tu urines sous ses yeux avec un soulagement infini.

À ton retour à la cabane, tu découvres qu'en ton absence on a déposé sur la table une soupe rougeâtre que Trigano engloutit avec une énorme satisfaction.

« Tu as trouvé ce que tu cherchais ?

— Tous les cabinets étaient occupés, alors, je suis sorti dans le champ.

— Tu as bien fait. Il vaut mieux se soulager sous les étoiles.

— Et à côté d'un cheval paisible.

— C'est un mulet, pas un cheval, il s'appelle Sancho Pança. C'est lui qui tire la carriole des enfants pour faire le tour du *mochav*.

— Je constate que tu es le grand ami des animaux du coin.

— J'essaie.

— Ça fait combien de temps que ton Ouriel se trouve ici ?

— Presque quatre ans.

— Et ta femme ne vient pas le voir ?

— Parfois, mais je dois avouer que la visite lui est plus pénible qu'à moi.

— Qui est ta femme ?

— Une femme...

— J'espère qu'elle n'est pas trop mystérieuse.

— Chaque femme est un peu mystérieuse, la mienne aussi. Il y a des années, elle fréquentait mon cours. Avant sa mort, Tolédano a même eu le temps de la connaître. À la naissance d'Ouriel, elle s'est dévouée corps et âme à l'enfant, il est devenu sa raison de vivre au détriment de ses frères et de sa sœur. En fait, c'est toute la famille qui a été handicapée. Mais, depuis que nous l'avons placé ici, on dirait qu'elle s'est libérée de ses devoirs et de sa culpabilité et qu'elle s'est trouvé une autre vocation.

— Elle aussi travaille dans le cinéma ?

— Non, Dieu nous en préserve, elle n'a aucun rapport avec l'art. C'est une femme saine, un tempérament robuste.

— Et c'est quoi, sa nouvelle vocation ?

— Dis-moi, Mozes, ma femme t'intéresse vraiment ou tu as décidé de te retrancher derrière du *small talk* à l'anglaise pour gagner du temps et éviter d'aborder l'essentiel ? »

Il a raison. Progresser à pas feutrés et tenter de faire fléchir son aversion en s'intéressant à sa vie, non seulement ne t'en rapproche pas mais, semble-t-il, l'agace et l'éloigne.

« Écoute-moi, je suis venu te parler de Ruth.

— Et si tu avalais d'abord un bout ? Tu m'as bien dit que tu étais affamé.

— Je veux d'abord te parler de Ruth. »

Ses traits s'affaissent, il détourne le regard.

« Trigano, je veux que tu m'aides à la sauver.

— Je ne crois pas que tu sois venu jusqu'ici juste pour l'aider.

— Pour l'aider et, peut-être, pour un nouveau film.

— Je t'avertis, Mozes, tu t'es dérangé pour rien. Je t'avais déjà prévenu que cette rencontre n'avait aucun sens. Mais tu es têtu, et c'est pourquoi je te le redis une fois pour toutes, je ne peux rien te donner parce que je ne veux rien te donner.

— Ne me donne rien, écoute-moi seulement. Je vais te parler de Ruth.

— Ça fait longtemps que je l'ai chassée de mon esprit.

— Quand bien même ! Après tout, c'est ton amie d'enfance et, pendant des années, elle a été ta compagne bien-aimée. Tiens, mon épouse et moi, nous sommes séparés depuis des années, mais je ne refuse jamais de l'écouter et de m'en préoccuper.

— Ta femme, c'est ta femme, et ma "bien-aimée", comme tu dis, est ma bien-aimée. Aucun rapport entre elles. Mais, sérieusement, avant de continuer, mange quelque chose. Les gens d'ici vont être vexés s'ils s'aperçoivent que tu n'as touché à rien.

— Je veux te parler de Ruth.

— Eh bien, fais vite. La nuit est courte, et je suis épuisé.

— Elle est malade et refuse de le reconnaître. »

Un léger sourire effleure ses lèvres, comme si cette nouvelle le réjouissait.

« De quoi est-elle malade ?

— Je ne sais pas, mais je le sens, j'en suis presque sûr. Sa doctoresse m'a dit aussi, je ne sais pourquoi, qu'elle ne cesse de l'inciter à refaire des analyses du sang, qui ont dû être très alarmantes, mais elle a tout simplement décidé de s'en désintéresser.

— C'est bien elle, ça, de croire qu'ignorer un problème suffit à le faire disparaître. Mais, minute, qu'est-ce que ça veut dire, “Je sens sa maladie” ? Tu vis à nouveau avec elle ?

— Non. Et je n'ai pas vécu avec elle dans le passé. Je ne sais pas ce que tu sais ou ce qu'on t'a raconté mais, même après que tu l'as abandonnée, je n'ai eu aucune envie de vivre avec elle. Simplement, j'éprouvais une sorte de responsabilité à son égard, une sorte de devoir envers la figure dont nous nous sommes servis, que nous avons façonnée, en laquelle nous avons cru : en premier lieu, toi, le créateur, mais moi aussi, le metteur en scène, et le directeur de la photographie, et tous les camarades qui ont travaillé avec nous. Aussi, quand tu es parti, j'ai voulu la prendre sous mon aile, ou appelle ça comme tu veux. Car nul ne sait mieux que toi de quel univers déshérité elle est issue. Cet univers ne pouvait pas la remettre sur pied après la souffrance que tu lui as infligée. Et j'espérais même que l'amour que Tolédano lui portait l'emporterait et m'en libérerait, mais je me suis trompé.

— Parce qu'elle le trouvait trop féminin.

— Féminin ? Pourquoi ? La délicatesse et la patience seraient forcément féminines ? Je ne suis pas d'accord.

— Tu peux être d'accord ou pas, mais ce n'est pas auprès de toi que les femmes prennent conseil pour décider de ce qui est féminin ou pas. Et cette Debdou, dès le jardin d'enfants, avait besoin de quelqu'un de viril à ses côtés, quelqu'un de cruel, qu'il faut s'échiner à séduire. Parce que c'est ainsi que son amour pourrait être comblé.

— En somme, quelqu'un qui te ressemble...

— Par exemple.

— Et quelqu'un comme moi ?

— Pour toi, c'est plus ambigu, parce que le narcissisme de quelqu'un comme toi, imbu de sa qualité d'artiste, amollit sa virilité au fil des années, et si sa prostate l'oblige à se précipiter aux toilettes tout en étant capable de maîtriser la moindre goutte, cette virilité-là a tout de même besoin d'une preuve plus convaincante... »

Il rit méchamment.

« Je suis venu te parler de Ruth. Elle est malade, et il faut la convaincre de nous permettre de savoir au moins de quoi elle est malade.

— Mais puisque tu ne vis pas avec elle, pourquoi cherches-tu à savoir ?

— Même si je ne vis pas avec elle, je peux encore constater son déclin. Sache que je lui ai demandé de m'accompagner à ma rétrospective.

— On me l'a dit...

— Qui ?

— De Viola m'a dit que tu avais demandé à l'inviter.

— Tu es encore en rapport avec lui ? Tu n'as pourtant plus de films à lui confier... »

Il ignore ta question comme si tu n'avais pas le droit de l'interroger.

« Là-bas, à Saint-Jacques, pendant les trois jours de la rétrospective, j'ai découvert de nouveaux symptômes, inconnus jusque-là. Une faiblesse qu'elle avait du mal à surmonter, une fatigue infinie. Parfois, même devant son propre personnage à l'écran, elle sommeillait. Et dans *La Ronde de l'entraide*, elle a mis du temps à se reconnaître. Comme nous partagions la même chambre, j'ai pu m'en rendre compte de près. »

Une brindille craque dans la cabane.

« Oui, répond-il comme à lui-même, je connais cette chambre.

— Ce n'est pas tout à fait une chambre.

— Oui, des combles qu'on garde à l'hôtel pour les hôtes de marque, avec des poutres au plafond et une fenêtre donnant sur l'arrière-cour de la cathédrale.

— Exactement. Avec un ange de pierre brandissant un poignard.

— Une épée. »

La révélation que l'ex-scénariste a dormi dans ces mêmes combles et dans ce même lit renforce l'espoir que cette intimité, vécue en imagination, puisse déboucher sur une réconciliation.

« Bien sûr, continue Trigano, je n'étais pas considéré comme un invité de marque comme vous deux, et on ne m'a pas donné de prix, et je n'ai même pas reçu de rétribution pour les instructions données aux comédiens, mais ils m'ont dédommagé avec cette agréable invitation au *parador*.

La *Charité romaine* est au bord de tes lèvres, mais tu la ravales afin de ne pas réveiller les fantômes.

« Au fait, ajoutes-tu calmement, ce n'est pas la première rétrospective où l'on nous attribue, par erreur, une chambre commune, et le lit, dont la largeur n'a pu que te frapper, n'était cependant pas trop grand pour qu'un homme ne s'aperçoive pas de ce que la femme couchée à côté de lui ressent. »

Tu le blesses délibérément dans l'espoir de le harponner par la douleur ; que la jalousie, au moins, balaie son cynisme et son indifférence à ton égard.

Il plante son regard dans tes yeux, le visage grave.

« Écoute-moi, Mozes, je regrette d'avoir accepté de te laisser venir jusqu'ici parce que tu es sur le point d'offenser une femme à laquelle je tiens et qui m'est chère.

— Quelle femme ?

— Tu n'as pas remarqué que la maîtresse de maison est aussi un peu en traitement ici ?

— Et alors ?

— Tu t'en es rendu compte, bien sûr. C'est pourquoi tu ne fais pas confiance à sa cuisine.

— Non, pourquoi ? Il me suffit amplement d'avoir ta confiance.

— Mais comme tu m'as annoncé que tu es venu à jeun, et si j'ai bien lu une interview que tu as donnée dans je ne sais plus quelle feuille de chou, dans tes derniers films que, bien sûr, je n'ai pas vus et que je n'ai pas l'intention de voir, tu veilles à ce que les repas soient réels, prolongés et minutieux, et à ce que les personnages décrivent explicitement ce qu'ils mangent...

— Tu as bien lu.

— Alors, tu n'as pas le droit de laisser un tel hiatus entre l'art et la réalité.

— C'est vraiment ce que tu penses ?

— Parfois », répond-il en riant.

Tu t'empresses de t'accrocher à cette bribe de bonne humeur fugitive entre vous.

« Mais je ne dédaigne pas ce repas. Regarde, nous sommes attablés l'un en face de l'autre, et si j'étais assis ici non comme invité mais comme metteur en scène, j'aurais réalisé une jolie scène d'une minute ou deux. J'aurais demandé au chef opérateur de cadrer, au début, cette étrange cabane et d'essayer de capter la pénombre veloutée dans laquelle baigne le feuillage, et de là, je lui aurais suggéré de faire un gros plan sur les assiettes et les saladiers afin de transmettre, avec méticulosité, l'abondance pittoresque des mets. Mais j'aurais demandé d'agrémenter, de temps à autre, le flux des images par quelques plans de coupe sur la cuisine ou sur les chambres des pensionnaires plongées dans l'obscurité, afin que l'effroi et le mystère servent de toile de fond au repas. Ainsi pourrait se concrétiser la tension dramatique entre l'homme gigantesque, plus très jeune, fulminant de haine et de mépris, ingurgitant goulûment la nourriture, et son interlocuteur, vieillard ému, chipotant du bout de la fourchette les mets sans en consommer aucun. Ce seul fossé, sans aucun mot, même dans un film muet, pourrait établir une tension dans l'attente de la catharsis et offrir au producteur l'espoir de faire salle comble. »

Il écoute attentivement, mais aucun sourire ne lui vient aux lèvres.

« Parce que le plus important pour toi, c'est le producteur, hein, grommelle-t-il.

— Et tout cela – décidément, tu tiens à ta scène –, avant même d'en venir à la raison essentielle de la rencontre : la réconciliation entre un professeur et son élève, après tant d'années.

— Pas question de réconciliation. Et je ne dis plus un mot tant que tu n'avales rien.

— Dans ce cas, ris-tu avec soulagement, je vais commencer par cette soupe rouge, si elle n'a pas refroidi entre-temps.

— C'est une soupe de tomates toujours froide, mais les épices sont brûlantes. »

Tu trempes ta cuillère dans le coulis rouge et odorant moucheté de points blancs, approches tes lèvres et avales une cuillerée après l'autre, et soudain ton palais s'embrase et la cuillère tombe de tes mains impuissantes.

« La soupe est excellente. Ne t'en fais pas, le rassures-tu comme un petit garçon devant sa mère, je fais juste une petite pause. Qu'y puis-je si, à cause de ma rencontre avec toi, l'émotion me coupe l'appétit ?

— Ah bon, toi, Mozes, tu es encore capable d'émotion ?

— Oui, d'être ému et troublé.

— Troublé, toi ? Parce que si quelqu'un devait être troublé, dans cette histoire, c'est plutôt moi qui vous imagine tous les deux dans le lit où j'ai couché. Mais je reste serein et froid parce que je sais où tu veux en venir – aucun risque que je te suive. Cependant, d'un point de vue objectif, n'est-ce pas un peu pathétique de ta part de prendre la route, de nuit, en plein hiver, pour un secteur à la sécurité relative, et chercher un individu avec lequel les liens ont été coupés depuis de nombreuses années à la suite d'une crise profonde, et tout ça, pour lui raconter la maladie imaginaire d'une femme qui a perdu toute signification à ses yeux ?

— Crois-moi, Trigano, ce n'est pas une maladie imaginaire, elle est bien réelle. »

Ses traits sombres s'embrasent.

« En quoi est-elle réelle ? lâche-t-il avec une colère rentrée. Parce qu'elle refuse d'assumer sa part dans la protection que tu lui as accordée ? »

Nous y voilà. Tu savais que Trigano ne pourrait occulter infiniment la cause de sa douleur et de sa jalousie, et c'est pourquoi tu t'efforces de conserver un ton aimable et patient.

« Encore une fois, tu te trompes sur le sens de ma protection, ou appelle-la comme tu veux. Car, comme je te l'ai déjà dit, cela a commencé comme un soutien professionnel et pas du tout personnel et, même si, parfois, s'y mêle cette proximité que tu as en tête, elle s'établit naturellement du fait de notre collaboration. Et c'est pourquoi les limites ne sont jamais dépassées.

— Très joli et honnête de ta part, mais ce n'est pas réaliste.

— Tout à fait réaliste... Crois-moi.

— En fait, pourquoi pas ? Vraiment, je ne me soucie pas de la manière dont tu expliques ta tutelle et de ce que tu fais, ou pas, avec elle. »

Puis il poursuit d'une voix encore courroucée : « La description de deux adultes dans un même lit, avec un homme qui repère, sans même tenter de palper, juste à l'autre bout du lit, la maladie cachée d'une femme – je n'aurais jamais avalé une histoire aussi invraisemblable, même dans un roman.

— Même pas dans des intrigues symboliques comme les tiennes ?

— Elles n'ont rien à voir avec ça. »

Tu changes de sujet et lui racontes la première nuit, *La Gare isolée* que les Espagnols ont changée en *Le Train et le Village*, et ta surprise en découvrant que la jeune villageoise qui mène l'intrigue était sourde-muette.

« Tu as pu oublier cela ?

— La preuve.

— Mais enfin, les critiques ont relevé ce handicap comme l'idée originale et audacieuse du scénario ! Car ce n'est que par ce biais-là que les habitants ont trempé dans une machination aussi diabolique sans se sentir coupables. Son handicap ménageait cette zone grise où la signification des actes se brouille et les conséquences s'estompent. Comme ces circonlocutions du langage que des politiciens roublards débitent pour tromper les masses et les mener par le bout du nez. »

Tu confesses la puissance originale de ce handicap dans ce film, non sans y ajouter un éloge à ta propre adresse, au metteur en scène qui a réussi à tirer des gestes des mains véhéments et incohérents de la jeune femme une forme d'érotisme attirante.

« Oui, répond-il, piégé par tes propos, yeux brûlants, moi aussi et les doubleurs espagnols nous l'avons ressenti en travaillant sur cette scène. Un érotisme planait dans le studio...

— C'est intéressant que ce ne soit qu'en Espagne que Ruth m'ait parlé de ta sœur sourde-muette qui a inspiré son personnage.

— Tu ne savais pas pour ma sœur ?

— Tu n'en as jamais parlé. Peut-être en avais-tu honte ? »

Il baisse le regard.

« Peut-être... Pendant ces années-là, j'évitais toute révélation intime.

— Est-elle toujours en vie ?

— Non. Elle n'a pas tenu le coup après la mort de ma mère.

— Je suis désolé... »

Il se tait. Te fixe avec méfiance. Le fil de la conversation est coupé. Et il se demande toujours où tu veux en venir.

« Je crains de te faire de la peine..., chuchotes-tu presque.

— Me faire de la peine ? Comment ça ? Tu n'y arriveras pas.

— Parce que tu te souviens certainement des derniers moments du film, quand elle est traînée derrière les arbustes. En Espagne, j'ai été étonné de voir à quel point j'ai exagéré la sauvagerie et la violence, même par rapport à certains films contemporains très osés. J'ai éprouvé de la compassion pour la figure vivante, concrète, assise à côté de moi dans la salle. »

Il est tendu sur sa chaise, ses yeux s'étrécissent, et sa morgue hostile est comme piégée dans la toile d'araignée de ton récit.

« Yaïr Mozes, je n'ai aucune envie d'entendre un compte rendu de tes sentiments ou de ton désir.

— Tu te trompes, il ne s'agit pas de mon désir mais toujours de sa maladie, et c'est à cause d'elle que je suis venu jusqu'ici. Car si tu t'es étonné de la manière dont j'ai pu sentir sa maladie, alors que je ne vis pas avec elle, eh bien, je vais te donner un exemple. À notre retour au *parador* après la projection, elle s'est affalée sur ce lit, avec son manteau et ses bottes, et elle a plongé dans un profond sommeil, morbide, qu'aucun mot ne pouvait interrompre, au point que j'ai eu l'impression d'être couché auprès d'une morte. Je n'ai pas pu m'empêcher de la déshabiller et de lui ôter ses chaussures car je savais que, de toute façon, elle ne sentait pas le contact de mes mains. Et alors, bien que je ne me sois jamais imposé à elle, pas même le moindre effleurement, en tenant ses pieds, je les ai couverts de baisers... seulement les pieds... et, à travers la chaleur et la sécheresse de la peau, mes lèvres ont senti sa maladie. »

Un sourire étrange, mauvais, tord ses lèvres. Il se relève, furieux, puis se calme un peu. Il verse du vin dans son verre puis dans le tien. Il le lampe tranquillement, avec solennité, et te dévisage comme s'il te voyait pour la première fois.

« Tes lèvres sont à ce point expertes ?

— Il semble que oui...

— Peut-être que la solitude, Mozes, t'a complètement tordu ?

— Peut-être...

— Bien, et maintenant, si tu me donnais la véritable raison de ta présence ici, avant de nous séparer ?

— J'ai une demande facile et simple à satisfaire. Appelle-la et dis-lui que tu as appris, de moi ou peu importe de qui, qu'elle négligeait ses analyses, et que, comme sa peur des résultats te touche – formule ça comme tu voudras –, malgré les longues années écoulées depuis votre séparation, tu te fais encore du souci pour elle. Et comme tu es sûr ou, du moins, espères que les résultats seront rassurants, tu veux lui dire ceci : la vérité, quelle qu'elle soit, est préférable avant qu'il ne soit trop tard.

— Bref ?

— Bref, tu lui demandes de refaire ses analyses, ne serait-ce que pour toi.

— Pour moi ? »

Il étire ces mots avec une stupeur venimeuse, offensée : « Pour moi ?

— Oui, pour toi... C'est comme ça que tu réussiras peut-être à la convaincre. Et si tu veux, tu peux ajouter : en souvenir de notre amour. Cela, je le laisse à *ton* jugement.

— Notre amour ? siffle-t-il dans un murmure éraillé qui résonne comme si tu avais pénétré dans la tanière d'un serpent.

— Oui, votre amour... Je me souviens encore de sa force et de son allégresse. Et c'est pourquoi elle t'écoutera. Tu exerces toujours un fort ascendant sur elle. Chaque fois que ton nom est prononcé par hasard, je ressens le respect qu'elle te porte. Plus que du respect, de l'admiration. Après tout, qu'est-ce que je te demande ? De lui parler... de préférence face à face, mais, même au téléphone, ça me va... Et si ça t'est trop pénible, écris-lui, il n'y a rien de plus facile.

— Assez ! hurle-t-il. Si tu n'étais pas mon invité, je serais parti sans un mot de plus. Tu ne t'attendais pas à ce que je croie une seconde que tu es venu ici seulement pour elle.

— Pour elle, mais aussi pour toi et pour moi.

— Mais, enfin, elle a un fils... Il est adulte... Pourquoi ne t'adresses-tu pas à *lui* ?

— Parce qu'il est du genre jouisseur et je-m'en-foutiste et, surtout, puéril. Il n'a jamais pensé qu'il devait s'occuper de sa mère. Il n'a aucune influence sur elle... Crois-moi, Trigano, ce n'est pas un hasard si je suis venu te voir. »

Il se lève, fait quelques pas, puis revient se planter devant toi.

« Écoute-moi bien. Aucune chance ! Jamais au grand jamais ! Ni par téléphone, ni par écrit, ni par aucun autre moyen. Et sache que ta demande est révoltante et insultante, comme si les sentiments n'existaient plus.

— Mais je ne fais que te parler de sentiments.

— Ce ne sont que des sentiments artificiels, qu'on fabrique dans des films comme les tiens et que le producteur pourra malaxer dans tous les sens. Moi, je te parle d'un sentiment authentique qui peut torturer un homme jusqu'à son dernier jour.

— Jusqu'à son dernier jour ?

— Oui, Mozes, même si ton horizon imaginaire ne peut pas admettre que je n'ai pas le droit de m'approcher d'elle, même pas en lui parlant de loin, afin de ne pas la brûler, et surtout moi, à force de colère et de haine.

— Aujourd'hui encore ?

— Je ne compte pas les années, le temps n'a aucune prise sur moi. Tiens, quelques années après m'être séparé de toi, alors que j'étais déjà marié, j'ai été voir un de tes films dont j'ai réussi à effacer le titre et le contenu de ma mémoire. Tu lui avais donné un second rôle et, dans une scène, je ne suis pas sûr que tu te souviennes de la raison, peut-être comme un de ces excitants pour spectateurs qui te vont comme un gant, tu l'as filmée seule, en soirée, dans une chambre d'hôtel où elle était censée attendre quelqu'un qui n'est pas venu, ou s'est attardé, et elle s'est déshabillée lentement, s'est enveloppée dans un drap et s'est couchée dans le lit, et son visage exprimait une tristesse dont je la croyais incapable.

— Je pense que je peux repérer cette scène.

— Non, éructe-t-il, ne repère rien.

— Je veux dire, t'expliquer...

— Non, tais-toi, hurle-t-il, ne m'explique rien et ne m'interromps pas, juste tais-toi. Sinon, je me lève et je t'abandonne aux chiens. »

Face à son visage grimaçant de douleur, tu ne te vexes pas mais te contentes de sourire, gêné.

« Quelqu'un m'avait parlé de ce film, se laisse-t-il emporter, ou peut-être avais-je vu sa photo dans une publicité quelconque et, en un moment de faiblesse, je me suis dit : allons voir ce qu'elle est devenue, cette Debdou. Je n'ai même pas raconté à ma femme que j'allais voir ce film. J'ai pénétré dans la salle obscure, et quand elle s'est allongée sur le lit, nue sous le drap, je ne pensais pas au chef opérateur, au décorateur, à l'ingénieur du son ou au réalisateur qui l'entouraient. Il ne restait plus que sa solitude et sa tristesse qui s'adressaient directement à moi et, d'un seul coup, le désir d'elle m'est revenu, la nostalgie et la souffrance m'ont donné une érection et, sans me toucher, j'ai joui, et je me suis enfui, poisseux et abattu. C'est alors que j'ai compris, une fois pour toutes, que, si je voulais continuer à vivre, je devais veiller à ce que ce lien soit définitivement rompu jusqu'à mon dernier jour. Maintenant, peut-être que toi, Mozes, tu peux comprendre que je me fiche qu'elle soit réellement malade ou non et des résultats de ses analyses. En fait, et c'est la pure vérité, je me fiche qu'elle soit vivante ou morte... Aussi ne me demande plus rien. Elle a trahi une relation très profonde, elle a rompu notre alliance. Et toi aussi, tu m'as trahi parce que, lorsque je t'ai prié d'être mon metteur en scène, je croyais que le scénario n'était pas un élément parmi d'autres mais la finalité suprême du film. Et voilà que, brusquement, tu m'as trahi. Sauf que, toi, tu ne me devais rien. Mais elle, elle a trahi la vocation que je lui avais choisie, parce que mon œuvre est née d'elle et pour elle. Dès l'école primaire, et même au jardin d'enfants, quand je l'ai aperçue au milieu des autres, je l'ai choisie pour incarner une vision audacieuse. Non à cause de sa beauté. Crois-moi, ce n'est pas à cause de sa beauté. Sa beauté n'était qu'un détail éphémère dans ma vision. Mais je sentais l'absurde qui émanait de sa personnalité, ce mélange surréaliste qui avait germé dans cette enfant trouvée, à l'origine douteuse, qu'un vieux rabbin avait amenée dans ce pays depuis son village des confins du Sahara. »

Et à cet instant précis, comme sur ordre, les chiens vautrés jusque-là sous la table et aux alentours se redressent, s'étirent et commencent à frétiller de la queue.

« Donc, Mozes, permets-moi de ne pas croire que tu sois venu uniquement pour elle car je ne me souviens pas de toi comme d'un altruiste impénitent. Dans tes pensées, ma mémoire est précise, il y a toujours un repli où se cache un crapaud doucereux qui va bientôt me sauter dessus. Veux-tu donc transférer ta tutelle sur moi, maintenant que tu n'as plus aucun rôle pour elle ? »

Les aboiements et les hurlements des chiens excités, comme possédés, recouvrent sa voix.

– 5 –

La paysanne, par ailleurs intendante du foyer d'accueil, vient leur annoncer qu'Ouriel s'est réveillé et qu'il réclame son père. « Veux-tu que je l'amène ou désires-tu le rejoindre ?

— Qu'il vienne, décide Trigano, il va rester un peu avec nous. Mais mets-lui un vêtement chaud.

— On va demander à Chaya de vous allumer le poêle. Mais dis-moi, Trigano, ton professeur n'aime pas ma cuisine.

— Ton repas est si somptueux, te défends-tu, que j'ai peur de le gâcher en y touchant.

— Vas-y, gâche-le, s'il te plaît, ma cuisine n'attend que ça, sinon ce sont les chiens qui vont en profiter. »

Tu ris à gorge déployée.

« Bien sûr, je vais m'y mettre. Simplement, je suis si ému par mes retrouvailles avec cet élève que je n'ai pas vu depuis trente ans que j'en oublie de manger.

— Si ça fait tant d'années que vous ne vous êtes pas vus, tu ne peux pas connaître Ouriel.

— En effet.

— Alors, c'est bien qu'il se soit réveillé, que tu puisses voir ce garçon exceptionnel avant ton départ. Mais, avant de l'amener, il vaudrait mieux que tu manges et prennes des forces. Et si la soupe de tomates est trop froide et que tu la préfères chaude, je peux t'apporter une soupe brûlante.

— Cette soupe est parfaite. Tiens, regarde, je commence.

— Oui, oui, il va commencer à manger, la rassure Trigano – et, pour on ne sait quelle raison, il coiffe son chapeau blanc. Parce que, s'il ne mange pas, on va le garder comme pensionnaire. »

La plupart des chiens suivent la paysanne, tandis que Trigano se lève pour déplacer les chaises et faire de la place à son fils.

Tu trempes ta cuillère dans l'épaisse soupe rouge, et une folle pensée te déride : si, en fin de carrière, tu te laissais tenter par un film d'épouvante, tu pourrais duper l'assassin en lui faisant ingurgiter une soupe de cette couleur mélangée à du sang... En ce qui te concerne, ce sont les chiens qui te sauvent de cette soupe : ils accourent et sautent de partout, gambadent entre le père et son fils amené dans un fauteuil roulant. Ouriel est de petite taille, vêtu d'un treillis militaire, un vieux bonnet de laine incliné sur le crâne, des mèches de cheveux retombant sur le front, et ses yeux bleus et candides étincellent d'affection pour son père qui se précipite pour l'accueillir, l'étreindre et le rouler jusqu'à la table. « Papa, Papounet, Daddy, Papy, Babo, Père, frétille l'enfant devant son père, tandis que de la bave s'écoule sur une serviette nouée à son cou.

— Ouriel, je te présente mon vieux professeur.

— C'est mon vieux professeur », répète Ouriel mais il se reprend aussitôt : « Grand-père, Nono, O'pa, Grand'pa... »

Et toi, sans une hésitation, tu te lèves pour étreindre le garçon : « Oui, Ouriel, moi aussi je suis grand-père » ; et le jeune homme se montre très ému par ta qualité de grand-père que tu viens de lui révéler. Ses jambes sont placées dans une attelle, une sorte d'appareil digne de l'Inquisition, qui l'aide à maîtriser ses mouvements involontaires et à sentir son corps, mais ses mains répondent à votre étreinte et il embrasse avec une extrême chaleur la paume de ta main, un long moment, avant de poser la tête sur ta poitrine. « Grand-père, répète-t-il affectueusement, avec une sorte d'étonnement et, peut-être, un rire intérieur, vieux Grand-père ! » Et, dans ses yeux bleus et purs, un éclat espiègle brille – l'étincelle qui, jadis, illuminait le regard de ton scénariste.

« Ce bleu innocent, c'est sa mère qui lui a donné... dis-tu, entre constat et interrogation, en te détachant délicatement de son étreinte.

— Ce n'est pas sa mère. Cela lui vient des cieux bleus au-dessus du désert d'où sont venus ses ancêtres, répond son père, entre défi et plaisanterie.

— Qu'a-t-il ? Une malformation cérébrale ? avances-tu prudemment.

— Oui, dans une certaine mesure.

— De naissance ou c'est arrivé pendant la grossesse ? »

Trigano ôte son chapeau et te dévisage avec un regard bizarre.

« Bien avant cela, Mozes, avant même la grossesse.

— C'est-à-dire ?

— C'est-à-dire... C'est-à-dire..., répète-t-il avec une moue de dédain, c'est-à-dire qu'il y a des moments, appelle-les farfelus, et qui, pour moi, sont réels, où je considère le handicap de mon fils comme la continuité ou la conséquence du coup que tu m'as porté.

— Moi ? Moi ? C'est absurde !

— Tu sais, et tu t'en souviens, que tout ce qui te paraît absurde a une signification et une réalité pour moi. Oui, toi aussi, de manière indirecte, tu es coupable de ce qui est arrivé à mon fils.

— Moi ? tressailles-tu.

— Exactement.

— Je serais coupable ? J'ai bien entendu ?

— Tu as bien entendu, même si tu ne peux pas comprendre, et s'il vaut mieux que tu n'essaies pas. Le seul profit que tu vas en tirer, c'est de saisir pourquoi je t'évite et pourquoi, quand tu t'imposes à moi comme en ce moment, je suis au supplice.

— Une telle idée est non seulement absurde mais elle est ignoble. Ça confine à la folie.

— Exactement, la folie, dit-il en se jetant avec joie sur le mot que tu lui as lancé. Tu as raison, de la folie pure, de la folie intime, mon cher... Folie superflue, et cependant réelle... Une folie qui mérite le respect. Mais ça suffit. On va en rester là car on nous apporte le poêle. »

Le vieux paysan tire une poussette bringuebalante transportant une couverture en laine et un vieux poêle à pétrole déjà allumé. « Je vais vous réchauffer un peu », annonce-t-il. Et, tandis que Trigano enveloppe son fils dans la couverture, l'intendant du foyer ordonne aux chiens sous la table de laisser un peu de place au poêle.

« Si les pieds sont chauds, explique-t-il, alors, c'est tout le corps qui se réchauffe. » Puis il ramasse les assiettes et les dépose dans la poussette en te sermonnant : « Toi, monsieur le professeur, tu vas regretter tout ce que tu n'as pas mangé parce que, bientôt, nos voisins de l'autre côté vont nous envoyer leurs salutations explosives, et tu vas devoir planter tout ça et te réfugier dans l'abri. »

Toi, tu ne maîtrises plus ton émotion devant cette créature handicapée que son père enveloppe dans une couverture et, avec sa tête aplatie, rejetée en arrière, il ressemble à un nouveau-né – tu te lèves, te redresses et te mets à déclamer de manière incongrue devant le paysan :

« Oui, ton épouse m'a déjà réprimandé, mais laissez-moi un peu de temps. Je suis encore tétanisé par mes retrouvailles avec cet homme, mon ancien élève, qui était le plus inventif et le plus brillant de tous, et que j'ai choisi comme collaborateur au début de ma carrière, avant qu'il ne brise notre association par une brouille violente que nous essayons de dissiper en ce moment. Aussi, je te prie de dire à ton épouse que je ne la décevrai pas. »

Ta harangue achevée, alors que le regard stupéfait de l'élève inventif et brillant transperce ton dos, tu quittes fièrement la cabane et pénètres d'un pas assuré dans le logis de la ferme, traverses le grand salon où les petits moniteurs retransmettent le récital en noir et blanc d'un chanteur des années soixante-dix, empruntes des couloirs en te guidant sur le bruit de respirations et de ronflements mêlés de soupirs, et, bien que les toilettes soient libres, tu préfères retrouver le vieux mulet, qui tourne la tête vers toi pendant que tu urines lentement et avec application. Une pensée hardie germe dans ton cerveau : retourner à ta voiture et disparaître sans un mot, car, de toute façon, tu trouveras toujours à un carrefour un soldat trop heureux de te tenir compagnie et de te mettre sur la bonne voie.

– 6 –

De loin, éclairée, la cabane en forme de ruche apparaît comme une installation pourpre à coupole et alvéolée comme le brûleur du poêle du paysan. Deux gros chiens partagent courtoisement leur butin dans une petite auge : les premiers restes du repas de Trigano. Dans la cabane, ce dernier nourrit son fils, avec une patience infinie, de riz bouilli qu'il puise dans la soupe de tomates. A-t-il deviné tes velléités de fuite ? Car il s'empresse de t'adresser un regard amical, ouvert, comme si sa colère était retombée après t'avoir assené ses réflexions absurdes.

« Dis-moi, Trigano, ces chiens ont été dressés à se montrer courtois ?

— Après avoir été castrés, ils filent tout doux, mais assieds-toi et mange. N'ajoute pas un affront supplémentaire. Cette maison a des prétentions culinaires, et la maîtresse de maison tient à ce que les hôtes de passage mangent puis la félicitent.

— D'ores et déjà, je loue l'hospitalité et l'atmosphère. Au fait, il faut que tu nourrisses Ouriel ou est-ce une gâterie pour une occasion exceptionnelle ?

— Une gâterie mais aussi un peu d'aide. Il peut manger tout seul mais il a besoin d'encouragement.

— Est-ce qu'il travaille aussi ?

— Il travaille au tri et au conditionnement des fruits et des légumes. Il a un œil sûr pour les pommes de terre et les oignons, il sait ce qui va pourrir vite et ce qui va se conserver. Ils en sont si satisfaits qu'ils lui donnent même un petit salaire, n'est-ce pas ? »

Ouriel acquiesce avec joie : « Deux cents shekels.

— Son traitement est-il onéreux ?

— Le gouvernement aide beaucoup ceux qui acceptent de se faire soigner près de la frontière. Mais ça ne m'empêche pas d'être inquiet pour son sort.

— Évidemment. D'un autre côté, ses thérapeutes ont l'air bons et dévoués, et il y a beaucoup d'espaces sécurisés. »

Pendant tout ce temps, il continue à alimenter son fils, la bouche ouverte comme un oisillon, tournant la tête de l'un à l'autre pour suivre leur conversation. Tu lui décoches tes sourires sans lui adresser la parole car tu crains d'être embarrassé par une réponse incompréhensible. Or tes sourires le préoccupent car, de temps à autre, il tire l'oreille de son père en chuchotant longuement, par onomatopées, et son père secoue vigoureusement la tête pour lui signifier que non seulement il le comprend mais qu'il l'approuve.

« Qu'est-ce qu'il dit ?

— Il se fait du souci pour ta nuit ici. Il dit qu'il faut te préparer un lit.

— Oh, mon Ouriel, c'est gentil de t'inquiéter pour moi.

— L'attention et l'amour que tous lui portent le fortifient, et il sait les rendre aux autres. Au fait, à part le wadi du *Sommeil des soldats*, tu as cherché d'autres endroits de tournage de ces films ?

— Oui, la maison de mes parents. Mais je l'ai examinée de l'extérieur parce que je voulais comprendre comment nous avions réussi à la transformer en trois maisons.

— C'est tout ?

— Non. J'ai aussi emmené Ruth dans le village jordanien que Tolédano avait annexé à notre film, et nous sommes descendus de là jusqu'à la gare, à la voie ferrée et au wadi de la catastrophe. Parce que, quand j'ai regardé le film en Espagne, il m'a semblé que cette gare n'était pas réelle, que c'était un décor que nous avions fabriqué, comme l'installation du *Sommeil des soldats*.

— Non, c'était une vraie gare.

— Exact, mais, aujourd'hui, impossible de la retrouver. Les villageois l'ont démembrée pierre à pierre. En revanche, la portion de voie ferrée posée par les Turcs est toujours là, notre draisine roule toujours, et le train de Jérusalem s'y traîne toujours mais sans s'arrêter. Tu vois, Trigano, même au XXIe siècle, ton express international demeure une pure fantaisie en Israël.

— Et c'est pourquoi sa puissance évocatrice en est redoublée. »

Silence.

« Et la synagogue de Kafka, tu l'as visitée ? murmure-t-il ironiquement.

— Elle n'existe plus. C'est toi-même qui l'as détruite dans ton scénario. Mais je crois que l'animal antique s'est trouvé une autre synagogue et qu'il continue à y gambader entre l'arche sainte et la tribune des femmes, sauf que les femmes d'aujourd'hui n'en ont peut-être plus peur. »

Enfin, un rire entre vous.

« Lorsque j'ai aperçu cette martre sur l'écran des archives espagnoles, j'ai été de nouveau émerveillé par le talent de Tolédano qui a su la saisir dans des situations précises. Ce n'était, après tout, qu'une bête sauvage.

— Ne méprise pas ton rôle dans le dressage de la rebelle, dit Trigano avec un léger sourire. Car tu as une réelle capacité à mettre en scène des animaux. C'est peut-être ta véritable vocation pour les quelques années qui te restent : metteur en scène animalier.

— Trop tard. Je suis trop vieux pour entamer une nouvelle carrière, surtout sans l'aide de Tolédano qui aurait pu devenir un directeur de la photographie très célèbre, sans Ruth qui l'a rendu cinglé.

— C'est lui-même qui s'est rendu dingue. »

Son fils écoute attentivement en souriant, comme s'il saisissait l'ironie entre les lignes.

Tu te verses du vin et regardes la nourriture laissée sur la table pour savoir par quoi commencer.

« Quand j'ai revu, à l'institut cinématographique, le film que nous avons tiré de la nouvelle de Kafka, je me suis demandé pourquoi tu avais choisi ce récit. Car, même si c'est une histoire kafkaïenne abstraite, hors du temps et de l'espace, elle évoque cependant une vieille synagogue d'Europe orientale, appartenant à une ancienne communauté accablée par le souvenir des pogroms et dégageant une frayeur d'avant la Shoah. Au fait, qui jouait le rôle du rabbin ? C'était un merveilleux comédien.

— Merveilleux, en effet.

— Comment est-il arrivé jusqu'à nous ? Je ne l'ai plus jamais revu à l'écran. Ce n'est pas toi qui l'as recruté par hasard ?

— Non, je ne crois pas..., se dérobe-t-il.

— Parfois, j'avais l'impression qu'il ressemblait à Kafka...

— Peut-être était-ce lui ? réplique-t-il sans sourire.

— Encore une chose, pourquoi as-tu transposé cet animal en Israël ? J'ai essayé d'en expliquer la raison aux Espagnols mais sans y réussir vraiment.

— Pourquoi t'efforces-tu d'expliquer aux autres des choses que tu ne comprends pas toi-même ? »

Tu ignores sa remarque et continues patiemment.

« Et toi, tu n'as pas eu envie de visiter les lieux de tournage, après le doublage de nos films ?

— Il n'y a qu'un seul endroit qui m'attire, et j'y retourne de temps en temps, mais, toi, tu l'as oublié depuis longtemps.

— Tu veux dire...

— Exactement (il ne te laisse pas finir ta phrase), la porte métallique verte, près du vieux port de Jaffa. La porte de la clinique sordide.

— Non. Pourquoi revoir des endroits hypothétiques qui ne se sont jamais concrétisés ?

— Pourquoi pas ? J'y reviens parfois, au contraire, elle change soudain d'aspect, puis reprend sa couleur originelle.

— Mais la porte a été conservée dans le film. On voit l'héroïne affligée en sortir, après avoir confié son nourrisson à l'adoption. On a juste éliminé sa scène avec ce vieillard, Yéhouda Gafni...

— Que tu as aussi outragé en supprimant cette scène.

— Que pouvais-je faire d'autre ? Ne crois pas que c'est parce qu'il s'est senti insulté qu'il n'a plus retrouvé de rôle au théâtre. Il s'est fâché parce qu'on lui avait ôté une scène excitante dans laquelle il pouvait téter le sein d'une jeune femme.

— Non, Mozes, je t'en prie, ne sois pas aussi mesquin. C'était une scène importante dont toi, aujourd'hui encore, tu ne comprends pas la signification, mais ça ne t'a pas dérangé de l'effacer d'un revers de main sans demander la permission de celui qui l'avait conçue.

— S'il te plaît, ne déforme pas la réalité ! Ce n'est pas moi. C'est la femme avec laquelle tu entretenais une "relation très profonde", comme tu dis, qui a reculé, dégoûtée par cette scène que tu lui avais écrite. Et je ne suis pas le genre de metteur en scène à piétiner l'âme d'un comédien, juste pour satisfaire l'imagination tordue d'un scénariste.

— Et, bien sûr, dans tous les films que tu as réalisés depuis, tu n'as jamais imposé une situation malsaine à tes personnages...

— Du moins, j'ai essayé. Mais, de nos jours, les acteurs eux-mêmes se laissent influencer par l'air du temps et ils sont devenus plus audacieux et plus libérés, et c'est eux qui m'entraînent dans toutes sortes de directions.

— Après avoir annulé cette scène et renvoyé le comédien, je me suis rendu chez lui pour m'excuser. Et sais-tu ce qu'il m'a dit ?

— Non.

— Il n'a rien dit. Il n'a fait que t'injurier.

— Ça ne m'étonne pas. Même s'il aurait dû plutôt injurier Ruth que moi.

— Non, toi seulement, c'est toi qui t'es empressé de tout casser avant même que j'essaye de la convaincre.

— Mais comment l'aurais-tu convaincue puisqu'elle s'est enfermée dans la cabine du camion et a même refusé de te regarder ?

— Ce n'était pas ton affaire. Elle était à moi, pas à toi.

— À toi ? En quel sens ? Ta propriété ? Privée ?

— Non, pas du tout. Car tu as bien vu que je pouvais renoncer à tout ce qu'il y avait de personnel et d'intime à son égard. Je veux dire que c'est moi qui ai créé son personnage, je lui ai donné une cohérence à partir de sa personnalité, une essence, des intentions, des motivations, et un texte. Et, si elle s'est rebellée vers la fin du film, sa rébellion s'exprimait non seulement contre le rôle mais contre moi et contre elle-même. Alors, qu'est-ce qui t'a poussé à t'en mêler ? Pourquoi ne m'as-tu pas laissé mater sa rébellion ?

— "Mater" ? Quel mot horrible !

— Eh bien, trouve-toi un mot plus délicat. Car tu sais bien à quel point cette femme était essentielle pour mon travail.

— Mais si c'est la signification de cet "à moi" pour toi, dans ce cas, elle était aussi "à moi", et, comme metteur en scène, je devais préserver sa dignité de comédienne devant une scène qui la révulsait.

— Ne me tartine pas des prétextes. Tu t'es simplement servi de sa rébellion pour te l'approprier.

— Soupçon infondé. Et les nombreuses années écoulées depuis prouvent à quel point tu te trompes. Je ne voulais pas me l'approprier et, même si je l'avais voulu, je n'aurais pas osé te l'arracher. Mais nous deux, toi et moi, nous n'avons pas compris la nature de sa rébellion. Elle ne s'est pas révoltée à cause du caractère malsain de la scène que tu lui avais écrite mais parce qu'elle craignait la répugnance de la jeune fille qui incarnait son personnage dans son adolescence.

— Quelle jeune fille ?

— Toi aussi, tu l'as oubliée ? Dans ton scénario original, il y avait une jeune fille qui incarnait l'héroïne dans sa jeunesse. Tu lui as écrit quelques scènes à l'école, au mouvement de jeunesse, dans la maison de ses professeurs. Nous avions près de dix minutes déjà montées mais, ensuite, qui sait pourquoi, nous avons décidé de l'ôter.

— Tu veux parler de la fillette que Tolédano avait trouvée ?

— Qui ressemblait à Ruth.

— Elle ne lui ressemblait pas du tout, elle ne pouvait pas lui ressembler. Cette ressemblance n'était que dans l'imagination de Tolédano. Je m'en souviens. La fille de ce général, du nord de Tel-Aviv, de la soi-disant aristocratie israélienne. Une Mozes au petit pied.

— "Une Mozes au petit pied" ?

— Aucune importance. Oui, je vois ce que tu veux dire. Mais je t'ai suggéré moi-même de l'enlever au montage.

— Ah, tu...

— Tu ne t'en souviens pas ? Non seulement elle compliquait le film, mais, dès le départ, c'était une erreur de l'engager. Elle était superflue. Je m'en souviens bien. Un personnage plat, une enfant gâtée.

— Elle s'appelait Ruth.

— Ruth ? Impossible. Je veux dire, je ne m'en souviens pas.

— Moi non plus, je ne m'en souvenais pas, mais c'était le cas. Et c'est par sentiment de culpabilité que Ruth a adopté son prénom. Car, pendant le tournage, Ruth l'avait conseillée et s'était beaucoup occupée d'elle, comme si elle s'était découvert une sœur cadette. Ça lui plaisait tellement qu'une Israélienne aussi authentique et aussi enracinée l'incarne dans sa jeunesse et, peut-être, ennoblisse son identité. C'est pourquoi, quand la scène avec le mendiant est arrivée – alors qu'elle ne savait pas, à ce moment-là, que nous avions décidé de couper cette enfant dans la version finale –, elle a craint que cette jeune fille ne se détourne d'elle en découvrant cette scène éprouvante.

Voilà la véritable raison de sa rébellion. Elle ne pouvait pas décevoir cette enfant.

— Décevoir cette enfant ?

— Oui. »

Ses traits pâlissent.

« D'où tiens-tu tout ça ?

— Elle me l'a avoué elle-même.

— Ah, ah, rugit-il d'un air triomphant, si c'est vraiment la raison des décombres que cette femme a laissées derrière elle, je comprends pourquoi elle n'a pas osé me le dire en face. Et si c'est la véritable raison, eh bien, Mozes, merci d'être venu jusqu'ici.

— Merci pour quoi ?

— Parce que, désormais, je peux être tout à fait tranquille.

— Tranquille à propos de quoi ?

— Que ma séparation définitive avec elle était la bonne décision, juste et appropriée. Parce que ce souci de sa réputation, cet affolement devant ce que d'autres pensaient d'elle ne m'auraient pas permis de continuer à la mener dans des lieux où je voulais aller moi-même. J'ai bien fait de m'en séparer. Tôt ou tard, elle m'aurait conduit à l'échec. »

Tu sens à quel point il est ébranlé et troublé par ta révélation, mais tu n'en démords pas, tu te jettes au cœur de la tempête pour te défendre.

« Pense ce que tu veux, sois tranquille ou pas, c'est ton affaire, mais une chose est certaine : je n'ai pas refusé la scène que tu as écrite dans le but de vous séparer. »

Pour la première fois, il semble hésitant, ne s'empresse pas de répliquer et cesse de nourrir son fils, toujours bouche bée à écouter et à attendre.

« C'est vrai, je le reconnais, répond-il enfin à voix basse, d'un air sombre. Je me suis trompé là-dessus. Tu n'éprouves pas d'amour pour elle, il n'y a pas de relation réelle entre vous, et même si vous couchez parfois dans le même lit, tu n'as aucune influence sur elle. Tu as dû prendre ton courage à deux mains pour venir voir un homme comme moi, qui te déteste et te méprise, pour l'influencer sur une affaire aussi mineure.

— Tu vois... »

Soudain, l'espoir se lève que cette expédition, par une nuit d'hiver dans une zone dangereuse, n'aura pas été en pure perte.

« Oui, répète-t-il, je me suis trompé sur ce point, en relevant la tête d'un geste solennel. Je n'étais pas alors suffisamment fort et sensé pour renoncer de moi-même à ma collaboration avec toi, et c'est pourquoi je me suis raccroché au prétexte d'une jalousie personnelle au lieu de comprendre qu'il existait une différence abyssale entre toi et moi. Que je devais accepter le fait que tu étais incapable d'être un partenaire véritable, sur le long cours, dans la vision qui me consumait. Mais tu peux te consoler, Mozes : après t'avoir abandonné, j'ai commencé à comprendre que cela ne provenait pas seulement de ton étroitesse d'esprit mais de quelque chose de plus général. Parce que, lorsque j'ai cherché quelqu'un pour te remplacer, de nouveaux partenaires, mais te ressemblant, appartenant à cette race qu'on qualifie d'une expression qui m'est odieuse, le “sel de la terre”, ces Israéliens responsables et dévoués, progressistes dans l'âme et à la pensée logique, eh bien, je me suis aperçu que ce “sel de la terre” était dégoûtant et, surtout, s'offusquait du sel des autres, du mien, par exemple. D'un autre côté, ceux dont l'origine et la nature ressemblent en apparence aux miennes demeurent toujours embourbés dans leur humiliation et paralysés à force de remâcher leur éternel complexe de persécution. Et ça leur déclenche la nostalgie pitoyable d'un grand-père qui leur servirait la cantillation ancienne d'une prière ou d'une grand-mère qui les gaverait de légumes farcis... C'est pourquoi j'ai renoncé définitivement à l'écriture de scénarios et me suis tourné vers l'enseignement. Je voulais tenter de planter quelques-unes de mes graines dans l'esprit d'Israéliens ordinaires, dans l'espoir que, les années passant, quelque chose de différent germerait peut-être ici, lentement. Oui, en devenant moi-même enseignant, je pouvais t'oublier vraiment.

— Et Ruth, par la même occasion.

— Je te l'ai déjà dit. Une photo aperçue, en passant, dans une publicité pouvait me remuer pendant quelque jours, mais, au fond, j'avais pitié d'elle et du parcours que je lui avais tracé et je ne voulais pas la torturer au fond de moi. C'est ainsi que j'ai pu répondre à l'amour d'une femme compréhensive, qui m'a donné trois enfants exceptionnels. Et surtout Ouriel, mon fils si spécial, qui l'a définitivement chassée de mon cœur.

— Mais, moi, il ne me chasse pas.

— Toi, ce sont tes films qui t'annihilent. Et si j'avais besoin d'une preuve supplémentaire du bien-fondé de notre séparation, je l'ai découverte en Espagne. Il y a trois ans, après avoir envoyé nos anciens films aux archives de Saint-Jacques, j'ai reçu, à ma grande surprise, une lettre cordiale de ce Juan de Viola me demandant de venir diriger le doublage des comédiens espagnols. C'est ainsi que j'ai eu l'occasion de revoir ces films, image par image, phrase après phrase, et j'ai compris que ta capitulation hâtive, près de la porte verte de la clinique, n'était pas due au hasard, et sûrement pas à une pitié irrépressible pour une actrice troublée. Cela est arrivé parce que, par nature, tu es dénué de force, et que le "sel de la terre" de Jérusalem avait commencé à quémander des sucreries. Et même quand tu faisais de ton mieux pour mettre en scène mes aspirations, en fin de compte, tu ne réussissais pas à saisir ce que tu réalisais.

— Encore une fois, je rejette cette idée injurieuse.

— Ne te hâte pas de la rejeter. Elle n'est pas dirigée seulement contre toi, mais aussi contre moi. Oui, contre moi-même. Non seulement tu n'as pas compris mes intentions, mais, moi aussi, je me suis montré incohérent. Les fantasmagories et le surréalisme avaient à ce point embrumé mon esprit que je ne savais pas toujours où j'en étais.

— Quelles étaient tes intentions, selon toi ?

— Porter le fer au cœur de la crainte métaphysique. Réduire son emprise, et non pas m'en prendre à la religion en tant que telle, je veux dire, les coutumes et les prières, toutes ces babioles qui ne font de mal à personne tant qu'elles apportent un peu de consolation à l'individu ou remettent un peu d'ordre dans une âme apeurée, sans l'entraîner vers quelque chose de mystérieux et d'inaccessible. Je voulais m'en prendre à un Dieu abstrait, jaloux et belliqueux. C'est contre lui que je dirigeais mes flèches. Contre la peur devant sa majesté. Je pensais que, même si je n'étais pas capable de mettre à bas cette toute-puissance, je pouvais du moins la dérouter, la brouiller, la moquer, la conduire à s'assoupir, révéler sa malfaisance, sa versatilité, j'y instillerais des éléments contredisant sa transcendance – des éléments païens, absurdes, et même des animaux étranges. Parce que, jeune homme encore, je sentais peut-être que l'identité rationnelle du "sel de la terre" et sa culture séculière et matérialiste n'étaient qu'une fine carapace, friable, qui, en temps de crise ou de conflit, s'effondrerait devant la force aveugle de la crainte métaphysique.

— Et c'est justement là-bas, dans le studio des archives de Saint-Jacques, que cette illumination t'est tombée sur le crâne...

— Et s'est renforcée depuis.

— Comment cela ?

— Non, esquive-t-il brusquement, impossible d'expliquer une idée complexe et fragile à une heure aussi avancée, surtout à un homme épuisé qui n'a rien avalé de la journée et qui doit redouter son trajet du retour. Car, même si je te trouve un lit ici, tu seras de toute façon incapable de t'endormir. Aussi, écoute mon conseil, lève-toi et reprends la route.

— Tu as sans doute raison. Il se fait vraiment tard, et nous sommes tous deux fatigués. Et puis, c'est vrai, le trajet du retour me préoccupe un peu. Nous allons donc nous en tenir là et poursuivre plus tard, à Tel-Aviv.

— Pas question de Tel-Aviv ni de poursuivre cette conversation plus tard. Nous n'aurons plus d'autre rencontre. Celle-ci était déjà totalement superflue à mes yeux, et ce sera donc la dernière.

— Que faisons-nous de ton illumination ?

— Je vais la garder pour moi. »

– 7 –

Tu te lèves, tu ramasses ton trousseau de clés sur la table et, à en juger par son air perplexe, il croit avoir réussi à te faire déguerpir. Sans dire un mot, tu te diriges vers la demeure et, pour une raison inconnue, le chiot blanc et frisé du kibboutz Réïm t'emboîte le pas. Tu traverses la grande salle où tous les écrans sont éteints, puis les couloirs mais, cette fois, tu ne vas pas rendre visite à Sancho Pança et tu pénètres dans les toilettes, et comme elles ne ferment pas, tu n'allumes pas la lumière et te défais, dans l'obscurité, de ta veste et de ta chemise puis asperges d'eau froide ton torse nu afin de te tenir en éveil et prendre des forces pour la fin de la rencontre. Après avoir changé les piles de tes écouteurs et caressé le chiot qui n'a pas décampé, tu retournes à la cabane. Dès le seuil de la demeure, tu perçois une faible plainte.

« Qu'est-ce qui se passe ?

— Ouriel te confond avec son grand-père, le père de ma femme, qui n'est plus de ce monde. C'est pourquoi ta disparition l'a fait souffrir.

— Mais je n'ai pas disparu, Ouriel, regarde, je suis là. » Tu te penches vers le jeune homme et oses essuyer d'un doigt léger une larme sur son visage livide.

Trigano caresse son fils : « Tu vois, impossible de se débarrasser de ce grand-père. Il n'arrête jamais de parler. »

Toi, tu fais l'impasse sur votre conversation interrompue et l'informes qu'Amsellem désire investir dans un nouveau film, à condition que Trigano en écrive le scénario.

« Le marchand de quatre-saisons ? Il est encore dans tes pattes ?

— Ça n'est plus un marchand mais un entrepreneur prospère.

— Quel âge a-t-il ?

— Plus de quatre-vingts ans. Mais toujours bon pied, bon œil. C'est toi qui nous l'avais amené...

— Il est toujours disposé à perdre de l'argent dans tes films ?

— Il investit des sommes modestes mais utiles. Ses relations dans le milieu du cinéma lui donnent du prestige aux yeux de ses amis, il les invite aux premières et me remplit la salle. Mais ne t'en fais pas pour lui : même en cas de pertes, son contrat est tel qu'il ne perd jamais.

— Je ne me suis jamais fait de souci pour lui. C'est un démerdard de première, qui saura toujours s'en tirer. Alors, ça l'intéresse, un mélo à la Bollywood ?

— Ça peut être aussi un film très *british*. La télé a montré un garçon de quatorze ans, de Liverpool, père d'un bébé. Amsellem en a conclu que les valeurs de base s'écroulent dans cette génération matérialiste, et que le monde devient de plus en plus absurde, c'est pourquoi il se souvient affectueusement de tes anciens films, même si, en ce temps-là, après chaque film, il jurait qu'il ne mettrait plus un sou. Mais, aujourd'hui, tu lui manques. Si Trigano en est toujours capable, m'a-t-il dit, il faut qu'il écrive le scénario. S'il a précipité un train dans l'abîme avec une telle vraisemblance, il peut facilement faire d'un écolier le père d'un bébé. Il nous concoctera une histoire tragique, "post-moderniste" comme il aime...

— Pourquoi "tragique" ?

— Parce qu'il suggère qu'à la fin cet écolier s'en prenne à son nourrisson, peut-être pour se venger de la mère qui les a laissé tomber.

— Je constate que, pour tes vieux jours, tu as trouvé un scénariste digne de toi.

— J'écoute tout le monde. Certes, ses idées sont vulgaires et primitives, mais il en sort parfois quelque chose d'original, qui vient de la rue, du tumulte de la vie, comme dans *Pommes de terre*, un film qui a eu une belle audience.

— Je ne l'ai pas vu.

— Alors, qu'en dis-tu ?

— Qu'est-ce que tu veux que j'en dise ? Je t'ai déjà tout dit. Informe Amsellem que Trigano est encore vivant, mais pas pour les films de Mozes, parce qu'il y a un abîme sans fond entre lui et le metteur en scène.

— Encore ton abîme ? Tu l'élargis sans cesse et l'obscurcis de plus en plus. Je t'en prie : s'il existe un abîme entre nous, descendons ensemble à l'intérieur pour en explorer le contenu. Cesse d'être aussi entêté et orgueilleux. Regarde-moi : je ne suis qu'un vieux prof venu jusqu'à toi, plein de bonne volonté. Un pèlerin pénitent.

— Pénitent, toi ? sourit-il, incrédule. Devant qui ?

— Toi. »

L'expression « pénitent », échappée par inadvertance, le radoucit-elle, tout en l'incitant à oser exiger de toi une cynique « expiation » ? Entre-temps, il semble que le doigt dont tu as effleuré le visage d'Ouriel l'ait apaisé. La tête difforme de l'enfant est affalée, ses yeux sont clos, sa respiration s'accélère.

Son père pousse doucement son fauteuil dans la maison. Laissé seul à table, sans personne pour t'y forcer, tu examines maintenant ce qui reste, et ton couvert commence à naviguer ici et là, ton appétit augmente, et ta faim, retenue jusque-là, se donne libre cours. La viande est déjà froide. Les abats indistincts ont complètement noirci dans la sauce douceâtre. Mais le jeûne que tu t'es imposé leur insuffle un goût savoureux, et tu te laisses gagner par la gloutonnerie.

« Tu ne veux pas que je te réchauffe la viande ? »

La maîtresse de maison, qui se tenait en silence derrière toi, te fait sursauter.

« Pourquoi la manger froide ?

— Non, merci, je l'aime bien comme ça.

— Je ne sais pas si tu as remarqué, mais des missiles sont tombés sur Sdérot, il y a quelques minutes. Mais la sirène de fin d'alerte a déjà retenti. Ne t'inquiète pas.

— Je ne suis pas effrayé, je ne m'inquiète pas et je n'ai pas besoin d'être rassuré. »

Tu es seul dans la cabane, les chiens couchés à tes pieds, une buée monte de la terre. Trigano n'est pas de retour. Peut-être s'est-il couché et endormi à côté de son fils. Est-ce que l'histoire étrange du réalisateur tentant d'amadouer en vain son ex-scénariste va se conclure sur ce repas solitaire ?

De derrière la demeure, te parviennent des grincements de roues et des tintements d'ustensiles vides. Coiffé d'une sorte de toque, le grand mulet tire le maître de maison dans une petite charrette, pour apporter sans doute du lait frais à ses protégés. Des gouttes de pluie pénètrent dans la cabane. Il faudra quand même que quelqu'un t'explique l'itinéraire de retour.

Tu demeures prostré à ta place. Créature usée attendant un signe qui redonne du souffle à une nouvelle œuvre.

– 8 –

Ce n'est qu'au bout d'un long moment que Trigano réapparaît, avec un regard radouci, en s'excusant pour son retard. Il a eu du mal à endormir son fils. Il suffit d'une rencontre avec un inconnu pour le perturber profondément. Il faut lui parler, lui expliquer, lui chanter une chanson, lui raconter une histoire. Mais, cette fois, cela n'a pas suffi à le calmer, et son père a dû se coucher et faire semblant de s'endormir avec lui.

« Il se fait tard, Mozes, séparons-nous sans nous chamailler », dit-il, en enfilant son coupe-vent et en coiffant son chapeau. Il tire une pipe de sa poche. « La route de Tel-Aviv n'est pas compliquée, ça te fait au total soixante-dix kilomètres, mais il commence à pleuvoir, ce qui ne va pas déranger le Hamas. Disons-nous au revoir... »

Mais toi, tu t'obstines.

« L'abîme...

— Oui, l'abîme. »

Trigano bourre sa pipe et en tire les premières bouffées. Certes, il ne se souvient d'aucune histoire entre un réalisateur et un scénariste obnubilés, après des lustres, par une scène annulée. Et pourtant, l'abîme est là. Pendant le doublage en Espagne, tout le monde avait l'impression que la fin du film était banale et forcée. Certes, une fin faible et cousue de fil blanc n'est pas rare au cinéma, au théâtre ou en littérature – les fins représentent généralement le talon d'Achille de beaucoup d'œuvres. Sauf que, dans son scénario original, la fin était pertinente, forte, et seule la couardise l'a effacée. Parce qu'il ne l'avait pas écrite pour choquer le public ; il y avait derrière cela une réflexion juste et très humaniste. L'élève douée d'antan, la femme-officier dévouée, qui avait décidé par générosité, en pleine conscience, de mettre au monde un enfant pour un couple qu'elle aimait, des gens âgés originaires d'un univers entièrement différent du sien, des rescapés de la Shoah, est traversée soudain par un éclair de lucidité : elle comprend que cet acte noble la condamne à entretenir, toute sa vie durant, un lien affectif avec le nourrisson, dont elle connaîtrait l'existence et qu'elle verrait peut-être, mais sans pouvoir se mêler concrètement à sa vie, alors que la tragédie vécue par ses parents adoptifs et l'effroi marquant au fer rouge leur mémoire deviendraient forcément les siens et projetteraient leur ombre sur son propre avenir. C'est pourquoi elle renonce, avec la dernière énergie, à sa promesse de donner son enfant à ce couple, tout en souffrant et en culpabilisant à cause de ce qu'elle inflige à ceux qui attendaient éperdument leur bonheur. Elle veut prouver, surtout à elle-même, qu'il n'y a pas seulement de la rébellion et de l'indépendance en elle, mais aussi de la charité. Lorsqu'elle se penche sur le vieux mendiant et dévoile un sein, elle semble dire : même au moment de choisir ma liberté, après avoir confié mon enfant, dont je ne connaîtrai jamais ne fût-ce que le nom, à des étrangers, je ne tourne pas le dos à ceux que j'ai déçus. Je me soucierai de vous à l'heure de votre vieillesse, je vous consolerai, je vous donnerai une part de moi-même. Et l'actrice et le metteur en scène n'avaient pas saisi la dimension humaine de cette scène, qui s'inscrivait dans un héritage culturel profond et avait enrichi l'art pendant des générations.

« Ce n'est pas ce que tu nous as expliqué au moment de batailler pour cette scène... Tu n'en as pas dit un mot.

— Parce que, moi-même, je ne savais pas à quoi je me raccordais. Mais, sans connaître les détails historiques, je sentais en moi-même l'écho de cette puissance venue du fond des âges, qui m'obligeait à ne pas renoncer à cette scène écrite avec justesse. Je ne savais pas mais je sentais que la fin que j'avais inventée, malgré son ambivalence, représentait fondamentalement une fin consolante pour ce film et un tremplin pour le suivant. »

Le visage cramoisi par l'effort, il se tait.

« Continue, s'il te plaît. Un pénitent a le droit de savoir en quoi il a fauté... »

Son regard te poignarde. Il semble hésiter avant de décider si tu es digne d'une nouvelle confession. Il jette un œil à ton assiette et te demande : « Tu es rassasié ? » Et, sans attendre ta réponse, il pose dans ton assiette des restes de nourriture, et les chiens, aux aguets, se précipitent sur l'auge dans laquelle il jette les miettes du repas.

En ton for intérieur, l'hypothèse s'est transformée en évidence : « Eh bien, je t'écoute ?

— Connaissais-tu ou avais-tu entendu parler du mythe latin de *caritas romana* ?

— Bien sûr, la “charité romaine”. »

Il est frappé de stupeur.

« Tu le connaissais ? Mais comment ?

— Je te le dirai plus tard », le coupes-tu en poursuivant sur le ton autoritaire d'un professeur : « Explique-moi, pour le moment, ce qui t'a ému à ce point.

— Eh bien, dans le trésor de la cathédrale – je ne sais pas si tu y es descendu –, j'ai aperçu une reproduction de la *Charité romaine* d'un peintre inconnu, et elle m'a brisé le cœur, parce que je comprenais que, jeune homme au savoir rudimentaire, je m'étais inscrit dans les pas de la légende antique de la fille allaitant son père prisonnier. Et j'ai aussi compris que mes premiers scénarios écrits pour toi ne provenaient pas du néant mais surgissaient de quelque chose de plus profond et de plus ample que de mon pauvre petit esprit. J'inventais quelque chose de déjà élaboré deux mille ans avant moi. Moi qui ai débarqué en Israël d'un trou perdu d'Afrique, je retrouvais un thème qui parcourait toute l'Europe. Juan de Viola me l'a expliqué...

— Juan de Viola a pris soin d'accrocher ce tableau dans notre chambre, au-dessus du lit.

— Au-dessus de votre lit ?

— Oui, pour qu'on le voie tout le temps. Le *parador* emprunte des reproductions au trésor pour décorer les chambres.

— Ce merveilleux Juan... Si perspicace... Je lui avais raconté l'autre fin, celle qui a été annulée, et lui, sans dire un mot, a fait accrocher cette fin à côté de votre lit.

— Mais il ne m'en a rien dit.

— Et c'est la première fois que tu voyais la *Charité romaine* ?

— Oui, moi aussi. Malgré ma famille bourgeoise, ma maison bourrée de livres, l'histoire que j'ai étudiée à l'université...

— Des études qui ne t'ont pas inculqué une grande profondeur historique... Mais tu peux saisir maintenant la cause de ma colère. Parce que, lorsque tu as annulé cette scène, tu as piétiné ma confiance en moi... Ma foi en mes intuitions, dans les ressources spirituelles de mon œuvre... Ce n'est pas par hasard que ma déchéance a commencé à partir de ce moment-là.

— Pourquoi dis-tu "déchéance" ? Il y a quelques heures à peine, j'ai écouté ton cours magnifique. Sauf que, ne t'y trompe pas, je comprends maintenant ce que je t'ai infligé. C'est pourquoi, ce soir, je viens faire pénitence devant toi.

— Pénitence, siffle-t-il avec dédain, c'est un mot vide s'il ne s'accompagne pas d'une expiation.

— Expiation ? Quelle expiation ?

— Une expiation simple, concrète. Je t'en prie, Mozes, reconstitue la scène perdue.

— Hein ? Tourner le film de nouveau ?

— Pas le film. Ce qui est fait est fait. Mais je veux une image contemporaine du mythe qui m'a inspiré à mon insu. Je veux l'image d'un homme vieillissant, enchaîné, qu'une jeune femme allaite. Je veux que tu reconstitues toi-même la "charité romaine". Pour moi. C'est un motif classique tout ce qu'il y a d'honorable.

— Mais comment ? Une seule image ?

— Une seule. Juste pour moi.

— Avec qui ? Quoi, il faut que je trouve des comédiens ?

— Une jeune femme, peu importe laquelle. Mais une femme qui allaite vraiment.

— Qui allaite ? Vraiment ?

— Oui, il faut qu'on voie des gouttes de lait sur les lèvres du vieillard.

— Tu exagères...

— C'est ce que tu crois, pas moi...

— Et l'homme ?

— L'homme ? C'est le pénitent sincère.

— Cela signifie que...

— C'est l'essentiel : le vieil homme agenouillé, c'est toi.

— Moi ?

— Pourquoi pas ? Tu es l'homme qui tète. Tu es le prisonnier attaché, toi, en personne.

— Moi !

— Oui, toi, sinon qui d'autre ? Il s'agit bien de ton expiation. L'expiation du metteur en scène. Tu seras sur la photo, attaché et à moitié nu, agenouillé devant une femme jeune qui t'allaite. Cherche sur Internet la *Charité romaine*, tu y trouveras des dizaines de reproductions et tu en choisiras une pour te mettre en scène, dans la position qui te convient.

— Tu es givré...

— Celui qui est givré n'est-il pas celui qui est venu jusqu'ici, par une nuit d'hiver, pour faire pénitence ? Tu as détruit une scène entière, précieuse et capitale, mais, moi, je me contenterai d'un seul instantané, à condition que tu en sois le personnage principal.

— Je te le dis, Trigano, il y a, au plus profond de toi, non seulement de la démence mais aussi de la cruauté.

— Peut-être. Pas d'objection. Fais comme tu voudras. C'est toi qui es venu à moi, pas le contraire. »

Long silence. Assis face à toi, inflexible, il fume avec une quiétude béate sa longue pipe.

« Tu veux tout simplement me rabaisser, m'humilier.

— L'art ne connaît pas d'abaissement. L'heure est venue, à ton âge, Mozes, d'intérioriser cette idée. Par l'art, l'humiliation se métamorphose en beauté, et une situation repoussante revêt des significations multiples. C'est ce que j'ai essayé de t'expliquer alors, et que tu n'as pas compris. Mais tu comprendras en le réalisant toi-même... dans ton corps... Cela se bonifiera avec les quelques années qui te restent à faire des films. »

A-t-il conçu cette idée au moment de te voir dans son atelier ou cela est-il venu à son esprit diabolique, près de son fils, pendant qu'il faisait semblant de dormir ?

Le silence retombe. Attend-il une réponse ou t'abandonne-t-il à ton sort ?

« Et si je t'apporte une photo de ce genre, accepterais-tu de demander à Ruth de refaire ses analyses ? »

Il se mord les lèvres.

« Pourquoi est-ce si important pour toi ? Est-ce que tu t'apprêtes enfin à l'épouser ?

— Peut-être. Pourquoi pas ? Oui, le moment est venu. »

Il se tait, sous le choc.

Tu enfonces le clou.

« Si je t'apporte cette photo, tu la convaincras de refaire ses analyses ? »

Il te regarde droit dans les yeux. Le regard de ton élève qui s'accrochait jadis à toi dans la classe.

« Oui, chuchote-t-il à voix basse.

— Et peut-être renouvellerons-nous notre collaboration...

— N'en sois pas si sûr, se hâte-t-il de te couper. Et dis à Amsellem de garder ses fantasmes meurtriers pour sa propre famille au lieu de menacer un pauvre bébé... »

IX

Charité romaine

– 1 –

Accepteriez-vous de m'aider à transformer ma confession verbale en expiation photographiée ? Quelque temps après avoir laissé cette question sur la boîte vocale du dominicain, Mozes en obtient enfin une réponse. Arpenteur infatigable des banlieues pauvres de la capitale, Manuel de Viola a dû se munir d'un téléphone portable pour le tirer d'un mauvais pas dans des lieux suspects où sa bure de moine ne le protégerait pas, voire le désignerait comme cible. Cependant, croyant impénitent en la bonté humaine, Manuel laisse le plus souvent l'appareil éteint dans les replis de sa bure et ne s'en sert que la nuit pour appeler parfois sa mère. Après avoir fait le siège des archives cinématographiques pour obtenir son numéro de téléphone, Mozes devra attendre quelques jours avant de lui parler de vive voix, tard dans la nuit, et lui expliquer son souhait : « J'irais jusqu'à y consacrer le montant de mon prix. »

Manuel, qui se souvient de la confession de l'Israélien sous sa forme religieuse, accepte l'idée qu'elle nécessite un prolongement et, sans doute, une rémission. Même si l'audace et le caractère insolite de cette démarche l'effraient, il ne veut ni ne peut éconduire son ancien confessé. Le débit lent du moine résonne dans l'appareil : « Je dois éteindre le feu que j'ai allumé en vous... » Grâce à cette somme, il a bon espoir de satisfaire sa demande dans une banlieue miséreuse de Madrid

Ensuite, Mozes contacte David, le fils de Tolédano, et lui propose de l'accompagner dans son expédition, sans lui révéler de détails superflus : « J'ai besoin de ton aide comme photographe pour produire un unique cliché en Espagne, une photo spéciale, artistique, où on me verra à côté d'un personnage féminin, pour le moment inconnu. Cette photo, tu la développeras en deux exemplaires seulement, en ma présence, que j'emporterai avec le film ou la carte-mémoire de l'appareil, pour être sûr que cette photo ne soit jamais imprimée et en espérant qu'elle s'efface de ta propre mémoire avec le temps. Certes, je pourrais recruter un photographe espagnol mais j'ai connu ton père, mon ami et mon collaborateur pendant des années, et je suis certain qu'il n'aurait pas hésité une seconde à accepter ma demande, s'il avait été encore en vie. Eh bien, m'accompagneras-tu ?

— Si mon père n'aurait pas hésité, je n'hésite pas non plus. Dis-moi seulement combien d'appareils je dois prendre.

— Deux suffiront amplement, il ne s'agit que d'une seule photo, mais prends du matériel adapté à des endroits mal éclairés. »

Mozes se résigne à dépenser de cette manière l'argent de son prix mais se console à la pensée qu'avec une somme aussi modeste, il pourra apaiser non seulement Trigano, voire renouer une nouvelle collaboration entre eux, mais encore réussir à convaincre Ruth de refaire ses analyses. Aussi s'accorde-t-il le plaisir de voyager en classe affaires, tout en laissant le jeune homme en classe économie, non par avarice ou parcimonie, mais parce qu'il redoute d'être obligé de répondre à des questions qu'il ne convient pas encore d'élucider, si le fils de Tolédano était assis à côté de lui. Sa crainte se révèle inutile dès l'aéroport, le jeune homme, devenu orphelin très jeune, se montrant poli et taciturne, ayant intériorisé les belles qualités de son père sans l'exaltation de ce dernier.

Manuel de Viola n'a pas besoin de brandir un panneau sous le nez des Israéliens pour qu'ils le reconnaissent. Sa robe blanche, sa chape et son manteau noirs, la capuche rabattue dans le dos et la grande croix en cuivre pendant à sa ceinture le distinguent de la foule. Manuel et Mozes se font une légère révérence avec une émotion intense, puis le metteur en scène lui présente le jeune photographe au sac à dos bourré de matériel.

« Comme vous les juifs, nous aussi, nous cherchons à accomplir de bonnes actions qui en provoquent d'autres », dit le dominicain en s'emparant de la valise à roulettes de Mozes, mais, bien vite, malgré les roulettes, sa bonne action se révèle malaisée. Afin de contribuer à la réduction de la pollution dans Madrid, le serviteur de Dieu s'obstine à éviter les taxis et à se déplacer uniquement en train, et il doit donc porter la valise en dévalant des marches grossières et tordues jusque sous terre et, là, au milieu de parkings et d'entrepôts, gagner une gare où attendent de nombreux ouvriers aux habits sales, des immigrants, des colporteurs africains et des écoliers en uniforme. Cette foule se précipite dans la cohue dans un train de banlieue qui, malgré son aspect délabré, se lance à toute vitesse.

Yaïr Mozes se sent déjà rasséréné, sûr que le moine connaît sa destination et que son identité religieuse ostensible protège d'une agression les espèces déposées dans sa poche. « J'espère que l'hôtel se trouve en centre-ville », laisse-t-il échapper pour se rassurer. Or Manuel a préféré héberger les deux Israéliens dans la maison de sa mère. Doña Elvira s'est même procuré quelques figurines en porcelaine de la *Charité romaine* afin d'offrir à l'Israélien une inspiration éventuelle pour la position qu'il souhaite adopter dans sa propre mise en scène.

« Quoi ? s'exclame Mozes. Vous avez raconté à votre mère la raison de notre arrivée ?

— Oui », répond Manuel, rouge de confusion.

Le moine se dit incapable de cacher à sa mère une affaire dans laquelle il est impliqué. D'ailleurs, il a la chance que ses vœux le condamnent au célibat, sinon il aurait été contraint de révéler, au cours des discussions qu'il a régulièrement avec sa mère, tous les secrets de son épouse, risquant ainsi de frôler l'inceste. Mais il rassure Mozes. Sa mère sait garder les secrets, les siens et ceux des autres. Parler à cœur ouvert devant elle, c'est comme une confession devant le Crucifié qui écoute et comprend toute chose, sans rien dire.

Malgré la vitesse appréciable du train, les nombreux arrêts rallongent la durée du trajet. En sortant des profondeurs de la terre à la lumière du jour, le crépuscule assombrit l'univers mais, dans les ruelles étroites, les lampadaires tardent à s'allumer. La famille de Viola réside dans une grande et confortable villa où, pendant la guerre civile, la fraternité familiale entre les proches appartenant à des camps antagonistes avait été néanmoins préservée. Mais, vers la fin des années 2000, la famille s'était résolue à diviser la demeure en appartements loués pour que la comédienne vieillissante puisse subvenir à ses besoins sans dépendre de personne.

Bien que le moine couche parfois dans sa maison natale, surtout pour réconforter sa mère, il préfère ne pas utiliser sa clé afin de ne pas pénétrer à l'improviste et affoler la maîtresse de maison, aussi sonne-t-il, attendant que la femme de chambre leur ouvre la porte. Elle les conduit par un long couloir étroit, encombré de tableaux et de livres, jusqu'à leur chambre où trône un seul lit, certes très large, sur lequel sont répandus de nombreux oreillers et couvertures.

Mozes a un mouvement de recul. Devra-t-il partager sa couche en Espagne, une fois encore, et, pour le coup, non avec un personnage de ses films mais avec un jeune homme inconnu ? Mais si c'est la seule chambre d'amis, peut-il embarrasser leur hôte en demandant une chambre supplémentaire ? Il n'est pas plus convenable d'envoyer le jeune homme à l'hôtel. D'un autre côté, dans un passé lointain, pendant les tournages en extérieur, il partageait une petite tente avec son directeur de la photographie, et si Tolédano père ne le dérangeait pas dans son sommeil, il n'y a pas de raison que son rejeton se conduise différemment.

Le jeune photographe semble deviner la réticence de Mozes et se hâte de lui annoncer qu'il aménage son couchage sur le tapis ; il laisse le lit à l'entière disposition de Mozes. Et, pour que sa présence ne lui pèse pas plus longtemps, il disparaît pour se doucher et changer de vêtements. Mozes sort de sa valise son nécessaire de toilette et son sachet de médicaments, hésitant à suspendre ses vêtements dans l'armoire, puis il décide de les laisser pliés dans la valise. Après tout, il n'est pas là pour une rétrospective devant un public étranger ou une invitation à un dîner de gala, mais pour un acte téméraire et secret qui nécessite davantage un habit froissé. Il palpe la sacoche renfermant les menottes et la tunique rouge empruntée au studio de Ruth, au prétexte qu'il en avait besoin pour le déguisement de son petit-fils à l'occasion de la fête de Pourim. J'ai exigé tant de fois des autres, hommes et femmes, se morigène-t-il, d'enfiler toutes sortes de vêtements et accessoires extravagants et de se présenter dans ces accoutrements devant la caméra, qu'il est juste que je l'exige, cette fois, de moi-même. Il retire une enveloppe de la poche de sa veste, recompte l'argent du prix et se demande s'il ne devrait pas trouver une cachette pour ne pas se faire détrousser dans des rues malfamées, ou le garder par-devers lui plutôt que dans une chambre sans serrure. À la fin, il décide de répartir les risques, dissimule un tiers de la somme dans une chaussette de laine, un tiers dans la doublure de la valise et le dernier, dans sa veste. La bure blanche et la croix en cuivre pourront peut-être protéger ses mille euros, mais il doute qu'il puisse en défendre trois mille contre la convoitise d'un voyou.

La femme de chambre arrive en tablier brodé et coiffe blanche, sortis tout droit d'un film en noir et blanc, et les invite à dîner près du lit de la maîtresse de maison trop épuisée pour le quitter. Les deux Israéliens entrent sur la pointe des pieds dans la chambre à coucher, qui leur paraît suffisamment vaste et somptueuse pour un dîner formel. Les fauteuils et le divan sont recouverts d'un tissu à fleurs, assorti aux rideaux, et entourés de guéridons. Dans une encoignure, trône un lit impressionnant, rond, sur lequel Doña Elvira sourit, plus émaciée que lors de leur dernière rencontre à Saint-Jacques-de-Compostelle. Mozes s'approche d'elle et, sans se contenter d'une poignée de main, lui baise la sienne, puis, tout en l'effleurant des lèvres, lui demande en quoi il a mérité qu'elle-même et ses deux fils s'occupent de lui avec tant de cordialité et de dévouement, lui-même ne pouvant pas se revendiquer comme un lointain descendant des expulsés d'Espagne et donc prétendre à un dédommagement pour les torts infligés à ses ancêtres.

Doña Elvira sourit d'un air las. Le soir, son anglais s'appauvrit, et elle a recours à la traduction de son fils, qui a ôté sa bure et, dans sa chemise éclatante, ressemble à un jeune bohème barbu et délicat.

On place devant les invités des carafes de vin et des verres, une petite table est tirée d'une paroi du lit, tandis que la femme de chambre présente des assiettes de tapas chauds et froids. Pendant le repas, on montre à Mozes trois bas-reliefs en porcelaine gravés de scènes miniatures de la *Charité romaine*, en différentes versions et positions.

Mozes tâte du bout des doigts les figurines puis les passe au photographe qui n'a aucune idée de leur rapport avec sa mission. Il vaut donc mieux le familiariser avec la magnifique histoire de Cimon et Péra et lui en donner un premier aperçu. Mozes raconte à ses hôtes que, depuis la première fois où il a aperçu la reproduction dans sa chambre du *parador*, il a approfondi le thème de la *Charité romaine* dans des ouvrages ou sur Internet. Aussi, lorsque Trigano lui a avancé son exigence stupéfiante, il n'a pas repoussé l'élucubration de son ami avec dégoût, sachant déjà qu'il s'agissait d'un thème antique et respectable. Or c'est Juan qui avait fait accrocher la reproduction dans sa chambre, semant du coup la première graine ; l'implication de la famille de Viola dans l'acte de contrition avait commencé dès ce moment-là. La reproduction de l'hôtel offrira donc le modèle à la séance qu'il compte mettre en scène, et dans laquelle il apparaîtra en personne, même si, dans son cas, la jeune allaitante sera autorisée à regarder de côté, afin de ne pas l'embarrasser, comme dans quelques tableaux de la Renaissance et contrairement à celui du *parador*. Quant au fait de savoir si cette femme portera son enfant, les circonstances en décideront. Quoique Mozes préfère demeurer seul dans cette scène pour que Trigano ne prétende pas que le nourrisson ait altéré son expiation.

Trigano avait avoué qu'il ignorait cette scène en écrivant son scénario. Ce n'est qu'après s'être rendu compte que son imagination puisait dans des strates profondes de la culture classique que la douleur pour la scène perdue et la colère pour l'offense infligée s'étaient de nouveau éveillées en lui. Il est donc légitime de revenir à cette scène, à partir de son substrat classique, avant de renouveler leur collaboration. Cela n'aurait aucun sens de se déguiser en vieux mendiant auquel une femme commune, sans aucun lien avec lui, présente le sein, car ce n'est qu'en plongeant au plus profond du mythe et en reconstituant la scène, selon l'original classique mais de manière discrète, qu'il sera possible de rétablir la confiance entre eux. Car il donnera un exemplaire à Trigano afin qu'il se délecte en catimini de sa propre audace, mais le film ou la carte-mémoire seront détruits. « C'est ce que nous sommes convenus, n'est-ce pas ? dit-il au jeune homme en train de déguster son vin.

— Tout à fait. »

Il révèle à la vieille dame que David est le fils de Tolédano, son ancien directeur de la photographie. Ce dernier, comme Trigano, son ami de jeunesse, avait regretté la suppression de cette scène pour laquelle il avait prévu un éclairage spécial, doux et subtil. Mais comme Tolédano père connaissait Ruth depuis l'enfance, il avait compris la brusque répulsion de l'actrice, ou s'y était résigné, mais, contrairement à son ami, il n'avait pas coupé ses liens avec Mozes et avait continué à collaborer avec lui jusqu'au malheureux accident qui lui avait coûté la vie. Mozes sent que sa collaboration avec le fils – qui, marchant sur les traces de son père en photographie, a transporté sur son dos, depuis Israël, le matériel nécessaire – revêt une signification symbolique.

« Ne vous désolez pas pour le prix, lui dit Manuel en hébreu. Il sera remis à des gens qui en ont vraiment et sincèrement besoin.

— Je ne m'en fais pas pour l'argent, répond Mozes. Les prix vont et viennent, mais je redoute de m'humilier outre mesure, même devant des étrangers que je ne reverrai jamais. Je ne suis ni jeune ni aventureux. Je suis un homme raisonnable et normal, au soir de sa vie. »

Soudain, son cœur se serre d'effroi, et il chuchote à l'Espagnol : « Vous avez déjà trouvé l'endroit ? Vous avez la femme qui convient ?

— Ne vous en faites pas. Il se peut que ce soit dès cette nuit.

— Cette nuit ? » s'épouvante Mozes.

– 2 –

Les portions de tapas sont certes minuscules mais variées, et le repas, délicieux, se déroule en bonne compagnie, aussi Mozes ne comprend pas pourquoi la conversation roule de nouveau sur les marranes et l'Inquisition : Manuel veut les convaincre qu'il descend d'un des plus éminents inquisiteurs. Il apporte deux gravures de ses ancêtres, des portraits d'hommes mûrs, des prêtres à la mine austère en rabats blancs, puis il ouvre l'*Encyclopédie espagnole des annales de l'Inquisition* et compare les portraits à celui d'un homme d'Église du XVIe siècle, un cruel inquisiteur. La ressemblance entre les trois est frappante, à l'en croire, et il a hérité de quelques-uns de leurs traits. « Nous avons un patrimoine génétique commun, dit Manuel, passé à l'anglais émaillé d'espagnol pour que sa mère comprenne.

— Encore ton obsession », persifle sa mère, tout en sirotant son thé aux herbes. Dans son vaste lit rond, elle ressemble à une naine. « Tu es obsédé, oui, tu veux te persuader de toutes tes forces que tu descends de cet homme. »

Manuel sourit en baissant la tête mais n'en démord pas : si ses ancêtres ont pourchassé des marranes et supplicié ceux qui ne pouvaient prouver la pureté de leur sang chrétien, il se voit dans l'obligation d'expier leurs péchés en offrant sa protection à des sans-papiers d'origine incertaine, bref, à des immigrés clandestins.

« Obsession... », répète sa mère, pour la troisième fois, mais le ton de sa voix indique qu'elle se résigne non seulement à l'« obsession » de son fils mais qu'elle y prend un plaisir certain.

Du couloir leur parvient la sonnerie du téléphone portable oublié dans la bure. Manuel se précipite, on entend de loin sa voix, tendue et émue. Mozes sourit à la maîtresse de maison, hoche la tête amicalement, mais se tait. David aussi a cessé de déguster son vin, il semble fasciné par ce lieu et demande au réalisateur s'il peut photographier la chambre et la vieille dame ratatinée sur son vaste lit.

Mozes le lui refuse : « Non, ne photographie rien ici ni ailleurs. Je t'ai amené en Espagne pour une unique photo que tu vas prendre dans un secret absolu. Laisse en Israël tes velléités artistiques ou reviens en Espagne par tes propres moyens. Ici, tu es mon photographe et sous mes ordres. »

Le jeune homme arbore une expression sinistre, ses yeux s'agrandissent de stupéfaction, ses lèvres se crispent, mais il se domine. Bien que Mozes lui ait parlé en hébreu, Doña Elvira a saisi le ton agressif et, afin de calmer les Israéliens, elle atténue l'éclairage de la pièce à l'aide d'un interrupteur dissimulé ; la pénombre qui adoucit ses rides attire le regard expérimenté du réalisateur qui distingue les restes de sa beauté d'antan que le temps n'a pas effacés. Est-ce l'apparition soudaine de cette beauté qui a poussé David à vouloir la photographier ?

Mozes se tourne vers la vieille femme : « Madame, vous avez conservé une beauté incroyable. » Revenu entre-temps, Manuel répète ses paroles en espagnol.

Cependant, Doña Elvira ne sourit ni ne remercie son invité mais lui jette un regard perçant. « La beauté vous importe encore », murmure-t-elle, et, sans attendre sa réponse, elle agite sa sonnette dont il semble que sa femme de chambre n'attendait que le signal pour se précipiter, débarrasser la table et replier la table de sa patronne. Et, sous leurs yeux, elle prépare le coucher de sa maîtresse avec habileté et célérité. Elle drape la vieille dame dans une grande couverture, dispose des oreillers autour d'elle et coiffe d'un bonnet blanc les restes de l'ancienne splendeur. Ce n'est qu'à cet instant que les Israéliens songent à se lever, mais la femme de chambre éteint déjà les lampes, et seule la lumière filtrant du couloir leur indique la sortie. Mozes ne renonce pas pour autant. Il s'approche du lit en silence et s'adresse à des yeux mi-clos : « Oui, Doña Elvira, la beauté importe en toutes circonstances, surtout dans un moment difficile. Et vous savez que je vais traverser un moment difficile. »

Manuel conduit le réalisateur et le photographe à leur chambre et, bien qu'il soit encore tôt, il leur recommande de se coucher. Il y a de fortes chances que cette nuit leur offre l'occasion rêvée. Mozes note que, pour le moine, le réalisateur et le photographe ne forment plus qu'une seule entité.

« Déjà ? » s'affole Mozes, devant qui les voies de repli se ferment si rapidement...

En toute candeur, Manuel lui raconte qu'en écoutant son téléphone portable il a cru saisir le dilemme moral provoqué chez ces gens, entre l'appât du gain et le caractère malsain de la transaction. Mais, malgré leurs hésitations, ils ont compris que d'autres gens sauteraient sur l'occasion, et c'est pourquoi, en apprenant que l'homme et le photographe se trouvaient déjà à Madrid, ils lui ont dit qu'ils préféraient le faire pendant la nuit et qu'ils acceptaient que la séance ait lieu le jour même. Après tout, la *Charité romaine* originelle a eu lieu dans l'obscurité, remarque Manuel. Une cellule est toujours plongée dans le noir.

Mozes se perd en conjectures sur cet « originelle », mais opine et demande : « Qui sera la femme ? Vous l'avez déjà vue ?

— Non. J'ai juste eu l'occasion de parler à son mari.

— Son mari ? s'effraie Mozes. Elle a un mari ?

— Bien sûr ! Cette femme allaite, elle a donc un bébé, et nécessairement un époux, le père de son enfant. Dans la légende latine, Péra n'était pas, après tout, une sainte vierge, et peut-être que le père de son nourrisson savait qu'elle se rendait à la prison pour sauver son propre père.

— Surprenant, répond Mozes. J'ai lu beaucoup de choses sur la *Charité romaine*, mais je n'ai jamais trouvé d'allusion à l'époux de la fille bienfaisante et je n'y ai jamais songé, bien que je doive reconnaître que son existence aille de soi.

— J'ai négocié avec le mari, et il sera là pour veiller à ce qu'il ne soit fait aucun mal à sa femme pendant la séance.

— Mais comment puis-je lui faire du mal ? proteste Mozes. J'aurai les mains attachées.

— Bien sûr... bien sûr... Nous le savons, et je leur ai même montré des reproductions dans des livres d'art et, malgré cela, il se montre craintif, cette histoire lui paraît extravagante. On peut le comprendre, après tout…

— Certes, sa crainte est naturelle et justifiée, je la ressens moi-même, et vous aussi peut-être. L'essentiel, c'est que le photographe, lui, reste serein. »

Ils pénètrent dans leur chambre. Le jeune Tolédano dispose son couchage dans un recoin, le garnit de couvertures et d'oreillers, tandis que le metteur en scène décide de se doucher avec soin pour que son contact, fût-il furtif, soit agréable à la femme qui va l'allaiter. En revenant, il s'aperçoit que le photographe a plongé la chambre dans le noir et s'est enfoui sous sa couverture.

L'obscurité convient à Mozes. En montant sur le lit et en se recouvrant, il décide de parler au jeune Tolédano d'une voix tendre et de lui décrire franchement tous les détails de son expiation, sa signification et sa finalité. Ainsi pourra-t-il se préparer psychologiquement et ne sera-t-il pas surpris et gêné par la situation. Car ce n'est pas seulement pour ressusciter la collaboration pour son prochain film qu'il accepte cette infamie et s'expose à une scène jadis annulée, mais aussi pour que Saül Trigano se réconcilie avec Ruth et la persuade de cesser de fuir sa maladie.

À en juger par le bruit de sa respiration, Mozes comprend que le jeune homme l'écoute avec émotion. Lorsqu'il achève de parler, un lourd silence s'installe, et ce n'est qu'au bout d'un long moment qu'il entend, à voix basse : « Tout ce que tu m'as raconté, je l'avais compris dès le moment où tu t'es adressé à moi, et c'est pourquoi rien ne me surprendra ou ne m'embarrassera. Certes, je me suis étonné qu'un metteur en scène âgé et important comme toi soit disposé à expier pour une scène perdue, il y a longtemps, uniquement dans le monde imaginaire d'un artiste. Mais il semble que, malgré tous les films que tu as réalisés jusqu'à ce jour sans Trigano, tu aies à cœur de renouer votre collaboration. Car tu es prêt à te laisser menotter et à téter une femme inconnue, qui symbolisera sans doute une autre femme qui a rendu malheureuses beaucoup de personnes.

— Beaucoup de personnes ?

— Bon, je n'ai pas besoin de te raconter que la soumission de mon père à cette femme a gâché la vie de ma mère. Et lorsqu'il est mort à cause d'elle, nous avons été si en colère contre lui qu'il nous a fallu du temps pour pouvoir prononcer son nom chez nous. Mais si, toi aussi, tu es disposé à t'humilier et à faire tout cela pour cette femme, alors, ma collaboration avec toi peut représenter un geste à l'égard de mon père, une sorte d'expiation pour le fait que nous l'ayons haï à cause de son amour. »

Mozes est ému.

« Dans ce cas, j'ai bien fait de te choisir. »

Il ôte son appareil auditif, le dépose dans sa boîte, remonte la couverture sur ses yeux et dit : « Bonne nuit. Toi, au moins, tu vas dormir, parce que, moi, je vais passer une nuit blanche. »

– 3 –

Mais la fatigue de Yaïr Mozes l'emporte sur ses angoisses, au point qu'à trois heures du matin il faut le secouer vigoureusement pour le ramener à la réalité. Il a d'abord du mal à comprendre que la réalité dans laquelle il s'éveille est espagnole et qu'il doit effectuer l'acte pour lequel il se trouve là. Manuel est en costume séculier, sans bure ni croix. Pourquoi ? lui demande l'Israélien déçu, craignant pour sa sécurité dans des ruelles louches. Mais il s'avère que c'est le contraire : le lieu où ils se rendent est situé dans un quartier cosmopolite où habitent des immigrés d'Afrique du Nord, et, selon Manuel, il ne serait pas sage d'éveiller le soupçon qu'un ecclésiastique s'y introduise, en pleine nuit, pour évangéliser des musulmans. Dans ce cas, peut-être valait-il mieux inviter le mari et sa femme ici et faire la séance photo dans l'appartement ? réplique Mozes. Mais Manuel ne veut pas mêler sa mère et la femme de chambre à cette histoire. Car il est toujours possible que l'un des participants regrette cette photo et revienne ici pour exiger les négatifs ou exercer un chantage en vue d'une rétribution supplémentaire. Manuel estime préférable que les protagonistes de cette affaire ne connaissent pas une adresse précise à laquelle revenir. De même a-t-il pris soin de ne pas révéler l'origine du photographe et du metteur en scène. Il leur a parlé, sans insister, de deux artistes débarqués d'un continent lointain, désireux de reconstituer un tableau classique pour une exposition d'art moderne dans leur pays.

« Art moderne... Bonne idée... »

En costume séculier, Manuel a l'allure d'un homme hardi et déterminé. Avant de sortir, il verse du vin à tous et prie pour leur réussite et, après avoir mis les menottes et la tunique dans le sac du photographe, ils quittent en silence la maison endormie.

Un froid vif règne dehors. Des flocons de neige volettent. Dès leurs premiers pas, Mozes comprend que Manuel entend toujours préserver la pureté de l'air madrilène et les guider à pied jusqu'à l'endroit choisi qui, à l'en croire, n'est pas éloigné. Mozes s'arrête au coin d'une rue : « Non, je ne peux pas marcher à pied, la nuit, on va prendre un taxi, même si la distance est courte. J'ai l'argent nécessaire. » Sauf qu'à cette heure tardive, qui laisse percer les premières lueurs de l'aurore, nulle trace du moindre taxi. Aussi Manuel emprunte des raccourcis, ils traversent une aire de balançoires et de toboggans dans un jardin public à l'abandon, avant d'arriver à un immeuble où quelques appartements sont éclairés.

Mozes s'immobilise à l'entrée. Maintenant, avant la rencontre, il exige de Manuel de lui révéler l'identité du mari avant de s'agenouiller, menotté, devant sa femme.

Manuel n'est pas disposé à lui donner son nom et il ignore celui de la femme. Il a repéré le bonhomme dans une agence pour l'emploi, où il se rend parfois pour aider les chômeurs à remplir leurs formulaires : un Nord-Africain d'environ soixante ans qui hésitait à s'adresser au fonctionnaire. Un clandestin entré en fraude en Espagne, un an auparavant, qui se serait échappé de son pays à la suite de démêlés avec les autorités et qui a vagabondé dans le sud de l'Espagne, pendant quelques mois. Là, il a rencontré une jeune femme, elle aussi clandestine, qui l'a suivi et a assuré leur gagne-pain par des travaux occasionnels. Un enfant leur est né récemment, et elle est encore épuisée par l'accouchement , faute de mieux, son mari a donc pris sur lui de se rendre à l'agence pour l'emploi mais, s'apercevant qu'on exigeait une carte d'identité, il a pris peur.

« Parle-t-il espagnol ?

— Un peu, le reste, nous nous débrouillons en arabe, que j'ai appris en même temps que l'hébreu. »

Au début, l'homme s'est montré horrifié par la proposition de Manuel, mais l'habit du religieux et la détresse de son interlocuteur ont conclu une alliance quant aux limites de la décence qui seraient respectées.

« Quelle somme lui avez-vous promise ?

— Mille euros.

— Mille euros ? Vous avez exagéré !

— Mais cette famille est plongée dans la misère, et vous m'avez dit que vous étiez prêt à sacrifier le montant du prix. C'est pourquoi j'ai pensé qu'il valait mieux nous montrer généreux à l'égard de ces gens... même au détriment d'autres personnes.

— D'autres personnes ? Quelles personnes ?

— J'ai pensé, balbutie le moine, confus, que nous consacrerions le reste du prix à l'aumône. »

Mozes sourit. À cette heure, devant l'entrée de l'immeuble, Manuel de Viola paraît bien plus roué et pragmatique que dans le sombre confessionnal de la cathédrale.

« Vous avez raison, répond Mozes en posant une main affectueuse sur l'épaule du moine. Ce qui restera, donnez-le à d'autres nécessiteux. Puisque la rétrospective était espagnole, il est juste que le montant du prix reste en Espagne. »

Ils grimpent un escalier obscur, l'immeuble est encore plus négligé et misérable que sa façade, ils traversent des couloirs étroits encombrés de débris, de chiffons, de meubles cassés et de nombreuses poussettes branlantes. Un homme élancé et robuste, à la chevelure parsemée de quelques fils blancs, les attend à un étage élevé. Pour les saluer, il pose sa main sur le cœur, puis baise ses doigts en signe de respect, les introduit en hâte dans son logis et ferme la porte à clé.

Réduit à une seule pièce et à une cuisine improvisée, l'appartement est pauvre. Des langes pendent sur un fil tendu dans la cuisine. Dans un coin s'entassent des bouteilles vides ramassées, semble-t-il, dans des poubelles pour en récupérer la consigne Une partie de la chambre est dissimulée par un rideau constitué de vieux sacs défaits. Dès son entrée, Mozes croit entendre un faible gémissement, venant du bébé ou peut-être de la femme La partie visible de la pièce est déjà prête pour la séance photo. Un divan défoncé, sur lequel ont été entassées une table et quelques chaises, a été repoussé dans un coin. Mais le photographe juge l'espace insuffisant pour l'angle de vue nécessaire et, comme d'habitude chez les professionnels sûrs de leur métier, il déplace lui-même une commode et des chaises. Le Nord-Africain le laisse faire en silence, indifférent aux gestes des étrangers, tandis que la douleur, l'affolement et la curiosité se confondent dans son regard. Manuel se tient devant l'Arabe et le contemple comme s'il admirait une statue dans une exposition. « Qu'en penses-tu, chuchote Mozes au photographe, la lumière est suffisante ?

— Bien sûr que non », grommelle Tolédano, en sortant un flash de son sac en se demandant où le placer. Le réalisateur le presse d'une voix énergique : « Allons-y, mon ami, essayons d'en finir au plus vite avec cette histoire. » Soudain, un vertige le saisit, il s'appuie sur une chaise pour ne pas tomber. Est-ce le vin que lui a versé Manuel à trois heures du matin sur un ventre vide ou la crainte de l'humiliation ? Il ferme les yeux, mi-affolé, mi-amusé. Cela fait de nombreuses années, se morigène-t-il, qu'aucune femme n'est plus là pour me faire tenir droit.

Les gestes vifs du photographe rappellent à Mozes le dynamisme de son père. Il empile une chaise sur l'autre et accroche le flash dans la cuisine, au milieu des langes, se réjouissant d'avoir apporté une rallonge d'Israël ; ainsi peut-il débrancher le réfrigérateur et utiliser la prise pour inonder l'espace d'une lumière filtrée par un cellophane bleuâtre. La photo revêtira ainsi un peu de mystère. Le Nord-Africain disparaît derrière le rideau de sacs et aussitôt apparaît la silhouette de la femme. La lumière qui, d'un seul coup, révèle cette femme est si belle, s'émerveille Mozes. Il lui faudra trouver un prétexte pour magnifier de cette façon une silhouette féminine dans son prochain film.

« Puisque nous avons échoué ici, dit-il à David, nous allons photographier deux poses différentes avec deux appareils, puis nous choisirons la bonne photo et détruirons le reste. »

Le Nord-Africain revient et commence à tourner autour d'eux comme un lion en cage.

« Et si on lui donnait d'abord la somme pour le calmer ? suggère Manuel en anglais pour que l'hébreu ne trahisse pas l'origine de ces artistes.

— Je vous en prie », répond Mozes qui lui remet en main dix billets verts de cent euros, avec l'impression de s'enfoncer de plus en plus dans un rêve.

Le photographe choisit l'objectif approprié et l'enclenche sur son appareil. Ensuite, il tend la tunique rouge et les menottes au metteur en scène. Mozes ôte son manteau et sa veste, hésite un moment, puis se défait de sa chemise et demeure torse nu. Il se drape dans la tunique comme dans une jupe. Ensuite, il prend une chaise et la retourne, s'assoit dessus comme sur un piédestal que la tunique-jupe dissimule sous ses plis, joint enfin ses poignets dans le dos et appelle le photographe pour qu'il le menotte : tel l'antique Cimon, le voilà prêt pour l'apparition de la femme nourricière que son mari va chercher. Cependant, un début de discussion orageuse en arabe parvient de derrière le rideau, chuchotée à trois voix, puis le silence retombe. Quelques minutes s'écoulent, puis le rideau est tiré d'un coup comme au théâtre, révélant non pas une femme mais deux ; la première, âgée, corpulente, porte le bébé dans ses bras, tandis que derrière elle, s'avance, gênée, une femme voilée, les mains couleur d'ébène, le corps si juvénile que Mozes se demande s'il ne s'agirait pas de la fille plutôt que de l'épouse.

Ainsi donc, frissonne Mozes, il y a soixante-dix ans, ma mère m'a allaité à son sein blanc et, à cette heure, à la veille de ma mort, le temps est venu de téter le sein noir d'une jeune fille. Du moins, je maîtrise encore cette scène : cette fois, je suis à la fois le metteur en scène, le scénariste et l'acteur qui, au moment où ses lèvres se poseront sur le mamelon chaud du sein noir et jeune, est susceptible de perdre conscience avec un délicieux effroi. Il avance déjà le visage, mais le photographe, debout sur une chaise en train de focaliser son objectif, l'arrête : « Une seconde, Mozes, attends, il faut d'abord lui enlever son voile, sinon, en se penchant sur toi, il va recouvrir ta tête, et cette photo n'aura plus aucune signification. » Désemparé, Mozes demeure figé, mains liées dans le dos, incapable de se relever, mais il se ressaisit aussitôt et transmet la demande à Manuel en anglais, en ajoutant une cause littéraire à la raison technique. Car il est impossible que le visage de la fille miséricordieuse demeure dissimulé devant son géniteur. « S'il vous plaît, demandez au mari qu'il ôte le voile de sa femme pendant quelques minutes. Après tout, on lui a payé un bon prix. »

Dans un arabe qui sonne maladroit et boiteux, Manuel s'adresse au mari, qui se tourne vers les deux femmes et ordonne quelque chose à la plus jeune, mais celle-ci, dont l'émotion paraît intense, frémit et secoue violemment la tête. L'homme tente de la persuader, mais elle renâcle toujours et, au beau milieu de leur échange tumultueux, jaillit brusquement le mot *Yahoud*, repris une seconde fois. Le musulman aurait-il réussi à les identifier ? Mais, en fait, pourquoi pas ? L'hébreu est désormais connu dans le monde entier.

La jeune femme commence à se lamenter. L'identité du vieil homme censé approcher la tête de son sein accroît-elle sa frayeur ou son refus ? Car la plainte laisse place à des sanglots irrépressibles, et lorsque l'autre femme, peut-être sa mère, ou une sorcière, ou la première épouse du père de son bébé, essaie de lui ôter le voile, la jeune femme lui arrache le nourrisson avec une violence de bête sauvage et disparaît derrière le rideau dans une tempête de pleurs et de cris. L'homme et la vieille femme se précipitent, bien sûr, derrière elle.

Cette scène va-t-elle lui échapper encore une fois, comme il y a quarante ans ? Nul doute que le choix des acteurs, ici, ait été compliqué et paradoxal, et l'argent avancé, bien qu'il réponde à une véritable détresse, ne peut pas donner naissance à une image authentique, émouvante, qui conserverait la beauté de la légende d'une charité audacieuse. Cela s'était déroulé de la même façon avec Ruth : un réalisateur clairvoyant et expérimenté sait qu'il est impossible d'obliger un comédien à accomplir un acte qui répugne à sa nature profonde, même si le scénariste croit qu'on peut pétrir le monde à sa guise.

Les cris et les jérémiades redoublent derrière le rideau et, avec un esprit de décision énergique et un rien de soulagement, le réalisateur se surprend lui-même à demander au photographe de le libérer de ses menottes, de ranger son matériel et, en somme, de répéter les gestes de son père, quarante ans auparavant. De ses mains libres, il se hâte de se débarrasser de la tunique et de se rhabiller. Devant un Manuel sidéré, il proclame : « Je ne suis pas disposé à forcer cette jeune femme à enlever son voile et à heurter sa foi. Nous n'avons pas le choix, vous devrez trouver une collaboratrice plus docile. » Puis il ajoute, avec un zeste d'ironie : « Vos ancêtres ont peut-être eu raison de ne pas se fier aux identités travesties... »

Tandis que la mine dépitée de Manuel proteste contre l'assertion péremptoire de Mozes, le mari revient vers eux, traits affaissés. La jeune femme demande à couvrir au moins ses yeux pendant qu'elle allaite le juif, supplie-t-il Manuel, montrant sur son propre visage la limite entre le visible et le dissimulé. « Non, pas question de renoncer aux yeux de la femme sur la photo, rétorque Mozes avec une témérité nouvelle, mais je ne veux pas, non plus, l'obliger à les montrer. Dites-lui que nous renonçons à la photo et que nous partons. »

Manuel traduit, l'homme est sonné et furieux. Il agrippe l'Espagnol au collet, comme s'il voulait déchirer ses vêtements.

Ensuite, il se tourne vers Mozes et lui crache sa déception en un arabe glapissant. « Que faisons-nous de l'argent ? chuchote Manuel, toujours en anglais.

— Et si vous leur laissiez quelque chose pour soulager un peu la détresse que vous voyez autour de vous ? » Saisi par une inclination au renoncement, Mozes tranche sans hésitation : « Bien sûr, l'argent n'a aucune importance. Qu'il garde ce qu'il a reçu, cela expiera peut-être la souffrance que nous avons infligée à cette femme et la sauvera aussi de la violence du mari déçu. Trouvez-moi, s'il vous plaît, une autre femme, libre celle-là, capable de me regarder droit dans les yeux avec miséricorde et amour. Après tout, nous avons encore de l'argent. »

– 4 –

Cette fois, ils n'attendent pas de taxi, d'autant que le métro fonctionne déjà. Après une station, ils émergent de la terre et découvrent que, durant le trajet, la faible lueur d'un jour nouveau s'est infiltrée dans le ciel de la capitale espagnole. Cette fois encore, Manuel évite d'ouvrir lui-même la porte de sa mère et sonne, en attendant que la femme de chambre, pieds nus et en peignoir, leur ouvre en s'étonnant de leur retour précipité. Cette histoire est donc terminée ? La photo a été prise ? demande-t-elle, espérant que les invités s'en aillent le jour même. Non, pas encore, répond Manuel, ils restent ici jusqu'à ce qu'on leur trouve une autre femme qui convienne mieux. Mozes, bien sûr, ne comprend pas leur discussion en espagnol et ne fait que la supposer, mais il devine que, comme sa maîtresse, la femme de chambre connaît la raison de sa présence en Espagne.

Il lui demande un verre de lait chaud. Elle le conduit dans sa cuisine, le fait asseoir à table et lui apporte une tranche de pain et du beurre. Bien que ses poignets aient été menottés pendant quelques minutes seulement, sans laisser aucune trace, il ne cesse de les frotter avec soulagement. L'émotion devant cette scène proche de se concrétiser dans ce minuscule appartement ; l'apparition nimbée de douceur de la jeune fille noire ; sa décision immédiate de renoncer – toute cette équipée l'accable d'une fatigue infinie. « Sachez, dit-il à Manuel venu s'asseoir à côté de lui, que je ne regrette ni ma renonciation ni l'argent que nous leur avons laissé. Si nous avions exigé de le récupérer, c'était au risque qu'ils réagissent violemment, et moi, j'ai déjà mon compte de l'aigreur musulmane dans ma patrie, je n'ai pas besoin de la réveiller à l'étranger. Eh bien, jusqu'à ce que vous me trouviez, aujourd'hui ou demain, une femme en manque d'argent et d'une aventure artistique, une femme qui montre son visage afin d'élever son âme, moi qui ne suis plus tout jeune, je vais reprendre des forces sous la couverture. »

Sitôt dit, sitôt fait. Satisfait d'avoir évité *in extremis* de se faire photographier avec une jeune femme voilée – et ravi d'avoir choisi le bon photographe qui n'a pas perdu son sang-froid et, avec un excellent professionnalisme, lui a évité un faux pas –, il entre dans la chambre à coucher, s'aperçoit que le jeune Tolédano est déjà plongé dans un profond sommeil sur sa couche improvisée, vérifie que l'argent est toujours dans sa cachette, se déshabille, enfile un pyjama et se dit à lui-même : bon, tout cet épisode n'aura pas été inutile. J'ai appris quelque chose, je me suis mis à l'épreuve, j'ai fait une répétition pour le cas où... Il croise ses paumes et les frotte l'une contre l'autre. Somme toute, le contact des menottes était agréable. Il y a bien un grain de folie dans toute cette affaire, mais si la folie appelle la délivrance, elle est profitable et nourrit l'art.

Or l'art, même à l'automne de sa vie, demeure sa vocation ultime.

Fort de cette pensée consolante, il s'en remet au sommeil réparateur, comme quelques mois auparavant à son retour d'Espagne et, à son réveil, il découvre une maison étrangère inondée du soleil de midi, mais silencieuse et vide. Le jeune Tolédano est allé se promener en ville, Manuel doit être en quête d'une femme au visage découvert, et même la femme de chambre a disparu. Aussi toque-t-il doucement à la porte de la maîtresse de maison, et, faute de réponse, l'ouvre avec précaution, mais cette dernière est absente. Cependant, il ne revient pas sur ses pas mais s'introduit à l'intérieur pour admirer le vaste lit à la lumière du jour. Dans mon prochain film, ou le suivant, songe-t-il, cela vaudra la peine de fabriquer un lit circulaire comme celui-ci pour un personnage désirant mourir, car cette circularité provoque un effet métaphysique apaisant. Et, à la fin du tournage, j'essaierai d'emporter ce lit chez moi, j'ai suffisamment de place dans ma chambre à coucher.

La pièce est rangée et propre, les couvertures pliées, chaque objet est à sa place. Les figurines de la *Charité romaine* ont disparu. Mais l'*Encyclopédie espagnole des annales de l'Inquisition* repose encore sur la petite table. Et, sans comprendre le texte, Mozes feuillette les pages et regarde les gravures de sévères personnages et d'instruments de torture. Tout à leur contemplation, il n'entend pas Doña Elvira pénétrer dans la chambre, sans un bruit, en manteau, un bâton de pèlerin de Saint-Jacques-de-Compostelle à la main.

« Oh, monsieur Mozes, vous êtes là ? »

Réussissant à dissimuler un léger trouble, il lui répond : « Je n'ai trouvé personne dans la maison, et je vous ai cherchée. » Il se redresse aussitôt et la prie de l'excuser pour son intrusion.

Doña Elvira le rassure. Sa maison lui est ouverte, et bien qu'elle soit désolée pour l'incident avec les Nord-Africains dans lequel Manuel l'a entraîné, elle se réjouit que le metteur en scène et son photographe demeurent un jour de plus sous son toit.

Entre-temps, Manuel est allé discuter de leur projet avec un ami du bureau d'aide sociale de la mairie, et le photographe, profitant du court trajet en train entre les deux villes, s'est rendu à Tolède pour connaître le lieu d'où les lointains ancêtres dont il porte le nom ont été exilés.

« De nos jours, tout le monde se cherche des ancêtres pour s'en inspirer ou pour les quereller, soupire Doña Elvira. Cette nuit, vous avez constaté la confusion puérile de mon jeune fils qui croit qu'on peut aider une famille musulmane par un acte absurde en contradiction avec sa foi. Car cette nuit aurait pu tourner à la catastrophe. Certes, son obsession à expier les forfaits de l'Inquisition est noble, mais pourquoi devrais-je renoncer à avoir des petits-enfants à cause de cette lubie ? J'ai entendu dire que, chez vous, on adore le Seigneur d'une manière différente, et que vos curés et vos moines ont le droit de se marier et même d'avoir des enfants.

— Beaucoup d'enfants, trop même...

— Ce n'est jamais trop. Combien d'enfants avez-vous, monsieur Mozes ?

— Un fils et une fille, et quatre petits-enfants. Deux d'entre eux vivent en Allemagne et s'expriment dans une langue que je ne comprends pas, mais les deux autres se trouvent en Israël, ils habitent près de chez moi et me sont très attachés. Surtout l'aîné de mes petits-enfants.

— Dans ce cas, vous devez vous considérer comme un homme heureux.

— Vous avez raison, je peux me considérer comme tel mais il est plus difficile de le ressentir. »

Elle sourit. Cette réponse lui plaît. Elle dépose son bâton de pèlerin à ses pieds, ôte son manteau, s'assoit sur le lit et appelle la femme de chambre pour qu'elle apporte du thé et des biscuits. Tandis qu'elle boit son thé, Mozes l'interroge sur son expérience du cinéma muet. En quoi l'art du jeu, les gestes, les relations entre acteurs et metteur en scène étaient-ils différents alors ? Et comment la musique s'harmonisait-elle avec les scènes muettes ? Car, depuis son retour en Israël après la rétrospective, il songe à réaliser un film muet dans l'ancien style, pour la fin de sa carrière. Sans doute pas un long-métrage, mais, en tout cas, muet.

Pour autant, Doña Elvira ne lui prédit pas le triomphe avec son film muet. De son temps, le texte entre les plans était court et concis afin de ne pas ralentir la progression de l'action. Les gens étaient alors plus intelligents et comprenaient les choses naturellement, même avec des phrases brèves. Aujourd'hui, il y a une telle inflation de mots – tant qu'on n'a pas répété une dizaine de fois la même chose, aucune chance d'attirer l'attention...

Manuel est de retour vers midi avec un message encourageant. Il a pris conseil auprès d'un ami du bureau d'aide sociale dont l'un des employés s'occupe d'artistes dans le besoin, surtout d'immigrants d'Europe de l'Est échoués en Espagne au cours des dernières années – des musiciens, des chanteurs, des comédiens. Son ami a appelé l'employé, et ce dernier, après que Manuel lui eut expliqué son souhait, sans révéler bien sûr, qu'à Dieu ne plaise, l'identité du demandeur, a promis de trouver le soir même une comédienne, une jeune mère consentante, qui accepterait peut-être gratuitement, ou contre une somme symbolique, de jouer le rôle de la fille dans la scène en question, par fidélité à la longue tradition classique dont elle est l'héritière.

« Il faut payer, le coupe Mozes, impatient. Et même généreusement.

— Vous avez raison, acquiesce Manuel. Il ne faut pas léser la comédienne. »

Peut-être faudrait-il aussi dédommager l'employé municipal, excité par l'idée d'une expiation artistique pour un péché non moins artistique, qui, après avoir examiné la reproduction que Manuel lui a montrée, a suggéré un lieu pour la séance. Le service municipal d'inspection dispose d'un sous-sol au plafond élevé, avec un soupirail grillagé évoquant une cellule de prison ; ce sous-sol pourrait étayer la véracité de la reconstitution, et, si le photographe avait besoin d'une aide technique, comme une échelle pour y placer un projecteur, le gardien de permanence serait heureux de lui rendre service.

Mozes lâche un rire amer : « Je vois que toute l'Espagne va bientôt être au courant de ma *Charité romaine*. J'aurais pu avoir ce genre de grâce aussi bien en Israël. Si je me suis déplacé jusqu'en Espagne, c'était pour préserver mon anonymat, contrairement à Israël où tout se sait.

— Il se peut que toute l'Espagne soit au courant, rétorque Manuel sur un ton de défi, mais, après votre départ, elle ne se souviendra plus de vous, alors que, dans votre pays, il y aura toujours des gens pour sortir cette histoire de l'oubli. »

Tolédano revient à seize heures, bouleversé par la beauté de Tolède. Il a acheté un nouvel appareil et pris des dizaines de photos pour donner une idée précise du berceau de leurs ancêtres à son jeune frère. « J'espère, lance-t-il ironiquement au metteur en scène, que j'avais ta permission, sinon ton autorisation expresse, de photographier les rues, les ruelles, les palais et le fleuve et même des passants avec cet appareil qui n'a rien à voir avec toi, et que je pourrai conserver les photos.

— Je l'espère..., murmure Mozes, je l'espère beaucoup... »

L'exaltation du jeune homme devant la ville voisine inspire au vieil homme l'envie de sortir respirer l'air pur. Si, cette fois encore, le rendez-vous devait avoir lieu pendant la nuit, pourquoi devrait-il attendre les minuscules portions du dîner qu'apporterait la femme de chambre et les considérations théologiques du moine ? Il n'a rien avalé depuis le thé et les biscuits. Aussi demande-t-il à son hôte de lui écrire sur trois bouts de papier, pour plus de sûreté, l'adresse et le numéro de téléphone de la maison et, un moment, il hésite à emprunter le bâton de pèlerin mais, de crainte que cette requête ne paraisse trop cavalière, il décide de se contenter d'un parapluie pouvant servir, le cas échéant, de canne, même si les cieux de Madrid paraissent calmes et cléments. Voilà d'autres gens mêlés à mon aventure, songe-t-il avec une amertume perplexe en quittant la maison, alors que, si j'avais accepté un compromis avec le voile musulman et le visage dissimulé, je serais déjà en route pour Israël au lieu d'errer dans une ville étrangère. La méticulosité surprenante du photographe s'est-elle éveillée par fidélité à la scène originale ou voulait-il, par ce moyen, punir non seulement le réalisateur mais encore son propre père ? Car qu'est-ce que cela changerait pour Trigano de recevoir une photo où le metteur en scène apparaîtrait menotté devant une Noire voilée ? Une telle photo, avec son allusion au désert nord-africain, n'aurait-elle pas mieux répondu à l'exigence de son scénariste ?

Libéré du souci de mémoriser le chemin de retour grâce aux trois bouts de papier répartis dans trois poches, il se lance dans une marche au pas de gymnastique qui le mène jusqu'au centre-ville. Là, il ralentit l'allure, passant de place en place, contemple des statues de rois et de chefs de guerre, et, de temps à autre, jette une pièce dans le chapeau de jeunes gens déguisés en statues afin qu'ils remuent et lui fassent une révérence. Il n'a jamais visité Madrid et, ne sachant ce qui vaut la peine d'être vu ou non, il ne se précipite pas dans des églises ou des palais mais préfère s'imprégner de l'atmosphère quotidienne. Il s'arrête devant une vitrine et scrute les passantes, tentant de déceler ce qui, en elles, pourrait encore l'émoustiller.

Comme il a oublié, une fois de plus, son appareil auditif à côté du lit, Madrid, à la nuit tombante, lui paraît silencieuse et un peu énigmatique sous le ciel hivernal strié de nuées rouges. Oui, songe-t-il, cette nuit doit mettre un terme à cette folie, sans aucune dérobade ni renonciation. Et si c'est une immigrante, une jeune mère, une comédienne avide d'un rôle, il est possible de l'inciter à un consentement total en échange d'une juste rétribution. Car il n'y aurait là aucune déchéance, mais une réincarnation mythologique. La vitrine d'une petite bijouterie attire son regard. Il examine des bagues, des boucles d'oreilles et des montres, possédant chacune un style particulier. Il pénètre dans la boutique pour s'enquérir des prix, surtout celui des montres. Après un marchandage acharné, il choisit pour Ruth une montre de petite taille, mais somptueuse, dont les chiffres et les aiguilles sont visibles le jour et phosphorescents la nuit. Il est temps qu'elle change son éternelle montre d'enfant sur laquelle l'heure est toujours estompée. N'a-t-elle pas droit à une part du prix dont il ne va bientôt plus rester un sou ? Après tout, je ne suis pas le premier, d'autres metteurs en scène, plus célèbres que moi, m'ont précédé dans cette obsession pour leurs actrices et, à la fin, les ont épousées...

Il enfouit l'écrin de la montre dans la poche de sa veste, puis décide de manger un morceau dans un restaurant proche d'une grand-place. Bien qu'il soit tôt pour dîner en Espagne, et que les serveurs n'aient pas encore dressé les tables, on l'accueille cordialement, d'autant que sa demande est modeste : une grande assiette de frites et un verre de vin rouge.

Il s'attable près d'une fenêtre donnant sur la place où les lampadaires n'ont pas encore été allumés, il déguste avec appétit ses pommes de terre dorées et brunies à l'huile d'olive et au beurre, et quand le serveur, satisfait devant son plaisir manifeste, lui propose un autre plat, Mozes accepte de bon gré. Pendant ce temps, la foule a envahi la place, mais la pénombre y règne encore. De loin, il aperçoit une statue équestre sur laquelle un cavalier lève une main et, de l'autre, brandit une longue dague. « Quel est le nom de cette place ? interroge-t-il le serveur.

— *Plaza de España*. » Mozes sourit : dans ce cas, je suis tombé au bon endroit, me voici au cœur de l'Espagne. Le serveur lui fournit quelques explications en anglais, mais Mozes ne les saisit pas, soit à cause de l'accent, soit faute d'écouteurs. De nouveau, comme naguère au *parador*, il redoute que la femme de chambre de Doña Elvira ait cru qu'il s'agissait de bouchons d'oreilles usagés et les ait jetés à la poubelle. Je refuse toujours de leur reconnaître le statut d'instruments indispensables, comme des lunettes, sans doute parce que ce que je n'entends pas n'a guère d'importance, alors que ce que je ne vois pas est toujours capital. Il laisse un pourboire généreux au serveur et décide qu'il est temps de regagner la maison – parce qu'on ne peut décemment pas qualifier d'hôtel une demeure privée. Au chauffeur de taxi, il ne tend pas un mais deux papiers, lequel les lit sans relever de contradiction entre eux et, tandis que le taxi effectue le tour de la place, les lumières s'allument d'un seul coup, et Mozes a le temps de distinguer, furtivement, à côté de la statue équestre, un âne dont le cavalier porte un casque un peu incliné en arrière. Ce sont peut-être Don Quichotte et Sancho Pança, se dit-il. Pourquoi pas ? Il n'existe pas de meilleur site pour ces deux-là.

« J'ai cru que tu avais renoncé à ton expiation et disparu de la terre qui a chassé mes ancêtres », lui lance le jeune photographe, entre plaisanterie et audace inédite.

L'appartement est calme et sombre. Doña Elvira a déjà achevé son dîner et s'est enfermée dans sa chambre. Assis dans la cuisine à regarder la femme de chambre laver la vaisselle, Manuel et le photographe ont terminé leur repas. Manuel lit à voix haute le livre des Psaumes en hébreu, tandis que David corrige sa prononciation et lui explique, du mieux qu'il peut, les mots difficiles.

Mozes se rend dans la salle de bains. Pris d'une impulsion subite, il rase son bouc de bohème. Même une barbichette aussi symbolique, se dit-il, est susceptible d'effaroucher une femme et de dresser une barrière entre son sein et moi. Et, tout ému de cette séparation avec un symbole éminent de sa propre figure, il se blesse mais réussit à arrêter le sang.

– 5 –

La seconde nuit, le dominicain ne conduit pas les Israéliens à pied mais les fait monter dans un tram, qui les dépose à proximité d'un grand immeuble entouré d'une muraille élevée ; trois personnages les attendent devant le portail. Mozes ricane en lui-même : me voilà célèbre en Espagne. Manuel présente son ami, moine défroqué devenu travailleur social à la mairie de cet arrondissement, et le gardien de nuit du service municipal d'inspection. Le troisième, qui se tient un peu à l'écart des deux autres, bien emmitouflé dans son manteau, révèle, au moment d'approcher, Péra, la jeune fille, la femme, la comédienne. Elle est coiffée d'un béret d'où dépassent des mèches blondes. La cigarette au coin des lèvres éclaire un peu des traits très pâles, mais elle craint de croiser le regard de Mozes, qui serre cordialement sa main moite et molle. Tolédano fait aussi sa connaissance et lui dit quelque chose que Mozes ne saisit pas, mais il remarque le sourire timide qui naît sur le visage émacié.

Cet édifice servait jadis de prison puis, après la mort de Franco, avait été transformé en immeuble de bureaux du service municipal d'inspection. Le gardien ouvre le portail et les conduit jusqu'au sous-sol de la prison affecté désormais aux archives, et Mozes se dit : ainsi ma photo mythologique sera en bonne compagnie avec les procès-verbaux de stationnement interdit, de constructions illégales et autres délits municipaux des citoyens de la capitale ibérique...

L'éclairage du sous-sol est parcimonieux, le photographe et le metteur en scène ont aussitôt conscience qu'il faudra l'amplifier de manière très significative s'ils veulent cadrer aussi le soupirail grillagé proche du haut plafond tapissé d'ombres. « Ce grillage nous est-il vraiment nécessaire ? demande Mozes.

— Nécessaire ? (Le photographe joue les innocents.) Rien ici n'est nécessaire, mais si le grillage est cadré dans ta photo, cela accroîtra sa puissance et sa véracité. En outre, on voit clairement des grilles dans de nombreux tableaux de la *Charité romaine*. Je pense que Trigano aussi serait content s'il y avait un grillage sur ta photo », ajoute-t-il, et le nom de Trigano dans la bouche du jeune homme provoque en Mozes une trouble terreur, comme si ces deux-là avaient ourdi un complot dans son dos.

« Essaie toujours... Qu'est-ce qu'on risque ? »

Le photographe demande au gardien d'apporter une échelle et, entre-temps, déroule sa rallonge et cherche une prise adéquate. Sans cette rallonge apportée d'Israël, nous aurions été perdus, songe Mozes, tandis que David place l'échelle face au soupirail, y accroche son flash, puis tente de repérer, à travers son objectif, l'emplacement convenable pour Cimon.

Après le choix de l'endroit de la pose, le metteur en scène ôte son manteau et l'étend comme un tapis sur le sol poussiéreux. Ensuite, fort du savoir-faire acquis la veille, il répète les mêmes gestes pour se déshabiller puis revêtir la tunique, empile trois classeurs épais de PV de stationnement pris dans une armoire pour lui servir de piédestal qu'il dissimulera sous sa tunique, s'assoit et place les mains dans son dos, attendant que le jeune homme – lui seul – descende de son échelle et le ligote.

Toujours prostrée, la femme se tient à distance. Elle n'ôte pas son manteau ni même son béret basque, se contentant de fixer l'Israélien de son regard bleu où perce un léger mélange de mépris et de frayeur. Mais lorsque la lumière se concentre sur elle, et que Mozes est déjà assis, drapé dans sa jupe étrange, elle se défait de son béret et secoue légèrement sa chevelure, et sa beauté torturée transparaît alors à travers le masque pâle.

Le moine chuchote en anglais à l'oreille du réalisateur : « Peut-être que, comme hier, nous pourrions lui avancer son argent pour la rassurer ?

— C'est vous qui avez besoin d'être rassuré, pas elle, mais si ça doit calmer *votre* émoi, je vous en prie, prenez mon portefeuille dans la poche de ma veste et donnez à tous ce que vous avez promis. J'espère que vous n'avez pas promis mille euros à la comédienne.

— Non, non, juste cinq cents. C'est tout de même une actrice. Elle vit certes dans une grande détresse, mais c'est une authentique comédienne, venue pour travailler et non recevoir l'aumône. »

Il compte à plusieurs reprises cinq billets verts et les remet à la jeune femme, dont le visage s'empourpre sous l'affront, sans doute à cause du paiement d'avance. Elle fixe d'abord les billets avec colère et stupéfaction, comme si elle ne savait qu'en faire. Ensuite, elle se ressaisit et les empoche dans son manteau, qu'elle retire aussitôt ainsi qu'un foulard découvrant un cou très blanc, mais, avant d'ôter son pull et son chemisier, elle tient sous ses yeux, comme si elle sacrifiait à un rite avant la répétition d'un spectacle, la reproduction de la *Charité romaine* que lui a donnée le travailleur social et la contemple longuement d'un regard perplexe.

Mais lorsqu'elle voit que Tolédano a déjà attaché les mains de Mozes, elle quitte, avec des gestes calmes et assurés, son pull, puis son chemisier et, s'étant préparée à ce rôle durant la journée, elle a renoncé d'avance au soutien-gorge, et ses seins dénudés apparaissent, parfaits et bien plantés, exsangues mais gorgés d'un lait pur, et dont la blancheur absolue provoque la pitié. Seuls les mamelons sont très rouges, enfoncés, comme s'ils avaient été brûlés. Lorsqu'elle soulève les bras pour relever sa chevelure répandue sur son visage, Mozes remarque des traces bleues de piqûres et des croûtes de sang.

Il interroge du regard le photographe pour voir s'il a remarqué, lui aussi, ces traces, et l'expression de son visage lui demande si elles apparaîtront sur la photo. Tolédano confirme lentement de la tête mais souhaite le calmer. Aucun doute... Cette fois, ils m'ont apporté une femme complètement camée. Et le flegme de celle-ci est aussi trompeur. Or, en posant les lèvres sur son mamelon, il ne tétera pas le lait d'un nourrisson mais une drogue addictive. Ses traits pâlissent. Une terreur puérile, magique, s'empare de lui. Nous avons bien fait, se rassure-t-il, de la payer d'avance, comme ça, on pourra s'en séparer tout de suite, sans aucun contact entre elle et moi, mais sans offenser, non plus, son amour-propre d'artiste. Néanmoins, la jeune femme, peut-être à cause des hallucinations charriées dans son sang, ne saisit pas encore la réticence du vieil homme et s'accroche au rôle qu'on lui a attribué ; elle s'approche de lui, incarnation vivante de Péra, la fille miséricordieuse qui, selon le récit de Valère Maxime, va bientôt prendre la tête de son père entravé, mourant de faim et de soif, et l'allaiter avec toute la force de sa commisération.

Le suppliant du regard, Mozes fait signe à Tolédano de déclencher sur-le-champ son appareil pour que la comédienne exaltée par son rôle comprenne que, sans rien offrir à Mozes, elle a réalisé la photo souhaitée, la photo adéquate, grâce à sa seule présence et son sein nu. Le flash les saisit tous deux et fend le sous-sol municipal d'un éclair aveuglant, une fois, deux fois, et la femme, surprise, se fige sur place, de même que Mozes se recroqueville sur ses classeurs, ferme les yeux et, avec un effort surhumain, tente de se lever, mais ses mains ligotées l'en empêchent, et il retombe et s'étale sur le flanc aux pieds de la femme.

Manuel ne comprend pas encore que la scène a échoué, une fois de plus, comme la nuit précédente, mais le travailleur social se précipite sur l'Israélien gigotant au sol, lui ôte rapidement ses menottes, le redresse et, sans prendre son avis ni celui du photographe, avec sa seule intuition de moine défroqué, fait signe à la femme de se rhabiller. Cependant, celle-ci hésite, on ne sait pourquoi, et reste debout, sein dénudé, bras bleuis, et les implore dans un espagnol à l'accent slave. Alors, le travailleur social s'approche d'elle, lui prend le bras et la calme dans sa langue maternelle.

– 6 –

Désormais, non seulement ils vont entendre parler de moi en Espagne mais ils vont se souvenir de moi ! Mozes voudrait blâmer Manuel de Viola qui, une fois de plus, l'a trompé par sa candeur évangélique, mais il décide de ne pas l'accabler ni de l'accuser et, assis à côté du chauffeur de taxi appelé par l'employé municipal, enfermé dans son mutisme, il scrute les rues désertes de Madrid et ressent le lourd silence des deux autres passagers. Ce n'est pas grave, se rassure Mozes, demain, je serai chez moi, en Israël. Si l'Espagne me fait peur, et qu'Israël me répugne, eh bien, il vaut mieux renoncer à une nouvelle collaboration avec ce visionnaire fantasque et chercher un scénario réaliste, bien familial, à la psychologie prévisible. J'en ai encore la capacité. Après tout, je suis venu à lui non seulement pour me réconcilier mais aussi pour lui, et surtout pour Ruth, pour que tous deux, nous puissions la consoler grâce à un nouveau rôle – mais si Trigano a rapporté des monts de l'Atlas un tempérament rancunier et infantile et son complexe de persécution, qu'il s'en prenne à lui-même, à sa solitude orgueilleuse, et qu'il continue à enseigner, comme lorsqu'il était ouvreur dans un cinéma de Jérusalem, ce qui est correct ou non dans les films des autres, sans jamais réaliser quelque chose par lui-même.

Dans leur chambre, Mozes continue à se taire devant le photographe qui s'est déjà déshabillé et pelotonné sur son tapis.

Seuls leurs regards se croisent. Est-ce que ce jeune homme peut comprendre sa répugnance ou pense-t-il que ce vieil homme s'illusionne ?

« Combien de photos as-tu eu le temps de prendre ? le questionne soudain Mozes.

— Deux, j'en suis sûr, répond Tolédano, mais peut-être qu'une troisième s'est glissée.

— Tu as utilisé le vieil appareil de ton père ou le nouveau numérique ?

— Le vieil appareil.

— Bien, dans ce cas, sors-moi le film, je vais le détruire tout de suite.

— Mais pourquoi le détruire ? Dommage, c'est un film de bonne qualité avec lequel nous n'avons presque rien pris. Quand je le développerai en Israël, je te promets de détruire aussitôt les photos.

— Non, ne développe aucune photo. Sors-le, s'il te plaît, et donne-le-moi.

— Tu ne me fais pas confiance ? Tu ne me crois pas ?

— Je te fais confiance et je te crois, mais nous ne sommes que des mortels, capables d'oublier et incapables de résister à la tentation. Je veux rester complètement anonyme et je dois défendre ma réputation. »

Le jeune homme s'extirpe en sous-vêtements de dessous ses couvertures, prend son appareil, en retire le film et le remet à Mozes, et ce dernier l'expose à la lumière pour le voiler.

Ensuite, il se déshabille, entre dans son lit, se recouvre, éteint la lumière et dit : « Je te remercie pour ton sang-froid et ta patience. Demain, nous allons essayer de prendre le premier vol pour Israël.

— Mais pourquoi ? Pourquoi renoncer ? Si tu as donné ton accord à Saül Trigano, ne recule pas après deux tentatives. Après tout, il te reste de l'argent pour une troisième occasion. Écoute-moi, cela va te paraître peut-être étrange mais, cette nuit, dans le sous-sol, l'idée m'a effleuré que mon père aussi, que sa mémoire soit bénie, aurait été heureux de savoir que tu essayais de reconstituer la scène que tu as supprimée.

— Ce n'est pas la même scène, murmure Mozes.

— Mais c'est pourtant sa source authentique, même si, vous tous, vous l'ignoriez. »

Mozes se tait. Il se tourne vers le mur et ferme les yeux. Les seins graciles de la jeune droguée planent devant ses yeux. Est-ce que la somme payée d'avance expie l'affront ou devais-je, en plus, m'excuser ?

Ce n'est qu'après avoir avalé son somnifère, destiné aux seuls cas d'urgence, qu'il réussit à chasser ses tourments et ses démons de son esprit. Et comme son somnifère pallie longtemps son extrême fatigue après cette aventure nocturne, le soleil de midi perçant à travers le rideau tiré ne réussit pas à le réveiller, non plus que le bruit de la vaisselle dans la cuisine ou celui de la porte d'entrée refermée. Seul le contact léger de la main de Doña Elvira, inquiète, persuade sa conscience échouée au pied du lit de revenir à son propriétaire et de lui faire ouvrir les yeux.

Doña Elvira ne s'excuse pas pour la liberté qu'elle a prise ni ne s'éloigne de son lit mais approche une chaise et s'assoit à côté de lui. Chaussée de lunettes de soleil protégeant ses yeux, la nonagénaire commence à parler au septuagénaire étranger sur un ton intime, comme s'il était son fils aîné :

« Je sais ce que vous avez enduré cette nuit. Non, ce n'est pas seulement Manuel qui me l'a raconté, mais vous serez étonné d'apprendre que le jeune homme que vous avez amené a essayé de m'expliquer ce qui s'est passé. Je crois, monsieur Mozes, que, si vous vous êtes affolé, ce n'était pas à cause de cette malheureuse. Avec son intuition, Manuel, qui s'y attendait, a tenu à ce que vous la payiez d'avance pour qu'elle ait l'impression d'avoir joué son rôle. Car vous savez que rien n'est plus agaçant pour un comédien que d'être interrompu au beau milieu d'une scène et de s'entendre dire : “Quitte ton personnage et reviens à toi-même.”

— Ce que vous dites est très pertinent.

— Non, vous n'avez pas été affolé par cette femme car en quoi pouvait-elle vous nuire, à votre âge ? Cher monsieur, permettez-moi cette réflexion : c'est le sujet qui, à chaque fois, vous effraie, c'est la *Charité romaine* elle-même. Cet affolement est compréhensible car, à bien y réfléchir, cette histoire biscornue – même si des peintres célèbres y ont puisé une inspiration et l'ont exaltée pendant des siècles – n'en demeure pas moins insensée et malsaine. Votre scénariste n'a pas le droit de l'exiger de vous. Mais, malgré tout ce que je vous dis, j'ai de la peine en pensant que vous allez rentrer chez vous les mains vides, et que nous tous, nous allons renoncer à cette photo.

— "Nous tous" ? s'étonne-t-il avec un sourire, sa tête blanche reposant encore sur l'oreiller. Vous vous en souciez, vous aussi ?

— Bien sûr car, quand on me raconte quelque chose, on attend de moi que j'éprouve de l'empathie, non ? Et je suis triste aussi que Manuel, dont les succès de moine itinérant et social sont si maigres, sente qu'avec vous il a encore échoué. Et il me semble enfin que ce jeune homme, sorti acheter un film à la place de celui que vous avez voilé hier, sera déçu, bien qu'il ne joue qu'un rôle technique dans cette histoire.

— Le rôle d'un photographe n'est pas uniquement technique. Dans mon métier, je me suis rendu compte, plus d'une fois, que tout dépend du photographe.

— Peut-être pas tout, le corrige-t-elle, mais beaucoup, en effet. »

Le silence retombe. Mozes est amusé. Depuis son enfance, aucune femme plus âgée que lui de vingt ans ne s'est assise près de lui couché dans son lit, la tête sur l'oreiller. Que me veut cette vieille dame ? Peut-être que, à mon âge, il conviendrait qu'une mère vieillissante me tende son sein flétri au lieu d'une jeune femme allaitant son père ?

Il lui sourit comme un enfant gâté. « Oui, Doña Elvira, je vous écoute.

— Je crois qu'il ne faut pas désespérer mais persister. Manuel veut réussir, le photographe veut photographier, votre scénariste veut se réconcilier, et il n'est pas bon, non plus, que cette femme charmante, votre accompagnatrice, soit malade et ne joue plus.

— Je vois que vous êtes au courant de tout. Et si tous le désirent à ce point, que me reste-t-il à faire ?

— La scène, le tableau qu'il faut reconstituer et immortaliser, je sais exactement où il sera possible de le faire sans vous effaroucher. À cause de son obsession, mon fils Manuel est toujours en quête de gens dans la détresse – étrangers, malades ou chômeurs – pour les aider grâce à d'autres personnes, mais une femme dans la détresse, qui s'attend à vos largesses, ne peut vous accorder aucune "charité romaine". Je préférerais des gens du peuple, au tempérament gai, qui sachent concilier l'authentique et le classique, avec naturel et sans peur.

— Cela me semble beau et convaincant, mais je n'y comprends rien.

— Donnez-moi un peu de temps pour vous l'expliquer par des actes et non en paroles. Et donc, ne vous hâtez pas de fuir l'Espagne. Laissez-moi vous surprendre par quelque chose qui soit digne de votre talent. Cependant, à mon grand âge, je ne peux plus vous surprendre par ce qui sera mais par ce qui a été. »

Il tente de se soulever de l'oreiller, mais son crâne pèse plus que du plomb.

« Bien, se soumet-il, je m'en remets à vous, mais seulement jusqu'à demain. »

– 7 –

Il s'étonne de constater que, si la faim et la soif précipitent d'habitude son réveil, cette fois, il n'a ni faim ni soif, sa tête s'enfonce de nouveau dans l'oreiller. À dix-sept heures, Manuel doit le secouer vigoureusement : « Allons, monsieur Mozes, nous nous mettons en route et, cette fois, ce n'est pas la porte d'à côté. » Il se lève, s'asperge le visage et s'habille.

Doña Elvira a appelé son taxi préféré – une sorte de cube noir à la mode des cabs londoniens dont la carrosserie surélevée permet aux passagers aux membres raidis par le grand âge d'y pénétrer et d'en sortir aisément, et où la place n'est pas comptée tout en obligeant les voyageurs assis l'un en face de l'autre à ne pas s'ignorer et à entamer une conversation humoristique, à la manière anglaise.

Manuel a revêtu son aube de moine avec tout l'attirail requis, tandis que Doña Elvira s'est drapée dans une cape de velours vert, vestige, sans doute, d'un ancien rôle de « femme fatale ». Le taxi démarre avec ses quatre passagers, se fraie un chemin dans les rues madrilènes et s'échappe de la ville par des voies secondaires – des raccourcis qui ne sont, parfois, que des chemins de terre – les acheminant, au crépuscule, jusqu'à un coin de campagne aux habitations éparses, au milieu de champs étendus qui, jadis, appartenaient à des domaines prospères et semblent désormais à l'abandon. Les maisons sont vastes et obscures, ici ou là percent de chiches lumières dont il est difficile de savoir si elles proviennent d'une chandelle ou de l'électricité car les réverbères se font rares. Les chaussées, de plus en plus exiguës et sinueuses, ne croisent pas de route, de voie ferrée ou de station-service avec buffet où faire halte. Sous un ciel lumineux, on peut distinguer, de temps à autre, sur une colline lointaine, les ailes agitées d'un moulin à vent, tel un oiseau gigantesque et nonchalant.

« Il a assez d'essence pour le retour ? demande Mozes à Manuel qui s'est résolu, cette fois, à polluer l'atmosphère avec des émanations de gaz carbonique.

— Ce chauffeur est expérimenté, et ma mère lui fait toujours confiance. En outre, il est du coin et, s'il se perd en chemin, il trouvera toujours une auberge où on pourra l'orienter.

— Mais je n'en ai aperçu aucune jusqu'à maintenant.

— Parce qu'elles sont plongées dans l'obscurité. Les villageois se mettent au lit de bonne heure, mais ne vous en faites pas, si on les réveille, ils accourent aussitôt. »

Après un court laps de temps, ils arrivent devant une auberge, et ce n'est qu'en sortant du taxi que Mozes distingue une faible lumière filtrant à travers une fenêtre. Une énorme carriole, aux timons baissés, est rangée le long de la bâtisse, des chevaux déharnachés broutent dans un pré verdoyant. Ils pénètrent dans une petite salle aux murs ornés de marmites et de poêles. Au centre de la pièce trône une énorme table sur laquelle sont posées des lampes à pétrole et autour de laquelle une dizaine d'hommes et de femmes joyeux sont assis, mangeant, buvant et paraissant tous déguisés dans leurs habits pittoresques. « Qui sont ces gens-là ? s'étonne Mozes.

— Des comédiens ambulants », lui répond Doña Elvira qui les salue.

Les comédiens la reconnaissent et lui font de la place ainsi qu'à son escorte. L'aubergiste, un Espagnol massif, salue chaleureusement le chauffeur et verse aussitôt du vin dans des coupes de grès jaune aux nouveaux arrivants. Mais Mozes refuse d'y toucher, non plus qu'à la nourriture qui commence à s'amonceler sur la table. Depuis la scène gâchée dans le sous-sol de la mairie, il s'est imposé une sorte de jeûne. Son regard scrute le chauffeur de taxi dont la figure, à cette heure, hors de son véhicule, apparaît en pleine lumière. Un homme râblé et gras, jovial, qui mange et boit sans cesser de rire. Il semble un habitué de l'endroit. Mozes a l'impression tout à coup que sa figure lui est familière, qu'il l'a rencontré dans un lointain passé, mais où et quand ? Se peut-il que ce chauffeur ait joué, un jour, dans un film ou qu'il l'ait imaginé en lisant un ancien roman ?

Il n'interroge pas Doña Elvira pour ne pas s'immiscer dans sa conversation cordiale avec les comédiens qui lui font fête. Remarquant qu'il ne touche à rien, Manuel l'invite à goûter quelque chose. « Notre route est encore longue, vous allez mourir de faim. » Mozes s'obstine : « Non, merci, même si je perds quelques grammes, je laisserai suffisamment de matière dans ce monde-ci... »

À leur retour au taxi, la nuit s'est éclaircie. La lune inonde le paysage d'une lumière laiteuse ensorcelante. « Comment est-il possible de se retrouver dans une région aussi déserte à une distance aussi courte de la capitale ? demande Mozes.

— Ce n'est qu'une impression, répond Doña Elvira. Il y a beaucoup d'habitants par ici que l'obscurité dissimule à vos yeux. »

Ce n'est que vers minuit que le cube noir s'arrête devant une vieille ferme. Un chien énorme les accueille avec joie et bondit, tout excité, sur le chauffeur qui lui semble familier, ou peut-être est-ce son maître. Une lanterne à la main, une paysanne débouche du rez-de-chaussée et leur fait une profonde révérence et, derrière elle, surgissent des garçons et des fillettes, tous âges confondus ; le chauffeur les étreint et les cajole comme si c'étaient ses enfants. Eh bien, se dit Mozes, on dirait que tout le monde ne se met pas au lit de bonne heure dans ces parages. Il regarde le photographe en train de sortir son matériel du coffre à bagages en songeant : ce garçon a vraiment du tact car il mourait d'envie de photographier l'auberge et les comédiens, la carriole et les chevaux, mais il respecte mes instructions.

Le chauffeur les conduit à l'arrière de la ferme et, en passant, ils aperçoivent une écurie dans laquelle se tiennent, tels de vieux amis, un cheval et un âne fourrageant dans une mangeoire commune dont, semble-t-il, le contenu ne suffit pas à les rassasier car le cheval est très décharné, presque squelettique. Ses os saillent, et il jette un regard mélancolique sur les arrivants.

Dans un bâtiment latéral, au pied d'un escalier en bois aux marches grinçantes, peut-être jadis léchées par des flammes, on aperçoit les restes consumés de livres reliés en cuir, et Mozes frémit de tous ses membres : j'ai l'impression de me trouver dans un lieu légendaire...

De l'étage supérieur, un quinquagénaire élancé descend à leur rencontre, sa maigreur rappelle celle du cheval de l'écurie. Ses traits sont allongés, ses yeux tristes et une barbichette ponctue son menton. C'est donc lui, se dit Mozes dont le regard s'embue, le Chevalier est toujours vivant, il n'a pas disparu après avoir brûlé ses livres. Sancho Pança a sauvé de la mort son maître dégrisé et l'a transporté dans sa maison, dans sa famille, afin qu'il ne périsse pas de solitude au milieu de ses chimères et de ses frustrations.

Le Chevalier accueille cordialement le metteur en scène, le photographe et leurs accompagnateurs puis les introduit dans une grande pièce où, sur un mur, sont accrochés un casque et une épée antiques, cabossés par les ans et les combats mais bien réels et étincelants.

Tolédano prend le vieil appareil hérité de son père et mesure la lumière à l'aide d'un posemètre.

Est-ce que ce jeune homme comprend de quoi il s'agit ? se demande Mozes. A-t-il lu ce livre merveilleux ? De nos jours, on ne peut faire confiance au savoir de personne.

Pris de vertige, il sent que son visage est cramoisi, tandis que Doña Elvira et Manuel sont tout heureux de voir que les larmes embuent les yeux du vieux metteur en scène.

Tous deux discutent avec l'homme émacié, leur espagnol sonne différemment, plus doux, plus fluide, dépourvu d'aspérités, lui évoquant une langue qu'il a entendue à Jérusalem, dans son enfance, chez des juifs séfarades installés là depuis des générations.

Même s'il ne s'est pas éloigné de ce village depuis de nombreuses années, l'individu chevaleresque ne s'étonne pas du souhait de l'étranger venu de loin et il repousse avec dédain la somme que lui propose Manuel. Il n'a pas besoin d'argent. Et remplirait-il la mangeoire à en déborder que son cheval ne grossirait pas plus...

Il ouvre une autre porte et les fait entrer dans une chambre retirée. Au milieu des ombres projetées par la chandelle, apparaît une épaisse paysanne, gigantesque, assise sur son lit. Impossible de deviner son âge et si elle allaite encore.

Tolédano déplie son trépied et installe son appareil mais, cette fois, il devra se contenter de la lumière de la chandelle car cette maison et toute la région sont dépourvues d'électricité, et la rallonge rapportée d'Israël est superflue.

Mozes s'exclame : « C'est bien ici le lieu, c'est ici la source. »

Il se met torse nu et laisse Doña Elvira lui enfiler sa tunique sans demander encore à être menotté.

« Ça va ? interroge-t-il le photographe. Tu es prêt ?

— Avons-nous le choix ?

— Avec quel appareil veux-tu commencer ?

— Avec le vieux reflex de mon père. Seul un film à sensibilité élevée pourra saisir quelque chose dans ces conditions. Le numérique est inutile ici.

— Bon, on peut commencer.

— D'accord, répond Tolédano. Fais attention, Mozes, je vais ouvrir au maximum le diaphragme et l'obturateur, mais tu vas devoir garder la pose aussi longtemps que possible. Tu dois vraiment te figer sur place, sinon tu n'auras pas ta photo mais une bouillie. »

Mozes s'approche ensuite de la femme et, de ses propres mains, lui ôte sa chemise de nuit et dénude ses seins. Certes, c'est une paysanne aux traits grossiers et stupides mais, malgré cela, il émane d'elle une aura de candeur et d'authenticité. Mozes lui murmure en hébreu : « Oui, je sais qui tu es, tu es Dulcinée, la chimère en personne que le Chevalier a rattrapée à la fin. » Et, face à un sein énorme sillonné d'une veine bleuâtre, il met ses mains dans le dos et proclame que seul le Chevalier à la Triste-Figure a le droit de l'entraver.

Un courant d'air odorant souffle brusquement à travers la fenêtre. Ai-je faim ? Ai-je soif ? se demande Mozes. Si Dulcinée peut me nourrir, cela signifie qu'elle a donné un enfant au Chevalier, et que la chimère de son amour n'est pas restée le fruit de sa seule imagination. Le metteur en scène approche les lèvres du gros mamelon brunâtre et, même si c'est un sein paysan, un sein énorme, il ne sait pas encore s'il sera tendre ou rugueux. La femme sourit et presse son sein, et Mozes sent une première goutte de lait humecter ses lèvres.

Le lait est chaud, un lait nourricier épais, au goût mystérieux, un peu douceâtre, qui garde peut-être la trace d'un mets que la paysanne a consommé. Ainsi donc, voilà la chimère. L'imagination à laquelle j'aspirais tant me revient, médite-t-il avec délices, je la tète au plus profond de moi contre la réalité étouffante. Et mon cœur est en bon état, ma fille l'a examiné récemment. Somme toute, c'est ici que ma véritable rétrospective s'est déroulée, la rétrospective qui m'était destinée.

Haïfa, 2008-2010

TABLE

Cet ouvrage a été imprimé en France
par CPI Bussière
à Saint-Amand-Montrond (Cher)
en novembre 2012

Mise en pages PCA
44400 Rezé

PAPIER À BASE DE FIBRES CERTIFIÉES

Grasset s'engage pour l'environnement en réduisant l'empreinte carbone de ses livres. Celle de cet exemplaire est de : 750 g éq. CO_2
Rendez-vous sur www.grasset-durable.fr

Nº d'Édition : 17473. — Nº d'Impression : 123953/4.
Dépôt légal : août 2012.